CHONGQING FINANCE

重庆金融 2021

重庆市地方金融监督管理局　编

重庆大学出版社

图书在版编目（CIP）数据

重庆金融.2021 / 重庆市地方金融监督管理局编
.-- 重庆：重庆大学出版社，2021.12
ISBN 978-7-5689-3065-9

Ⅰ.①重… Ⅱ.①重… Ⅲ.①地方金融事业—概况—
重庆—2021 Ⅳ.①F832.771.9

中国版本图书馆CIP数据核字（2021）第243591号

重庆金融2021

Chongqing Jinrong 2021

重庆市地方金融监督管理局　编

特约编辑：曾佳欣

责任编辑：尚东亮　　版式设计：尚东亮

责任校对：邹　忌　　责任印制：张　策

*

重庆大学出版社出版发行

出版人：饶帮华

社址：重庆市沙坪坝区大学城西路21号

邮编：401331

电话：（023）88617190　88617185（中小学）

传真：（023）88617186　88617166

网址：http：//www.cqup.com.cn

邮箱：fxk@cqup.com.cn（营销中心）

全国新华书店经销

重庆升光电力印务有限公司印刷

*

开本：720mm×1020mm　印张：25.5　字数：419千

2021年12月第1版　　2021年12月第1次印刷

ISBN 978-7-5689-3065-9　定价：88.00元

序

　　《重庆金融 2021》是重庆市地方金融监督管理局组织重庆金融业主管部门、监管部门和众多专家学者共同参与编写的，反映重庆金融业发展的权威书籍。全书分综合篇、改革篇、运行篇、创新篇、环境篇、机构篇、重要事件篇以及附录八个部分，包含重庆市金融业发展总体情况、深化改革、市场运行等内容，系统记录了 2020 年重庆金融业的各类重要数据、重要工作和重大事项，展示重庆金融发展成果。

　　2020 年，重庆金融业继续贯彻落实中央和市委市政府的决策部署，统筹疫情防控和经济社会发展，全面落实服务实体经济、防控金融风险、深化金融改革三项任务，行业保持了稳中有进的良好态势。2020 年，全市金融业增加值达 2212.8 亿元，占 GDP 比重 8.9%；机构加快集聚，机构数量达 1872 家，门类进一步齐全；业务总量快速增长，全年新增社会融资规模 8101 亿元，创历史新高；行业资产规模达 6.7 万亿元，资产质量总体稳定，主要风险指标均低于全国平均水平，全市金融风险总体可控。

　　2021 年是"十四五"开局之年，新格局、新征程、新发展，对重庆金融业提出新要求。面对复杂多变的国内外形势，重庆金融业继续紧扣习近平总书记对重庆提出的重要指示要求，牢牢把握全球新一轮科技革命和产业变革趋势，紧紧抓住新时代西部大开发、共建"一带一路"、长江经济带发展和成渝地区双城经济圈建设历史机遇，以构建现代金融体系为根本，以金融改革创新为动力，以金融开放为突破口，以营造良好的金融生态和防范化解金融风险为保障，不断增强重庆金融资源配置能力、辐射能力和带动能力，推动成渝共建西部金融中心走深走实，加快建设具有影响力的内陆国际金融中心。

　　希望《重庆金融 2021》能够为重庆金融业发展贡献绵薄之力，衷心祝愿重庆金融业发展得更好。

《重庆金融 2021》编辑部

2021 年 10 月 19 日

目录

第一篇 综合篇

第二篇 改革篇

第三篇 运行篇

第四篇　创新篇

第五篇　环境篇

第六篇 机构篇

第七篇　重要事件篇

附　录

第一篇　综合篇

第一章　重庆市金融业发展概况

一、2020 年重庆市金融业发展总体情况

2020 年，重庆市金融业在市委市政府的坚强领导下，认真统筹发展和安全两件大事，全力应对大战大考，扎实做好"六稳"工作、落实"六保"任务，全面完成市委市政府确定的目标任务，全市金融行业保持稳中有进的良好态势，行业资产规模、存款余额、贷款余额、保费收入、上市企业数量比 2015 年底分别增长 59.5%、53.2%、90.5%、92%、31.6%，实现了"十三五"圆满收官。全年金融业增加值 2212.8 亿元，增长 3.9%，占 GDP 比重为 8.9%，行业资产规模 6.7万亿元，增长 10.7%，贡献税收增长 2.2%，占全市比重上升 1.3 个百分点。

（一）全力建设西部金融中心

行业规模发展迈上新台阶。2020 年，全市金融业规模体量稳步提高，全市金融业增加值占 GDP 比重达到 8.9%，提高 0.1 个百分点；各项贷款余额 4.2万亿元，增速高于全国，增量为 6 年来新高；新增社会融资规模 8101 亿元，创历史新高，存贷比 97.8%；银行业总资产 5.9 万亿元、总负债 5.6 万亿元，同比分别增长 9.9%、10.2%；保险业总资产 2123.9 亿元、同比增长 22.2%，高于全国平均 8.9 个百分点；实现原保费收入 987.6 亿元，同比增长 7.8%，高于全国平均 1.7 个百分点。金融集聚度不断提升，落地中银金租、渝农商理财、小米消金、国家金融科技认证中心等 5 家法人总部机构，吉利盛宝等金融科技企业落户，百度金融板块整体迁入，金融机构总数达到 1873 家，增加 42 家，金融业态不断丰富。

研究谋划金融中心建设方案。落实党中央关于推动成渝地区双城经济圈建设的战略部署。川渝金融合作开局顺利，两地部门、政府、机构签订合作协议 16 份。《成渝地区双城经济圈建设规划纲要》出台了一系列金融支持政

策和工作举措，为编制出台《成渝共建西部金融中心规划》奠定了基础。成立重庆市金融工作领导小组，与金融委办公室地方协调机制形成合力。建立川渝金融合作机制，签署《共建西部金融中心助力成渝地区双城经济圈建设合作备忘录》，共同推进西部金融中心建设。

完善金融机构体系。积极争取金融机构牌照，全年落地运营了中银金融租赁、渝农商理财子公司、小米消费金融、国家金融科技认证中心等一批新法人总部机构。中银金融租赁有限公司注册资本108亿元，是中国银行金融租赁业务的全球性总部，也是我市首家注册资本金超百亿的金融法人总部机构。蚂蚁消费金融公司获银保监会批筹，注册资本80亿元。支持吉利盛宝、度小满、万塘3家金融科技企业落地，建立重庆市金融科技发展协调工作机制。全市金融机构数量达到1872家、新增注册资本372亿元，金融业态不断丰富，金融集聚度不断提升。

深化金融改革开放。抓金融改革促部署落实，细化金融领域改革任务，形成区域性股权市场制度与业务创新方案并上报国家部委。推动国家金融科技认证中心成功落地运行，数字货币应用场景研究稳步推进，全市实现26项金融科技应用试点项目上线运行，5项监管试点项目完成公示。协同创建绿色金融改革创新试验区，助推"长江绿融通"大数据系统上线运行，绿色贷款、绿色债券余额大幅增长。推进法人机构重组，支持土交所完成转企改制工作，华润收购渝康资管公司，完成政府性融资担保机构整合工作。重庆小微担保公司获得国家融资担保基金1.2亿元股权投资，全市法人小贷、融资担保、商业保理增资54亿元。全国首例铁路提单案宣判强化了铁路提单物权属性。深化中新金融合作，建立中新金融专家顾问团机制，获批本外币合一账户体系、跨境资金池试点等创新开放政策，成功取得合格境内有限合伙人（QDLP）对外投资试点资格，额度50亿美元。创新中新项下首笔绿色跨境贷、首笔"区块链再保理"业务，自贸区政策落实率达到98%，跨境融资累计突破130亿美元、平均利率低于境内1.03个百分点，金融板块利用外资15亿美元。

（二）有力强化金融服务实体

强化金融支持疫情防控和企业复工复产。印发《金融行业全面正常复工防控疫情操作指南》《营业机构防控疫情期间客户告知书》等文件，督促金融机构严格落实防控措施，开展全市金融行业抗疫物资统筹调拨工作。召开金融机构疫情防控和复工复产电视电话会议，安排金融机构稳妥有序复工。落实支持企业"40条"、金融业"24条"、小贷"9条"、融资担保"12条"等政策举措，积极推广"百万员工救济金"专项保险。召开全市金融机构座谈会，开展"抗疫情、抓复工、督落实、解难题"专题走访活动，加大金融支持稳企业保就业力度，全市金融机构累计纾困企业15.84万家次、延期还本付息2302.7亿元，全市融资担保行业共为22.7万户企业（个人）提供融资支持285亿元、减免担保费1.5亿元。

保障融资服务。深化"政银""政保"合作，推动中国银行、中国人寿与市政府签订战略合作协议，给予重庆6200亿元融资支持。推动市政府印发《关于金融支持西部科学城建设若干措施》，为科学城高质量发展提供金融支持。创新建设"企业氧舱"。全市农村产权抵押融资、生猪活体抵押贷款分别增长7.3%、55.6%。扩大保险支农融资试点，累计为26个区县提供融资7704万元；巨灾保险升级扩面，为全市2275万人提供风险保障48亿元，累计赔付1816万元。全年新增社会融资规模8101亿元，同比增加2131亿元；截至2020年12月末，存贷款余额分别为4.29万亿元、4.19万亿元，增长8.5%、13.1%，存贷比97.7%；实现保费收入988亿元，同比增长7.8%，普惠小微贷款余额3015亿元，同比增长28.8%。

助力脱贫攻坚圆满收官。实施扶贫小额信贷及金融扶贫专项行动，加强扶贫小额信贷工作对口联系和调研督导。截至2020年11月末，全市扶贫小额信贷获贷率54.5%，较年初提高11.3个百分点，逾期率0.62%，低于全国平均水平。推进政策性金融扶贫实验示范区建设，农发行向14个国家扶贫开发重点区县新增投放141亿元。"县域普惠金融"项目覆盖全市70%涉农区县，累计放贷110.5亿元、服务农户19.6万人。推动贫困地区企业上市，新入库18家扶贫重点区县企业，支持三峡银行等重点培育对象上会审核。全市金融精准扶贫贷款余额突破1300亿元。

大力实施提升经济证券化水平行动计划。市政府召开3次常务会议专题研究上市工作，市政府分管领导召开7次企业上市协调会议，推动解决40家企业上市障碍。建立全市上市公司、拟上市公司、后备上市公司三张清单，动态储备拟上市重点企业250家、新增80家，储备8~10家企业拟申报创业板和科创板。升级沪深交易所战略合作协议，联合沪深交易所举办资本市场服务周活动，开展培训活动 20 余场。优化政策环境，出台《关于发展股权投资促进创新创业的实施意见》，新增股权投资金额 161.4 亿元，同比增长 60.2%。全年新增 6 家 IPO 上市公司，过会待发 3 家，新增报会排队企业 3 家、辅导备案企业 13 家，创历年新高，实现首发及再融资 337 亿元，同比增长 1.23 倍。

（三）聚力提高地方金融监管水平

加强依法行政。建立法制审核工作机制，明确行政诉讼、行政复议、行政许可、行政处罚等审核流程，印发《全面推行行政执法公示制度执法全过程记录制度重大执法决定法制审核制度实施方案》。依法应对处置行政诉讼、行政复议案件 8 起。依法推进政府信息公开，全年公开 27 件，同比增加 125%。依法规范审批流程，印发重庆市融资担保监督管理办法、交易场所设立变更审查工作手册，制定融资担保公司行政处罚办法。全年受理地方金融机构信访投诉 1610 余件次，办结率 95.8%。积极推进放管服改革，大幅缩减融资担保审批事项和股权投资类企业备案时间，行政许可事项承诺时限在法定时限基础上缩减 50%。

加强日常监管。印发商业保理行业日常监管、融资担保机构非现场监管、"失联""空壳"小贷公司监管等政策文件，制订 7 类地方金融机构年度监管工作要点。提升非现场监管能力，升级小贷监管系统和融资担保监管统计报表体系，开通与银保监会专网专线，实现全国首批"六类"机构统计信息数据联网直报。加大现场检查力度，全年检查机构数量合计 349 家，占比 55%。加严加密互联网小贷业务监管，加强风险监测。不断升级监管处罚力度，对发现的违规问题进行通报，全年下发监管文书 129 份，开展监管谈话 163 次。持续推进市场出清，退出小贷、典当、担保、商业保理、融资租赁、私募股权投资基金 58 家。

加强监管联动。联合网信、公安、人行、银保监等建立多部门的监管协作机制，强化政策协调和信息共享。与市市场监管局、重庆仲裁委分别签订备忘录，建立地方金融机构监管协作机制。联合建立地方金融涉税工作联席会议机制，支持地方金融机构发展。建立小额贷款公司网络贷款业务风险防控联络会议制度。协同市高法院、市规划自然资源局、人行重庆营管部将小贷、典当、融资担保、商业保理机构纳入线上保全、动产和不动产抵押登记系统，推动线上办理房地产查询抵押业务试点。

（四）合力防范化解金融风险

统筹打好防范化解重大金融风险攻坚战。出台《重庆市金融突发事件应急预案》，与四川省联合签署《深化打击非法金融活动协调联动机制助力成渝地区双城经济圈建设合作备忘录》。全市防范化解重大金融风险攻坚战顺利收官，11项重点任务全部如期完成，48项关键指标较2018年持续好转，全市银行业不良率、小贷不良率、融资担保代偿率分别为1.48%、9.43%、2.5%，均低于全国平均水平，守住了金融风险底线，属于全国金融低风险区域。

切实防控重点领域风险。出台《重庆市涉非风险处置"一事一案一专班"工作指引》，非法集资发案量连续6年下降，案件存量连续3年逆势减少，处非工作考评连续四年全国排名第一等次。持续压降P2P网贷存量风险，在营P2P网贷机构全部出清。制订《重庆市清理整顿各类交易场所攻坚战工作方案》，获清整联办批准。推进扫黑除恶专项斗争，坚决防范黑恶势力向全市小贷、融资担保、融资租赁等地方金融领域渗透。防范投资类企业风险，目前经我局核对的85家在营投资类企业未发现重大风险事件。

稳妥处置企业单体风险。完善重点企业单体风险处置机制，落实专人盯防制度、周报制度、重大事项报告制度，"一企一策"化解重点企业债务风险，多次协调金融机构为企业增贷续贷，重点关注企业债务风险整体稳定可控。目前，力帆司法重整方案顺利通过，北汽银翔司法重整启动，隆鑫搭建司法重整工作专班，各项工作有序推进。

（五）着力优化金融生态环境

改善金融营商环境。印发《2020年区县（自治县）对标国际先进推动获得信贷工作方案》《关于2020年对标国际先进推动获得信贷工作的通知》，实施动产担保统一登记试点，联合推动建成32个区县民营小微企业首贷续贷中心。开展金融信贷营商环境集中培训3轮共17场次，培训人数超过6000人次。开展获得信贷集中宣传5轮，中央、市属共25家媒体对获得信贷进行专题报道近160篇，精准推送约114万人次。

打造交流合作平台。成功举办2020中新金融峰会，深化了金融双向开放的对话交流，实现了峰会品牌的全面提升。成功举办首届国际创投大会，掀起了新一轮关注成渝地区双城经济圈建设、推介西部（重庆）科学城的宣传热潮。以"未来金融发展新格局"和"双循环经济增长·双资本改革开放"为主题，举办 2 场重庆未来金融圆桌会议。推动共建"陆海新金融沙龙"工作机制，搭建国际金融合作交流平台。支持区县举办 2020 重庆解放碑论坛、2020 长嘉汇金融论坛，进一步提升解放碑、长嘉汇金融发展能级。成立重庆高级金融研究院，着力打造金融高端智库，推进建设重庆金融博物馆，编印《重庆金融 2020》。

做实金融人才服务。开展 2020 年"重庆英才计划"金融领域实施工作，评选出首批 10 名金融英才。制订入选人才服务管理和专项资金管理 2 个试行办法。开展"鸿雁计划"金融业人才评选认定工作，全年共评选出 34 名"鸿雁计划"金融业人才。全年累计发放"重庆英才卡"257 张，发放"人才贷"金额 682 万元。开展金融人才培训 15 场，培训人数达 6000 余人次，协调落实金融支持服务、住房保障商业贷款和交通服务，不断提升金融人才的获得感。

二、2021 年重庆市金融业发展工作重点

2021 年，全市金融业将在市委市政府的坚强领导下，开拓进取，扎实工作，确保"十四五"开好局、起好步，以优异成绩庆祝建党 100 周年。

（一）落实好政策部署

用准国家金融政策，推动落实贷款延期还本付息、普惠型小微企业贷款、扶贫小额信贷等政策，发展消费金融、科技金融、REITs 等产品服务。用足金融总部资源，推动市政府与金融机构签署新一轮合作协议，服务乡村振兴、"一区两群"等重大战略，保持社会融资规模合理增长。用活市级机制平台，加强财金联动和银企对接，探索推动各类信用信息平台互联互通，建设渝普金链普惠金融平台，持续推进"获得信贷"工作。

（二）规划好发展蓝图

推动西部金融中心规划出台，争取绿色金融改革试验区、区域股权市场创新方案获批，申报科创金融改革试验区。制订金融"十四五"规划，重点

突出金融中心开放、绿色、科技、资本、资管 5 大发展方向。

（三）激发好市场活力

强改革动力，推动中新金融政策、项目、机构、产品合作新拓展，提升中新金融峰会市场价值，建设川渝自贸试验区协同开放示范区，提高金融核心区能级。强机构实力，支持法人机构引战上市，推进设立银行、证券、基金等法人机构。强资本助力，采取超常规办法挂图作战，力争新增 IPO 企业 6 家以上、科创板上市"零"突破，提高服务科技创新能力。

（四）开展好创新开放

创设碳减排支持工具，完善绿色金融政策框架和激励机制。加快推动绿色金融改革创新试验区创建，争取碳中和结构性货币政策工具支持，引导增加碳减排优惠贷款投放。探索并争取金融科技赋能乡村振兴及数字人民币试点落地。持续提升金融对外开放水平。稳妥有序推进资本项目改革，扩大便利化试点范围。优化西部陆海新通道融资结算场景，落地实施 QDLP 等试点。依托重庆国家金融科技认证中心，打造金融科技产业生态链。探索开展首届中新金融科技节。

（五）履行好监管责任

提高监管能力，推动地方金融立法进程，健全监管制度，加大执法力度，上线地方金融综合监管系统。突出监管重点，分类处置问题机构，打好清整交易场所风险攻坚战。坚持全面监管，依法将各类金融活动全面纳入监管，加强网络小贷业务审慎监管，实现规范发展。

（六）守护好安全底线

打好风险防控"持久战"，防控金融体系和社会领域金融风险，加大不良贷款处置力度，保持打击非法集资高压态势，压降 P2P 网贷存量风险，落实属地维稳责任。稳妥处置重点企业债务风险，支持债委会完善运行机制，提高上市公司质量，完善私募基金自律监管，防范化解债券违约风险。

第二章　重庆市创新型金融发展概况

一、2020年重庆市创新型金融发展总体情况

（一）完善创新型金融机构，增强金融服务能力

积极争取金融机构牌照，全年落地运营了中银金融租赁、渝农商理财子公司、小米消费金融、国家金融科技认证中心等一批新法人总部机构。中银金融租赁有限公司注册资本 108 亿元，是中国银行金融租赁业务的全球性总部，也是我市首家注册资本金超百亿的金融法人总部机构。蚂蚁消费金融公司获银保监会批筹，注册资本 80 亿元。支持吉利盛宝、度小满、万塘 3 家金融科技企业落地，建立重庆市金融科技发展协调工作机制。全市金融机构数量达到 1872 家，新增注册资本 372 亿元，金融业态不断丰富，金融集聚度不断提升。

（二）拓展多元化投融资渠道，优化社会投融资结构

经济证券化水平逐步提升。2020 年我市新增 3 家境内上市公司，分别是三峰环境、顺博合金、百亚股份，境内上市公司总数达到 57 家。此外，重庆银行已完成发行，拟于 2 月 5 日在上交所主板上市；另有已过会待发行企业 2 家；在审企业 4 家；处于辅导备案阶段企业 26 家，其中 5 家拟申报科创板。

直接融资规模稳步增长。2020 年，97 家企业通过资本市场实现直接融资 2932.07 亿元，同比增长 26.14%。35 只创投基金实缴规模 42.68 亿元，投资 188 家实体企业。重庆股转中心帮助 23 家中小微企业实现直接融资 25.06 亿元。

行业机构服务能力不断增强。西南证券分类评级结果由 BB 级上升为 BBB 级。我市证券机构累计协助企业实现融资 576.54 亿元。期货公司开展"保险＋期货"项目 33 个、规模 8.93 亿元。期货公司风险管理子公司通过仓单融资、基差贸易等服务 1298 家（次）企业，涉及金额达 153.50 亿元。

（三）创新金融产品与服务，强化薄弱环节金融服务

聚焦"信用不足"，加大信用贷款支持力度。人行重庆营业管理部落实好信用贷款支持政策。提供零成本再贷款资金，带动全辖金融机构发放普惠小微信用贷款。针对科技型企业以及中小微企业轻资产、缺少抵押物特点，以企业的知识价值、商业信用价值为依托，开展知识价值信用贷款、商业价值信用贷款等特色信用贷款产品和服务，推动金融机构加大对企业的信用贷款投放。

聚焦"现金紧张"，加大金融纾困力度。建立续贷、展期、延期应急机制。要求金融机构提前一个月梳理形成企业贷款到期情况清单，提前形成对接意见，确保应续尽续、应展尽展、应延尽延，渡过难关。落实好贷款阶段性延期还本付息政策。

聚焦"成本偏高"，强化政策引导作用。推进 LPR 改革，引导降低实际贷款利率。全面推进存量浮动利率贷款定价基准转换，引导银行合理让利。

聚焦"首贷困难"，加大首贷金融支持力度。持续深入推进民营、小微"首次贷款"行动。通过产业培育、健全信息互通、信用增信、风险分担等机制，攻坚初创期民营、小微企业的金融服务。全面推进首贷、续贷中心建设。制定《重庆民营小微企业首贷续贷中心设立方案》，全面部署首贷、续贷中心建设，全市已建成首贷续贷中心 32 个，实现主城区县全覆盖，开发"渝融通"二维码搭建线上融资申请平台。

聚焦"动力不足"，完善保障体系。强化小微企业金融服务信贷政策导向评估。探索开展分机构、分区县普惠小微企业金融服务评估，及时通报各金融机构、地区普惠金融服务成效，强化激励约束。

（四）加强农村金融服务创新，大力支持乡村振兴

引导金融机构加大对农业农村重点领域投资的支持力度。围绕农村基础设施建设、农村公路建设、高标准农田建设以及农产品仓储保鲜冷链物流基础设施建设等农业农村投资重点领域，推动金融机构进一步扩大涉农贷款投放。

农村支付服务提档升级。推动助农取款服务点从"有卡"向"无卡"支付升级，新增支持"云闪付"扫码取款。大力支持服务点功能拓展，按照"支

付服务中心、电子商务中心、物流配送中心、便民服务中心"4 个中心建设思路，推进助农取款服务点健康可持续发展。农民群众"不出村、低成本"即可享受基础金融服务和电商购物、水电缴费等生活便利。围绕支付服务扶贫产业链，推动农村支付服务与电子商务、直播带货等新业态新模式融合发展，为特色农产品"走"出乡村拓宽线上销售和支付渠道。特别是首次借助"云闪付"App 平台，创新运用"直播带货"方式为农产品销售开辟了新路径，将"云闪付"客户流量转变为农产品销量，有效助力脱贫攻坚和乡村振兴。

二、2021 年重庆市创新型金融发展工作重点

（一）推动成渝地区双城经济圈建设

贯彻落实党中央重大战略部署，构建联合工作机制，联合开展专题调研，并形成规划草案初稿。支持在成渝地区开展账户制度改革和创新先行先试，启动成渝双城推进移动支付服务体验同城化项目。联合税务部门在川渝两地实现税款跨省电子缴库。协同推进两地在外汇管理、金融统计、信用体系建设等方面开展共建共享，在治理跨区域金融风险与打击非法金融活动方面实施联防联控。

（二）推动绿色金融改革

推动重庆申报创建重庆市绿色金融改革创新试验区。自主开发"长江绿融通"大数据综合服务系统，在全辖人民银行和 65 家金融机构广泛使用。人行重庆营业管理部与两个区县政府签署绿色金融合作备忘录、绿色金融助力"碳达峰"和"碳中和"合作协议，深化绿色发展理念、推动绿色标准落地、促进绿色融资对接。推动重庆农村商业银行成为全国首家采纳"赤道原则"的农商行，以及中西部首家"赤道银行"。

（三）推动金融科技应用发展

以打造"四区两中心一高地"为重点，规划全市金融科技应用发展蓝图。推动重庆成为集金融科技应用、金融标准创新、金融科技创新监管 3 项试点资格于一身的两个省（市）之一。国家金融科技认证中心落户重庆，形成金

融科技创新发展生态。金融科技应用试点 26 个项目全部完成；金融标准试点通过验收；金融科技创新监管试点首批 5 项创新项目已进行社会公示。在国内率先探索创建多部门参与的金融科技发展协调工作机制，开辟金融科技企业管理新路径。

（四）提升金融改革开放水平

积极引政策、引资本、引人才，争取全国性功能中心、业务总部落地。支持机构上市，设立各类子公司、专营机构，支持引导地方中小机构立足当地做优做强。推进自贸区准入政策扩大应用，成渝两地监管互认。推进"智慧金融专网"建设，加快开发"金融风险监测平台"，打造"金融综合服务平台"，提升金融服务实体经济能力，提高营商环境重要指标"信贷可获得性"。稳妥有序推进资本项目改革，扩大便利化试点范围。利用重庆立足西部、面向东盟的优势，优化西部陆海新通道融资结算场景，落地实施 QDLP 等试点。不断提升跨境收支中人民币的地位。依托重庆国家金融科技认证中心，打造金融科技产业生态链。探索开展首届中新金融科技节。

第三章　重庆市金融重点工作情况

一、重庆市建设金融中心情况

（一）研究谋划金融中心建设方案

落实党中央关于推动成渝地区双城经济圈建设的战略部署，出台了一系列金融支持政策和工作举措，为编制出台《成渝共建西部金融中心规划》奠定了基础。成立重庆市金融工作领导小组，与金融委办公室地方协调机制形成合力。建立川渝金融合作机制，签署《共建西部金融中心助力成渝地区双城经济圈建设合作备忘录》，共同推进西部金融中心建设。

（二）完善金融机构体系

积极争取金融机构牌照，全年落地运营了中银金融租赁、渝农商理财子公司、小米消费金融、国家金融科技认证中心等一批新法人总部机构。中银金融租赁有限公司注册资本 108 亿元，是中国银行金融租赁业务的全球性总部，也是我市首家注册资本金超百亿的金融法人总部机构。蚂蚁消费金融公司获银保监会批筹，注册资本 80 亿元。支持吉利盛宝、度小满、万塘 3 家金融科技企业落地，建立重庆市金融科技发展协调工作机制。全市金融机构数量达到 1872 家、新增注册资本 372 亿元，金融业态不断丰富，金融集聚度不断提升。

（三）深化金融改革开放

推进法人机构重组，支持土交所完成转企改制工作，华润收购渝康资管公司，完成政府性融资担保机构整合工作。重庆小微担保公司获得国家融资担保基金 1.2 亿元股权投资，全市法人小贷、融资担保、商业保理增资 54 亿元。全国首例铁路提单案宣判强化了铁路提单物权属性。形成区域性股权市场制度与业务创新方案。深化中新金融合作，建立中新金融专家顾问团机制，获批本外币合一账户体系、跨境资金池试点等创新开放政策，成功取得合格境内有限合伙人（QDLP）对外投资试点资格，额度 50 亿美元。创新中新项下首笔绿色跨境贷、首笔"区块链再保理"业务，自贸区政策落实率达到 98%，跨境融资累计突破 130 亿美元，平均利率低于境内 1.03 个百分点，金融板块利用外资 15 亿美元。

二、中新（重庆）金融领域互联互通

（一）政策产品创新联动，跨境融资优势逐步提升

成功争取陆海新通道人民币国际投资基金、本外币合一的账户体系试点等新一批创新举措。新资机构首笔熊猫债、中新项下首笔新币公募债券等创新业务落地。国际商业贷款、内保外贷、境外发债等多渠道融资体系形成，2019 新增跨境融资 33.5 亿美元，较同期增长逾一倍。

（二）重点项目有力推进，资本市场互通步伐加快

积极推进中新基金互认、跨境理财通，形成基金互认总体方案，与新加坡多次探讨合作路径，基本确定基金推进日程，启动理财通的方案设计与论证。成立绿色金融、巨灾保险工作小组，形成绿色跨境融资工作机制，启动绿色金融资产管理公司可行性研究，明确赴新发行巨灾债券、巨灾保险国际再保险等合作方向。

（三）金融机构互设加快，市场活力有效激发

华夏银行在渝设立总行直管的中新互联互通运营中心，中新基金持续做强，已在物流、大数据等领域实现投资 84 亿元，新加坡毅鸣基金与南岸区成立现代服务业基金。重庆博恩集团成功获批新加坡汇款牌照，实现重庆企业申请新加坡金融类牌照零突破。小米金融、蚂蚁金服已申请发起设立新加坡数字批发银行。

（四）金融峰会成功召开，搭建交流合作平台

新加坡等东盟十国金融监管机构、境内外重要金融机构和组织负责人等195位重要嘉宾出席2019中新金融峰会，为中新金融合作贡献智慧，成果丰硕。累计签约92个项目，协议金额超2000亿元，有效促进中国西部与东盟各国金融领域的政策互惠、市场互动、资源互补。

（五）互访互动更加密切，合作机制持续深化

签署深化中新金融监管合作与资本市场合作的备忘录。成功将中新项目推广至西部，与其他西部省区市就进一步深化中新项下西部地区金融合作达成协议。召开金融专委会会议，明确了金融工作思路，有效推动了中新金融专家顾问团等合作事宜。

第四章 重庆市优化营商环境
获得信贷工作情况

一、重庆市优化营商环境获得信贷总体情况

（一）强化政策引导，保障中小企业信贷资金供给

2020 年，人行重庆营业管理部通过差别化存款准备金率政策、定向降准等政策为重庆辖区释放长期流动性，为金融机构小微企业信贷投放提供中长期资金支持。指导重庆银行发行小微专项金融债，专项用于小微企业信贷投放。按季度对全辖金融机构开展小微信贷政策执行情况评估，及时约谈政策执行不到位的机构，强化激励约束。

（二）用好直达实体经济的结构性货币政策工具

落实好中小微企业贷款阶段性延期还本付息政策，推动金融机构提前对接、应延尽延。发挥好再贷款再贴现工具精准滴灌作用，支持地方法人银行积极向全市小微企业、个体工商户等发放优惠利率贷款（含贴现）。

（三）推进改革，引导实体经济融资成本下行

深化贷款市场报价利率（LPR）改革，推动商业银行在实施存量贷款定价基准转换成 LPR 时给予中小企业利率下调优惠。目前，辖内新发放贷款已经全部实现 LPR 定价，更多企业享受到了利率改革的红利。

（四）开展中小微企业融资保障行动，提升贷款覆盖面

人行重庆营业管理部牵头建立 16 个部门共同参与的金融支持稳企业保就业工作机制，联合出台了《重庆市金融支持稳企业保就业的实施意见》，涵

盖"40条"具体措施，推动市区县联动，聚焦民营和中小微企业金融服务难点痛点，发挥财政、产业等政策与金融政策合力，保障政策落地。

全面推进"渝融通"民营小微企业首贷续贷中心建设，依托政务服务大厅，整合行政窗口资源，组织银行轮流值班，发挥市场各方合力，为市场主体提供金融政策、信贷产品咨询与服务。同时，开发"渝融通"融资对接二维码，便利企业线上提交融资申请；建设"银企直通车"系统，通过人民银行与银行间的金融城域网搭建银企对接桥梁，确保企业信息传输安全、银行对接高效可监督。

推动建立敢贷愿贷会贷长效机制，推动金融机构对普惠小微贷款内部资金转移定价实施优惠政策。加大线上贷款产品和金融服务的开发推广。推动金融机构积极运用互联网、大数据等金融科技手段，强化银税互动合作，进一步提升线上金融服务质效，全市普惠小微线上贷款较2019年同期翻番，全市中小微企业金融服务呈现扩面增量趋势。

（五）营造良好的融资环境

大力推广应收账款融资服务平台，缓解中小微企业因缺乏足值抵押物导致的融资难题。人行重庆营业管理部加强与市财政局、市卫健委、市国资委、市经信委等政府部门的"横向交流"，推动应收账款融资服务平台与市政府采购平台进行对接。建立定期"例会"和通报机制，及时督导各金融机构推广工作进展情况。

推动动产担保统一登记试点工作，提升"获得信贷"便利度。通过积极争取，重庆获批成为继北京、上海后全国第二批动产融资担保统一登记试点地区，解决了动产担保权益登记分散、登记规则不统一问题，大幅提高了动产担保登记效率，为全国建立动产担保统一登记系统提供了可复制、可推广的实践经验。以试点工作为契机，利用登记系统破除生猪活体抵押权归属难题，创新生猪抵押贷款模式。该试点被重庆市政府列为2020年重庆市优化营商环境推动"获得信贷"重点工作。

联合市发改委等13个部门出台《关于印发重庆市完善市场主体退出制度改革工作方案的通知》，规定重整成功的企业可依据重整计划裁定书向金融信用信息基础数据库公开重整计划，并按重整后的债权债务关系展示信贷记录，帮助企业重建信用，激发市场主体活力。

二、重庆市优化金融信贷营商环境改革成果

2020年，市金融监管局、人行重庆营管部、重庆银保监局会同有关市级部门全面落实市委、市政府关于优化金融营商环境的决策部署，多措并举提升企业"获得信贷"服务实体经济能力，进一步打造主动服务、积极进取的政务服务模式，促进实体经济持续健康发展，不断提升中小微企业"获得信贷"便利度，有效缓解了中小微企业融资难题。

市金融监管局会同市财政局、市经济信息委强化转贷应急、融资担保服务。一是下调转贷应急周转金使用费率，为帮助还贷出现暂时困难的中小微企业不断贷，顺利"过桥"，市财政局会同市经信委在2019年"提标、扩面、降费"的基础上，2020年再次下调收费标准，由每工作日0.2‰降至0.1‰。全年为2082家企业办理转贷190.8亿元，同比增长12%，较社会融资成本节约近6亿元。二是健全我市融资担保体系，一方面，确定了我市首批政府性融资担保机构名单，并结合政策性小微企业贷款担保业务开展情况下达了区县融资担保代偿补偿资金1.14亿元，支持其建好风险补偿"资金池"；另一方面，推进再担保公司、农业担保公司划转，政府性融资担保体系粗具雏形。三是加码担保费补贴政策，为降低小微企业融资成本，对担保费率在1.5%以下的小微企业贷款担保（单户生产经营性贷款1000万元及以下），按照累进激励原则给予1%~1.3%的担保费补贴。全年，我市政府性融资担保机构预计为9500余户小微企业提供费率不超过1.5%的低费率担保超80亿元，预计为企业节约融资成本约8000万元。

市税务局按照国家税务总局统一部署，将享受"银税互动"的企业范围从纳税信用A级、B级，扩大至M级。全市纳入"银税互动"范围的企业数量从24.9万户，增加到50.4万户，增幅102.4%，同时新增中国银行、富民银行、大连银行等合作伙伴，银税互动惠及面更广。2020年，市税务局累计与27家银行签订"银税互动"合作协议。其中17家银行已上线22项经营贷产品，全年共计授信户数5.8万户，增长28.89%；累计授信金额324.35亿元，增长33.81%；获贷企业户数3.7万户，累计发放银税互动贷款9.37万笔，累计投放贷款额256.38亿元，比上年度增加63.15亿元，增幅32.68%。截至2020年

12 月 31 日，银税互动贷款余额 156.45 亿元，有贷户数 3.34 万户。

市科技局建立知识价值信用评价体系，根据科技型中小企业的特点，以科技创新要求和经营管理要素为核心建立知识价值信用评价体系，依靠"大数据应用＋软件化评估"自动生成 5 个特定信用等级及其授信额度，作为银行发放贷款的重要参考依据；建立贷款风险补偿基金，市区两级财政资金以 4∶6 的比例出资组建风险补偿基金，负责按照逾期知识价值信用贷款本金的 80% 向合作银行提供先行代偿，合作银行自行承担 20% 并负责进行追偿。追偿回收的资金剔除成本后，80% 存入风险补偿基金；建立改革试点工作联动机制，市科技局会同市财政局、市金融监管局、重庆银保监局、人民银行重庆营管部、市知识产权局建立知识价值信用贷款改革试点联席会议制度，共同商定改革试点重要事项。市科技局与试点区域政府、合作银行签订三方协议，共同保障改革试点顺利推进。风险补偿基金受托管理机构与合作银行紧密互动，共同加强风险防控和提供优质服务。2020 年，改革试点促成合作银行累计为 5021 家企业发放知识价值信用贷款 83.24 亿元，引导商业贷款 63.39 亿元，实现融资总额 146.63 亿元，其中首次获得银行贷款的民营科技中小微企业 1221 家，占获贷企业总数的 24%。

市司法局与市人大相关专委会、市金融监管局加强对地方金融工作的立法保障，经过充分沟通论证，将《重庆市地方金融条例（制定）》纳入《重庆市人民政府 2020 年立法工作计划》调研项目。与市金融监管局积极推进立法工作，配合开展相关立法调研，对我市金融监管工作中存在的主要问题进行深入调研和系统梳理，为下一步《条例》制定工作打好基础。积极做好动产担保的制度保障，在制定《重庆市优化营商环境条例》过程中，对动产担保进行专门规定，明确本市实行统一的动产担保登记制度，推动市场主体通过中国人民银行征信中心的动产融资统一登记公示系统办理动产担保登记，为市场主体提供统一、便捷、高效的登记、变更、查询、注销等服务。

第二篇　改革篇

第五章 重庆市深化金融改革情况

一、重庆市深化金融改革概况

（一）融资保障持续增强

落实与大型金融机构总部签署的战略协议，抓好银行支持实体20条措施，推动银行加大信贷供给，2020年贷款余额3.65万亿元，增长14.9%，增速排名西部第一；存贷比91.8%，高于全国12.2个百分点。组织召开政银企对接会，围绕投资、基建等重点领域，全力保障重大项目资金需求，中长期固定资产贷款余额1.17万亿元，增长13.1%，新增基建领域贷款1361亿元。修订出台《重庆市重点拟上市企业财政扶持管理办法》，培育法人金融机构通过资本市场壮大实力。深化落实提升经济证券化水平行动计划，进一步完善政务服务、财政扶持、区县考核等配套政策，强化项目资源的储备培育，推动22家企业进入拟上市储备库，重点梳理了130家利润2000万以上后备企业进行跟踪服务，推荐50家科技型企业进入科创板储备库进行培育。IPO成功2家，农商行上市融资近百亿。

（二）金融服务有效改善

出台"金融服务民企15条""降融资成本10条"等政策，构建服务小微、民企长效机制。持续开展"民企大走访""百行进万企"等活动，实现对规上民企、纳税信用B级小微企业全覆盖。会同有关部门推动债委会为力帆、银翔等企业续贷438亿元，增贷33亿元。积极推动扶贫小额信贷工作，落实风险补偿措施，简化办理流程，累计发放信贷64.62亿元，获贷率33.55%。

（三）金融改革稳步推进

制定《地方金融监管工作实施意见》，促进金融业持续健康发展。农商行理财子公司已获银保监会批准同意，小米消费金融筹建申请完成部市会商，国家金融科技认证中心已获人总行复函支持，金融租赁、合资证券等新牌照正积极推进。内陆国际金融中心建设方案已经市政府常务会议审定，积极争取中央部委支持，力争建设方案尽快批复。分别与新加坡金管局、"11+1"省（区市）地方金融监管局签署合作备忘录，中新金融合作范围进一步扩大。首家注册于中西部的全国性金融基础设施中保登保险资产管理产品结算系统正式上线运行。

二、银行业深化金融改革情况

（一）深化供给侧改革，服务实体经济

2020 年，全市银行业认真贯彻落实党中央、国务院和市委、市政府关于深化金融供给侧结构性改革指示、要求，调结构、优服务、强弱项、补短板，着力保障重大战略、重点领域、重要项目和薄弱环节的金融供给，为全市经济社会发展提供高质量的金融保障。截至 2020 年末，辖内银行业贷款余额 4.19 万亿元，同比增长 13.1%，其中，新增贷款 4848.9 亿元。

支持疫情防控，助力复工复产。全年，银行业金融机构累计信贷支持受疫情影响的企业 169300 家次，涉及金额 4269.82 亿元，通过展期、续贷以及其他方式对 76764 户次中小微企业实施阶段性延期还本付息，累计涉及贷款余额 2434 亿元。

支持重大项目，落实重大战略。服务"一带一路"、长江经济带、西部大开发和成渝地区双城经济圈建设重点项目、重点产业、重点企业融资超万亿，支持西部陆海新通道建设 221 亿元，中新项下跨境融资金额超 468.03 亿元，同比增长 25.4%。

支持重点产业，促进转型升级。加大对辖内支柱产业、先进制造业、战略性新兴产业的支持。全年新增制造业贷款 347.9 亿元，同比增长 60.8%，中长期贷款余额 3.13 万亿元，占各项贷款比重达 75.3%。

服务三农小微，践行普惠金融。持续改善小微企业、三农、扶贫等重点领域和薄弱环节金融服务，不断提高金融服务的覆盖率、可得性和满意度。截至 2020 年末，重庆普惠型小微企业贷款余额 3248.84 亿元，较年初

增长 28.00%，比各项贷款较年初增速高 15.27 个百分点。精准扶贫贷款余额 1324.83 亿元，同比增长 28.66%；扶贫小额信贷获贷率 55.61%，同比上升 13.42 个百分点。

支持科技创新，发展"价值"贷款。全年，知识价值信用贷款累计向 5021 家企业提供信贷 83 亿元，商业价值信用贷款累计向 4594 家企业提供信贷超 53 亿元，发放知识产权质押贷款 13 亿元，有力纾缓科创企业抵质押难题。

支持绿色发展，服务生态保护。重庆银行业积极支持长江大保护和节能减排、低碳环保等绿色产业发展。全年，绿色信贷余额 2708.71 亿元，同比增长 43.05%；支持长江上游生态安全屏障建设融资余额 963.25 亿元，同比增长 155%。

（二）深化机构体系改革，增强发展能级

加强统筹规划，健全机构布局，积极上市补充资本金增强风险抵补能力，构建多层次、广覆盖、差异化的银行机构体系。2020 年，新设中银金融租赁公司、渝农商理财子公司和小米消费金融公司等三家法人机构，全市银行业法人机构增至 55 家，一级分行 57 家，营业网点 4000 余家，覆盖全市所有乡镇。大型法人相继改制上市，重庆农商行、重庆银行均实现"A+H"股上市，资本实力得到进一步夯实。

（三）深化"放管服"改革，优化营商环境

研究推进在成渝地区双城经济圈范围内复制推广自由贸易区简化银行机构、高管准入事项的改革创新成果，拟对银行分行级以下（不含分行）的机构、高管和部分业务准入事项由事前审批改为事后报告，释放金融市场活力。

贯彻落实《国务院办公厅关于进一步优化营商环境更好服务市场主体的实施意见》（国办发〔2020〕24 号）、《中国银保监会办公厅关于深化银行业保险业"放管服"改革　优化营商环境的通知》（银保监办发〔2020〕129 号）等文件要求，在市场化、法治化的原则下，推进招投标保函工作，在工程建设、政府采购等领域推行以保函等替代现金缴纳涉企保证金，发挥市场化担保机制作用，减轻企业现金流压力，优化我市营商环境。

认真落实银保监会《关于进一步规范信贷融资收费 降低企业融资综合成

本的通知》有关要求，压降收费项目和收费标准，向实体经济让利，降低企业融资成本，助力"六稳""六保"。2020 年，辖内主要银行机构较年初免收或取消收费共计 141 项，整合精简 100 项，降低收费标准 33 项。

三、证券业深化金融改革情况

（一）辖区资本市场发展情况

市场规模逐步扩大。2020 年辖区新增 3 家上市公司，总数达到 57 家。总市值 1 万亿元，较 2019 年末增长 55.63%。另有已过会待发行企业 3 家，在审企业 4 家；处于辅导备案阶段企业 26 家，其中 5 家拟申报科创板。新三板挂牌公司 101 家。辖区证券公司 1 家，证券分支机构 252 家；证券投资咨询公司 1 家，分公司 2 家；期货公司 4 家，期货分支机构 32 家；公募基金管理公司 1 家；私募基金管理人 210 家。辖区投资者股票账户数 1037 万，客户资产 7263 亿元，同比分别增长 23.6%、54%。期货投资者账户数 24.6 万，期货交易保证金余额 204.52 亿元，同比分别增长 19.7%、76.71%；公募基金管理规模 542.06 亿元，私募基金管理规模 1469.13 亿元，同比分别增长 131.09%、6.6%。

直接融资规模稳步增长。2020 年辖区 97 家企业实现直接融资 2932.07 亿元，同比增长 26.14%。其中 3 家企业通过 IPO 融资 33.16 亿元，11 家上市公司再融资 445.78 亿元，73 家企业通过发行公司债、ABS 等债权融资工具融资 2447.99 亿元，1 家企业新三板精选层挂牌并实现融资 3.52 亿元，9 家新三板挂牌企业再融资 1.62 亿元。已过会待发行企业 3 家，计划融资 57 亿元。此外，35 只创投基金实缴规模 42.68 亿元，投资 188 家实体企业。重庆区域性股权市场帮助中小微企业实现直接融资 25.06 亿元。

市场机构服务能力增强。西南证券分类评级结果由 BB 级上升为 BBB 级，由其保荐的深交所分拆上市第一股已审核通过，还协助首家新三板精选层公司成功挂牌。辖区证券经营机构累计协助企业实现融资 576.54 亿元。期货公司开展"保险＋期货"项目 32 个，规模 8.9 亿元。期货公司风险管理子公司通过仓单融资、基差贸易等服务 1099 家（次）企业，涉及金额达 132.2 亿元。

重点领域风险得以缓释。辖区风险类上市公司由年初 18 家下降到年末 10 家，高比例质押公司从年初 10 家下降到年末 8 家。重庆钢铁股票质押风险化解取得重大进展。交易所市场公司债券 2020 年到期或回售 578 亿元，力帆控股和力帆股份 2 只债券未能到期兑付，但已通过破产重整妥善处置，目前无其他实质性违约债券。辖区证券期货基金机构累计完成资管产品整改 173 只，压降存续规模 836.78 亿元，整改完成率 69.12%。新华基金私募资管计划总体杠杆率降至 116.88%。

（二）监管工作开展情况

做好疫情防控和支持复工复产。配合地方党委政府做好疫情防控。及时传达落实资本市场支持疫情防控相关政策，协调解决市场主体复工复产困难问题。引导 12 家上市公司大股东或员工持股平台累计回购或增持 3.97 亿股。指导期货经营机构疫情高发期应对国际国内原油期货价格下跌等市场风险。推动 4 家上市公司大股东与质权人签署股票质押延期协议，合计展期 2.2 亿股。辖区 17 家上市（挂牌）公司适用延期披露政策，支持 2 家上市公司并购重组财务资料或批文有效期获准延长，指导三峡银行申请贫困地区企业 IPO 注册发行"绿色通道"政策，推动重庆银行、三峰环境、顺博合金适用疫情防控中发挥突出作用企业首发审核的支持政策。支持辖区 1 家企业发行疫情防控债 10 亿元。各类市场主体累计捐款捐物约 2.62 亿元。

稳妥有序开展风险处置工作。推动地方政府召开提高上市公司质量专题协调会，一企一策商定解决方案。力促"提高上市公司质量"纳入金融委办公室地方协调机制（重庆市）重点工作，推动协调有关金融机构化解上市公司股票场外质押风险。压实债券发行人主体责任，积极引导开展自救。防控化解证券期货基金经营机构资管产品逾期风险，持续推动不符合资管新规产品规范整改。协助公安部门对"亚信系"非法集资案件立案侦查，向市政府通报 68 家次私募机构风险。

严厉查处各类违法违规行为。开展各类现场检查核查 179 家次，采取行政监管措施 23 项，自立案件 3 起。配合警方破获"撮合网"重大场外配资案，目前该案已进入法院审理阶段。办理案件 16 件（其中 3 件为 A 类案件），案件查实率 100%。完成审理和行政处罚 4 件，已审结案件未发生行政诉讼。2 件行政复议案件，均维持原决定。督促 37 名被处罚对象全额缴纳罚款 772.08 万元。

持续加强投资者保护工作。全年办理完成投诉举报 140 件。加大与交易所、高校、市场机构的协作，督导辖区投教基地发挥作用，逐步形成立体化投教宣传格局。联合市高院将辖区证券期货纠纷调解模块嵌入"重庆法院纠纷易解平台"。协调市教委将投资者教育纳入国民教育体系取得进展。在国家发改委发布《2020 年中国营商环境报告》"保护中小投资者"指标排名中，重庆市获评为十大典型示范城市。

服务国家发展战略和脱贫攻坚战。落实党中央关于建设成渝地区双城经济圈的战略部署，围绕西部金融中心建设开展调研，为地方政府提供决策参考。协助地方政府开展上市后备企业挖掘培育工作。支持市场机构来渝设点布局，推动金融要素聚集。积极引导辖区市场主体履行社会责任，通过结对帮扶、产业扶贫、公益扶贫等方式，决战决胜脱贫攻坚。辖区各市场主体累计投入扶贫资金 1.27 亿元。

四、保险业深化金融改革情况

（一）深化供给侧改革，服务社会民生

2020 年，全市保险业认真贯彻落实党中央、国务院和市委、市政府关于深化金融供给侧结构性改革指示、要求，调结构、优服务、强弱项、补短板，着力保障重大战略、重点领域、重要项目、薄弱环节和社会民生的风险保障供给，为全市经济社会发展提供高质量的保险保障。截至 2020 年底，全市保险业原保费收入 987.6 亿元，同比增长 7.8%，为全市提供风险保障 235.11 万亿元。

支持疫情防控，助力复工复产。2020 年，全市保险机构为疫情防控及企业复工复产提供风险保障金额累计超过 2 万亿元，保障企业 9880 家次、保障抗疫人员及居民 1786.8 万人次。

支持"一带一路"，护航对外开放。服务"一带一路"建设，为中欧班列（重庆）货运提供风险保障 1980.8 亿元。创新开展关税保证保险，2020 年，累计承保 411 笔关税保证保险，提供风险保障约 8 亿元，在加速外贸企业通关、促进国内国际双循环等方面发挥了积极作用。推行"银行 + 信保"模式，44 家外贸企业通过保单融资 13.6 亿元，提升外贸企业融资服务的便利度和获得感。

发展三农保险，助力脱贫攻坚。大力开展农业保险，增强农民风险抵补能力，推动农业保险全流程线上化操作，加强农村数字金融建设。2020年，农业保险提供风险保障480.50亿元，参保农户116.44万户次，受益农户64.10万户次。将大病补充保险、疾病身故保险等"三保障"保险纳入特惠扶贫保险的保障范畴，助力辖内全部贫困区县提前实现脱贫摘帽。

推广普惠保险，健全保障体系。扩大长护险试点范围，全年投保人次超过48万，赔付近1万人次。落地普惠型补充医疗险"渝惠保"惠及近300万人，以点带面完善养老多层次保障体系。

试点巨灾保险，防范巨灾风险。在全市范围内开展巨灾保险试点工作。截至2020年末，我市巨灾保险已在渝中区、万州区、黔江区、江津区、长寿区等27个区县实施，为2500万人提供57.9亿元风险保障，累计赔付1805.81万元。

创新工作机制，服务社会治理。研究引进车险"互碰快赔"创新服务，拓展"警保联动"至车驾管便民服务、"空地一体化"应急救援、交通事故矛盾纠纷调解等多领域。积极发展公共责任保险、安全生产责任险、食品安全责任险、电梯安全责任保险、医疗责任保险等，在重点民生领域强化稳健发展保障，妥善化解矛盾纠纷，提升社会治理效能。

开展绿色保险，助力生态建设。2020年，重庆保险业累计承保环境污染责任保险71件，保险金额1.56亿元，支持绿色生态建设。

（二）深化车险综合改革，提升服务质效

开展车险综合改革，降低保费水平，大幅删减责任免除项目，扩展保险责任，提升保障水平和范围。截至2020年末，辖内车均保费从3907元降至3056元，降幅21.78%；投保率提升6个百分点至97.29%；平均保额提升37万元至151.93万元；手续费较改革前下降近一半。

（三）深化"放管服"改革，优化营商环境

落实法人机构属地监管职责改革。按照银保监会统一部署，承接辖内4家保险业法人机构监管事权下放，加强组织人员保障，提升监管能力，确保各项监管工作任务"不重不漏"，监管职责移交"无缝衔接"。

　　研究推进在成渝地区双城经济圈范围内复制推广自由贸易区简化保险机构、高管准入事项的改革创新成果，拟对支公司的机构、高管等准入事项由事前审批改为事后报告，释放金融市场活力。

　　贯彻落实《国务院办公厅关于进一步优化营商环境更好服务市场主体的实施意见》（国办发〔2020〕24号）、《中国银保监会办公厅关于深化银行业保险业"放管服"改革　优化营商环境的通知》（银保监办发〔2020〕129号）等文件要求，在市场化、法治化的原则下，推进招投标保险工作，在工程建设、政府采购等领域推行以保险等替代现金缴纳涉企保证金，发挥市场化担保机制作用，减轻企业现金流压力，优化我市营商环境。

第三篇 运行篇

第六章　重庆市银行业发展情况

一、总体情况

（一）机构情况

截至 2020 年末，重庆辖内法人机构和市级分行达到 112 家，从业人员 7.29 万人，总量继续领跑中西部。辖内三家法人银行成功 A 股上市和定向增发，小米消费金融公司、渝农商理财子公司和中银金融租赁公司三家法人机构正式成立。重庆蚂蚁消费金融有限公司获批筹建，开业后将成为继马上金融、小米消金之后，重庆第三家持牌消金公司。而重庆的消费金融公司数量也将与北京、上海并列全国首位，机构聚集效应进一步凸显，银行业金融机构种类进一步丰富。

（二）资产情况

截至 2020 年末，全市银行业总资产 5.91 万亿元，同比增长 9.9%。全市银行业总负债 5.64 万亿元，同比增长 10.2%；其中，各项存款余额 4.28 万亿元，同比增长 8.5%。表内同业资产规模较年初净减少，同业理财规模较年初继续保持下降趋势，资金脱实向虚问题得到坚决纠正，银行业资产负债结构持续调整。

（三）业务情况

截至 2020 年末，全市银行业各项贷款余额 4.19 万亿元，同比增长 13.1%。2020 年新增贷款 4848.9 亿元。新增贷款投向的前五大行业为：住房按揭贷款，水利、环境和公共设施管理业，批发和零售业，交通运输、仓储和邮政业和租赁，商务服务业，合计占全部新增贷款的 75.8%。

（四）盈利情况

2020 年，全市银行业实现净利润 438.1 亿元，同比下降 30.3%，通过不良贷款核销、减免贷款利息等方式让利实体经济。其中，商业银行净利润 334.0 亿元，同比下降 36.4%。银行业资产利润率 0.78%，较全国水平高 0.03 个百分点。法人机构资本利润率 8.88%，较全国平均水平低 0.06 个百分点。

（五）风险情况

截至 2020 年末，全市银行业风险状况整体可控。银行业不良贷款余额 625.7 亿元，不良率 1.48%，较年初双升，但不良率仍低于全国平均 0.46 个百分点。逾期 90 天以上贷款与不良贷款之比 65.7%，低于全国平均 10.7 个百分点，较年初下降 11.7 个百分点，资产分类真实性水平较好。银行业处置不良贷款 524.4 亿元，同比增加 114.1 亿元，同比增长 27.8%，创近年处置新高。银行业拨备覆盖率 188.84%，高于全国平均 0.07 个百分点。法人机构资本充足率 14.81%，同比上升 0.22 个百分点。

二、银行类金融机构情况

（一）开发性、政策性银行及邮政储蓄银行

辖内开发性、政策性银行共 3 家，分别为国家开发银行、中国进出口银行和中国农业发展银行。2020 年，各开发性、政策性银行强化职能定位，积极发挥逆周期调节作用，信贷投放力度明显加大，有力保障了辖内疫情防控、复工复产、重大项目建设、脱贫攻坚、稳外贸等重点领域资金供给。年末贷款余额合计 5409.92 亿元，在个别银行部分业务划归总行导致贷款规模下降超百亿的情况下，仍实现同比增长 10.33%。存款余额 655.93 亿元，同比增长 0.89%。实现账面利润 40.61 亿元，同比增加 4.66 亿元。2020 年，辖内开发性、政策性银行加强风险资产处置，进一步做实了资产质量。同时，持续开展市场乱象整治"回头看"专项工作，不断加强内控合规建设，提升全面风险管理水平。

（二）大型商业银行

截至 2020 年末，重庆辖内大型商业银行重庆市分行共 6 家，机构网点数

量合计 1554 家，从业人员 31081 人。总资产 21058.68 亿元，同比增长 9.04%。其中，各项贷款余额 17537.93 亿元，同比增长 12.20%。新增贷款主要集中在个人贷款、交通运输、仓储和邮政业、水利、环境和公共设施管理业、租赁和商务服务业、制造业、批发和零售业，上述行业合计占大型商业银行新增贷款总量的 94.87%。总负债 21023.02 亿元，同比增长 9.73%。其中，各项存款余额 19159.29 亿元，同比增长 8.48%。2020 年，辖内大型商业银行实现净利润 158.06 亿元，同比下降 32.32%。资产利润率 0.78%，同比下降 0.48 个百分点；净利差 2.28%，同比提高 0.03 个百分点；中间业务收入率 15.19%，同比下降 1.95 个百分点。辖内大型商业银行整体风险可控。主要因个别大型集团贷款集中进入不良，不良贷款余额和不良率分别较年初增加 106.48 亿元、0.49 个百分点，年末拨备覆盖率 171.03%。全年扎实推进乱象治理"回头看"工作，2017—2020 年，累计整改问题 2619 个、涉及金额 1621.68 亿元。

（三）股份制商业银行

截至 2020 年末，在渝全国性股份制商业银行共有 12 家，机构网点 294 个，正式员工 9258 人。总体运行平稳，呈现以下特点：一是资产负债规模同步稳定增长。截至年末，12 家股份制行总资产余额 8404.50 亿元，比年初增长 8.83%；总负债余额 8326.21 亿元，比年初增长 9.60%；总资产、总负债中贷款、存款分别占 90.62%、80.62%。二是贷款保持较快增长。截至年末，12 家股份行各项贷款余额 7616.05 亿元，比年初增加 816.70 亿元，同比增长 12.01%。辖内股份行新增贷款最多的前三大领域为个人贷款（不含个人经营性贷款）、批发和零售业、水利、环境和公共设施管理业。12 家行贷款余额前三大行业依次为个人贷款（不含个人经营性贷款）、房地产业、批发和零售业，上述三大行业贷款占股份行全部贷款的 62.15%，其中，个人贷款占比 38.72%，较年初上升 3.66 个百分点。三是不良贷款维持在较低水平。截至年末，12 家行不良贷款余额 98.20 亿元，比年初增加 10.46 亿元，不良贷款率 1.29%，与年初持平。四是盈利能力较稳定。截至年末，股份行整体拨备 104.50 亿元，同比增加 71.93 亿元，实现净利润 51.65 亿元，同比降低 56.68 亿元。

（四）城市商业银行和民营银行

截至 2020 年末，重庆辖内城市商业银行和民营银行共计 10 家，其中法人机构 3 家（城市商业银行 2 家，民营银行 1 家），非法人机构 7 家（城市商业银行重庆分行）。资产总额 8960.45 亿元，较年初增加 979.82 亿元，增长 12.28%。负债总额 8343.36 亿元，较年初增加 953.33 亿元，增长 12.90%。其中，各项贷款余额 4338.03 亿元，较年初增加 624.42 亿元，增长 16.81%。各项存款余额 5305.66 亿元，较年初增加 486.48 亿元，增长 10.09%。实现净利润 39.38 亿元，较 2019 年同期减少 46.01 亿元，同比下降 53.88%，利润下滑主要是由于减费让利力度较大。全年，重庆辖内城市商业银行和民营银行的经营发展及风险管控取得较好成绩。重庆银行于 2020 年 12 月正式获得证监会核发的 IPO 批文，并在 2021 年 2 月正式回归 A 股，成为西部首家"A+H"两地上市的城商行；重庆三峡银行、重庆富民银行不断优化业务结构，发展势头持续向稳向好；7 家异地城商行持续加大不良贷款处置力度，全年共处置不良贷款 29.60 亿元。辖内 10 家城商行积极支持企业复工复产，全年共为 1178 家产业链核心企业提供信贷支持 936.44 亿元，为 9966 家企业办理延期还本金额 248.03 亿元，为 12019 家企业办理延期付息金额 6.08 亿元。

（五）农村商业银行

截至 2020 年末，重庆农商行总资产和总负债分别为 11015.07 亿元和 10095.62 亿元，分别较年初增长 10.26%、10.65%，集团资产规模 11349.55 亿元，各项存款 7114.15 亿元，增长 7.38%，各项贷款 4639.58 亿元，增长 16.6%。发行理财余额 1382.56 亿元，比年初增长 4.62%。实现净利润 81.12 亿元，同比增长 4.67%。2020 年，重庆农商行积极加强党的领导，进一步完善公司治理建设，积极践行金融支持"双复双决"各项工作，坚守支农支小战略定位，加大信用风险处置力度，持续推进存量理财处置，发起设立的全国首家农商行系理财子公司顺利开业，银行整体运行平稳。

（六）外资银行

截至 2020 年底，在渝外资银行共有营业性机构 23 家，其中分行 15 家、支行 8 家，另有外资银行代表处 1 家，从业人员 502 人。总资产 284.13 亿元，较年初增长 2.57%，其中各项贷款 216.56 亿元，较年初增长 17.25%，大大高于全市银行业平均增速；总负债 238.35 亿元，较年初增长 1.30%，其中各项存款 192.66 亿元，较年初增长 3.40%。不良贷款余额下降 18%，不良率下降了 0.17 个百分点，资产质量进一步优化。全年实现净利润 4.34 亿元。2020 年，在渝外资银行发挥跨境协作优势，为客户进一步拓宽融资渠道、降低融资成本、优化债务结构、提升国际形象提供了积极支持。其中，星展重庆借助总行网络优势以及分支机构间的协同效应，积极协助企业获得多元化的投融资渠道，全年为 10 余家西部企业获得海外融资 15.48 亿美元；富邦华一重庆成为辖内第一家加入地方债承销团的外资银行，全年承销地方债 15.4 亿元；渣打重庆成为辖内获批办理 2020 年度首笔跨境人民币双向资金池业务的外资银行。

（七）住房储蓄银行

截至 2020 年末，重庆辖内已开业住房储蓄银行仅中德住房储蓄银行有限责任公司重庆分行 1 家。年末资产总额 76.08 亿元，较年初增长 9.08%。其中各项贷款 77.13 亿元，较年初增长 9.29%。住房储蓄类贷款余额 39.88 亿元，较年初增长 37.46%，占各项贷款的 51.70%，较年初提高 10.59 个百分点。负债总额 75.62 亿元，较年初增长 10.34%，其中各项存款 67.76 亿元，较年初增长 20.04%。全年实现净利润 0.46 亿元，较上年同期减少 62.35%。

（八）其他（信用卡中心）

截至 2020 年末，交通银行信用卡中心重庆分中心共有员工 227 人，累计发卡量 138.45 万张，活卡率 50.64%；信用卡贷款余额 86.04 亿元。股份行信用卡持牌机构 6 家，发卡量 1368.62 万张，比年初减少 69.36 万张，降幅 4.82%。信用卡总授信额度 2145.64 亿元，较年初上涨 12.71%。透支余额 927.63 亿元，较年初增长 4.76%，其中逾期透支余额 36.15 亿元，较年初增长 5.22%。不良率 1.99%，较年初上涨 0.27 个百分点。本年合计处置不良 46.50 亿元，较去年增长 9.39 倍。全年信用卡收入 116.69 亿元，较去年增长 9.00%，其中佣金收入占比 15.52%，利息收入占比 32.95%，分期业务占比 41.02%。

三、非银行类金融机构发展情况

（一）机构情况

截至 2020 年末，重庆辖内已开业非银行金融机构共计 17 家，其中法人机构 13 家，具体为：信托公司 2 家，金融租赁公司 4 家，企业集团财务公司 4 家，汽车金融公司 1 家，消费金融公司 2 家，非法人机构 4 家（金融资产管理公司重庆市分公司）。

（二）资产情况

2020 年末，辖内法人非银机构资产总额（不含信托资产）3484.54 亿元，较年初增加 774.80 亿元，增长 28.59%；信托公司受托管理信托资产规模 3050.35 亿元，较年初下降 14.76%。

（三）业务情况

2020 年末，辖内法人非银机构各项贷款（不含信托贷款）余额 2968.93 亿元，较年初增加 765.65 亿元，增长 34.75%。负债总额 2480.83 亿元，较年初增加 465.13 亿元，增长 23.07%。

（四）盈利情况

2020 年末，辖内法人非银机构实现净利润 72.77 亿元，同比增加 9.25 亿元，增幅 14.56%。

（五）风险情况

总体来看，各非银机构持续强化信用风险、流动性风险、声誉风险和信息科技风险等全面风险管理，守住了风险底线。

第七章　重庆市证券业发展情况

一、机构情况

截至 2020 年底，辖区有 57 家上市公司。其中：A 股 53 家（新增三峰环境、顺博合金、百亚股份），"A+B"股 1 家（长安汽车），"A+H"股 2 家（重庆钢铁、渝农商行），B 股 1 家（建车 B）。国有控股 25 家，境外控股 4 家，民营控股 28 家；控股股东为本市企业的 41 家，非本市企业的 16 家；*ST 类上市公司有 1 家，ST 类上市公司有 2 家。辖区共有拟上市公司 33 家，已上报证监会（交易所）7 家；在全国股转系统挂牌的非上市公众公司 101 家。证券公司 1 家，证券营业部 208 家，分属 73 家证券公司，证券公司分公司 45 家，证券投资咨询公司 1 家。期货公司 4 家，期货分公司 4 家，期货营业部 28 家。期货分支机构中，属本地公司的 3 家，外地公司的 29 家。基金管理公司 1 家，在基金业协会登记私募基金管理机构 210 家。

二、资产情况

截至 2020 年底，辖区上市公司总市值 9770.48 亿元，3 大市值公司是智飞生物（2366.56 亿元）、长安汽车（1036.58 亿元）、重庆啤酒（575.88 亿元）。西南证券注册资本 66.45 亿元，总资产 752.16 亿元，净资产 245.87 亿元，净资本 188.41 亿元。辖区证券分支机构资产总额 280.18 亿元。4 家期货公司总资产 243.29 亿元，净资本 24.42 亿元。辖区基金公司（母公司口径，未经审计）总资产 7.92 亿元。

三、业务情况

辖区上市公司 2020 年度实现营业收入 5736.72 亿元，同比增长 10.36%。

西南证券属于 BBB 类券商，拥有证券经纪、证券投资咨询、与证券交易和证券投资活动有关的财务顾问、证券承销与保荐、证券资产管理、证券自营、证券投资基金代销、代销金融产品、股票期权做市、融资融券等 41 项单项业务资格，2020 年度营业收入 27.16 亿元。新华基金管理公募基金产品 49 只，基金规模 542.06 亿元；管理私募资管产品 141 只，产品规模 361.84 亿元。辖区在基金业协会登记私募基金管理机构 210 家，实缴规模 1469.13 亿元。

四、盈利情况

辖区上市公司 2020 年度归母净利润 431.84 亿元，同比增加 36.56%。利润排名前三强是渝农商行（77.69 亿元）、金科股份（44.37 亿元）、长安汽车（34.86 亿元）。2020 年度，西南证券净利润 7.67 亿元；辖区证券分支机构全年净利润 8.60 亿元。4 家期货公司累计净利润（母公司口径，未经审计）3.66 亿元；辖区期货营业部累计净利润 –0.08 亿元。新华基金（母公司口径，未经审计）累计净利润 0.34 亿元。

五、风险情况

离经济高质量发展要求差距较大。辖区新增上市公司数量相对较少、上市后备资源不足、上市公司并购重组和再融资活跃度有待进一步提高。新三板挂牌公司数量逐年下降。新兴行业上市公司数量较少，新经济企业尚未有效利用资本市场开展直接融资。上市公司和新三板挂牌公司总体质量有待进一步提高。个别公司发生较大亏损，个别公司存在持续经营风险或违法违规风险。辖区证券经营机构专业优势有待进一步发挥，服务实体企业直接融资、服务投资者、服务市场高质量发展的能力尚显不足。辖区 4 家期货公司服务实体企业风险管理的广度和深度还不够。新华基金管理的公募基金规模偏小。辖区私募机构整体实力不强。期货基金经营机构开展资管业务的管理能力还有待提升。

一些重点领域风险仍然比较突出。截至 2020 年底，辖区尚有 8 家上市公司的大股东质押比例处于高位，个别公司大股东爆发债务危机，所持上市公司股票被强制平仓或轮候冻结，存在控制权变动风险。10 家上市公司属于需重点监管的风险类公司，其问题亟待得到妥善处置。交易所市场公司债券兑付压力较大，已发生 2 起未能按期回售或兑付的情形，风险化解任务较重。辖区证券公司风险虽然总体可控，但潜在风险隐患依然突出，其债券违约风险、股票质押风险等还有待妥善化解。辖区期货基金公司和私募机构发行的 78 只资管产品已逾期，金额 61.17 亿元，涉及投资者 1444 名。相关产品到期兑付风险以及由此可能引发的投资者投诉、举报等群访风险需持续关注。

第八章　重庆市保险业发展情况

一、总体情况

（一）保险保障水平持续提升

2020 年，重庆保险业共为全市经济社会发展提供风险保障 235.1 万亿元，位居全国第 7 位。辖内保险机构共积累各类责任准备金 2686.2 亿元，同比增长 21.1%，较年初新增 468.4 亿元。全市保险公司赔付支出 296.1 亿元，同比增长 6.0%。其中，财产险公司赔付支出 163.3 亿元，同比增长 10.4%；人身险公司赔付支出共计 132.8 亿元，同比增长 0.9%。

（二）保费收入平稳增长

2020 年，全市实现原保费收入 987.6 亿元，同比增长 7.8%，增速高于全国水平 1.7 个百分点，其中，保费收入位居全国 16 名，西部第 3 名；增速位居全国第 10 名，西部第 4 名。财产险公司保费收入 279.8 亿元，同比增长 7.0%，其中，车险业务保费收入 174.4 亿元，占比 62.3%；非车险业务保费收入 105.4 亿元，占比 37.7%。人身险公司保费收入 707.8 亿元，同比增长 8.1%，其中，新单保费收入 325.6 亿元，同比增长 3.4%；续期保费收入 382.1 亿元，同比增长 12.4%，续期保费收入占比 54.0%。

（三）行业利润水平提升较快

2020 年末，辖内保险机构承保利润 19.6 亿元，同比增长 6.0%。其中，财产险公司承保利润 11.8 亿元，同比增长 4.3%；人身险公司短期承保利润 7.9 亿元，同比增长 8.5%。

（四）资产规模平稳增长，机构建设有序推进

2020 年末，辖内保险机构总资产 2123.9 亿元，较年初新增 294.3 亿元，同比增长 22.2%，增速高于全国水平 8.9 个百分点。辖内共有保险法人机构 5 家，省级分公司 57 家，其中财产险公司 27 家，人身险公司 30 家，中心支公司及以下分支机构 1303 家；专业保险中介法人机构 34 家，全国性中介机构在渝省级分公司 95 家，各类保险兼业代理机构及网点 5357 家。

二、财产保险公司发展情况

（一）机构情况

重庆市现有财产保险法人机构 3 家，分别为安诚财产保险股份有限公司、利宝保险有限公司、阳光信用保证保险股份有限公司；省级分支机构 28 家（含 1 家政策性机构，即出口信用保险重庆营管部）。

（二）业务情况

2020 年 1—12 月，全市产险保费收入 279.83 亿元，同比增长 6.99%。赔款支出 162.62 亿元，同比增长 10.33%。综合成本率 95.37%，同比上升 0.33 个百分点，综合赔付率 61.96%，同比下降 0.78 个百分点，综合费用率 33.41%，同比上升 1.11 个百分点。实现承保利润 11.75 亿元，同比增长 4.33%。截至 12 月末，重庆市财产保险公司总资产 169.88 亿元，同比增长 10.9%。

2020 年，车险保费与非车险比例约为 62.31∶37.69，车险占比高于全国（60.70∶39.30）。全市车险保费收入 174.36 亿元，同比增长 0.8%，增幅高于全国（0.69%）0.11 个百分点。非车险保费收入 105.47 亿元，同比增长 19.07%，各非车险险种均呈现正增长态势。健康险持续为非车险规模最大险种，同比增长 22.66%，信用险、家财险、工程险、责任险等发展较为迅速，分别同比增长 95.06%、46.70%、28.35%、23.50%。

（三）风险情况

全市财险市场风险总体可控，运行平稳，部分机构和险种经营管理有待进一步加强。如车险综合改革后保费收入持续走低，商业车险出现近 5 年来

首次负增长，市场竞争将进一步加剧，部分机构考核导向仍过度偏重保费规模和市场份额等短期利益，综合成本偏高，内控管理需加强。融资类保证保险业务增速有效放缓，但受近年国内经济下行、新冠疫情突发、公司风控不足等因素影响，赔付上升较为明显，个别机构发生大额理赔事件，经营风险有待持续关注。

三、人身保险公司发展情况

（一）机构情况

截至 2020 年末，重庆人身险业有保险法人机构 2 家、省级分公司 31 家、另有 1 家省级分公司在筹；中心支公司、支公司（营业部）和营销服务部等各级分支机构 818 家。

（二）业务情况

全年重庆人身险业实现原保费收入 707.79 亿元，同比增加 8.08%，高于全国水平 1.18 个百分点；行业期末准备金余额 2482.67 亿元，同比增长 22.39%；重庆人身险业新增保单 1647.12 万件，期末有效保额 19.98 万亿元。

2020 年，重庆人身险业共发生赔付支出 132.81 亿元，与去年同期基本持平。其中，赔款支出 40.43 亿元，同比上升 15.47%，其中短期健康险业务赔款支出 37.14 亿元，增长 19.74%；死伤医疗给付 22.40 亿元，同比增长 12.91%，其中长期健康险给付增长 15.30%。

2020 年末，人身险业总资产 1954.05 亿元，同比增加 23.31%。

（三）盈利情况

2020 年，人身险业实现利润总额 –88.56 亿元，同比下降 45.19%，净利润率 –12.55%，同比下降 3.15 个百分点。全年，行业短期健康险实现承保利润率 7.40%，高于全国利润率水平 1.48 个百分点。

（四）风险情况

全年重庆人身险业风险可控，行业满期给付、退保金额同比双降，"格式化"代理退保隐患也得以初步遏制。2020年全年，全辖人身险公司未发生因满期给付与退保引发的群体性事件，也未发生重大案件风险事件，守住了不发生系统性风险底线。但部分公司在内控管理、人员管理、费用管理等方面尚有诸多不足，合规风险的防范仍需加强。

四、中介机构发展情况

（一）保险中介市场建设持续推进

2020年末，全市共有专业中介机构市场主体129家，其中法人机构34家，全国性中介机构在渝省级分公司95家，全年共撤销省级分公司4家，新设省级分公司4家。按主体类型分，目前全市有75家专业代理、40家经纪和14家公估。全市专业中介机构下辖分支机构数量达到315家。全市保险专业中介机构执业登记人数为62617人。全市银行类兼业代理法人机构4家，银行类兼业代理网点5298家，非银邮类兼业代理机构63家。

（二）保险专业中介业务实现平稳发展

2020年，辖内保险机构实现保费收入994.14亿元。通过中介渠道（含专、兼业中介机构和个人代理人）实现保费收入864.59亿元，规模同比增长8.46%，占全市保费收入的86.97%，市场份额比去年同期微涨0.55个百分点。其中，个人代理人保费收入434.55亿元，同比增长5.5%，占全市保费收入的43.71%，份额比去年同期减少0.94个百分点；兼业代理机构保费收入262.23亿元，同比增长17.07%，占全市保费收入的26.83%，份额比去年同期增长2.09个百分点；专业中介保费收入161.24亿元，同比增长4.07%，占全市保费收入的16.88%，份额同比减少0.6个百分点。

第九章　重庆市担保行业发展情况

一、基本情况

注册资本持续补充。截至 2020 年末，我市融资担保法人机构 107 家，行业注册资本为 399.8 亿元，较年初增长 0.62%；行业"减量增质"成效明显，持续推动僵尸、空壳、失联、风险较大机构市场退出，全年注销 10 家机构经营许可证，连续 5 年减量，净化了行业运行环境。

聚焦服务实体经济。全力支持疫情防控和"六稳六保"。疫情以来，共为 22.7 万户企业（个人）提供担保、委托贷款等融资支持 285 亿元，减免担保费 1.5 亿元，捐款 1695.5 万元，助力企业复工复产和稳定经营。持续减费让利降低企业成本，全行业直融担保年化综合费率 2.59%，政府性直融担保年化综合费率 1.03%。

二、规模情况

截至 2020 年末，行业整体在保余额、融资担保在保余额分别为 3346.5 亿元、2762.9 亿元，分别较年初增长 8.38%、9.21%。担保放大倍数 7.72 倍，责任余额放大倍数 4.15 倍。全行业担保费收入 36.4 亿元，较上年增长 24.92%；净利润 13.73 亿元，较上年增长 75.84%，利润增长主要是由于 10 家注销机构的亏损扣减和消费类担保收益增幅较大。当年应缴纳税金 6.3 亿元，同比减少 14.98%。

三、发展状况

（一）政府性担保体系搭建逐步完善

联合市财政局确定首批 32 家政府性融资机构名单并公布，机构覆盖 29

个区县，占比 79%，业务实现区县全覆盖。完成市级担保整合任务。再担保、小微担保、农业担保控股权已划转市财政局，以便更好地发挥政策性、专业化优势，商业性小散弱机构实现注销或大机构的实质性管控，资本资源进一步整合优化，将国务院加强政府性融资担保体系建设的有关要求落实落地。

（二）经营发展专注普惠金融

截至 2020 年末，全口径小微、涉农在保余额 1271.87 亿元，占比 38.01%。担保业务覆盖 220.3 万户企业和个人，其中小微、三农在保户数 39.8 万户，比年初增长 273.19%；个人消费类在保户数 171 万户，占比 77.6%。

（三）聚焦服务实体经济

全力支持疫情防控和"六稳六保"。在全国率先分两轮出台融资担保抗疫 12 条、稳企业保就业担保 4 条支持政策，引导机构持续支持疫情防控、复工复产和稳定经营。围绕重大战略服务，积极融入国家战略和市级重大战略、重大项目，为战略性新型产业、绿色产业分别提供融资担保 78.16 亿元、58.96 亿元。

（四）创新发展彰显活力

深化国担基金合作。市小微担保纳入国担基金首批业务合作和股权投资机构，获得 1.2 亿元股权投资；开展与国家融资担保基金"总对总"批量担保业务合作 166 亿元，平均担保费率仅 0.29%，为全国最低。科技赋能创新模式和产品。农业担保、三峡担保创新服务获得 2020 年线上智博会"十佳信用应用场景"奖。

四、风险情况

行业风险总体可控。全行业当年担保代偿率 1.75%，融资担保代偿率 2.5%，分别较去年同期减少 0.7%、0.28%。担保代偿金额 124.5 亿元，比年初增长 0.9%；担保准备金 142.5 亿元，拨备覆盖率 105.57%，风险防御能力保持基本稳定。

第十章　重庆市金融要素市场发展情况

一、机构概况

截至 2020 年底，我市共有 14 家交易场所，包括重庆联合产权交易所、重庆农村土地交易所、重庆农畜产品交易所、重庆药品交易所、重庆航运交易所、重庆金融资产交易所、重庆涪陵林权交易所、重庆文化产权交易中心、重庆汽摩交易所、重庆再生资源交易中心、重庆土特产品交易中心、重庆咖啡交易中心、重庆石油天然气交易中心、重庆科技要素交易中心。各交易场所围绕"服务实体经济、优化资源配置、促进要素流通"等核心功能开展建设和运营，整体运行平稳。

二、规模情况

截至 2020 年末，重庆市 14 家交易场所注册资本达 33.5 亿元，资产总额 138.16 亿元，历年累计交易总额达 8.15 万亿元。2020 年交易总额为 5823.21 亿元，营业收入 8.32 亿元，税后利润 1.73 亿元，纳税总额 0.75 亿元。

三、业务特色

（一）市场体系日趋完备

重庆市金融要素市场逐步形成多层次、互补性体系，着力完善金交所、油气交易中心两个全国性交易市场，推动联交所、药交所等区域性交易市场稳步发展。地方交易场所服务实体经济、促进价格发现、优化资源配置等功能逐步提升，机构布局日趋完善。

（二）机构功能扩展增强

重庆联合产权交易所现已发展成为四大全国性产权交易所之一，在助推公共资源交易体制机制改革、促进公共资源有序流转与降费增效、深化国有企业改革、助力区域经济发展等方面均发挥了积极作用。重庆农村土地交易所在保护耕地、保障农民权益、统筹城乡土地利用、促进新型城镇化发展等方面发挥了积极作用。重庆石油天然气交易中心致力于促进西部地区石油天然气产业活力，推动油气产品现货期货交易和全产业链安全运营，为提升我市能源供给能力、区域性能源交易辐射能力和全国性产业影响力做出贡献。

四、市场风险

2020 年，重庆市始终将风险防控作为交易场所稳健审慎发展的首要任务，严格贯彻《国务院关于清理整顿各类交易场所切实防范金融风险的决定》（国发〔2011〕38 号）、《国务院办公厅关于清理整顿各类交易场所的实施意见》（国发〔2012〕37 号）等监管文件的精神以及清整联办"回头看"工作要求，实施全流程严格监管，持续提升监管能力建设。截至目前，我市交易场所运行平稳，对发现的违反监管规定的单位进行了及时警示和整改。

第十一章　重庆市私募股权基金发展情况

一、机构概况

2020 年，市金融监管局会同有关金融管理部门，持续提升行业监管和服务水平，各项工作取得积极成效。重庆私募股权投资基金行业规模稳步扩大、政策体系日趋完善、行业资源加速集聚、创新生态持续优化、服务实体经济能力不断增强。截至 2020 年 12 月末，全市共有备案股权投资类企业 770 家，全年新增 58 家，新增机构家数为近 3 年来最高，注册资本 3649.22 亿元，全年新增 325.64 亿元。实收资本 1789.69 亿元。

二、投资情况

面对新冠疫情和中美贸易战，我市私募股权投资基金行业韧性十足，累计对外投资金额 1717.88 亿元，全年投资金额 204.12 亿元，为 2019 年同期的 1.4 倍，为我市经济恢复性增长做出了贡献。根据中国证券投资基金业协会数据，2017 年我市股权投资基金投资高新技术 / 初创科技企业数量为 205 家，近 4 年来持续增长，截至 2020 年 12 月底，在投高新技术 / 初创科技企业家数为 426 家。在投科技创新企业的本金和规模占比逐步提高，2020 年末在投高新技术 / 初创科技企业本金 128.67 亿元，占比 8.44%。

三、行业发展亮点

（一）扩大对外开放

2020 年 12 月 28 日，经国家外汇管理局审定，同意重庆市开展 QDLP 试点，额度 50 亿美元，我市成为继上海、深圳、北京之后新一批开展试点的省市，这将进一步完善我市跨境投融资双向便利通道。

（二）加快资源聚集

成功举办首届重庆国际创投大会，以"创智 创新 创业——走进西部（重庆）科学城"为主题，邀请 IDG、高瓴资本、达晨资本等 50 余家国内外知名投融资机构参会，大会签约项目 15 个、金额 675.55 亿元，推荐有融资需求的企业项目 118 家与投资机构对接。积极对接国家社保基金，引入招银国际、复星资本等知名投资机构落户我市，聚力加快我市产业提档升级。

（三）形成政策高地

制定行业发展新政策，市金融监管局等 6 部门联合印发形成《关于发展股权投资促进创新创业的实施意见》，从加快培育市场主体、加大政府引导和扶持、进一步完善行业生态、吸引高质量人才汇聚、优化市场投资环境等 5 个方面提出 14 条政策措施，吸引国内外知名基金来渝展业，进一步引导我市股权投资快速发展，营造了良好的创新创业环境。

（四）提升企业服务

汇集本地优质企业资源，市金融监管局举办并组织私募股权投资基金参加投融资对接会和重庆拟上市企业项目对接会，对接项目企业 56 家，促进 5 家基金与 6 家企业签订金额 6.3 亿的意向投资协议。

（五）加强对基金协会的工作指导

突出行业自律、监管协同、人才培养、政策传导、对外交流、内部规范。全年基金协会开展了合规运营、业务发展、投资者保护等 8 次线上培训，培训人员超 3000 人次，组织研讨会等 2 次线下活动，参会人员超过 200 余名。

第十二章　重庆市小贷行业发展情况

一、机构概况

重庆市小额贷款公司的业务范围包括发放各项贷款、票据贴现、资产转让业务、以注册资本的 30% 进行股权投资和市金融监管局许可的其他业务。其中我市批准开办网络贷款业务的小贷公司只能依托核准和备案的网络平台和产品在全国范围内开办自营贷款。

截至 2020 年末，重庆市小额贷款公司在营数量为 265 家，小额贷款公司从业人员 4269 人。按照公司性质划分，共有国有控股小额贷款公司 18 家，民营小额贷款公司 206 家，外资控股小额贷款公司 41 家。

二、规模情况

截至 2020 年末，重庆市小额贷款公司注册资本总额 1107.41 亿元，行业总资产 2382.39 亿元。注册资本 5 亿元（含）以上的 41 家，2 亿元（含）以上的 117 家，2 亿元以下的小贷公司 107 家。

三、业务情况

截至 2020 年末，重庆市小额贷款公司全年累放贷款 17220.34 亿元；年末贷款余额 1780.8 亿元。小额贷款行业不良贷款余额 168.01 亿元，不良贷款率 9.43%。

四、盈利情况

截至 2020 年末，全市小额贷款公司实现净利润 44.51 亿元，全年应交各项税金 24.47 亿元。提取贷款拨备余额 184.08 亿元，拨备覆盖率 109.56%。

开展网络贷款业务的小额贷款公司提取贷款拨备余额 84.09 亿元，拨备覆盖率 211.83%。

五、风险情况

小贷行业上位法缺失。目前监管只能依托 2008 年 23 号文试点政策和市政府的小贷公司管理暂行办法等规范性文件，国家层面的立法和规制为空白，现有的监管制度和监管手段缺乏法律支撑。

监管新规限制发展空间。监管政策存在不确定性，银保监会公开的《网络小额贷款业务管理暂行办法（征求意见稿）》对我市小贷行业业务发展产生重大影响。

行业信用风险延后暴露压力大。2020 年初以来，小贷公司的不良贷款余额总体呈增长趋势，客户违约风险在上升。受当前经济环境、政策环境、信用环境等因素影响，有关经营风险可能会延后暴露，未来不良贷款率上升压力较大。

第十三章　重庆市其他金融机构发展情况

一、新型农村金融机构

（一）机构概况

截至 2020 年末，重庆辖内共有新型农村金融机构 39 家，共设立支行 85 个，营业网点数已经达到 115 个，从业人员 2518 人，其中村镇银行 37 家，资金互助社 1 家，贷款公司 1 家。自 2008 年重庆第一家村镇银行大足汇丰村镇银行成立以来，村镇银行的发展已经走过了 13 个年头，已覆盖除渝中区外的 37 个区县，成为"支农支小"生力军。

（二）规模情况

重庆辖内新型农村金融机构牢固坚守市场定位，经营发展总体平稳。2020 年末，辖内村镇银行资产负债分别为 377.16 亿元、334.08 亿元，分别较年初增长 13.93%、16.02%。各项存款 299.15 亿元，较年初增长 23.32%。各项贷款余额 257.57 亿元，较年初增长 11.11%。

辖内各新型农村金融机构新增贷款主要集中在"涉农"和小微企业以及当地民生领域，2020 年统筹做好疫情防控和金融服务工作，实现从业人员零感染，金融服务未受严重影响，业务总体平稳；引导开通存贷款相关绿色通道，推出"抗疫贷""复工贷"等信贷产品，下调部分贷款利率，截至 2020 年末，新型农村金融机构农户和小微企业贷款合计占比达 84.63%，同比上升 1.14 个百分点；户均贷款余额 40.96 万元，同比下降 2.92 万元，"支农支小"市场定位进一步夯实。

（三）盈利情况

2020 年辖内新型农村金融机构全年实现净利润 2.93 亿元，同比减少 0.75

亿元，10 家机构当年处于亏损状态，亏损面 24.32%，同比增加 1.32 个百分点。

（四）风险情况

2020 年，重庆辖内新型农村金融机构持续强化市场乱象整治和内控合规建设，整体风险可控。信用风险方面，不良贷款余额和不良率双降，分别较年初减少 3.25 亿元，降低 1.6 个百分点。流动性风险方面，强化资产负债配置管理和流动性压力测试及应急演练，主要监管指标总体达标。同时持续加强案件风险、操作风险、声誉风险和信息科技风险等全面风险管理，守住了风险底线。

二、信托行业

（一）机构概况

截至 2020 年末，重庆辖内信托公司共 2 家，分别是重庆国际信托股份有限公司和新华信托股份有限公司。

（二）规模情况

截至 2020 年末，两家信托公司资产总额 368.79 亿元，较年初减少 5.39%；受托管理信托资产规模 3050.35 亿元，较年初下降 14.76%。

（三）盈利情况

截至 2020 年末，辖内信托公司合计实现净利润 23.07 亿元，同比减少 13.24%。

（四）风险情况

辖内信托公司存在的主要风险有流动性风险化解难度大、存量风险处置难度大、声誉风险管控难度大、关联交易复杂等。

三、金融资产管理公司

（一）机构概况

截至 2020 年末，全市共有金融资产管理公司重庆市分公司 4 家。

（二）规模情况

截至 2020 年末，全市金融资产管理公司资产规模合计 572.62 亿元；全年商业化收购和重组新增业务 151.72 亿元，其中收购银行不良资产包规模 71.44 亿元，年末不良资产业务余额 560.43 亿元。

（三）盈利情况

截至 2020 年末，全市金融资产管理公司全年不良资产处置净收入 43.46 亿元，实现净利润 11.85 亿元。

（四）其他情况

疫情发生以来，重庆辖内金融资产管理公司立足行业定位，充分发挥逆周期作用，通过减免费用、降低融资成本、延展期和提供增量资金支持等方式，助力企业复工复产，支持实体经济恢复发展。

四、财务公司

（一）机构概况

截至 2020 年末，重庆辖内已开业财务公司 4 家，分别是重庆化医控股集团财务有限公司、重庆机电控股集团财务有限公司、重庆力帆财务公司、重庆市能源投资集团财务有限公司。

（二）规模情况

截至 2020 年末，4 公司注册资本共计 51 亿元，正式员工 144 人，4 家财务公司总资产 164.41 亿元，各项贷款余额 134.48 亿元。

（三）盈利情况

2020 年，4 家财务公司累计实现利息净收入 3.02 亿元，全年实现净利润 2.03 亿元。

（四）风险情况

受集团产业结构调整、偿债压力较大等因素影响，财务公司信用风险、流动性风险逐渐上升，财务公司风险管控的压力较大。

五、汽车金融公司

（一）机构概况

截至 2020 年末，重庆辖内汽车金融机构只有长安汽车金融有限公司 1 家，公司注册资本 47.68 亿元。

（二）规模情况

截至 2020 年末，长安汽车金融有限公司资产总额 509.60 亿元，同比增长 33.13%；贷款余额合计 465.83 亿元，同比增长 41.38%。

（三）盈利情况

2020 年，长安汽车金融有限公司全年实现净利润 7.23 亿元，较上年同期减少 1.12 亿元。

（四）风险情况

公司经营发展状况良好，各类主要监管指标均符合监管要求。

六、消费金融公司

（一）机构概况

截至 2020 年末，重庆辖内已开业消费金融公司共 2 家，分别是马上消费金融股份有限公司与重庆小米消费金融有限公司，其中重庆小米消费金融有限公司于 2020 年 5 月 29 日获批开业。

（二）规模情况

截至 2020 年末，两家消费金融公司资产总额 540.16 亿元，较年初下降 1.46%；贷款余额 499.51 亿元，较年初下降 7.13%。

（三）盈利情况

2020 年，两家消费金融公司合计实现净利润 7.06 亿元，较上年同期减少 1.47 亿元。

（四）风险情况

不良信用风险依然存在，尤其是核销金额需要重点关注；对合作经销商的管理仍需加强，须完善对合作经销商权利义务的约束机制。

七、金融租赁

（一）机构概况

截至 2020 年末，重庆辖内已开业金融租赁公司共有 4 家，分别是昆仑金融租赁有限责任公司、渝农商金融租赁有限责任公司、重庆鈊渝金融租赁股份有限公司和中银金融租赁有限公司。

（二）规模情况

截至 2020 年末，重庆辖内金融租赁公司资产总额 1335.09 亿元，较年初增长 14.87%；租赁资产 1309.95 亿元，较年初增长 13.97%。

（三）盈利情况

2020 年，重庆辖内金融租赁公司实现净利润 21.46 亿元，同比增长 10.9%。

（四）风险情况

存在一定的信用风险隐患，以售后回租为主的经营模式面临严峻挑战。

八、融资租赁

（一）机构情况

截至 2020 年底，重庆市共有融资租赁企业 81 家，其中外资 66 家，内资 15 家。

（二）规模情况

截至 2020 年底，重庆市 81 家融资租赁企业注册资本 344 亿元，资产总额 309 亿元。租赁业务模式主要包括直接租赁、售后回租、厂商租赁等，涉及装备制造、物流、医疗、教育和交通等行业。

（三）盈利情况

受融资渠道较窄、行业竞争加剧以及部分租赁企业业务调整、叠加疫情等因素影响，2020 年重庆融资租赁企业经营效益有所下滑。

（四）风险情况

2020 年，重庆融资租赁企业始终坚持稳发展、控风险的工作思路，在经营活动中严格遵守《中华人民共和国公司法》、《中华人民共和国合同法》、商务部《融资租赁企业监督管理办法》（商流通发〔2013〕337 号）、《银保监会关于印发融资租赁公司监督管理暂行办法的通知》（银保监发〔2020〕22 号）等相关法律法规和政策文件规定，提升风险识别能力，进一步强化风控体系及制度建设，严格把控项目风险，加强风险预警及处置管理，全市租赁项目总体运行稳定，全年未发现有重大经营风险事件。

九、典当行业

（一）机构概况

典当行，是指依照《典当管理办法》设立的专门从事典当活动的企业法人，其组织形式与组织机构适用《中华人民共和国公司法》和《典当管理办法》有关规定。典当，是指当户将其财产作为当物质押或者抵押给典当行，典当行向当户发放当金，双方约定由当户在一定期限内赎回当物的行为。截至 2020 年 12 月 31 日，重庆市经审批许可设立的典当行 112 户，从业人数 671 人。

（二）资产规模

截至 2020 年 12 月 31 日，我市典当公司资产总额 26.58 亿元，净资产 26.04 亿元，注册资本 24.29 亿元，其中注册资本最大的重庆市涪陵区国融典当有限责任公司，注册资本人民币达 1 亿元，是由涪陵区国投集团独资设立的国有典当企业。

（三）业务规模

2020 年我市典当行业业务结构保持稳定、业务总量有所上升，房地产业务仍是行业主要业务板块。截至 2020 年 12 月 31 日，我市典当总额 11.85 亿元，其中房地产总额 6.33 亿元，占比 53.41%，典当余额 21.95 亿元。

（四）盈利情况

2020 年，全行业总体盈利能力有所下降。利息收入 1.15 亿元，利润总额 0.53 亿元，净利润 0.43 亿元，上缴税金 0.1 亿元。亏损企业 53 家，亏损面 47.32%，比去年增加 2.58 个百分点。

（五）风险情况

一是行业经营风险较大，典当公司规模普遍偏小，加之外部市场信用环境不佳，续当行为普遍，欠收综合费和利息较为严重，绝当风险增大。二是融资渠道受限，资金来源风险大，《典当管理办法》允许典当公司向银行融资，但实际上目前我市全行业未有银行贷款，限制了行业规模扩大。三是合规风险大，从业人员专业能力有待加强，典当从业人员多为非专业人员，风控意识较为薄弱，抵、质押物专业评估人员稀缺。

十、商业保理公司

（一）机构概况

截至 2020 年末，重庆市共有从事商业保理业务的公司 35 家；实缴资本 97.9 亿元，同比增长 11.4%；行业资产规模 452.4 亿元，同比增长 36.5%。

（二）业务情况

截至 2020 年末，重庆市商业保理行业融资余额 381.5 亿元，同比增长 62.7%；累计投放保理融资额 661.5 亿元，共计 3.7 万笔，分别同比增长 45.1% 和 110.4%。

（三）盈利情况

2020 年，全市商业保理行业实现营业收入 26.3 亿元，同比增长 32.1%；实现净利润 9.3 亿元，同比增长 58%；贡献税收 3.4 亿元，同比增长 56.4%。

（四）风险情况

截至 2020 年末，全市商业保理行业不良保理资产余额 6.3 亿元，不良资产率 1.65%，同比下降 0.25 个百分点，风险总体可控。全行业风险准备金 11.6 亿元，同比增加 99.1%；拨备覆盖率 184.3%，同比提高 54 个百分点。

第四篇　创新篇

第十四章　重庆市农村金融服务创新

一、农村金融服务政策

2020年，重庆银保监局认真贯彻落实党中央国务院以及银保监会关于"三农"工作的各项决策部署，克服疫情影响，加强监管引领，聚焦重点领域，持续优化金融供给，丰富互联网金融服务手段，辖内涉农和普惠型涉农贷款增速显著，金融服务"三农"质效得到明显提升。

做好疫情期间的三农金融服务。加强监测，及时收集银行保险机构疫情期间三农扶贫工作情况，督促相关机构压实责任，优化支农金融绿色通道，聚焦贫困地区疫情防控与脱贫攻坚，重点保障春耕备耕、菜篮子等重点领域的金融服务。

明确工作要点。印发做好2020年银行保险业服务"三农"领域重点工作的通知，明确重点指标任务，要求单列"三农"及扶贫信贷计划，提升县域存贷比，做好"三农"重点领域金融服务，助力如期打赢脱贫攻坚战。

进一步发挥扶贫小额信贷在脱贫攻坚中的作用。联合扶贫部门等及时转发《关于应对新冠肺炎影响切实做好扶贫小额信贷工作的通知》《关于进一步完善扶贫小额信贷有关政策的通知》，持续落实好扶贫小额信贷6大政策要点，将扶贫小额信贷支持对象扩大到有劳动能力的边缘人口，进一步延长还款期限至2021年3月底。

加强落实督导。坚持"定期监测、按季通报、按年考核"，压实银行保险机构主体责任，引导持续向"三农"和扶贫领域倾斜资源。

二、农村金融服务创新实践

积极推进产品创新。充分挖掘地区特色资源，针对农业不同环节和不同行业类型，研发专属金融产品。探索推广"融e贷"等数字化金融产品。推进荣昌生猪市场"电商平台贷"系统上线使用。构建农险电子化平台，创新电子化农险产品，改善农户农险业务办理体验。充分运用保险、期货等多重工具组合分担风险，成功落地生猪"保险＋期货"产品。探索开展蚕茧收益保险试点、柑橘气象指数保险产品、农产品质量保证保险，为山地特色高效农业和优势特色农产品提供保险保障支持。

支持农业农村产业发展。推动全市金融机构围绕贫困区县产业特色开展了"一行一品"的金融服务产品创新，目前已经累计推出"桑蚕贷""牛肉贷"等特色金融产品近百个，带动产业扶贫贷款增速达 94.4%，指导农行重庆市分行为黔江区六九畜牧公司发放"圈舍＋生猪活体"抵押贷款，实现全国圈舍贷的首次突破，成功破冰生猪圈舍抵押实践，解决了生猪养殖企业闲置养殖圈舍、大型养殖器械等资产不能用于抵押贷款的难题。

创新服务模式。探索以龙头企业为核心的农业产业链金融服务。运用"三变"改革和"三社"融合等农村改革政策，探索农业产业化联合体，支持带动农户增收致富。探索宅基地使用权抵押贷款生猪活体抵押、农业设施及地上种植物登记融资试点。开展土地经营权抵押贷款、养殖圈舍抵押贷款等业务，拓宽农业农村抵质押范围。

拓宽农村金融服务抵质押范围。人行重庆营业管理部依托全国动产担保统一登记试点，创新银保合作推动发放生猪活体抵押贷款。联合市农委对农村承包土地流转地上的农业基础设施确权、颁证，进一步完善农村产权融资配套机制建设，围绕全市农村"三变"改革、"三社"融合加大金融服务创新，有效拓宽农村融资抵质押范围。

三、农村金融服务创新成效

信贷支持和保险保障力度持续加大。截至 2020 年 12 月末，重庆银行业涉农贷款余额 6298.64 亿元，较年初增长 8.78%，全辖普惠型涉农贷款余额 881.15 亿元，较年初增长 20.36%，增速分别较去年同期提高 1.16 个和 1.77 个百分点。全辖扶贫小额信贷累计发放 97.06 亿元，支持 26.4 万户贫困户，获贷率 55.61%，同比上升 13.42 个百分点。同时，紧紧围绕精准扶贫、农业农村改革和乡村振兴等中心工作，进一步扩大农业保险的覆盖面，截至 2020 年

12 月末，为 116.4 万户农户提供保险保障 480.5 亿元，环比增长 22.72%，农险保费收入 6.97 亿元，同比增长 12.38%。

加大乡村产业支持。将产业作为金融服务着力点，以促进特色产业发展为导向，推动产业贷款稳步增长，特色产业稳步增强，截至 2020 年 12 月末，累计发放农林牧渔业贷款余额 346.02 亿元，同比增速 12.56%。围绕柑橘（柠檬）、榨菜、中药材、调味品等特色主导产业，因地制宜推出农村一、二、三产业融合贷、山城助农贷、政府增信产业扶贫贷款等产品，贷款余额超 200 亿元，支持 10 大山地特色高效农业、12 种"巴味渝珍"品牌，覆盖有农户的所有区县。基本建立起以中央政策性种植、养殖保险产品为主，以市级政策性收益保险产品为辅的政策性农险保障体系，开发肉牛、山羊、辣椒等县域特色农业种植（养殖）险种 70 余种。

生猪稳产保供有成效。截至 2020 年 12 月末，全市生猪产业贷款余额 64.26 亿元，比年初增长 66.88%。主要农险公司承保生猪 515.5 万头，保险金额 57.94 亿元；累计赔付 49 万头，环比上升 10.65%，简单赔付率 78.16%。印发《关于进一步推进生猪活体抵押贷款工作的通知》并取得明显成效，目前开展生猪活体抵押贷款 23 笔，累计放款 8723 万元。研发推出重庆市范围内首款采用"银行＋保险＋物联网＋农户"模式的生猪养殖产业信用贷款产品"猪保贷"。

第十五章　重庆市小微金融服务创新

一、小微金融服务政策

推动小微企业贷款持续提升质效。印发 2020 年小微企业金融服务工作要点，明确小微企业金融服务"增量扩面、提质降本"总目标。对小微金融服务工作成效突出的 15 家银行进行表彰，激励引导提升服务小微企业工作热情。强化"两增"目标完成情况追踪。引导银行进一步完善细化尽职免责办法，对符合制度规定情形相关人员给予减轻或免予问责，并设立内部问责申诉通道。截至 2020 年末，我市普惠型小微企业贷款余额 3248.84 亿元，较年初增长 28.00%，比各项贷款较年初增速高 15.27 个百分点；户数 52.80 万户，较年初增加 11.72 万户。

（一）优化营商环境

市金融监管局联合多部门制定印发了《关于进一步优化金融信贷营商环境的意见》（渝金发〔2019〕3 号），共计 10 条举措主要致力于缓解民营企业、小微企业缺少有效抵质押物和征信信息缺失、融资贵等融资难点、痛点，涉及合法权利力度指数、信贷信息深度指数以及征信覆盖面等方面。

（二）优化应急转贷

重新修订《重庆市市级中小微企业转贷应急周转资金管理办法》，推动中小微企业转贷应急周转金扩面、降费，将转贷额度提高到 8000 万元，使用费率由 0.2‰ ~0.4‰统一调整为 0.2‰，使用时间由 7 个工作日延长至 15 个工作日，帮助企业解决临时性、流动性困难。2019 年为 2153 家企业办理转贷申请 2568 笔，转贷总额 170 亿元，为企业节约融资成本近 5 亿元。

（三）优化融资担保

为解决中小企业融资增信不足问题，积极优化奖补政策，促进政策性担保机构发挥功能作用，扩大中小企业融资担保业务。2019年共有1000余户中小企业享受到2%以下的低费率担保贷款超37亿元、累计余额达1200亿元。继续推动"助保贷"落地见效，支持1546户企业流动资金贷款55.6亿元。

（四）优化减负成效

为解决大多数初创期中小企业流动资金缺乏难题，继续推动落实新办鼓励类中小企业财政扶持政策，符合条件的企业可享受按其所缴纳的企业所得税和增值税地方留成部分给予2年财政补贴。2019年惠及中小企业216家5900万元，累计受益中小企业近1000家达3.4亿元。

二、小微金融服务创新实践

印发《关于疫情防控期间持续做好小微企业金融服务工作的通知》，指导各行积极主动履行社会责任，全力支持小微企业复工复产。加快发展线上金融产品服务，减少线下接触频率，提升信贷服务便利度。2020年末我市全口径小微企业线上贷款余额超过700亿元，同比增长130%。对受疫情影响暂时困难的中小微企业予以延期还本付息安排，帮助受疫情影响暂时失去收入来源或影响还款的中小微企业7.1万家次，涉及金额2662亿元。

（一）"渝快融"大数据分析

市大数据局牵头建设了重庆民营企业小微企业融资大数据服务平台"数字重庆·渝快融"，该平台通过大数据技术将金融机构信贷服务与企业融资需求汇聚联通，企业在平台上发布贷款申请，最快当天即可获取贷款，同时提供了融资专题数据库、封闭数据分析环境、大数据融资服务系统门户等内容，解决银企信息不对称问题。

（二）"渝企金服"一站式服务

市经信委为打破融资信息"孤岛"，按照"信息化、标准化、品牌化、集聚化、专业化"五化思路设计，牵头创新打造的企业"一站式"公益性融资服务平台"渝企金服"于 2019 年 7 月 18 日正式上线。目前平台企业数量 1.5 万余家、上线金融产品 50 项、入驻服务机构 27 家、发布企业融资需求 4100 项，成为企业融资赋能助手。

（三）"双创债券"专项支持

指导辖区金融机构发行双创金融债券，满足创新和创业企业融资需求。一方面，市级相关部门对双创企业融资需求进行摸底调查，夯实项目储备，指导法人银行完善双创贷款的内部审批、风险控制等内部管理制度。另一方面，指导重庆银行制订金融债券募集资金内部管理办法，建立专项台账制度，对双创金融债券募集资金的到账、划付及贷款资金收回进行持续跟踪管理，引导金融机构在商业可持续且风险可控前提下，支持双创企业项目。

三、小微金融服务创新成效

着力提升小微贷款惠及面，重点加大对小微企业"首贷户"的信贷投放力度，全年各行支持小微企业法人"首贷户"1.92 万户，发放全口径小微企业贷款 268.16 亿元。加大信用贷款发放力度，降低对抵押物的依赖，2020 年末全口径小微企业信用贷款余额 1406.42 亿元，信贷贷款占比同比提升 1.16 个百分点。加大还本续贷产品发放力度，减轻企业资金周转压力，2020 年末全口径小微企业无还本续贷产品余额 402.52 亿元，无还本续贷占比同比提升 1.33 个百分点。加快发展中长期贷款业务，支持企业长期发展，2020 年末全口径小微企业中长期贷款余额 5726.72 亿元，中长期贷款占比首次突破 65%。

（一）财政支持改革试点

启动财政支持深化民营和小微企业金融服务综合改革试点工作，对各区县企业数量、风险补偿、产业分布、政策出台等情况进行全面摸底。市级安排资金 2 亿元，支持试点区县围绕"健全政策性担保 + 多元化融资服务"两个体系，建立"贷款风险保障 + 信息互联互通 + 工作激励约束"三个机制，探索有效的实现路径。

（二）知识信贷探索发展

截至 2019 年底，全市知识价值信用贷款风险补偿基金规模达到 41.5 亿元，合作银行累计为 2244 家科技型企业发放贷款 66.07 亿元，其中小微企业占比 89%，较 2018 年底分别增长 348% 和 407%。2019 年 11 月 4 日，"重庆市探索知识价值信用贷款改革打开科技型企业轻资产融资"作为国务院第六次大督查发现的 32 项典型经验做法之一，得到了国务院办公厅的通报表扬。

（三）商业信贷改革破冰

启动商业价值信用贷款改革试点工作，联合多个政府部门成立工作推进小组，与区县建立上下联动的合作模式，推动试点从主城区向区县推广。发挥财政补贴及科技金融优势，推动试点提高金融服务小微企业质量，目前已为 2200 余家企业成功预授信 26 亿元，其中实体经济占比九成，中小微企业占比 6.3 ：57.2 ：36.5，放贷平均利率 5%，最低 3.92%。

第十六章　重庆市互联网金融发展

一、银行机构互联网金融创新

（一）重庆农商行

重庆农村商业银行将金融科技作为全行创新推动力和发展新引擎，通过金融科技支撑业务发展，目前已建成人脸、图像、语音、语义四大感知认知能力平台，已形成数据化、线上化、自主化的金融科技产品服务体系。为进一步契合自身定位，服务广大农村县域，重庆农商行充分发挥金融科技优势，快速推出"方言银行"，通过让创新"接地气"，不断降低金融产品使用门槛，使金融服务惠及千家万户。

该行"方言银行"以行内通用金融科技能力为基础，在方言识别上将通用声学模型、私有语言模型、场景语义模型多路解码训练，择优选择"普通话—重庆话"自适应"混合模型"方案，联动调优硬件设备、语音语义、知识库及客户端等多个节点，特定场景下方言识别准确率已达97%。

该行"方言银行"主要突出"渠道全、技术全、场景全"3大特征，建设了方言智能导航、方言智能填单、方言对话机器人、智能呼叫等多种场景，为全链条的普惠金融服务提供了有力支撑。

该行在方言语音质检等前沿性领域取得突破，前瞻性布局方言能力输出、方言语音决策等场景，并与重庆市公积金中心开展战略合作，在"银发"客群享受金融服务、提升员工工作质效、金融消费者权益保护以及降低银行自身经营风险等方面提供了"有温度、暖人心"的方言语音服务。

（二）重庆银行区块链创新应用取得新突破

重庆银行坚持以大数据智能化为驱动，以数据治理为基础，以金融标准化工作为抓手，以全行数字化转型为靶向，四者紧密结合，统筹推进，逐步铺开互联网金融创新、金融数字化转型的"一盘棋"。

成功搭建区块链技术平台，强化创新"基本功"。该平台拥有从区块链部署到后期管理的相关功能，其中包括"链部署""链监控""节点管理""错误信息管理"等，各业务系统可与区块链技术平台对接上链。区块链技术平台的成功搭建使该行具备了区块链节点及整链的搭建能力、区块链运行监控能力及区块链应用开发能力，是该行区块链技术创新发展过程中的一个重要里程碑。

落地基于区块链的押品系统，激发创新"新招式"。区块链押品系统是该行基于区块链的第一个落地场景，该系统目前由"信贷系统""网贷系统"与"风铃智评"3个节点构成一条私有链。信贷系统与网贷系统可通过节点将各自系统的押品信息上传至"押品链"，风铃智评通过节点获取链上所有押品信息，并通过内部逻辑分析得出"房屋均价""区域均价"等业务信息，从而提升了押品信息在各个系统间的流转效率及管理效用，提高了业务处理速率，促进了信贷业务发展。

二、互联网支付创新

人行重庆营业管理部重点推进便民场景移动支付应用。坚持共商、共建、共享，持续打造移动支付便民工程长效发展机制，多措并举推动移动支付在交通出行、教育学校、智慧城市等重点便民场景应用取得显著成效。全市"云闪付"App注册用户突破千万户，占全市常住人口近1/3；公交领域（公交＋轨道）实现"云闪付"全覆盖，"1分钱乘公交""1分钱乘轨道"惠民活动深入人心，引流带动效应日益显现。

三、互联网保险创新

（一）三峡人寿

三峡人寿积极推动并实现"场景"智能化。采用智慧"1+4"模式，即专业核保人员＋智能数据风控、智能核保规则引擎、智能加费问卷、在线人工核保等多维风控手段，集成多媒体视频柜员、智能机器人、应用OCR、人脸识别等前沿科技，嵌入销售支持、渠道合作、微信客服、两核管理等流程中，实现100%无纸化承保、99%智能身份识别和证件识别，超过半数以上的传统人工场景实现自动化、智能化，进一步提升被赋能场景的操作智能化程度和使用智能化体验。

（二）重庆金诚互诺保险经纪有限公司

重庆金诚互诺保险经纪有限公司通过美团生态，与多家保险公司合作，为 4.2 亿用户和 620 万商户、骑手提供各类保险服务。通过运用大数据、风控技术等核心能力，围绕美团的消费场景，为外卖、旅游、酒店、出行、医美等全产品线提供互联网保险保障服务。通过数字化科技风险管理，在挖掘可保风险，研究全方位保障用户需求；识别欺诈行为，维护金融交易秩序；稳定产品价格，保护消费者合法权益等方面进行创新，为互联网企业保险业务发展提供参考范本。

四、互联网信托和互联网消费金融创新

（一）重庆国际信托

重庆国际信托启用了基于分布式应用架构的客户关系管理系统（CRM），通过分析运用客户行为特征和业务偏好，合理构建客户分类营销机制，实现精准化的营销服务。为进一步提升客户体验，重庆国际信托借助移动互联网技术构建了 CRM 的 App 应用，实现网上电子合同的签约功能，打破传统业务办理受时间和地理空间的制约，通过自身不断发展和创新，将持续向客户提供更加便捷、高效的服务，提升客户的满意度。

（二）马上消费金融公司

2020 年初，新冠肺炎疫情来袭，为应对复工复产的巨大挑战，马上消费金融公司打造了云呼叫中心 2.0。呼叫中心针对业务特点，在严控客户信息安全前提下，自主研发坐席监控地图、敏感词监测、来电调度和 IVR 可视化配置等功能，有力支撑员工在家远程作业，助力企业复工复产。中心上线后，推动管理人员巡检时间减少 40% 以上，人均监管坐席比例提升 25% 以上，现场管理效率提升 35% 以上。同时，云呼叫中心突破了传统集中式作业模式，使员工可以在不受硬件、地域和时间限制下开展业务。该模式于 2 月获重庆市经信委推荐、3 月登上重庆新闻联播、6 月获重庆市工业和信息化专项资金支持、11 月获 2020 年度重庆银协课题一等奖，得到政府及行业的充分认可和肯定。

第十七章　重庆市跨境结算及投融资便利化发展

一、深化跨境结算便利化举措

开展跨境人民币贸易投资便利化试点。受新冠疫情和人民币对美元汇率波动增大等影响，市场主体结售汇意愿维持在谨慎区间。全市全年结售汇总量小幅下降 3.3%，结售汇顺差 15 亿美元，顺逆差维持基本平衡格局。允许自贸区内银行简化跨境人民币结算事前审核，提高结算效率。争取人总行同意将自贸区试点推广到全市。支持普及线上跨境人民币结算渠道，降低企业交易成本。2020 年，全市跨境人民币实际收付金额同比增长 51.3%，规模位居全国第 10、中西部第 1。采用便利化流程后，业务办理时间由之前的 1~2 天缩短至 5 分钟左右。2020 年，全市跨境人民币实际收付结算额 1687 亿元，同比增长 53.7%，结算量居中西部第 1 位，其中，货物贸易和直接投资跨境人民币结算额分别达 920.2 亿元、257.4 亿元，创历史新高，有力支持全市稳外贸稳外资。

二、稳妥探索跨境人民币业务创新

2020 年，全市积极完善重庆建设内陆国际金融中心方案，深入推进中新示范项目金融市场互联互通创新政策的研究和争取。落地全国首笔亚洲基础设施投资银行跨境人民币防疫专项转贷款、全市首笔人民币绿色跨境直贷，推动组建全市首支人民币国际投资基金。努力推动大宗商品、对外工程承包等重点领域使用人民币计价结算。牵头多部门出台《金融服务西部陆海新通道建设方案》，推动铁路提单、运单国际信用证结算实现常态化，并扩大到铁海联运"一单制"融资。亚洲基础设施投资银行跨境人民币防疫专项转贷款、人民币绿色跨境直贷成功落地，境外投资者通过重庆金融机构投资境内银行间债券市场实现零突破。

第五篇　环境篇

第十八章 重庆货币市场运行情况

一、同业拆借市场运行情况

2020 年，全市同业拆借累计成交额同比小幅下降 6.7%，主要受 2 月同业拆借成交量大幅下滑影响。银行对债券质押式回购更加青睐，全年成交额同比增长 20.4%，而债券买断式回购成交额则同比下降 17.7%。市场利率在经历年初 4 个月的下行后逐步回稳，12 月份，同业拆借、债券质押式回购加权平均利率分别较上年同期下降 0.83 个、0.78 个百分点。

二、票据贴现市场运行情况

票据业务稳步增长，贴现利率低位回升。金融机构加大力度支持企业复工复产，推动票据业务稳步增长。2020 年末，全市票据承兑、贴现余额同比分别增长 11.1%、9.4%，其中，在复工复产形势更为迫切的上半年，票据业务保障支持作用更加突出，承兑和贴现余额增速较全年更快。随着市场利率变化，票据贴现利率低位回升，12 月份全市票据直贴利率较上年小幅提高 0.06 个百分点，转贴现利率仍较上年略低 0.19 个百分点。

三、外汇交易市场运行情况

2020 年，全市跨境人民币实际收付金额合计 1687.0 亿元，同比增长 53.7%，结算量居中西部第 1 位。

（一）跨境人民币有力支持疫情防控和复工复产

2020 年，落地全国首笔亚洲基础设施投资银行跨境人民币防疫专项转贷款 10.85 亿元，有力支持了重庆抗击疫情的公共卫生应急支出。2020 年，全市货物贸易和直接投资跨境人民币结算金额分别为 920.2 亿元、257.4 亿元，均位居中西部地区第 1，结算量创历史新高，同比分别增长 56.4%、64.7%，有力支持了我市稳外贸稳外资。

（二）跨境人民币便利化成效明显

积极开展更高水平跨境人民币贸易投资便利化试点，允许中国（重庆）自由贸易试验区（以下简称"重庆自贸区"）内银行在"展业三原则"基础上，为优质企业办理货物贸易、服务贸易跨境人民币结算，以及资本项目人民币收入在境内的使用提供便利化服务，无须事前、逐笔提交真实性证明材料，提高结算效率。2020 年，全市按便利化流程累计办理跨境人民币结算 2336 笔，金额 315.1 亿元，业务办理时间由之前的 1~2 天缩短至 5 分钟左右。

（三）不断扩大人民币在东盟和"一带一路"沿线的使用

依托中新（重庆）战略性互联互通示范项目，推动扩大人民币在新加坡等东盟国家和"一带一路"沿线的使用。2020 年，重庆与东盟人民币跨境结算额达 139.5 亿元，同比增长 60.7%，其中与新加坡跨境人民币结算额 104.1 亿元，同比增长 1.1 倍；与"一带一路"沿线 57 个国家发生了跨境人民币实际收付业务，结算总额 348 亿元，同比增长 1 倍。

第十九章　重庆市金融行业风险及监管情况

一、银行业风险及监管情况

2020年，全国首批落地金融委办公室地方协调机制（重庆市），风险防范化解长效机制取得实质性进展。人行重庆营业管理部定期组织召开协调机制会议，贯彻落实金融委决策部署，集中研判区域风险形势、会商重点攻坚任务。牵头形成常态化秘书办会议机制，研究出台协调机制成员信息共享制度，有力支撑机制运行。

（一）银行机构风险及监管情况

2020年，重庆银保监局坚持稳中求进总基调，督导辖内银行机构稳健运营，及时处置各类重要金融风险，维护金融风险底线更加牢固。

一是全面摸清风险底数。按季开展51家法人金融机构评级204家次，两次开展42家法人银行机构资产质量真实性专项核查，组织23家法人银行完成专项压力测试，加大风险预警力度。

二是强化金融风险防范意识。持续优化开业管理及服务，突出风险防范指导功能，设置开业前政策培训和风险约谈环节。推动存款保险制度发挥更大作用，挂牌成立"存款保险业务中心重庆市分中心"，组织全辖86家银行机构、5647个营业网点于2020年底前统一完成存款保险标识启用，有效提振公众存款保障信心。

三是信用风险防控有力。做实不良分类，系统开展资产质量审慎排查，识别重点企业和阶段性政策退出后潜在风险，严格要求辖内机构从严判断实质风险，提前足额计提拨备，全市银行业逾期90天以上贷款与不良贷款比例从四年前的峰值137.2%压降至65.7%。持续加大不良处置，不良贷款累计处置金额524.4亿元，连续七年持续增长，创历史新高。

四是重点机构风险化解得当。以债委会为抓手加强重点机构风险处置，确定重点关注类企业 62 家，落实"企业自救 + 金融帮扶"风险化解方案。2020 年以来，累计为重点关注类企业增贷 683.32 亿元、续贷 1056.01 亿元，帮助企业降低成本 8.49 亿元。系统开展辖内村镇银行"达标升级"专项行动，推动 2 家村镇银行顺利实现高风险摘帽。

五是严防严控互联网金融风险。系统性开展互联网金融风险专项治理工作，依法依规实现 P2P 网贷机构全部平稳有序退出。聚焦重点加强互联网贷款业务整治，积极督促整改联合贷款收费不合理问题。前瞻研判互联网贷款助贷风险，系统摸排线上产品情况，针对发现的问题快速采取监管行动，切实防控互联网金融风险。

六是市场乱象整治成效明显。部署开展市场乱象整治"回头看"专项检查等 11 个检查项目，派出 25 个检查组，对 24 家银行机构开展现场检查，自 2019 年以来连续两年市场乱象各类问题及金额同比减少 6 成。

七是强化突发应急处置机制。吸取近年全国多起挤兑事件教训，全面排查辖区中小金融机构突发重大风险应急准备情况，强化与外部机制横向对接，修订完善金融机构突发事件应急预案，有效遏制突发事件风险蔓延。

（二）非银行机构风险及监管情况

1. 信托行业风险及监管情况

辖内信托公司积极应对宏观经济形势和行业政策变化，在业务结构、风险偏好、公司治理等方面进行了主动调整。但在当前内外部复杂多变的行业发展大背景下，一方面风险相互传导使得信托公司单体负外部性增加，各类风险隐患需要关注，另一方面随着强监管、严监管措施进一步深入，信托公司原有商业模式持续承压，依托牌照优势实现商业可持续更加困难，辖内信托公司转型发展愈发迫切。

面对复杂多变内外部形势，重庆银保监局认真落实中央及银保监会各项决策部署，督促两家公司继续深入推进市场乱象整治工作，持续做好风险摸排，开展专项调研，做实风险缓释化解工作，落实关于"两项业务"压降、房地产信托规模控制等监管要求，有力维护了辖内信托公司的平稳运营。同时，根据辖内信托公司实际情况，"一司一策"有序推进相关监管工作。针对重庆信托，突出穿透式监管，持续强化风险管控力度；针对新华信托，根据银保监会统一部署实施行政接管，风险处置化解取得实质性进展。

2. 农村金融风险及监管情况

2020年，全辖农小机构总体运行平稳。重庆农商行整体经营管理状况良好，39家新型机构运行平稳，风险处置化解工作稳健推进。

全辖农小机构风险指标表现稳定，风险总体可控，但风险暴露加快，信用风险管控压力尚未缓解。同时，受风险处置化解进展影响，利润和拨备增长有所放缓，农小机构承受的流动性风险、市场风险逐步上升，核心负债相对紧张。个别银行面临的股东风险传染较为明显，声誉风险和负面舆情处置难度加大。

2020年，在新冠疫情影响和复杂的金融风险形势下，重庆银保监局坚持定位监管，加大高风险机构处置力度，坚决打好防范化解金融风险"攻坚战"。一是督促农小机构积极开展金融支持"双复双决"相关工作，积极推动对中小企业贷款实施延期还本付息，有力支持了辖内经济民生恢复正轨。二是持续狠抓市场乱象整治，保持强监管、严监管态势，督促农小机构强化制度建设，重视问题整改，严格问责，坚决刹住行业乱象。三是紧盯重点部位风险防范。督促重庆农商行推进牵头负责的重点债委会各项工作，加大不良资产处置力度，密切监测，摸清底数，加大处置。四是强化法人治理。督促农小机构持续提升公司治理水平，加强股权和关联交易监管，督促主要股东严格落实各项承诺，妥善化解高风险机构问题。

3. 汽车金融行业风险及监管情况

2020年突然爆发的疫情给长安汽车金融短期业务拓展和信用风险带来极大挑战。对此，公司深化产融协同，配合主机厂产销状况不断创新服务产品，加大减费让利力度，继续推进汽车附加品贷款、二手车贷款等金融服务产品，促进公司和主机厂实现逆势增长。此外，公司及时调整相关业务结构，不断降低风险集中度，加大不良资产处置力度，提升公司资产质量。

针对公司风险状况，重庆银保监局采取了多种措施督促公司加强风险管控：一是督促公司密切关注疫情和经济形势，深化产融协同，配合新车产销情况，推出更具针对性的金融产品，促进公司经营业务稳健增长。二是指导公司加大金融科技研究，不断完善客户服务在线平台建设，提升客户体验感和满意度。三是继续督促公司强化贷款"三查"管理，多措并举，严控业务信用风险。四是指导公司强化流动性管理，拓展融资渠道，优化资产负债期限错配，不断降低融资成本，稳定中长期资金来源。

4.金融租赁行业风险及监管情况

2020年，辖内金融租赁公司认真落实各项监管要求，各项指标达到监管要求，但受疫情影响，中小企业营业收入和现金流出现波动，还款能力受到较大冲击，部分租赁资产的行业风险向金融租赁公司传导和转移，使公司信用风险压力加大。部分公司业务投向与金融租赁公司市场定位要求存在一定差距，业务结构需进一步优化。

2020年，在复杂的外部形势和严峻的风险形势下，重庆银保监局采取多项措施严守风险底线，有力维护辖内金融租赁业的稳定发展：一是引导公司强化风险管理，提升信用风险防控有效性，督促公司认真研究适合公司实际状况的风险偏好和风险策略，明确风险政策，使风险政策更好地为公司经营服务。二是督促公司按照银保监会和重庆银保监局市场乱象整治"回头看"工作要求，制订专项自查方案和自查要点、认真开展自查，对公司相关工作情况进行现场督导，并对公司全年情况进行评估。三是加强窗口指导，督促公司调整优化经营模式和业务结构，要求加大直租和本地投放比例。四是要求公司进一步完善公司治理架构、加强制度建设和内控管理、增强风险合规意识、加强资产质量管理以及提升信息科技建设和管理水平。

5.财务公司、贷款公司风险及监管情况

2020年，辖内财务公司受集团经营变化和疫情影响，流动性风险、信用风险有所上升。一是流动性风险上升，部分财务公司所在集团经营下滑，外部融资能力有所下降，集团偿债后剩余可归集资金下降较多，同时，财务公司自身规模实力较小，风险应对比较被动。二是信用风险有所上升，个别企业集团持续对下属部分产业板块进行改革重组，部分成员单位的经营效益受到一定的影响，财务公司面临的信用风险有所上升。

2020年，重庆银保监局对财务公司重点采取了以下监管措施：一是要求财务公司坚守服务集团产业经济发展的初衷，通过依法合规经营，为成员单位提供高效便捷的金融服务，优化金融资源配置，提高集团整体的资金使用效率，为所属集团的产业转型升级和经营效益提升做出贡献。二是指导财务公司开展"巩固治乱象成果　促进合规建设""回头看"相关工作，进一步规范财务公司各类业务行为，持续提升财务公司依法合规经营意识和能力。三是加强金融风险的防范和化解，重点监测集团主要经营数据变化和财务公司流动性风险；要求各财务公司加强信用风险和流动性风险管理；督促财务公司主要股东和财务公司落实风险防控和化解的主体责任。

二、证券业风险及监管情况

（一）证券业风险情况

打非工作任重道远。2020 年以来，非法场外配资活动等非法证券活动有所抬头，其利用互联网方式传播快、涉众广，扰乱市场秩序，风险隐患较大。证券经营机构服务实体经济高质量发展的能力不足。需进一步引导辖区机构发挥行业优势，抓住资本市场服务直接融资和金融供给侧结构性改革的机遇，增强投行服务功能，全面提升保荐质量，提升客户深度和黏性，加大对实体经济发展的有效服务供给。

（二）证券业监管情况

狠抓辖区证券市场风险防范工作。督促机构加强重要时间节点风险防控，主动承担化解矛盾纠纷和维护市场稳定的首要责任，牢牢守住不发生系统性风险的底线。强化机构风险防范自我约束机制。组织 248 家证券经营机构对照八大业务条线风险点、合规隐患及廉洁从业问题自查，完善防范化解业务风险的长效机制。紧盯西南证券投行、资管、债券、股票质押重点业务领域风险，完善监测机制，形成风险监测月报。做好风险提示，维护市场稳定。针对盛运环保等 14 只股票被终止上市可能引发的风险，督促机构做好风险应对预案，加强投资风险提示。做好非法场外配资风险防范。针对非法场外配资的风险苗头，要求机构认真自查，强化合规风控，加强异常交易监控，做好投资者教育及保护。开展风险处置，督导做好辖区新时代证券和国盛证券分支机构行政托管工作。

推动辖区证券机构提高合规风控水平。督促各机构深入学习贯彻新《证券法》，扛牢主体责任，细化日常管理，加强合规建设，提升专业能力。对西南证券开展投资者适当性管理与反洗钱工作、证券公司网络安全、公司债券和资产证券化业务等现场检查，通过以查促改，规范公司展业行为。定期更新并公示行政许可审核事项和办事指南。截至 2020 年底，共接收并核准行政许可 1 件，审核无不当、超期。累计发放 85 份许可证，无一差错。积极推动西南证券调整制定业务管控方案、推动相关信息系统改造和测试、做实适当性评估和风险揭示，重点做好存量投资者风险揭示书重签等工作。

加大证券违法违规行为惩戒力度。完成 2 家被采取暂停新增客户监管措施的咨询机构的整改验收，持续督导其落实监管要求，巩固整改成果。对 1 家证券营业部员工违规操作证券账户的问题出具警示函。深入开展防非宣传和骚扰电话整治，认真开展涉非排查，对涉嫌违法犯罪的移送市打非办，净化辖区市场生态环境。

三、保险业风险及监管情况

（一）重庆保险业风险情况

2020 年，重庆保险业未发生区域性、系统性风险，市场风险平稳可控。全市保险业整体偿付能力充足，截至 2020 年末，法人保险机构核心偿付能力充足率和偿付能力充足率均为 380.2%，综合偿付能力充足率高于全国平均 137.7 个百分点。

（二）保险业风险防范化解监管情况

2020 年重庆银保监局压实属地责任，督导辖内保险机构稳健运营，有效防范化解处置重点领域风险，坚决守住防范区域性风险的底线。一是狠抓重点机构风险化解。按照中央统一部署，在银保监会统一指挥下，对天安财险重庆分公司实施接管，及时摸排交易对手和风险敞口，周密布置各项突发事件应急准备。二是严防市场乱象回潮。扎实推进车险综合改革落实落地，全面加强车险产品费率备案及回溯监管相关工作。12 月末，重庆车险市场运行平稳，车均保费保持下降趋势，手续费由改革前的 20.64% 下降至 13.1%。

四、其他金融行业风险及监管情况

（一）担保行业风险及监管情况

1. 风险情况

行业风险总体可控。全行业当年担保代偿率1.75%，融资担保代偿率2.5%，分别较去年同期减少0.7%、0.28%。担保代偿金额124.5亿元，比年初增长0.9%；担保准备金142.5亿元，拨备覆盖率105.57%，风险防御能力保持基本稳定。

2. 监管情况

（1）补短板，夯实行业监管基础

一是补齐监管制度短板。出台了《融资担保公司监督管理办法》《关于加强融资担保机构非现场监管工作的通知》等制度，细化落实中央层面行业规制。二是重塑监管统计系统。全面梳理升级融资担保监管统计报表体系，统一细化月报、季报和年报标准及口径，定期监测、预警并通报。三是发挥监管引领作用。印发《融资担保行业2020年度监管工作要点》，加强监管窗口指导，精准传导监管政策，利用主流媒体、协会网站、公众号等多渠道发布行业正面宣传报道信息115条。

（2）严监管，加大日常监管力度

一是实施分类分级监管。完成融资担保机构五级分类监管评价工作，获银保监会支持在全国率先完善三类资产监管指标备案，严格资产分类管控。二是强化事中事后监管。把握放管服和严监管的平衡，建立变更备案事前合规辅导制度，提前介入依法纠偏。完成对全辖113家机构现场检查，下发各类监管文书129份，开展监管谈话15次。三是市场出清持续加力。推动空壳失联、风险较大机构市场退出，全年注销10家机构经营许可证、暂停12家机构部分业务。

（3）防风险，维护行业稳健发展

一是坚决打好防范化解重大风险攻坚战。协同市场监管、司法部门稳妥处置惠泉、浙商、新亿等单体机构风险，切实守住行业风险底线。二是高度关注重点业务风险。持续开展债券担保业务监测、分析和风险预判，指导机构平稳化解债券担保违约兑付风险隐患，责令20家政府性机构剥离债券分保业务 704 笔、136.5 亿元。三是跟踪督促审计反馈问题整改。加强与审计联动，建立近几年各级审计反馈问题清单，梳理针对机构的主要问题、整改落实情况和监管举措，持续化解风险隐患。

（4）促发展，聚焦服务实体经济

一是全力支持疫情防控和"六稳六保"。在全国率先分两轮出台融资担保抗疫 12 条、稳企业保就业担保 4 条支持政策，引导机构持续支持疫情防控、复工复产和稳定经营。二是推动政府性融资担保体系做大做强。联合市财政局共同出台名单制管理、绩效考评、担保费补贴等 3 个文件，回归支持普惠金融本源。三是优化行业营商环境。积极适应放管服改革，"渝快办"网办事项达 100%，与市税务局形成《地方金融机构涉税问题会议纪要》，对接协调市高法院、市规自局和人行营管部等部门，支持融资担保纳入征信、线上保全、动产和不动产抵押登记系统。

（二）金融要素市场风险及监管情况

1. 风险情况

2020 年，重庆市始终将风险防控作为交易场所稳健审慎发展的首要任务，严格贯彻《国务院关于清理整顿各类交易场所切实防范金融风险的决定》（国发〔2011〕38 号）、《国务院办公厅关于清理整顿各类交易场所的实施意见》（国发〔2012〕37 号）等监管文件的精神以及清整联办"回头看"工作要求，严格规制，强效监管，叫停一批违规活动，警示一批违规单位，整顿部分交易场所。截至目前，我市交易场所总体运行平稳，监管高压长期保持，违规苗头及时遏制，市场风险总体可控。

2. 监管情况

一是不断完善监管制度体系。历时 5 个月修订《重庆市交易场所监督管理实施细则》，目前正在征求意见。

二是持续强化监管扶优限劣。现场检查 4 家机构，对辖内 5 家交易场所下发 5 份责令整改通知书，惩处违规行为，净化金融环境，树立监管权威。

三是支持交易场所合规创新。在坚持监管原则、切实落实清整联办相关要求的基础上，支持交易场所合法合规的创新，推动林交所林权试点、文交所和科技要素中心联动及油气中心交易试点等工作的有序进行。

四是推广交易场所监管经验。编写的"重庆市交易场所监管及清整材料"被国家 22 个部委组成的部际联席会议采用，以〔2019〕第 1 期工作简报全文通报，供全国各地区各部门参考借鉴。

（三）基金行业风险及监管情况

1. 风险情况

一是期货基金经营机构开展资管业务的管理能力还有待提升。2020 年，辖区期货基金公司和私募机构发行的 78 只资管产品已逾期，金额 61.17 亿元，涉及投资者 1444 名。相关产品到期兑付风险以及由此可能引发的投资者投诉、举报等群访风险需持续关注。二是辖区私募机构整体实力不强。如新华基金管理的公募基金规模偏小。

2. 监管情况

稳妥有序开展风险处置工作。推动地方政府召开提高上市公司质量专题协调会，一企一策商定解决方案。防控化解证券期货基金经营机构资管产品逾期风险，持续推动不符合资管新规产品规范整改。协助公安部门对"亚信系"非法集资案件立案侦查，向市政府通报 68 家次私募机构风险。

持续加强投资者保护工作。全年办理完成投诉举报 140 件。加大与交易所、高校、市场机构的协作，督导辖区投教基地发挥作用，逐步形成立体化投教宣传格局。协调市教委将投资者教育纳入国民教育体系取得进展。在国家发改委发布《2020 年中国营商环境报告》"保护中小投资者"指标排名中，重庆市获评为十大典型示范城市。

（四）小贷行业风险及监管情况

一是小贷行业上位法缺失。目前监管只能依托 2008 年 23 号文试点政策和市政府的小贷公司管理暂行办法等规范性文件，国家层面的立法和规制为空白，现有的监管制度和监管手段缺乏法律支撑。

二是监管新规限制发展空间。监管政策明朗，银保监会公开的《网络小额贷款业务管理暂行办法（征求意见稿）》对我市小贷行业业务发展产生重大影响。

三是行业信用风险延后暴露压力大。2020 年初以来小贷公司的不良贷款余额总体呈增长趋势，客户违约风险在上升。受当前经济环境、政策环境、信用环境等因素影响，有关经营风险可能会延后暴露，未来不良贷款率上升压力较大。

（五）互联网金融风险及监管情况

系统性开展互联网金融风险专项治理工作，依法依规实现 P2P 网贷机构全部平稳有序退出。聚焦重点加强互联网贷款业务整治，积极督促整改联合贷款收费不合理问题。前瞻研判互联网贷款助贷风险，系统摸排线上产品情况，针对发现的问题快速采取监管行动，切实防控互联网金融风险。

（六）融资租赁行业风险及监管情况

1. 风险情况

一是行业规模总体偏小。二是机构实力总体偏弱。三是机构业务单一，创新业务不足。四是行业支持政策不足。

2. 监管情况

2020 年主要监管工作有：一是健全监管制度。二是严格准入监管。三是推进分类监管。四是加强非现场监管。五是强化现场检查。六是加大风险防控处置。

（七）典当行业风险及监管情况

一是行业经营风险较大，典当公司规模普遍偏小，加之外部市场信用环境不佳，续当行为普遍，欠收综合费和利息较为严重，绝当风险增大。二是融资渠道受限，资金来源风险大，《典当管理办法》允许典当公司向银行融资，但实际上目前我市全行业未有银行贷款，限制了行业规模扩大。三是合规风险大，从业人员专业能力有待加强，典当从业人员多为非专业人员，风控意识较为薄弱，抵、质押物专业评估人员稀缺。

（八）商业保理行业风险及监管情况

1. 风险情况

截至 2020 年末，全市商业保理行业不良保理资产余额 6.3 亿元，不良资产率 1.65%，同比下降 0.25 个百分点，风险处于较低水平。全行业风险准备金 11.6 亿元，同比增加 99.1%；拨备覆盖率 184.3%，同比提高 54 个百分点，风险拨备充分。

2. 监管情况

一是加快制度建设。制订出台《关于加强商业保理行业日常监管工作的通知》，修订设立变更工作指引，完善设立、变更、退出要求和流程。完善信息统计制度，修订行业主要数据报表，推动建设监管统计系统。发挥监管引领作用，制订实施行业年度监管工作要点，加强监管窗口指导。

二是完成清理规范。在全国率先开展并完成商业保理企业清理规范工作，结合日常监管工作重点，确定正常经营和非正常经营机构名单。加大市场出清力度，持续推动空壳失联、风险较大机构市场退出，注销 3 家机构市场主体、公告 22 家非正常经营类机构名单，并持续推动后续处置。

三是加强日常监管。严格准入变更管理，加强部门协同监管，与市场监管部门签订协同监管备忘录。强化事中事后监管，建立日常经营业务活动负面清单，明确机构行为底线红线，常态化开展年度现场检查。

第二十章　重庆市信用体系建设情况

2020 年，人民银行重庆营业管理部以部门协同为支持，以中小企业和农村信用体系建设为抓手，深入推进重庆市社会信用体系建设。2020 年，重庆市在全国城市信用监测排名中位列第 3 名。

一、征信市场建设与管理情况

2020 年，重庆市持续深化推进社会信用体系建设。以系统为支撑，重庆辖区共有 265 家机构接入征信系统，涵盖各类型放贷机构，有力助推各类放贷机构更好服务实体经济。出台《重庆市公共信用信息目录（2020 年版）》，完成市公共信用信息平台二期建设，累计归集 5223 项、超 5 亿条公共信用信息，完成企业法人公共信用评价全覆盖。大力推广应收账款融资服务平台，缓解中小微企业因缺乏足值抵押物导致融资难。推动动产担保统一登记试点工作，提升"获得信贷"便利度。加强引导，稳步推进央行内部（企业）评级。累计实施信用奖惩 21 万余个，基本形成以信用为基础的新型监管机制。"信易贷""信易批"等"信易 +"惠民便企应用全面推开。

二、信用体系试验区建设情况

切实履行社会信用体系建设牵头单位职责，强化部门联动。制定出台《重庆市 2020 年社会信用体系建设工作要点》，推动重庆在 2020 年全国城市信用监测排名中位列第 3。市发展改革委、人民银行重庆营管部等 13 个部门联合出台《关于印发重庆市完善市场主体退出制度改革工作方案的通知》，规定重整成功的企业可依据重整计划裁定书向金融信用信息基础数据库公开重整计划，并按重整后的债权债务关系展示信贷记录，帮助企业重建信用。持续为地方信用立法建言献策。积极推动《重庆市社会信用条例》立法相关工作，发改委、司法局等多部门联合磋商讨论，始终坚持依法行政，坚守立场，就条例信用泛化、联合惩戒等问题多次与发改委、司法局沟通协调，以科学、求是的态度做好信用体系试验区建设。

三、中小企业和农村信用体系建设情况

以"数据库＋信用村（镇）"模式深入推进农村信用体系建设，为脱贫攻坚提供信息支撑。全面升级"重庆农村信用信息基础数据库"，对农村数据库数据采集、统计和分析等功能进行了优化，实现贫困户全覆盖。持续开展信用创建工作，对信用村（镇）建立财政贴息等多重正向激励机制和信用约束机制。

扩大征信供给，深入推进中小企业信用体系建设。按照"央地联动、业务关联、国有运营"的原则推动筹建重庆征信公司。指导企业征信机构参与中小企业信用体系建设，搭建中小企业信用数据库及信用服务系统，为中小微企业建档，持续推动小微企业信息采集与共享。

第六篇　机构篇

第二十一章　本地法人银行机构

一、重庆银行

（一）基本情况

重庆银行成立于 1996 年，是西部和长江上游地区成立最早的地方性股份制商业银行。按照市政府制定的"龙虾三吃"发展战略，2013 年 11 月 6 日在港交所成功挂牌上市，成为全国城商行中首家在港交所主板成功上市的内地城商行。2021 年 2 月 5 日，成功登陆上交所主板，成为西部首家"A+H"上市城商行。近年来，重庆银行在社会各界的关心帮助下，逐渐发展成为一个业务结构优、资产质量好、盈利能力强、发展潜力大的的商业银行。

截至 2020 年 12 月 31 日，重庆银行资产总额 5616.41 亿元，存款余额 3145.00 亿元，贷款余额 2832.27 亿元，实现净利润 45.66 亿元，不良贷款率、资本充足率等风险管理指标保持在行业较优水平，监管指标全面达标。

近年来，重庆银行企业品牌形象全面提升，成为第一家在港交所定向增发的内地上市城商行。连续 5 年跻身《银行家》全球前 300 强，在 2021 年全球银行品牌 500 强榜单中，位列 206 位，排名上升 53 位，增速在全国上榜银行中排名第 2。连续 4 年获得标准普尔"BBB-/ 稳定 /A-3"投资级评级，在国内城商行中处于领先水平。被中央文明委评为"全国文明单位"。零售业务、科技创新、数据治理等领域屡获奖项。截至 2021 年 12 月 31 日，重庆银行下设 145 家分支机构，员工总数达 4401 人，网点覆盖了重庆市所有区县，并先后在成都、贵阳、西安设立了分支行。

（二）2020 年运营情况

1. 财务数据概述

2020 年，面对突如其来的新冠肺炎疫情和复杂的经济金融形势，重庆银行准确识变、科学应变、主动求变，坚持"稳"中求进、创"新"引领、真"抓"实干、"谋"定而动，以新发展理念引领高质量发展，实现"十三五"圆满收官，交出了规模、质量、效益稳健增长的高分成绩单。2021 年 2 月 5 日，重庆银行成功登陆 A 股，成为西部地区首家"A+H"股上市城市商业银行，步入高质量发展新阶段。

一是经营规模稳健增长。截至 2020 年末，集团资产规模达到 5616.41 亿元，同比增长 12.1%，创近 3 年来新高，"十三五"期间累计增长近 80%，年化增长 11.9%；存款总额 3145.00 亿元，同比增长 11.9%，贷款总额 2832.27 亿元，同比增长 14.5%，"十三五"期间存、贷款年化增速分别为 9.6%、17.8%。

二是经营效益稳中有进。持续调整优化信贷结构，做到差异管控、有保有压，2020 年实现集团净利润 45.66 亿元，同比增长 5.7%；净息差 2.27%，净息差的稳定表现，主要得益于加强市场研判，积极拓展稳定性强、成本较低的资金来源，创新负债管理方式，持续优化负债结构，有效降低整体负债成本。

三是经营效率稳中向优。坚持开源增收和节支控费双向发力，持续拓展收入来源，精细管控费用支出，投入产出效率不断提升，继续在同业保持领先水平。2020 年实现营业收入 130.48 亿元，同比增长 9.2%；成本收入比 20.64%，同比下降 1.04 个百分点，处于同业较低水平。

四是资产质量稳定向好。深入推进统一授信体系建设，实现贷前、贷中、贷后各环节、全流程、一体化管控，多措并举强化风险监测、管控，资产质量保持在上市银行较好水平。截至 2020 年末，不良贷款率 1.27%，同比持平；关注类贷款占比 2.96%，同比下降 0.16 个百分点；拨备覆盖率 309.13%，同比提升 29.3 个百分点，贷款拨备率 3.92%，同比提升 0.36 个百分点，拨备安全垫增厚，风险抵补能力持续增强。

五是业务结构持续优化。在资产端，抢抓国家和区域战略机遇，加大普惠金融、绿色金融等领域投放，各项贷款增速高于重庆地区平均增速，其中绿色贷款余额增长 60%，普惠金融贷款余额增长 18%。在负债端，零售存款增幅达 20% 以上，占比提升至 39%，较低成本负债增幅达 13%，总体负债成本降低 20BP 以上，形成来源稳定、结构多样、成本可控的负债管理体系。在资本端，统筹内源性与外源性资本补充渠道，突出资本效率导向，资本充足率、核心一级资本充足率分别为 12.54%、8.39%。

六是品牌形象持续提升。在英国《银行家》2021 年全球银行品牌 500 强榜单中，位列 206 位，排名上升 53 位，提升速度在全国上榜银行中排名第 2。连续 5 年跻身全球千家银行综合实力前 300 强。2017—2020 年连续四年获得标准普尔"BBB-/稳定 /A-3"投资级评级，在国内城商行中处于领先水平。总行团委获评"全国五四红旗团委"，1 名员工被评为"全国劳动模范"。

2. 主营业务概述

重庆银行坚持以客户为中心、以创新为驱动，坚守服务实体经济的本职本源，丰富金融产品，拓展业务模式，提升服务效率，全力支持疫情防控和复工复产，在落实重大决策部署中展现新担当新作为。

一是公司银行业务。公司业务一直是重庆银行的传统优势业务。依靠对地域、对市场、对客户的深度了解，重庆银行持续回归本源，积极服务实体经济，公司贷款余额达到 1846 亿元，增长近 20%，近两年复合增长率 14%。在成渝地区新增信贷资金投放近 200 亿元。民营企业贷款增量、增速，制造业贷款增量、增速，均位居重庆市地方法人银行第 1。该行加大高评级、标准化债券资产投资，运用银行间债券市场债券受托管理人资格积极开拓债券承销业务，与实体企业的合作范围进一步扩大，合作深度持续深化。通过对资产结构的主动优化调整，风控能力持续提升，发展基础持续巩固。公司存款资金体量大、成本相对较低，是银行存款营销的必争之地。2020 年，该行公司存款保持强劲增长，公司存款余额 1786 亿元，实现了百亿级的增量，在重庆市地方法人银行中排名第 1；增幅接近 13%，超出 2019 年同期增幅 10 个百分点。

二是小微金融业务。小微银行业务是重庆银行的特色业务，服务小微企业是该行一直坚守的初心和使命。按照"两增两控"的监管要求，该行积极发展普惠金融。小微企业贷款余额 833 亿元，增长 4.3%，近两年复合增长率 5.4%。普惠型小微企业贷款占比逐年增加至 44%。对小微企业投资、生产、销售各环节，企业主与全体员工提供"全链条"金融服务，小微客户数增长 50%，近两年复合增长率 40%。持续加强风险管控，小微企业贷款不良率 1.84%，较上年降低 0.31 个百分点。

三是个人银行业务。零售业务是重庆银行的重点业务，是各家银行都很重视的领域，也是重庆银行转型发展的方向。该行注重扩大优质客群，是重庆市公务员津补贴代发银行，也是重庆大学、西南大学等高校的资金代发银行。2019 年末，储蓄存款余额 1218 亿元，增长 21%，近两年复合增长率 23%，储蓄存款占总存款的比例持续攀升，现已接近 40%。该行积极发展消费金融业务。个人贷款余额 965 亿元，增长 6.3%，近两年复合增长率 18.5%，资产质量持续优良。按照监管要求，对互联网贷款加强主动管控。从传统业务上寻求突破，与金科、绿城、融创等优质房地产开发企业建立稳定合作关系，加大按揭贷款投放，全年增长近 90 亿元，增量创历史新高。

四是贸易金融业务。贸易金融业务是重庆银行实现年度突破的业务。2020 年，该行成为重庆市首家代客人民币外汇衍生品全牌照地方法人银行、中西部首家与国家外汇管理部跨境金融区块链服务平台直联的银行、2020 年度外汇业务合规与审慎经营评估 A 类银行，也是 2020 年度重庆市外汇业务及跨境人民币业务自律机制评选的"优秀成员单位"和"优化营商环境最受欢迎银行"。控股子公司重庆鈊渝金融租赁股份有限公司成立 4 年来发展态势良好，2019 年末，公司资产总额 240 亿元，增长近 30%；实现净利润近 3 亿元，增长近 30%；不良率 0.64%，资产质量优良。

五是金融同业业务。金融市场业务方面，重庆银行积极参与货币市场交易，吸收低成本资金，全年银行间市场资金交易量同比增长近 60%，在稳步降低融资成本的同时，实现同业负债占比持续下降。持续优化债券投资结构，提高标准化债券和高流动性资产占比。

六是理财业务。在理财业务方面，重庆银行按照资管新规稳步转型，在产品精细化管理、投资结构优化、稳定客户收益、理财中间业务收入等方面保持了良好发展势头。

此外，金融科技是重庆银行的优势领域。2020 年，重庆银行完成了智能风控运营平台建设，构建起集生物识别、人工智能、风险定价、贷后预警等功能为一体的"消费金融大数据智能风控体系"，涉及风险变量 5000 个，内涵模型数十个，规则上千条。目前已支撑 7 个线上消费金融产品实现自动、秒级审批，提供 7×24 小时"零接触"服务。该系统获得了第四届零售银行暨风控大会"消费金融最具成长价值奖"。该行注重客户分层管理，制定差异化的营销策略，不断提升服务质效。该行注重产品效能提升，优化"捷 e 贷"

准入条件，开发"法拍贷"丰富按揭品种，推出个人线上质押贷款。该行注重场景打造，建设"渝乐惠"积分商城，推出"云缴费"平台，丰富线上"生活圈"。

（三）服务实体经济情况

1.服务国家重大战略

紧扣成渝地区双城经济圈建设、中新（重庆）战略性互联互通示范项目、西部陆海新通道建设等重大战略，主动融入双循环新发展格局，在发挥优势强化金融服务支撑的同时，实现自身高质量发展。2020年，重庆银行在双城区域贷款投放超过1100亿元，向区域内各类项目建设提供授信支持超过120亿元。积极履行作为重庆地区法人金融机构的使命担当，牢固树立一体化发展理念，做好顶层设计，计划通过聚焦"基础设施互联互通""产业协作补链成群""生态环境联防联治""公共服务共建共享"四大领域，为成渝地区双城经济圈建设增加金融服务供给。

此外，重庆银行作为中西部首家、全国第6家直联外汇局跨境金融区块链平台的银行，参与西部陆海新通道融资结算应用场景；作为重庆首家地方法人银行，对接重庆市口岸物流办国际贸易"单一窗口"，接入人行境内外币支付系统，加入了SWIFT gpi全球支付创新项目。

> **重要进展：服务成渝地区双城经济圈建设**
>
> **优化统筹**。搭建"1+1+N"工作推进机制，即组建金融服务推动成渝地区双城经济圈建设领导小组，下设领导小组办公室，会同项目牵头主体共同推动项目落地，凝聚服务合力，深入调研100个重点园区。
>
> **强化支持**。加大对重点区域支持，全年向两江新区、高新区合计投放贷款近200亿元，重点支持先进制造业、现代服务业和基础设施建设领域。成立重庆银行泸州分行，持续优化成渝地区金融结算服务。
>
> **深化合作**。与成都银行推进战略合作，共同投资债券25亿元，支持产业发展和基础设施建设；推进柜面互通，实现柜面现金存取款、转账业务互联互通。首批参与成渝地区跨省电子缴税工作，提升税收缴库便利化。参与川渝毗邻地区一体化发展，方便购房人在相邻区域申办房贷。

重要进展：助力打造"智造重镇"

重庆银行聚焦电子行业产业特性，找准金融服务难点、痛点、堵点，推出优优贷、实体信用贷等特色产品，针对性解决融资需求。积极对接"渝企金服"平台，运用移动展业平台进行业务受理、流程操作和信息处理，简化电子信息企业业务流程。围绕重庆市构建"芯屏器核网"电子信息全产业链，强化与政府主管部门、行业协会等机构合作，通过特色金融服务推动重庆市电子信息产业转型升级、实现高质量发展。2020年，向400余户电子信息行业客户提供授信支持近20亿元。

重要进展：中新互通　再启新篇

在国家"一带一路"倡议的推进及中新（重庆）战略性互联互通项目下，作为中新金融科技联盟的副理事长单位，重庆银行与新加坡 ADERA SINOTECH PTE. LTD. 等众多成员单位在智博会举行签约仪式，以线下＋线上的"云签约"模式完成中新双方的"国际供应链金融及区块链融资平台项目战略合作协议"的签订，进一步探索基于区块链技术的国际供应链金融合作服务模式，加快助推中新金融科技合作示范区建设。

重要进展：重庆鈊渝金融租赁获批发行 15 亿元人民币金融债券

2020年9月，重庆银行控股子公司——重庆鈊渝金融租赁股份有限公司获人民银行批准，在全国银行间债券市场首次公开发行不超过15亿元人民币金融债券。公司主体和债项信用由联合资信和中诚信同时给出 AAA 的评级结果。公司计划将发行金融债募集的资金进一步支持实体企业、服务本地经济。

重要进展：持续做好服务创新

重庆银行推动基于招商引资的产品创新，通过研发招商系列产品，进一步加强对招商引资企业的服务能力。推动基于交易场景的产品创新，通过分析企业在不同场景下的金融服务需求，为实体企业提供基于交易场景的金融服务方案，全面满足实体企业在供应链、资金链、产业链等不同交易场景中的金融服务需求。

2. 深化普惠金融服务

重庆银行积极贯彻落实支持实体经济特别是小微企业的各项政策要求，

提出"四优服务"，提供精准金融服务，确保资金"直达"实体经济"毛细血管"。同时，打造出以数字为驱动的"五位一体"小微普惠金融智能化服务体系，已拥有较为完善的大数据智能化风控体系，依托全行数据治理工作形成数字化驱动的运营管理机制，重塑贷后监测预警管理体系，结合在线信贷业务自身特点，创造性地引入电子存证、在线赋强公证、互联网仲裁等创新内控合规手段，形成对小微金融业务全生命周期的洞察机制和审慎有效的管控机制。

截至 2020 年末，工信部国标口径小微企业贷款余额 833.22 亿元，同比增长 34.55 亿元。其中，单户授信总额 1000 万元及以下普惠型小微企业贷款余额 364.51 亿元、47252 户，同比增长 44.02 亿元、17267 户，圆满达成"两增"目标。

重庆银行始终支持科技创新领域发展，通过持续加强机制赋能、产品研发和推广，不断提升科创企业金融服务质效。截至 2020 年末，科技型企业贷款余额 175.61 亿元，同比增长 72.61 亿元。其中，科技型中小企业贷款余额 127.68 亿元，同比增长 51.57 亿元。

精准滴灌实体经济

"面对面"摸排金融需求。统一行动，面对面与区域实体企业进行交流，坚持问题导向，了解企业在经营过程中的难点、痛点、堵点及融资需求，切实做好企业的金融服务。

"点对点"定制融资方案。加强内外联动，点对点主动收集梳理区域国有实体企业的债务优化融资需求，根据企业特定要求，逐户、逐笔着手定制融资方案，优化企业债务结构。

"一对一"提供精准服务。强化银政合作，借助银政合作平台，一对一精准对接工业企业，根据企业经营特点制定服务方案，提升融资服务能力。

案例：支持科创企业

2020 年 5 月，重庆银行通过线上直播方式，在"重庆创新创业创投服务平台"开展"重庆银行'心相伴、共成长'纾困支持政策宣讲"活动，向科创企业介绍金融支持政策。

2020 年 12 月，重庆银行加入"重庆市知识产权金融服务联盟"，为科技型企业运用知识产权拓展融资渠道提供业务指导、信息供给和服务支撑，并与重庆市知识产权局签订《促进重庆市知识产权质押融资工作战略合作协议》，积极探索知识产权质押融资模式。

案例："信用贷"主动上门

2020 年 12 月，拥有多项食品生产实用新型专利技术的某食品公司一片热火朝天的生产景象，与负责人因缺乏 80 万元囤货资金的愁容形成鲜明对比。这一幕正好被上门走访的重庆银行客户经理捕捉到，并第一时间向负责人介绍重庆银行推出的无抵押、低利率、用款灵活、放款便捷的信用贷款。

"重庆银行主动上门为我们提供金融服务，实实在在地让我们小微企业也敢放心大胆地生产经营。"公司负责人高兴地说道。

案例：持续跟进，解决企业困难

某建材公司因疫情影响，急需资金订购原材料，2020 年 4 月重庆银行向其发放个人经营性抵押贷款 64 万元，帮助其有效缓解资金压力。随着复工复产与销售增加，企业再次出现有订单但流动资金紧缺的情况。重庆银行工作人员在了解企业已无抵押物进行贷款融资的实际困难后，充分落实"稳企业保就业"各项优惠政策，于 2020 年 9 月对企业发放"好企信用贷" 87 万元，帮助企业渡过难关、扩大生产。

3．有效衔接乡村振兴

2020 年，重庆银行全力打好脱贫攻坚收官之战，在机制建设、模式创新、产品运用、服务提升等方面深耕细作，做好脱贫攻坚与乡村振兴有效衔接，大力落实乡村振兴战略。截至 2020 年末，涉农贷款余额 413.05 亿元，普惠型涉农贷款余额 86.57 亿元。

助力乡村振兴

支持农业产业融合发展。升级改造原有"新六产·助农贷"批量业务，研发推出"线上申请—线下审查—线上审批—线上放款"的 O2O 线上线下融合产品"两山两化·好企助农贷"，满足涉农经营主体多样化融资需求。截至 2020 年末，"助农贷"余额 9.09 亿元，支持农户 3069 户。

支持农村美丽乡村建设。发推出"路保贷"，助力"村村通""扶贫公路"等交通基础设施建设。截至 2020 年末，"路保贷"余额 2.1 亿元。

支持农村经济体制改革。研发推出"三变改革贷"，支持农民以土地入股等形式与农业产业化龙头企业共同发展，促进小农户与现代农业有机结合。截至 2020 年末，"三变改革贷"余额 268 万元。

支持生猪养殖产业发展。研发推出重庆市首款采用"银行＋保险＋物联网＋农户"模式的生猪养殖产业信用贷款产品"猪保贷"，依托生猪养殖核心企业正大农牧公司的生猪养殖产业链金融产品"猪农贷"，促进生猪市场平稳有序发展。截至2020年末，生猪产业贷款余额8.14亿元，其中生猪养殖行业贷款余额5.12亿元，支持生猪养殖企业2044户。

拓宽贷款抵质押物范围。研发推出"小水电贷"，以应收账款和股权质押为担保方式、以回款账户锁定为风控手段，解决农村地区经营主体抵押物缺乏难题。截至2020年末，"小水电贷"余额5863万元。

增强特色专项债券支持。通过运用扶贫专项债券、绿色债券等特色专项债券，激发贫困地区经济活力，提升区域综合经济实力。2020年，投放乡村振兴资产12.2亿元。

完善基础金融服务

拓展便民服务站点。依托助农POS、流动银行车、移动便携式终端等金融服务工具，建设集普惠金融教育、基础金融服务、业务发展于一体的乡村金融便民服务站点。2020年，设立便民服务站点61个，累计辐射行政村526个。

丰富支付结算渠道。改善农村地区支付结算服务环境，满足乡村居民开卡、小额存取款、代缴费等日常金融服务需求。2020年，利用展业平台远程开户为乡村地区居民开卡10752张，助农POS交易8630笔，交易金额100万元。

加大小额现金投放。依托地域优势，提升乡镇小商贩、新型农业经营主体等三农客户的小面额货币投放力度。2020年，向乡村地区投放小面额现金1445万元。

（四）高标准推进数字化转型

1.加码金融科技建设

重庆银行第五届董事会第七十一次会议审议通过《重庆银行股份有限公司2020—2022年发展战略规划》，将"科技引领，创新驱动"作为重要指导思想，明确把科技创新作为高质量发展的第一动力，积极运用互联网、云计算、大数据、人工智能等金融科技引领创新，将创新驱动全面融入业务发展和经营管理的各个领域环节。

全面支持存、贷款创新产品研发。完成对私和对公结构性存款产品的快速研发；将分布式架构、大数据技术运用到消费信贷系统建设中，并尝试微服务架构技术，提升了消费信贷金融产品创新的便捷性和灵活性。

助力网点转型与智能运营。充分运用人工智能和机器学习等创新技术，持续开展机器人自动化处理（RPA）平台在集中作业中的应用；开展动态人脸识别应用试点，在试点支行运用该生物识别技术辅助精准客户营销业务场景的探索；完成远程集中授权项目，建成了新一代自助设备管理平台，提升自助设备管理与用户体验。

完善优化电子渠道业务。完成小微企业移动支付平台建设，开展手机银行 5.0、互联网运营平台、企业网银、渠道整合平台优化升级，基于开放银行的理念，完成了部分开放 API 的试点研发，启动智能语音客服系统建设，试点运用智能语音和语义识别等人工智能创新技术，建成远程银行平台，可提供更多无接触业务场景应用。

2. 营造全新金融生态

重庆银行已建成的新一代核心系统，采用了全新的技术架构及多项创新技术，是重庆银行向智慧银行转型升级的重要力量。该系统上线投产后，已稳定运行两年有余，在客户服务、产品创新、运行效率、数据质量、安全保护等方面发挥重要作用。

2020 年，重庆银行大数据智能化工作突出业务价值导向，采取分级审批和动态管理制度，精挑细选"小微普惠金融智能化服务支持体系创新""移动展业平台"等 14 个总行级项目加以重点支持，其中 2 项入选市属重点企业智能制造和智能应用项目库，3 项入选市属国有重点企业以大数据智能化为引领的创新驱动发展重点项目。

在智能化创新驱动方面，重庆银行使用"移动展业平台"推动传统"柜面延伸"向"一站式"综合金融服务转变，实现从"坐商"到"行商"转型，有效打通金融服务"最后一公里"，以安全、便捷、高效的数字普惠金融，更好地服务实体经济，更好地服务"三农"和偏远地区、深度贫困地区客户。

在构建体系化的创新驱动机制方面，重庆银行推动金融科技融合创新、数据治理和金融标准化三项工作整体同步开展，以数据治理工作为金融科技创新的基础保障，以金融标准化作为规范创新过程和创新输出的标尺，以金融科技融合创新的过程和结果回溯改进其他两项工作，形成三位一体的自主创新体系。项目实施过程协调推进，相互促进、共同作用，取得"1+1+1 > 3"的效果，并逐步形成体系化的创新生态过程，实现从量变到质变的数字化转型。

> **案例：线上"智慧"双语亮相**
>
> 在 2020 线上智博会，重庆银行打造的中英双语版"创新心相伴　与您共成长"线上展厅正式开门迎客。展厅主打"科技风""未来感"，以"数字化创新生态""智慧风控""数字化移动银行""电子渠道体系""普惠数字信贷产品"等几大板块内容，对近年来重庆银行持续践行大数据智能化引领创新战略和数字化转型取得的成果进行了多维度、多角度的呈现，特别展现了 2020 年重庆银行以金融科技支持复工复产、赋能小微经济、助力脱贫攻坚的实践之路。

3. 强化科技风险防控

重庆银行将新技术创新运用深入到科技运行的基础性工作中，持续提升信息科技保障能力，确保全行信息系统安全稳定运行。一是强化基础设施支撑。深化分布式技术、虚拟化技术的应用，持续完善"两地三中心"灾备体系建设，推进同城双活中心应用部署。二是优化生产运行管控。有序推进智能运维一体化建设，综合运用大数据、人工智能等新技术，实现灾备系统"一键式智能切换"，运维数据深度挖掘及可视化运营，以及批量作业的自动化智能调度。研究探索系统、网络和机房可视化、智能化监控管理，开展网络日志大数据分析与展示、网络智能告警等基础研究。三是深化信息安全防护。加大网络安全建设，完善数据安全防护及安全运营管理措施，初步尝试运用大数据技术分析潜在网络安全漏洞和高危风险，提前预警提前化解，先后参加了 2019 年重庆市网络安全攻防演习和 2020 年全国网络安全攻防演习，用实战检验和提升防控能力。

重要进展

加强大数据平台与数据服务能力建设。启动全行数据治理项目，开展数据标准、数据质量和元数据管理系统建设。基于大数据平台建设关联风险智能化评估、反欺诈、风险预警等系统，开发悟空数据分析平台，实现部分关键业务数据的领导驾驶舱可视化服务。2020 年 10 月，在 2020 年度 DAMA 中国数据管理峰会上，重庆银行以"管用结合，以用促治"的创新工作理念及客户数据治理实践经验总结，从 196 个参评单位中脱颖而出，荣获 DAMA 中国 2020 "数据治理创新奖"。

风铃智评系统。重庆银行自主研发的"风铃智评"系统已成为风险防控的"第二大脑"。依托大数据及知识图谱技术，构建以关联关系挖掘为核心的大数据风控系统，可广泛应用于贷前企业调查、贷中风险评价、贷后风险预警等授信业务风控领域以及公司业务风险管理、内部审计与检查、资产保全、反洗钱、招标风险排查等。在未来的数字化实践中，"风铃智评"将持续夯实数据基础，丰富风险维度，创新应用模式，不断优化升级，更广泛、更深入地应用于具体业务场景，以数字化智能化提升服务实体经济能力。

个人消费金融反欺诈系统。重庆银行完成该系统关联图谱产品升级工作，实现支持多场景、多产品。同时，规划接入了该行多维度交易数据、事件数据、客户数据，搭建全行级的零售知识图谱，有效支撑了全行线上业务，成为风控决策重要一环。

在线智能风控平台。重庆银行完成在线智能风控平台全面升级，实现从 V1.0 平台到 V2.0 平台的整体迁移，系统总体运行平稳。全系列产品完成二代征信系统改造切换，保障了业务开展并满足监管要求。平台高效响应业务快速迭代，2020 年运营多款产品，有效服务对应区域小微企业。

（五）协同推进生态环境保护

1. 推进绿色金融

重庆银行将绿色发展纳入全行战略规划，在《2016—2020 年的"十三五"发展规划》及《重庆银行 2020—2022 年发展战略规划》中明确要求大力支持绿色、循环、低碳的经济发展。制定了《重庆银行关于推进绿色金融发展的指导意见》，从制度建设、业务推进、风险管理等层面明确了对绿色产业的推动路径。同时，搭建起覆盖4个层级的管理架构，经营层成立绿色金融发展领导小组，总行设立绿色金融部，6个分行级机构设立绿色金融服务中心，支行指定专人从事绿色金融工作。同时，在两江分行设立绿色金融孵化中心，对行内绿色金融特色产品及政策先行先试，上下联动，统筹推进绿色金融发展。

在授信流程上，搭建绿色业务的全流程绿色通道，对绿色项目给予差别化的授信政策，实施"优先接件、优先审查、优先上会、优先放款"的绿色通道政策。在考核上实施资源倾斜，对于绿色贷款业务实施双重优惠政策，同时下调绿色业务的FTP及经济资本调整系数。

重庆银行形成"绿色信贷＋绿色债券＋绿色租赁"的绿色金融产品包，通过提供覆盖企业"投""产""销"全生命周期的融资产品，定制针对性的综合服务方案，多措并举满足绿色产业的个性化金融需求。同时积极探索碳金融、排污权质押等绿色产品，为企业提供专项绿色服务。

截至2020年末，绿色信贷余额144.1亿元，较年初新增53.8亿元，增速59%。2018年，发行重庆市首笔绿色金融债60亿，主要用于支持绿色交通运输、可再生能源及清洁能源等绿色项目。2020年，重庆银行投资的首笔绿色资产支持证券——"西安高新热力供热绿色资产支持专项计划"1亿元，用于支持绿色清洁能源企业的发展。

> **率先开展绿色金融标准化工作**。作为重庆地区首家承接绿色金融标准化工作的地方法人银行，率先制定绿色信贷业务流程标准、绿色债券信息披露规范，并在国家企业标准官方网站公开发布，可供同业机构参照。
>
> **参与重庆绿色低碳发展研究**。作为唯一一家参与的地方银行，联合人行重庆营管部、清华大学参与《重庆市支持绿色低碳发展目标的绿色金融路线图》科研项目，制定重庆市碳排放提前达峰实施方案，助力全市绿色低碳发展。
>
> **全面融入重庆绿色金融创新改革**。积极助力重庆创建绿色金融改革创新试验区，参与建设重庆绿色金融大数据系统——"长江绿融通"，全力支持重点区域进行绿色创新改革试点，与区县政府、生态环境局协同联动，扎实推进改革试验区建设。

> **案例：支持污水处理**
>
> 重庆康达环保产业（集团）有限公司成立于 1996 年，是一家专业从事城镇污水处理、水环境综合治理和乡村污水治理等业务的环保企业，主要通过服务特许经营协议，以 BOT（建设—运营—移交）、TOT（移交—运营—移交）、PPP（政府和社会资本合作）、EPC（设计—采购—施工）以及 O&M（托管运营）等模式向客户提供订制及综合的污水处理解决方案及服务。重庆银行向康达环保授信 2.7 亿元，运用特色产品"优优贷"向企业提供实际使用期限长达 6 年的流动资金贷款，支持企业日常运营，进一步扩展污水处理服务。

表 21-1　重庆银行绿色金融服务主要领域

项目领域	项目成效	惠及企业
基础设施绿色升级	提升重大基础设施建设的绿色化程度，提高绿色生活水平	重庆市轨道交通（集团）有限公司
生态环境产业	生态系统的保护修复，优化生态安全屏障，提升生态系统质量和稳定性	重庆朴真农业发展股份有限公司
清洁能源产业	构建清洁、高效、系统化应用能源生产体系的装备制造和相关设施建设运营	重庆三峰环境集团股份有限公司
节能环保产业	从事资源能源节约和循环利用、生态环境保护的装备制造的相关产业	重庆市再生资源（集团）有限公司
清洁生产产业	从事生产全过程的废物减量化、资源化和无害化的相关产业	毕节海蓝医疗废物集中处置中心有限公司
高新技术产业	为相关绿色产业提供智力支持和专业化服务的产业	重庆中航科技有限公司

2. 实施绿色运营

重庆银行大力倡导低碳、绿色办公理念，节能降耗、保护环境的理念深入人心。2018 年制定《重庆银行大厦管理办法》，对办公大楼能耗、环境管理进行规范。办公大厦灯光照明系统为智能化系统，通过手动控制，智能调控开关加强办公区域的节能管理，根据气温变化合理使用空调。充分发挥线上办公优势，深入推进无纸化办公，采取双面用纸，减少纸杯等一次性用品，最大程度减少纸张消耗。全行践行光盘行动，厉行节约、珍惜粮食，拒绝舌尖上的浪费。

在各个网点的建筑节能方面，一方面外墙采用节能保温材料，建筑材料使用环保产品。另一方面逐步推行网点室内照明智能化控制以有效节能，并按网点实际条件，室内尽量采用自然通风和采光，进一步达到节能降耗的目标。

（六）未来展望

2021 年 2 月 5 日，在广大投资者和客户的信任支持下，重庆银行成功登陆 A 股市场，成为我国西部地区首家"A+H"上市城商行。站在新的发展起点，重庆银行将积极融入新发展格局，切实担当新发展使命，坚持稳中求进工作总基调，以推动高质量发展为主题，以深化供给侧结构性改革为主线，以改革创新为根本动力，不断增强竞争力、创新力、控制力、影响力、抗风险能力，确保"十四五"良好开局，以优异成绩迎接建党 100 周年。

二、重庆农村商业银行

（一）基本情况

2020 年，重庆农村商业银行坚持以习近平新时代中国特色社会主义思想为指导，在市委、市政府正确领导和市金融监管局的大力支持下，扎实开展疫情防控，倾力服务经济民生，防范化解各类风险，各项工作顺利推进，全年目标任务圆满收官。

重庆农村商业银行股份有限公司（以下简称"重庆农商行"）的前身为重庆市农村信用社，成立于 1951 年，至今已有近 70 年的历史。2003 年，按照国务院农村金融改革部署，进入全国第一批改革试点。2008 年，改制组建全市统一法人的农村商业银行，成为继北京、上海之后，全国第 3 家、西部地区第 1 家省级农商行。2010 年，成功在香港 H 股主板上市，成为全国首家上市农商行、西部首家上市银行。2019 年 10 月，成功在上海证券交易所主板挂牌上市，成为全国首家"A+H"股上市农商行、西部首家"A+H"股上市银行。2020 年 2 月，成功获批全国第 4 家、中西部首家"赤道银行"。2020 年 6 月，全国首家农商行理财子公司——渝农商理财有限责任公司正式营业，全行布局实现信贷、投行、理财、资管、金租、消费金融等领域全覆盖。

截至 2020 年末，重庆农商行下辖 6 家分行、35 家支行，共 1765 个营业机构，设立 1 家金融租赁公司、1 家理财公司、12 家村镇银行，从业人员 1.5 万余人。综合实力位列福布斯全球企业 815 位，在英国《银行家》全球银行排名第 122 位，较 2019 年上升 15 位，跻身中国银行业 20 强，居全国农商行和中西部银行第 1。在全球权威评级机构"穆迪"主体评级中，获得全国地方性银行最高国际评级。

（二）2020 年运营情况

2020 年，重庆农商行坚守"支农支小"市场定位，按照"强管理、控风险、稳发展"工作思路，大力推进"零售立行、科技兴行、人才强行"战略，保持了健康发展良好势头，运营情况呈现以下特点：

1. 经营业绩保持稳健

集团资产总额 11359.27 亿元，较上年末增长 1061.36 亿元，增幅达 10.31%。存款余额 7250.00 亿元，较上年末增长 515.98 亿元，增幅 7.66%，存量、增量份额均保持全市第一。贷款余额 5078.86 亿元，较上年末增长 708.01 亿元，增幅 16.20%，增量份额全市第一。实现营业收入 281.86 亿元，净利润 85.65 亿元，加权平均净资产收益率 9.28%。

2. 资产质量总体稳定

集团不良贷款率 1.31%，逾期贷款占比 1.10%，较上年末下降 0.06 个百分点，资产质量持续保持在优良水平。拨备覆盖率 314.95%，集团资本充足率 14.28%、一级资本充足率 11.97%、核心一级资本充足率 11.96%，保持了良好的风险抵御能力。加大拨备计提力度，按照审慎原则将潜在大额风险贷款及时进行不良确认，全力确保资产质量保持稳定。

3. 结构调整成效显著

资产结构持续优化，贷款余额占资产总额比重 44.71%，较上年末提高 2.27

个百分点，其中零售贷款占贷款总额 42.64%，较上年末提高 5.52 个百分点。负债成本管控有效，存款付息率同比少增 0.24 个百分点。收益结构持续改善，手续费及佣金净收入在营收中占比 10.30%，较上年末提高 1.89 个百分点。队伍结构持续向好，中层管理人员本科及以上学历占比 99%，管理人员不断向知识化、专业化迈进；加强人才引进力度，市场化招聘金融创新、大数据等专业人才 51 人，为助推全行高质量发展提供了强劲动力。

（三）服务实体经济情况

重庆农商行切实发挥地方金融主力军作用，全力支持地方经济发展，支持全市超过 25% 的小微企业贷款、30% 的民营企业贷款、30% 的涉农贷款，服务实体经济等指标稳居全市第一。

1. 助力企业复工复产

率先启动金融支持企业复工复产工作，单列专项信贷额度，成立服务团队，发行全市首批疫情防控债、首笔专项同业存单，打造"战疫贷""同舟贷"等专属方案，向定点医疗机构、重点企业等发放贷款超过 280 亿元，支持防疫重点企业数量全市最多，精准扶持 4 万户企业复工复产，切实做到应贷尽贷。

2. 落实监管政策要求

切实用好货币政策工具，倾力支持"六稳""六保"，争取和运用再贷款再贴现 193.6 亿元，投放普惠小微信用贷款 49.2 亿元，投放额位居全市第一。按照应续尽续原则，办理延期贷款 169.9 亿元、再贴现 26.9 亿元。落实能免则免要求，降低普惠小微企业融资成本 4.7 亿元，免收企业服务费超过 3 亿元，让实体企业感受到实实在在的支持。

3. 主动对接重大战略

积极对接、服务国家及地方重大战略，"一带一路"贷款余额 136 亿元、长江经济带建设贷款余额 1564 亿元；服务成渝地区双城经济圈建设，与四川省农村信用社联合社签署川渝两地首个联合支持双城经济圈建设的金融合作协议，支持成渝地区重大基础设施等项目建设、授信超过 130 亿元；推动产业链供应链优化升级，支持沿江优势产业集群贷款余额 1305 亿元。发挥"赤道银行"绿色金融示范效应，推广碳交易转让、境外绿色债等新模式，发行西部首单"债券通"绿色金融债 20 亿元,绿色贷款净增 75 亿元、余额 246 亿元。

4. 全面服务乡村振兴

在服务乡村振兴上打头阵、贴着心,拓宽金融服务乡村振兴新渠道,发行 20 亿元"三农"专项金融债券,严格实施定向分配。倾斜信贷资源,推广美丽乡村信用贷款、小企业无抵押贷款、农村一二三产业融合贷等弱担保产品,重点支持高山特色农业贷款 142 亿元,全行涉农贷款余额 1704 亿元、占全市 30%。持续优化"三农"服务机制,健全完善 100 个乡村振兴专营中心职能,实行专家服务团队和业务岗位专职化管理。大力推进"三社"融合发展,开立农民专业合作社结算账户 2.7 万个、占全市 80%。

5. 倾力支持小微企业

加大小微企业服务力度,普惠型小微企业客户 12.9 万户、占全市 1/4,贷款余额 784.7 亿元、增速 20.4%,比各项贷款增速高 3.76 个百分点。加强银政对接,科技型企业知识价值信用贷款余额 23.5 亿元,占全市 51%。深化银担合作,投放创业担保贷款 65.3 亿元,占全市 75%,成为全市首家上线运行创业担保贷款办贷 App 的银行。打造小微数字金融服务体系,上线"二押贷""税快贷"等产品,推出小微企业自助支用、自助续贷等服务,在全市率先实现个人经营贷款抵押登记、创业担保贷等线上办理,获得小微企业金融服务最高评价一级。

6. 精准助力脱贫攻坚

脱贫地区贷款余额 1409.2 亿元、比年初增加 284.8 亿元,精准扶贫贷款余额 101.9 亿元、比年初增长 12.6 亿元。坚持以产业发展带动脱贫,支持每个贫困县形成至少 2 个特色优势产业,带动贫困户长期受益,支持农业产业化龙头企业 461 家、余额 112 亿元。深入挖掘生态价值和特色价值,在 14 个国家扶贫开发县开展公益扶贫直播活动,累计销售扶贫产品 1 万余单。

7. 持续推进普惠金融

推进农村地区特色网点建设,新设便民服务点 17 个,自助机具设备、流动服务车等覆盖 6095 个行政村。持续提升基础金融服务能力,移动银行客户数突破 1000 万户,其中 80% 为县域地区客户。大力实施普惠金融服务到村行动,推广线上申贷渠道,开展"金融知识进万家""金融知识万里行"等活动，不断提升群众满意度。

（四）产品、服务及模式创新情况

1. 加快推进金融科技创新

在同类机构中率先成立金融科技中心，成为唯一入选国家金标委的地方金融机构，申请专利近 70 项，智能数字化平台项目成功入选国务院国资委 2020 年国企数字化转型"优秀案例"，成为全国唯一入选的银行案例。2 项创新应用成功入围重庆第一批金融科技"监管沙盒"试点。重点创新项目建设取得进展并发挥作用，视频银行、手机银行 6.0 等投产运行，顺利完成柜面、信贷和办公无纸化改造，科技支撑作用不断增强。

2. 全面深化国有企业改革

推进"双百行动"改革，推行任期制和契约化管理，严格落实市场化考核和激励约束机制，成为全市唯一被国务院国资委评为 A 级的"双百企业"。深入开展"对标世界一流管理培育具有核心竞争力企业专项行动"，针对 8 个重点领域、38 个提升事项，制定实施方案和工作清单，持续提升管理水平。

3. 全力打造特色零售体系

构建一体化金融生态圈，坚持以客户为中心，以场景营销融合商户资源，围绕"吃住行、游购娱、医学养"，构建"银行 + 商户 + 客户"的金融服务生态闭环，挖掘零售客群价值，信用卡有效客户、商户数较年初分别增长 27.1 万、14.9 万户，新增移动金融客户 166 万户，电子渠道财务交易替代率升至 96.3%。丰富零售权益服务体系，打造"渝快生活"品牌，设立住房金融、财富管理等专营机构 38 家。创新特色产品服务，推广保险、基金代销业务，储蓄国债承销量居全市首位，成为全市唯一一家线上渠道缴纳社保费的金融机构。

4. 深入推进产品服务创新

推广运用数字产品服务，明确线上贷款管控标准，搭建线上产品运营指标体系，创新推出"质押贷""捷房贷"等，自主创新类、三方联合贷款分别增长 148.1 亿元、198.2 亿元，带动线上贷款余额突破 530 亿元。创新开展金融市场业务，新增债券基金、政策性金融债、资产证券化等标准化债权资产 643 亿元，资金业务收益贡献保持稳定。拓展低成本负债渠道，落地全行首单三农债、绿色债，不断提高主动负债能力。例如，创新"银行信贷＋保险保障"模式，推出并发放全市首笔以生猪活体为抵押物的贷款；创新外汇融资担保，成功落地全市首单跨境绿色旅游融资业务。

5. 持续提高精细管理水平

加强资产负债管理，搭建分析监测机制，推进全面预算管理体系化建设，统筹运用利率定价、绩效考核、资金量化分析等手段，引导资源配置，有效推动全行 10 个战略重点项目全面落地。完善内控体系，新建、修订制度 254 个，合规经营基础不断夯实。切实发挥审计稽核作用，积极对接审计部门，顺利完成经责审计等项目，扎实推进乱象整治"回头看"，全面落实监管意见和整改要求，内控水平不断提升。

6. 严格实施全面风险管控

强化工作指引，编制风险管理工作意见，制定中期资本规划，以适应外部形势和自身需要。严格个人客户授信限额管控，严把贷款准入和投放关口。强化员工行为管控，上线新内控合规系统，风控硬约束不断增强。加强大额风险化解，实行名单制管理，"一户一策"制订管控方案，表内不良贷款清降成效显著。扎实推进依法治企，加强"三重一大"等事项监督，建立完善整改长效机制，全年实现"零案件"。

（五）经营目标及未来展望

1. 2021 年经营目标

资产规模保持稳健增长，不良贷款率继续保持优良水平，拨备覆盖率、资本充足率持续符合监管要求。

2. "十四五"主要目标

重庆农商行将坚持以习近平新时代中国特色社会主义思想为指导，贯彻落实市委、市政府决策部署和市金融监管局要求，按照"强管理、控风险、稳发展"工作思路，推进"零售立行、科技兴行、人才强行"战略，持之以恒深化企业改革、推动金融创新，努力打造现代一流银行，实现高质量发展和国有资产保值增值。

力争到 2025 年，实现"公司治理架构科学合理、市场化经营机制灵活高效、经营质效稳步提升，具备良好创新能力和市场竞争力"的整体目标，综合实力继续保持农商行首位，重点指标均保持同类金融机构前列。

3. 主要举措

打造标杆、普惠、零售、智慧、人才、流程、价值"七个银行"。具体是：

一是健全公司治理，打造治理有序的标杆银行。比照上市企业要求和现代银行标准，健全职责清晰、制衡有效、运行规范的公司治理机制，实现"治理架构运转高效、授权放权机制规范有序、内外部监督独立完善"的良好局面。

二是坚定支农支小，打造服务实体的普惠银行。立足服务实体经济本业，紧密对接中央和地方重大部署，不断创新产品和服务，切实加大乡村振兴、普惠民生、绿色金融等支持力度，在服务乡村振兴、普惠金融上展现更大作为。

三是深耕零售业务，打造特色鲜明的零售银行。把零售业务作为发展之基、生存之本，建立健全"以客户为中心"的大零售体系，推进"人员专业化、机构专营化、网点场景化、工具电子化"建设，打造具有农商行特色的零售金融发展模式。

四是推进科技创新，打造引领发展的智慧银行。加大金融科技投入，培育领先的科技研发能力、优秀的科技创新能力、成熟的科技输出能力，力争成为重庆数字化标杆企业、行业中的金融科技示范银行。

五是强化人才保障，打造队伍过硬的人才银行。探索人才发展"战略性谋划、开放式选拔、系统化培养和科学化管理"新思路，加大招聘、引进、培养力度，培育一批优秀的人才、真正的专家，为转型发展提供坚强的人力保障。

六是落实从严治行，打造管理精细的流程银行。优化制度流程，从管理上要效益、从流程上增效率。将风险防控放在更加重要位置，建立与发展战略相一致，与业务性质、规模和复杂程度相适应的全面风险管理体系，确保资产质量稳定。

七是保持稳健发展，打造回报社会的价值银行。秉承"对股东负责、对企业负责、对社会负责"的原则，以实干实绩成为具有良好价值创造力和最具竞争力的农商银行，确保国有资产保值增值，形成农村金融示范效应，为重庆高质量发展贡献更大力量。

三、重庆三峡银行

（一）基本情况

重庆三峡银行前身为万州城市商业银行，注册地位于重庆市万州区。在市委、市政府领导下，于 2008 年 2 月成功重组，并纳入市属国有重点企业管理。重组以来，作为地方法人银行，该行牢记市委、市政府赋予的"立足库区、服务重庆"的定位和使命，聚焦金融工作三大任务，全力服务区域经济，服务中小微企业，服务城乡居民，保持了健康快速发展的态势，经营效益持续向好，综合实力不断增强。截至 2020 年末，重庆三峡银行注册资本 55.74 亿元，全行员工 2218 人，营业网点 87 个，覆盖重庆所有区县。在英国《银行家》杂志"全球银行 1000 强"排名中名列第 460 位；在银行业协会发布的 2020 年中国银行业 100 强榜单中位列第 88 位；先后荣获全国和重庆市"五一劳动奖状""全国支持中小企业发展十佳商业银行""全国十佳普惠金融城商行""最具社会责任金融机构"等荣誉，行业竞争力、社会影响力稳步提升。

着眼未来，重庆三峡银行将坚持"库区银行、零售银行、数字银行、中小企业银行"战略定位，以增强可持续发展能力为核心，以资本上市、转型发展、探索集团化经营为引领，以特色化发展为抓手，以数字银行建设为手段，做实并提升传统业务、加快发展，努力建设成为西部城商行第一梯队标杆银行，努力成为更具竞争力的综合金融服务商和服务重庆经济社会发展的主力军。

（二）运营情况

2020 年，面对突如其来的疫情、历史罕见的汛情、错综复杂的世情，重庆三峡银行认真落实重庆市委、市政府工作部署和要求，牢记服务实体经济的天职和宗旨，将质量变革、效率变革、动力变革融入经营发展全过程，实现服务实体经济与银行稳健发展同向共进。

1. 主要指标总体保持平稳

呈现增速向稳、结构向优、效益向好的良好发展态势。2020 年度重庆三峡银行营业收入 45.43 亿元，实现利润总额 19.16 亿元。资产平稳增长。资产总额 2365.08 亿元、同比增长 13.50%。各项存款时点余额 1515.47 亿元、同比增长 14.19%。各项贷款余额 1191.89 亿元，比上年增长 17.86%。各项核心指标达到审慎监管要求，其中不良贷款率 1.30%、拨贷比 2.24%、成本收入比 28.23%、拨备覆盖率 172.38%、资产利润率 0.66%。

2. 转型发展取得新成效

重庆三峡银行积极顺应金融发展新形势，持续推动转型发展，努力提升发展动力。**一是**创新驱动，数字化转型注入新动力。聚焦客户服务、精准营销、风险控制、管理决策等四大领域，统筹推进 11 个重点项目建设，多个智能系统成功上线，移动作业、智能审批、智能放款能力基本形成，持续为业务和管理赋能。加大数字化能力在移动支付领域的应用，大力推动收钱码业务运用，上线纯信用贷款"人力发展贷"等新模式，启动未来酒店项目，获得"十大网络影响力银行案例奖"。截至 2020 年末，线上收单有效商户超过 4300 户，线上收单交易量 1465.72 万笔、金额 44.95 亿元。**二是**深耕细作，大零售转型取得新成效。持续深化跨条线联动、线上线下融合发展，不断丰富增值服务体系、提升客户财富管理能力，实现小额分散的零售业务稳步增长。截至 2020 年末，个人客户数 255.33 万户、同比增长 13.7%。

3. 改革工作纵深推进

一是做精管理。完成组织架构改革，共设 25 个常设部门和 1 个临时部门（上市办），系统实现业务发展、风险管控、后台服务的统一协调。扎实开展对标一流管理提升行动，加强现代化管理体系建设，提升管理水平、增强核心竞争力。**二是**做优服务。围绕客户体验优化，加快提升网点厅堂品质，快速响应客户诉求，智能柜员机交易笔数超过 100 万笔、柜台业务离柜率超过 90%，环境优雅、高效便捷的服务优势持续巩固。**三是**做实基础。做好柜面结算、统计分析等日常工作，抓好薄弱环节整改提升。做实人才基础管理工作，常态化抓好员工进入、退出管理，优化人员配置、激发工作活力。**四是**做强基层。持续强化总分支行联动，客户服务更加高效、风险防控更加有效。经营机构发展潜能进一步激发，69 家支行贷款余额同比增加，67 家支行日均存款实现正增长。

4. 稳步推进银行上市

全行上下牢固树立上市意识，及时抢抓证监会贫困地区企业首次公开发行股票"即报即审、审过即发"绿色通道政策，集全行之力推进银行上市工作。

在重庆市委、市政府的坚强领导下，在各级主管部门的大力支持下，历经三年多的上市辅导，重庆三峡银行于 2020 年 6 月 19 日正式向证监会提交了首发上市的申报材料，于 2020 年 6 月 28 日获得正式受理，目前，上市审核状态由"已受理"进入"预先披露更新"阶段，离实现上市目标更近一步。

（三）服务实体经济情况

重庆三峡银行主动融入地方发展战略，全力围绕"两点""两地""两高"目标和三个作用发挥，自觉提高政治站位和服务定位，全力支持实体经济发展。

1. 全力支持疫情防控和复产复工

扎实做好"有序、有量、有质、有惠、有声"五有金融服务工作。疫情期间累计办理资金划转 40.59 万笔、金额 1165 亿元。开辟金融服务绿色通道，先后为 29 家防疫保供重点企业、3336 户小微企业发放人行再贷款 15 亿元、支小再贷款 31.6 亿元。出台客户纾困专项政策，通过延期、续贷等服务客户 848 户、金额 112.2 亿元，缓释疫情不利影响。

2. 全力服务全市重大战略、重点项目

积极融入新发展格局，聚焦"一区两群"，围绕"一带一路"、长江经济带、重庆自贸区建设、中新互联互通、西部科学城等，科学配置信贷资源，加大信贷投放力度，累计提供融资超过 800 亿元；与四川农信社、达州银行签订战略合作协议，加强业务资源共享、推动优势互补，合力唱好"双城记"，通过服务重点项目、同业合作、购买公司债券等多种方式，积极服务成渝地区双城经济圈建设，涉及金额近 400 亿元。围绕三峡库区生态保护、清洁能源、污染防治等重点领域，大力发展绿色金融，绿色信贷余额 37.38 亿元、同比增长 70.48%。

3. 全力服务库区经济社会发展

作为注册地在长江三峡库区万州的地方法人银行，重庆三峡银行始终坚守"库区银行"战略定位，聚焦乡村振兴、生态保护、特色产业、公共服务等重要领域，逐区逐县寻找合作切入，不断拓宽库区金融服务覆盖面。强化库区金融服务能力。优化网点布局，加强金融人才配置，截至 2020 年末，在库区区县开设经营机构 44 家，其中分行 1 家，从业人员 830 余人，库区金融服务能力不断提升。推动破解产业空心化问题。大力支持库区实体经济发展，增加信贷投放，助力库区经济增长和居民增收。截至 2020 年末，库区经营机构为库区企业提供各类融资余额达 298.55 亿元，在全行企业授信总额中占比达到 36.69%。积极履行纳税义务。2020 年，在库区区县纳税 8.89 亿元，占全行纳税金额 82.20%，有力助推库区经济社会高质量发展。

4. 全力服务全市民营经济

深入实施 100 户民营企业和 300 户小微企业培育工程，民营企业贷款余额 367.93 亿元、同比增长 15.69%。通过强化制度引领，加强考核激励，开展劳动竞赛等措施，持续加大对民营企业、小微企业及个体工商户金融支持力度，积极履行社会责任。在年度经营计划和绩效管理办法等制度中针对民营和小微企业设置专项考核指标、信贷计划和营销费用，将指标完成情况纳入经营机构负责人年度"六能机制"考核，提高营销人员展业积极性，引导全行加大民营和小微企业贷款投放力度。增加贷款资金来源，申请发行小微企业专项金融债券 30 亿元。设立普惠小微信用贷款和纾困业务绿色审批通道，实行专人审批，切实简化申请资料，实现当日审批、次日放款。截至 2020 年末，全行民营企业贷款余额 367.93 亿元，同比增长 15.69%。为中小微企业，累计提供融资 40 亿元，惠及 150 户中小微企业和个体工商户。

5. 全力服务"三农"事业发展

扎实推进三农扶贫，精准助力脱贫攻坚，积极对接服务乡村振兴。加强银政对接。主动对接市级相关部门，找准全市三农重点工作方向，加大与相关区县政府沟通联系，出台专项普惠金融产品支持涉农经营主体金融需求，推进金融服务乡村振兴专项贷款产品开发。支持特色产业发展。立足区县不同资源禀赋，对榨菜、辣椒、柑橘等特色产业形成特色专用审查标准，为相关企业发展提供信用贷款支持。探索特色化产品。探索开发生猪活体抵押贷款产品，为生猪养殖龙头企业授信 1 亿元，加大对生猪产业金融服务力度。2020 年末普惠型涉农贷款余额 19.46 亿元，扶贫小额信贷累计发放 1533 笔，共计 3417.63 万元，余额 7265.73 万元，较年初净增 2473.64 万元。

6. 全力服务民生事业发展

强化对衣食住行、教育、文化、医疗等领域金融服务力度，将优质金融服务惠及更多社会群体。加强产品创新。针对幼儿园、诊所、经济型酒店推出育才贷、助医贷、万家贷产品，针对拥有专利的科技型企业推出科技成长贷，服务民生事业的产品体系更加完善。拓宽服务渠道。引入政府风险补偿机制，与相关市级部门共同推出人力发展贷，与相关区县政府合作推出小微企业合作贷、旺农合作贷、万众创业贷，多渠道助力民生企业发展。服务生活场景。充分发挥"三峡付"移动化、个性化服务能力，打造"金融+生活"智慧生态圈，2020 年落地物业场景 24 个，服务 30 余个小区超过 10 万业主；落地停车场景 28 个，服务近 37 万人次；对接 ERP 药房财务系统，开通银企直连，助力相关药房企业 1000 余门店实现数字化收单。同时，针对个体工商户等商户减免交易手续费 100 余万元。

（四）产品、服务及模式创新情况

1. 创新产品，加大信用贷款投放力度

加强市场调研，以客户为中心、市场为导向，通过政府增信、数据增信、行业增信等形式，创新 6 款信用贷款产品、优化 2 款信用贷款产品、制定 3 款特色行业信用贷款审批标准，着力提升信用贷款发放规模。**一是**基于市场情况，推出针对人力资源行业的人力发展贷、医疗行业的助医贷等信用类产品，并贴合市场需求修订万家贷、育才贷等产品。**二是**基于数据增信，创新研发通用性强的场景类产品万众创业贷（万州美食贷）、万众创业贷（万州商贸贷）、万众创业贷（垫易贷），搭建线下调查准入的线上小微信用贷款产品体系，为场景建设和产品推广打下良好基础。**三是**依托地域资源禀赋，打造特色支行，通过小企业授信委员会针对不同行业，形成脐橙、辣椒、榨菜等特色行业通用审查标准。**四是**加强银政合作，全面推广璧山小微企业合作贷模式，正推进大足、荣昌、巫山、垫江等政府合作贷款业务。**五是**与两江创投合作推出"科技成长贷"，全力支持科技型中小微企业发展。

2. 科技赋能，提升数字化服务水平

充分利用互联网、大数据、区块链技术等提升数字化服务水平，提高客户融资效率。**一是**运用线上对公业务平台，提供线上融资服务。大力发展通过政府采购订单锁定回款路径的线上产品采 e 贷。**二是**利用外汇局跨境金融区块链服务平台，结合出口信用保险以及商务委出口信保融资风险资金池，推出融信链产品。**三是**加强与政府部门合作，先后与重庆市大数据应用发展管理局、重庆市税务局、重庆市财政局、国家电网重庆公司签订合作协议，接入了政务、税务、财政采购、电力、工商司法等优质数据，充分发挥政府权威数据的社会效应服务中小微企业。

3. 聚焦场景拓展，培育发展新动力

聚焦场景拓展，快速响应市场。深耕细作物业、教育、停车、大修基金的场景连接，提供支付结算场景金融解决方案。聚焦酒店、药房企业场景，融合"金融＋生活"，做深做透行业生态。联动线上线下，力推商户阵地营销，夯实支付结算能力，切实提升"以客户为中心"的服务质效，以便捷、高效的收单场景进一步抢占商户收单市场。截至 2020 年末，落地物业、教育、停车场等各类场景 78 个。自主研发"三峡宝 – 臻享系列"大额存单、"三峡宝（三峡付版）"线上存款产品，转变业务模式，增强线上自主揽存能力。推出鑫源融资租赁贷款"舟 e 贷"，提供基于汽车消费场景的个人贷款服务，做大资产规模。持续迭代优化线上扶贫贷款产品"志 e 贷"。启动自营互联网个人消费贷款产品"三峡帆帆贷"建设，构建无卡授信能力，以实现批量化获客。统筹线上渠道建设，便捷多方需求，提升用户体验。攻坚移动支付，启动新一代手机银行开发建设，打造集营销、生活服务、客户服务于一体的移动互联网开放服务平台，完成企业网银手机端上线试运行，为用户提供综合化、一站式移动金融服务。持续优化迭代三峡付 App，提升系统基础能力。

（五）经营目标及未来展望

"十四五"时期是我国全面建成小康社会、实现第一个百年奋斗目标之后，乘势而上开启全面建设社会主义现代化国家新征程、向第二个百年奋斗目标进军的第一个五年。"十四五"规划和 2035 年远景目标建议为我行未来发展指明了方向，提供了遵循。下一步，重庆三峡银行经营发展的总体目标是：持续坚持库区银行、零售银行、数字银行、中小企业银行定位，奋力将我行建设成为满足广大客户市场需求的综合金融服务商，成为综合实力在西部城市商业银行进入第一梯队的标杆银行。

1. 加强党建引领，促进党建业务融合发展

以习近平新时代中国特色社会主义思想为指导，深入贯彻党的十九届五中全会精神，认真落实新时代党的建设总要求和新时代党的组织路线。以坚定理想信念为根本，充分发挥党组织的独特优势，坚持党管干部，深入推进三峡银行商学院建设，培育优秀人才，为推进重庆三峡银行高质量发展提供坚强的组织人才保障。以党建工作引领团队建设，将支部组织生活与分支行（部门）团队建设有机结合，以党建活动为载体，持续加强与党政机关、企事业单位的共建活动，将党建工作与业务活动深度融合，实现以共建促交流、以合作促发展的党建新模式，推动党建工作和业务工作的全面进步。

2. 打造特色金融，全力提升服务水平

顺应国内国际双循环新发展格局，牢牢把握成渝地区双城经济圈建设带来的发展契机，结合重庆发展规划，立足该行实际，抢抓发展机遇，奋力开创发展新局面。**一是**积极融入"一圈两群"区域发展战略，积极参与川渝、渝黔等区域合作，差异化制定都市圈、渝东北城镇群、渝东南城镇群三大片区的业务发展策略，加强金融服务的针对性。**二是**把握新时代西部大开发和我市建设内陆国际金融中心新机遇，积极参与"一带一路"建设和长江经济带发展，在中新项目、重庆自贸区、西部陆海新通道建设中拓展金融服务新空间。**三是**加强与国家级高新区、经开区、县市级工业园区的全面战略合作，在培育战略性新兴产业和先进制造业方面，提供综合化金融服务方案，重点围绕乡村振兴、医疗卫生、养老服务、教育产业、科技金融等五大领域，打造行业特色金融。

3. 践行职责使命，服务实体经济发展

立足城商行使命和定位，充分发挥地方法人银行优势，为实体经济赋能。**一是**全力服务我市重点项目，加强与发改委、经信委等市级部门的联系对接，围绕服务川渝高竹新区、西部（重庆）科学城、广阳岛绿色发展示范等重点项目，加大信贷投放，提高对全市经济发展的金融服务质效。**二是**加大对民营企业支持力度，坚持以需求为导向，有针对性开发金融产品、提供优质金融服务。**三是**大力发展普惠金融，推行差异化优惠政策，创新研发适应市场需求的普惠小微信用贷款产品，进一步优化供应链产品体系，丰富融资场景，提升供

应链金融服务质效。

4. 深化合作方式，丰富高质量发展内涵

围绕战略定位、业务转型和客户需求，优化管理策略，不断扩展合作渠道，抢占发展先机。**一是**深化与国开行、农发行、进出口银行的战略合作，在棚户改造、智慧城市、乡村振兴、精准扶贫等方面补上短板。**二是**主动加强与我市以及成都地区银行、券商、消费金融公司等金融机构业务联系，在同业授信、债券投资、产品销售等领域寻找合作机会，建立资源共享的良好合作局面。**三是**加强与综合实力强、专业水平高的信托、证券、保险、基金、担保等非银机构的合作，在大型优质企业服务、强主体客户营销、特定领域业务拓展等方面挖掘潜力。**四是**加强与社会团体、行业协会、科研院所、资信中介服务机构等市场主体的合作，在获客活客、引才引智等方面开辟新路径。

5. 坚守战略定位，努力实现绿色发展

三峡银行作为一家地处长江经济带、身处库区的银行，将坚持"库区银行"战略定位，探索金融支持绿色经济转型和生态环境保护。**一是**深耕库区、服务库区，把需求牵引和供给创造有机结合起来，在积极服务新能源汽车、环境治理、库区农业等绿色产业中，推进产业上中下游协同联动发展，因地制宜开发金融产品。**二是**扎实推进"库区银行"战略，强化生态环境、基础设施、公共服务共建共享，在筑牢长江上游生态屏障建设、金融服务城镇化建设示范工程中，推动战略落地、实现特色化发展。**三是**围绕重庆绿色金融改革试验区建设，聚焦"绿色产业发展、绿色城镇化建设、'三水共治'"三大领域，围绕万州、渝中、江北、南岸和两江新区等五个先行试点地区，做好金融资源要素统筹安排与长远规划，确保全行绿色金融发展与重庆绿色金融改革协调推进。

6. 推进资本上市，加快数字化转型升级步伐

早日实现上市是重庆三峡银行发展历史的必然选择。该行将继续以上市银行标准持续规范经营管理，推动发展、提升价值，为上市提供良好的经营业绩保障，做好上市申报期间舆情应对工作，营造良好的上市环境。全力配合上市审核工作，高质量组织加期尽职调查及上市材料、做好证监会反馈问题的回复及发行准备等工作。数字化转型是该行未来长期主题，该行将继续以数字化思维为引领，合理配置资源，动态优化调整、形成更具特色更接地气的数字化转型行动方案，依托金融科技赋能，深度推动覆盖金融产品创新、客户服务、营销获客、风险管控、内部管理等领域的数字化建设重点项目的优化与落地，全面推进数字化能力提升。全力推进大数据智能风控系统的提升与全面应用。依托数据赋能，构建360°客户画像及客户分层、客户标签等，通过数据驱动线上线下精准识别客户，提供用户个性化推介、差异化服务。

四、重庆富民银行

（一）运营情况

成绩来之不易，在复杂多变的内外部环境下，重庆富民银行坚持战略定力，坚守普惠金融定位，聚焦数字化发展方向，推动普惠金融服务朝纵深发展，整体态势稳中向好。

一是主要经营指标保持平稳增长，各项监管指标持续达标。 全行资产总额531亿元，增幅17.7%；负债总额496亿元，增幅18.5%；各项贷款378亿元，增幅35.4%；各项存款293亿元，增幅1.3%。全行营业收入17.1亿元，净利润2.18亿元。信用风险、流动性风险、资本充足率等监管指标全部达标。

二是资产负债结构持续优化，盈利能力有效提升。 增加高收益生息资产及同业负债占比，持续优化资产负债结构，信贷资产占比71.2%，比年初提高9.4个百分点；同业负债比29.23%，比年初提升9.9个百分点，同时达到不超三分之一的监管标准。提升全行净息差水平，净息差3.3%，同比提高0.74个百分点；成本收入比22.6%，同比降低9.7个百分点，成本控制效果明显。

（二）服务实体经济情况

作为重庆唯一的民营银行及第四家法人银行，该行承担着完善地方金融体系、深化金融供给侧结构性改革、切实服务重庆本地及民营小微企业的重任。成立以来，该行矢志探索数字普惠金融的差异化发展道路，以战略创新、模式创新、技术创新为突破口，针对民营小微企业"短、小、频、急"的资金需求，着力拓宽普惠金融深度和广度。

1.加强金融产品创新，大力支持小微个体经营

重庆富民银行相继开发了"票据极速贴现""富易贷""富税贷""富

条"等创新产品，其中，自主研发的"富民极速贴"，自推出以来广受好评，荣获多项重量级奖项。累计服务实体企业超过 6 万家，其中 72% 为小微企业，累计贴现金额超过 1500 亿元。同时，该行积极响应政策导向，推出银税互动产品"富税贷"，实现纳税服务与金融服务的有效对接，累计授信额 30.3 亿元，在贷余额 18.6 亿元，均较年初实现快速增长，且不良率控制在 0.075% 的较低水平，成为有效破解民营小微企业融资难题的有效尝试。

2. 加强服务模式创新，提升普惠金融服务能力

该行致力于信贷服务模式创新，各类小微企业贷款产品均增加了授信可循环使用、随借随还的功能，以满足小微企业的资金使用需求。积极运用央行货币政策工具，努力提升信用贷款占比，2020 年普惠小微信用贷款余额 45.6 亿元，占全行小微贷款总余额的 49.3%，占比位居全市银行业前列。同时，创新还款方式，在严守风险底线的基础上，加大无还本续贷的推广力度，保证正常经营的小微企业融资周转实现"无缝衔接"，成立以来无还本续贷业务累计发放金额 3.3 亿元。高效推进 2020 年度普惠小微"两增两控"任务，截至 2020 年末，普惠型小微企业贷款户数共计 78274 户，较年初增加 30773 户；普惠型小微企业贷款在贷余额 92.46 亿元，当年新增 25.69 亿元，任务完成率 171.28%。

3. 加大金融帮扶力度，践行民营银行使命担当

"新冠"疫情爆发后，重庆富民银行在捐款 200 万元基础上，分级分类精准施策，采取延期还本付息、利息减免、利率优惠等多项金融帮扶政策，全年共计为超过 18 万户因疫情受困客户提供了金融帮扶服务，涉及新增、续贷授信总额 18 亿元，共让利逾 1000 万元。我行抗疫和金融支持工作得到相关部门认可，荣获"抗击新冠肺炎疫情最具爱心单位""重庆市抗击新冠肺炎疫情先进民营企业"等荣誉。

4. 加大地方经济支持力度，切实降低实体融资成本

重庆富民银行积极履行纳税义务，税收贡献每年实现翻番。员工人数从 2016 年末的 100 余人增加至近 500 人，另还有外包员工 400 余人，提供了多种类型的工作岗位，为严峻的就业形势减负。累计购买重庆地方政府债券超过 30 亿元，积极支持地方经济建设和社会发展。此外，该行坚决杜绝变相抬高利率、违规增加收费等情况，并通过合理定价、实施资金转移定价优惠政

策及落实尽职免责制度等具体举措，切实降低企业综合融资成本。

（三）产品、服务及模式创新情况

作为一家定位数字化普惠金融服务，但缺乏品牌、资金优势和互联网场景的民营银行，该行坚持差异化发展道路，适时迭代发展战略，积极探索新金融业态，加强业务模式和金融服务创新，努力提升普惠金融服务质效。

1. 加强金融产品创新，完善普惠金融服务体系

重庆富民银行注重增强综合化金融服务能力，在存、贷、汇三个业务方向同步加强金融产品创新，以"无接触"、线上化方式开展各类普惠金融产品研发，相继开发了"票据极速贴现""富易贷""富民贷""富税贷""富条"等创新产品，结合数字化的生态和渠道，构建了服务小微企业和普惠客群的数字化产品矩阵。同时，基于平台思维、伙伴思维和生态思维，建立"场景＋平台"的互联网平台化金融服务模式，打造金融连接器，更有效地实现金融服务渗透。

2. 强化金融科技驱动，提升金融科技硬核实力

重庆富民银行坚持技术立行理念，致力于运用金融科技破解制约普惠金融发展的"普""惠""险"的"不可能三角"问题，不断完善信息科技治理架构，加强金融科技应用创新，构建适应线上化作业的科技支撑体系，提升金融服务质效。**信息科技治理架构不断完善**。完成未来 3 年数字科技总体实施方案框架，优化科技管理机制，加强科技外包管控。深化数据治理，初步建立监管数据质量管理体系，解决 88% 的失范问题。**金融科技应用创新逐步加强**。2020 年新增专利申请 44 件，新增软著申请 27 项。顺利通过金融标准化创新试点终期验收并获高度评价，网上银行服务质量规范继续入围 2020 年度"领跑者"候选名单。**基础设施和质量安全建设卓有成效**。启动网络安全管理体系搭建，实现安全事件封零。首次参加重庆市"网络安全攻防演习"，获得金融机构防守第 1 名的成绩。

3. 恪守合规审慎经营，筑牢风险防控"防火墙"

重庆富民银行坚持合规审慎经营理念，努力提升适应数字化生态银行发展的风险管理能力。**全面风险管理体系持续完善**。加强风险管理"三道防线"

建设，加强项目全生命周期风险管理，其中"富税贷""富民贷""富条"等自营产品不良率均控制在 1% 以内，风险控制效果达到预期。**智能风控体系稳步提升**。持续推进 F.A.R"远鉴"智能风控平台建设，风险管理智能化水平有效提高。通过风控能力的训练迭代，自主风控能力不断增强，目前线上业务自动化审批率达 99% 以上，重点项目全部实现了风险模型覆盖。**风险合规体系深入推进**。以"合规文化建设年"活动为契机，围绕各类监管检查以及合规管理、审计监察发现的问题，落实责任，加强整改，切实提高内控合规和风险管理水平。

4. 优化提升运营能力，打造一体化运营体系

重庆富民银行着力强化运营机制，深化线上线下一体化协同运营体系。**丰富触达客户渠道**。完成自营渠道整体发展规划及运营策略，同时 95 码号正式获批，微信公众号统筹规划，客服系统本地化建设一期成功部署和验收，AI 智能外呼项目进入招标阶段，短信模板持续完善，我行触达客户渠道进一步丰富。**完善营销获客手段**。首次启动电销运营工作，有效探索新媒体运营新形态，"重庆富民银行"公众号粉丝达到 13.2 万人，较年初增长 50%。**深化运营管理职能**。持续深化统一运营集约化运营模式建设，实现线上线下业务无缝衔接。不断完善账户管理体系，优化简化账户业务办理流程，持续提升全行账户管理水平。

（四）经营目标及未来展望

2021 年是我国"十四五"规划的开局年，是重庆富民银行第二个三年战略规划实施的升华年，也是该行固本强基转型突破的关键年。该行以习近平新时代中国特色社会主义思想为指导，深入学习贯彻党的十九届五中全会和中央经济工作会议精神，落实"成渝地区双城经济圈"等战略部署，立足新发展阶段，践行新发展理念，助推新发展格局，担当新发展使命，坚持稳中求进工作总基调，以打造中国领先的产业链数字生态银行为目标，以普惠金融为基本定位，以合规审慎经营为底线，深化法人治理，强化总行思维，优化调整业务结构，制定倾斜重庆本地客户的政策，进一步加大本地普惠、小微、绿色、涉农金融服务力度，充分践行普惠金融初心使命，全方位推动业务高质量发展。

第二十二章　本地法人证券公司

一、西南证券

（一）基本情况

西南证券股份有限公司于 2009 年在上海证券交易所上市，目前注册资本 66.45 亿元，是唯一一家注册地在重庆的全国综合性证券公司。公司前身始于 1988 年重庆有价证券公司，是国内最早的 10 家证券公司之一。1999 年，在原重庆有价证券公司、原重庆国际信托投资有限公司证券部、原重庆市证券公司和原重庆证券登记有限责任公司等 4 家机构的基础上合并设立西南证券。2005 年，经国务院批示同意中国建投、渝富集团等注资重组。2009 年，通过重庆长江水运股份有限公司重大资产重组及吸收合并在上海证券交易所上市，更名为西南证券股份有限公司（股票代码：600369.SH），成为中国第九家上市券商和重庆第一家上市金融机构。

公司主营业务为证券及期货经纪业务、投资银行业务、自营业务、资产管理业务等。截至 2020 年底，公司有员工 2000 余名，在全国拥有 35 家分公司、86 家证券营业部和 21 个投行业务部门，营业网点实现了国内省份除海南、西藏外的全覆盖并已布局重庆市所有区县。

公司拥有西证股权投资有限公司、西证创新投资有限公司、西证国际投资有限公司、西南期货有限公司等 4 家全资子公司和重庆股份转让中心有限责任公司、银华基金管理股份有限公司及香港全牌照上市券商——西证国际证券股份有限公司（股票代码：0812.HK）等 3 家参股或控股企业。

公司的控股股东为重庆渝富资本运营集团有限公司（原"重庆渝富资产经营管理集团有限公司"），实际控制人为重庆市国有资产监督管理委员会。

根据《公司法》《证券法》及中国证监会等监管机构的规定和要求，公司建立了由股东大会、董事会、监事会和经理层组成的，相互分离、相互制衡的公司治理结构，各层级在职权范围内各司其职、各负其责，确保公司治理规范有效、决策科学。同时，公司制定并形成了以《公司章程》为核心，囊括《公司股东大会议事规则》《公司董事会议事规则》《公司监事会议事规则》和董事会各专门委员会工作细则以及《公司总裁工作细则》等的制度体系，并按照法律、法规和规范性文件的要求不断健全和完善各项制度，为公司的规范运作持续提供制度保证。公司董事会、监事会人数及人员构成情况符合监管要求及《公司章程》的相关规定。

公司遵循《公司法》《证券法》《证券公司内部控制指引》、中国证监会有关规章制度及《公司章程》的规定，规范运作，构建了科学有效的法人治理结构，建立了符合公司发展需要的组织构架和运行机制。

截至 2020 年底，公司的组织架构图如图 22-1 所示。

（二）经营情况

2020 年，"十三五"圆满收官，资本市场"三十而立"，全面建成小康社会取得伟大历史性成就，决战脱贫攻坚取得决定性胜利。国家密集出台一系列深化改革的纲领性文件，证券行业的政策环境持续改善。一是资本市场改革步伐加快。新证券法正式实施，科创板注册制进一步完善，创业板注册制顺利开启，新三板精选层成功设立，券商并表监管、基金投顾等试点启动，券商最新风控指标计算标准、保荐业务新规、再融资新规和退市新规相继出台。二是资本市场双向开放提速。证券基金期货机构外资股比限制提前全面放开，首家外资独资券商高盛高华正式落地，国内券商全球化招聘高管的情形越来越多，外资进入速度越来越快。

面对新冠肺炎疫情的冲击、国内经济下行的压力以及国外复杂形势的挑战，西南证券坚定发展信心，保持发展定力，在打赢疫情防控战的同时，聚焦券商主业加快推进改革，有效实施"八大战略行动计划"，年内公司 49 亿元再融资圆满完成，分类评级提高至 BBB 级，首次当选上交所理事单位，是中西部地区唯一当选的证券公司，整体呈现稳中有进、稳中提质、稳中向好的发展局面。截至 2020 年底，公司总资产约 790 亿元，净资产约 250 亿元，同比实现较大增长。公司加大成本费用控制，提高精细化管理水平，公司净利润在 2019 年大幅增长的基础上继续保持增长态势，全年实现净利润逾 10 亿元，同比增长约 10%。

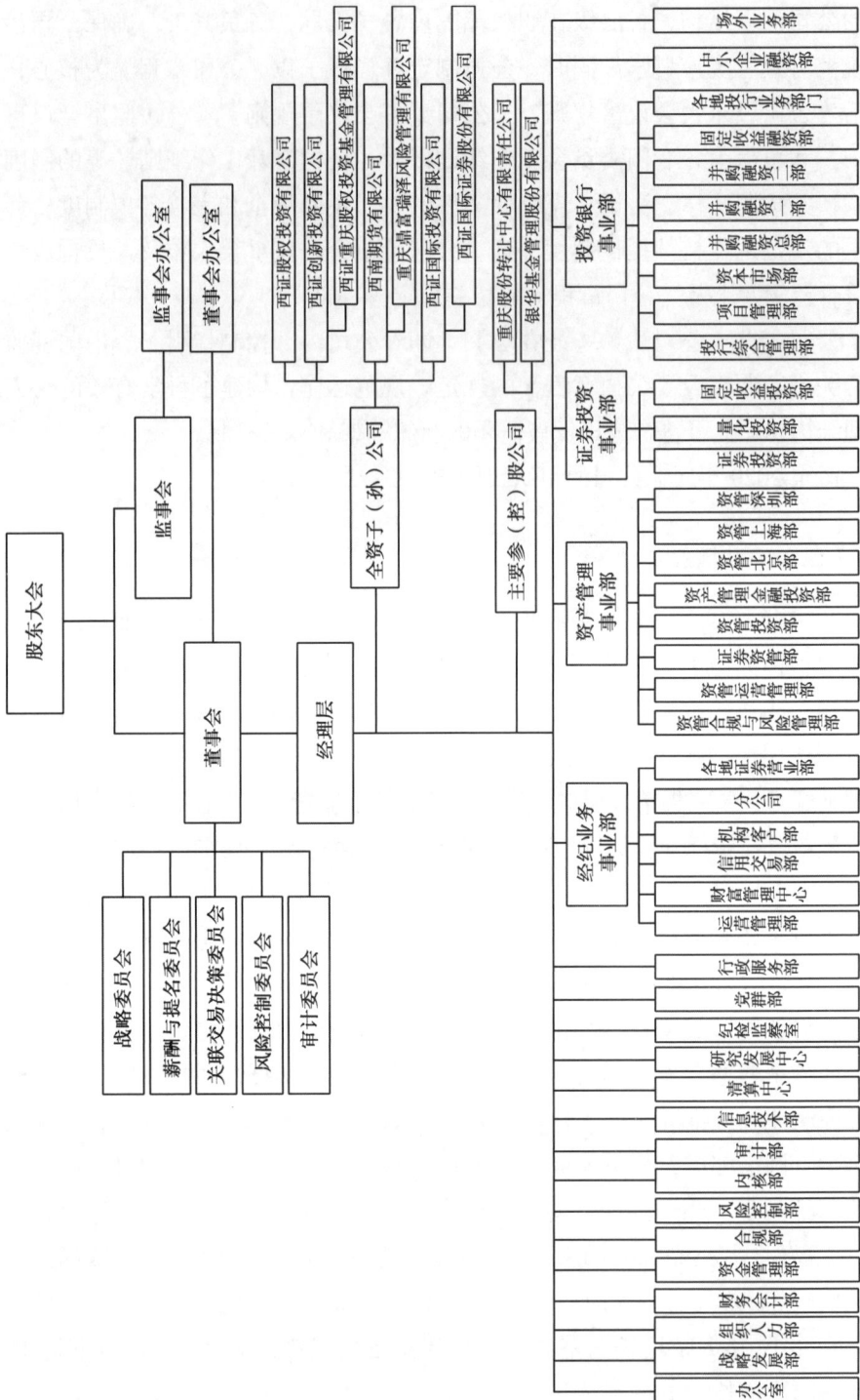

图 22-1　西南证券公司组织架构图

1. 证券经纪业务

证券经纪业务指标整体提升，公司客户总数、客户流通总资产和全年股基交易额均实现同比增长；传统业务继续拓展，围绕提升经营质量不断优化网点布局和网点分类管理，新增客户开户数和客户总资产均实现同比增长，财富管理收入连续 4 年实现了提升，并加强与头部基金公司业务合作；信用业务持续增长，融资融券、约定购回、股票质押等信用业务风险控制好于市场水平。公司荣获新财富最佳投顾评选"最佳投顾团队"和"卓越组织奖"，荣获同花顺最佳投顾评选"最具实力券商"奖。全年开展专项投教活动逾 1300 场，覆盖人数近 60 万；走进 246 所学校开展了 429 场投教活动，积极推进投资者教育纳入国民教育体系。公司获得"2020 中国区投资者教育团队君鼎奖"，公司"西牛学院"投教基地获评全国优秀证券期货投资者教育基地。

2. 证券自营业务

在全球资本市场大幅震荡、A 股呈现结构性行情的背景下，公司自营业务顶住市场压力，严守合规底线，控制风险敞口，深挖投资机会，及时调整组合，灵活稳健投资，获得了超越市场和同业的投资业绩，全年未发生风险事件。公司自营业务呈现持续、稳定、向好的发展态势。

3. 投资银行业务

投行业务发展恢复较好，成功完成多个受市场关注和好评的项目，如"凯盛新材"成为深交所分拆上市第一股；"中信海直"非公开发行股票项目、"涪陵榨菜"再融资项目先后刷新公司投行项目过会最短时间纪录；"重庆旅投"公司债项目 3.94% 的票面利率，创造了中西部地区同评级同期限债券利率的历史最低水平。同时，公司并购重组财务顾问业务执业能力在中国证券业协会 2020 年度专业评价结果从 2019 年的 C 类上升为 B 类。

4. 资产管理业务

有效应对债市风险事件，积极创设产品和提高投资业绩，全年新增发行多支产品，打造了大消费、新基建等主题策略产品，强化了机构客户、高净值客户的定制化服务，同时提高存量产品投资业绩。

5. 其他业务

新三板业务继续保持行业前列，推荐挂牌和持续督导业务继续保持在行业第一梯队，行业排名居第 13 位；场外业务持续推进产品创新，获得深交所质押式报价回购业务资格；研究业务重点加强对内研究服务，持续巩固卖方市场份额，医药、轻工等团队获新浪金麒麟、慧眼中国的最佳证券分析师奖项；子公司业务发展势头向好，投资业绩提升，其中西南期货分类监管评级再获 BBB 级，其分支机构全部实现盈利，并获"中国金牌期货研究所"等奖项。

（三）服务实体经济情况

2020 年，公司充分发挥资本市场中介作用，全年为境内外实体企业融资超 450 亿元，同比上升近 30%。

1. 发挥经纪业务服务实体的能力

为教育、健康、环保等领域的实体企业采用股票质押等手段开展融资，融资金额同比大幅上升；积极推荐实体企业在重庆 OTC 挂牌，助力"烟雨文化"等区县企业成为当地名片。

2. 发挥投行类业务服务实体的能力

通过承销保荐、并购重组为实体经济提供资金，支持重庆、江西、甘肃、浙江、山东、湖南、河南等地的产业发展及棚户区改造、保障房建设等民生工程；通过新三板业务协助多家企业完成股票发行。

3. 发挥资管业务服务实体的能力

通过创设 ABS、非标以及股票债券等标准化产品，将新增资管计划的底层资产配置到实体经济。

4. 发挥子公司服务实体的能力

西证创新通过股权投资，为半导体、大健康、新能源等战略性新兴产业提供资金支持；西证国际证券通过保荐业务，为山东凤祥在香港募资 11.82 亿港元，该企业是近年来港上市规模最大的养殖行业（白羽鸡）公司之一；西南期货通过基差贸易服务，助力有色金属、能源化工企业降低采购成本并锁定利润，通过"保险＋期货"的服务形式支持"三农"建设，促进甘肃省秦安县苹果产业发展。

5. 疫情期间支持实体企业复工复产

通过并购重组、债券发行、股权投资、信用交易、减免费用等形式，全力支持火神山、雷神山医院参建单位"高能环境"的并购项目，为"华邦健康""恒力石化"等疫情防控类企业以及成渝两地困难企业融资；对受疫情影响的企业给予展期、延期、不主动平仓等特殊政策，并减免中小企业租金、挂牌督导费用。

（四）产品、服务及模式创新情况

2020 年，公司聚焦发展的"堵点、痛点、难点"，不断创新业务模式，提升了发展潜力和发展韧性。

1. 资本实力显著增强

公司顺利完成增资扩股，发行 10 亿股，募集资金 49 亿元，提升了公司抗风险能力和综合经营能力；丰富资本补充渠道，通过转融通、公司债、次级债、短期公司债、固定收益凭证等多种融资渠道补充资金，新增融资成本低于券商同期场内综合融资成本；持续盈利增厚资本，公司近几年实现较好盈利，夯实了发展后劲；提升资金管理水平，对流动资金精细化管理，在保障流动性的同时多途径提升现金收益率，其中主动管理现金收益率与同期存续的 669 家货币基金收益率相比排在第 3 位。

2. 投资能力明显提升

量化投资业绩继续领先市场和同业，与公募股票多空基金相比处于领先地位，与全市场中长期纯债型基金相比处于市场前列；债券类方向性投资继续保持行业一流，大幅超越可比基金，在 1742 只可比基金中排名前 1%；权益类方向性投资业绩同比大幅提升，超过同期沪深 300 涨幅和同期绝对收益基金表现；子公司投资亮点涌现，其中，西证创新投资项目迎来丰收期，已投项目中有多家上市；西证股权投资的三峰环境成功上市；西南期货投研团队获大连商品交易所"优秀期货投研团队"称号，其分类监管评级再获 BBB 级，分支机构全部实现盈利，并获"中国金牌期货研究所"等奖项；西证国际证券投资收益大幅跑赢恒生指数。

3. 业务协同效益持续显现

母公司业务条线协同效应明显，各业务条线形成合力；母公司与子公司协同力度加大，在私募股权基金开户、债券承揽、财务顾问等方面与西证创新、西证股权、西南期货开展业务联动；境内与境外协同步伐加快，公司优化跨境业务合作流程，经纪、投行、研发积极向西证国际证券推荐境内主体赴港上市、再融资、发行美元债等业务；公司与外单位协同效果显现，公司积极参与由中国国新集团联合央企、重庆市区两级国企共同发起设立的百亿规模"国改科技基金"，成为参与该基金的唯一券商。

4. 数字化转型稳步实施

公司加大信息技术投入力度，信息化建设投入逐年提升，新建项目涉及业务系统、管理系统、数据集成、智能化应用、基础设施等方面；推进重点项目建设，创业板支持改造系统等项目顺利上线，极速交易系统、投行底稿系统、企业大数据和知识图谱系统等项目正在稳步推进中；培育自主创新能力，自主开发了商城、网厅、开户、在线投顾等业务系统，解决了 CRM 系统、中间业务系统、移动投研平台等项目新需求，实施了数据仓库开发、经纪业务客户画像及精准营销等多个项目，启动了智能语音语义、智能客服等智能应用项目建设；探索远程数字化工作模式，探索推进线上办公、远程会议、非现场客户服务等模式，在疫情期间确保了经营管理工作的有序开展。

5. 管理模式不断完善

公司纵深推进人才兴企战略，人才结构和人员素质进一步完善；持续改善客户服务，金融科技水平与客户服务水平进一步提升；坚持合规安全发展，经营环境进一步改善。公司首次当选上交所理事单位，是中西部地区唯一当选的证券公司；企业文化宣传视频获"文化建设扶贫公益团队君鼎奖"和"文化建设投顾团队君鼎奖"；全年投入扶贫和抗疫资金逾 1700 万元，上缴税费 5.71 亿元，并连续 6 年获评"A 级信用纳税人"，彰显了国企社会责任。

（五）经营目标及未来展望

2021 年是"十四五"开局之年，也是中国共产党建党 100 周年。公司要坚持以习近平新时代中国特色社会主义思想为指导，全面贯彻党的十九大和十九届二中三中四中五中全会精神，增强"四个意识"，坚定"四个自信"，做到"两个维护"，进一步落实习近平总书记对重庆提出的营造良好政治生态，坚持"两点"定位、"两地""两高"目标，发挥"三个作用"和推动成渝地区双城经济圈建设等重要指示要求，认真学习贯彻中央经济工作会议和重庆市经济工作会议精神，准确把握新发展阶段，深入践行新发展理念，积极融入和服务新发展格局，要坚持和加强党的全面领导，坚持稳中求进工作总基调，坚持统筹疫情防控和经营管理，坚持不懈实施"八大战略行动计划"，坚定不移深化改革创新，善于用改革创新办法破解难题、化解风险和创造性地开展工作，并在战略上布好局，在关键处落好子，确保改革始终沿着正确方向前进，奋力谱写公司新时代高质量发展的新篇章。

1. 坚定不移深化公司改革创新

公司将更加全面、深入、精准地推进改革创新，增强发展的活力和动力，促进公司实现更高质量、更有效率、更加公平、更可持续、更为安全的发展。坚持顶层设计和基层创新相结合，深化供给侧改革和需求侧管理，推进综合金融服务能力建设，加快培育新的竞争优势，适应证券行业的新发展格局。

2. 全力以赴提升公司业务质量和效益

巩固拓展传统经纪业务，大力发展信用业务和中间业务；抓好量化投资以及债券类、权益类方向性投资业务，做好自营合规和风控管理；把握政策红利期促进投行业务快速发展，利用注册制窗口期优化投行业务模式；探索推进资管业务创新发展，做实风险防范和应急处置。同时，推进新三板业务、场外业务、研究业务以及子公司的平稳健康发展。

3. 多措并举推进公司管理体系和管理能力现代化建设

统筹好发展和安全、疫情防控和经营管理的关系，注重解难点、补短板、堵漏洞、强弱项，下好先手棋，打好主动仗，完善现代企业制度建设，有效提升管理能力和水平，努力向管理要安全和质量，向管理要效率和效益。推进公司内控管理体系和管理能力现代化建设，提高公司内控的规范性、及时性和有效性；推进公司基础管理体系和管理能力现代化建设。

4. 始终坚持和加强党的全面领导

提高政治站位，深学笃用习近平新时代中国特色社会主义思想，增强"四个意识"，坚定"四个自信"，做到"两个维护"；加强教育引导，将"不忘初心、牢记使命"主题教育作为永恒课题，抓好党史学习教育；持续正风肃纪，加强党风廉政建设；强化责任落实，把全面从严治党与公司中心工作同谋划、同部署、同落实，把全面从严治党向纵深推进。

展望未来，西南证券将立足重庆、布局全国、走向海外，坚持"为投资者、客户和实体经济创造价值"的经营宗旨，树立"最有责任心公司"的企业形象，全面推进业务转型和创新发展，全力打造综合金融服务模式，形成公司的比较优势和差异化竞争能力，努力成为创新驱动、品牌引领、综合化经营、国际化发展的中国一流证券集团。

第二十三章　本地法人保险公司

一、三峡人寿保险股份有限公司

（一）基本情况

三峡人寿是重庆市委、市政府支持，国务院保险监督管理机构批准设立的全国性保险金融机构，同时也是第一家总部位于重庆的中资寿险公司。

公司首期注册资本金 10 亿元人民币，股东包括重庆渝富资本运营集团有限公司、重庆高科集团有限公司、新华联控股有限公司、江苏华西同诚投资控股集团有限公司、重庆迪马工业有限责任公司、重庆中科建设（集团）6 家大型企业。业务范围包括普通型保险（包括人寿保险和年金保险）、健康保险、意外伤害保险、分红型保险；上述业务的再保险业务；国家法律、法规允许的保险资金运用业务；国务院保险监督管理机构批准的其他业务。

三峡人寿成立于 2017 年 12 月，公司成立之初即积极响应"保险姓保、回归保障"的监管导向，积极寻找竞争破局之道，确立了突变而生、突变而强的企业文化和聚焦保障、创新发展的经营思路。

（二）运行情况

2020 年是极不平凡的一年，是百年未有之大变局加速演进的一年，也是三峡人寿的奋进之年。在市委、市政府的关心支持下，在各级监管机构、市级相关部门的正确指导和帮助下，在公司党委和"三会一层"的领导下，三峡人寿在偿付能力承压、业务、投资各方面均需要精准管控的情况下，取得了较为满意的成绩。截至 2020 年末，公司总资产 27.71 亿元，综合偿付能力充足率 175.19%，各项监管评价指标保持健康。业务结构、业务品质均位于同期成立公司第一梯队。

1. 总体目标完成情况

表 23-1　三峡人寿保险公司 2020 年各主要目标达成情况（单位：万元）

项目	目标	实际达成	达成率	状态
总保费	109841	110191	100.32%	达标
投资收益率 /%	5.25	7.98	152.87	达标
税后净利润	−14007	−10499	125.00%	达标
综合偿付能力充足率 /%	160.21	175.19	109.36	达标
核心偿付能力充足率 /%	160.2	175.19	109.36	达标
总资产	236087	277081	117.36%	达标

2020 年，三峡人寿总保费、投资收益率、净利润、偿付能力、总资产等指标飘红，完成年度任务目标。其中，公司全年实现原保费收入 11.02 亿元，达成率为 100.32%。全年实现投资收益 1.62 亿元，投资收益率 7.98%，在同业中位于较高水平。总资产年度目标达成率 117.36%。业务快速发展的同时，公司费用管控得当，达成年度净利润目标，并较原计划目标大幅减亏 3508 万元。

2. 保险业务发展情况

（1）新单业务达成情况

表 23-2　三峡人寿保险公司新单业务结构——缴费结构（万元）

缴费类别	新单保费收入 / 万元	达成率 /%	占新单保费收入比例 /%	占比变动 /%
趸缴	64794	98.79	69.58	−11.16
期缴	28321	97.32	30.42	11.16
其中：长期期缴	24862	94.97	26.70	20.16
合计	93115	98.34	100.00	—

从缴费结构看，期缴业务 2.83 亿元，占新单保费比例 30.42%，占比较 2019 年提高了 11.16 个百分点；其中长期期缴 2.49 亿元，占总新单比例 26.7%，占比大幅提升 20.16 个百分点。

在考核政策上，三峡人寿将长期期缴业务作为重点考核指标，全面引导业务单位发展长期保障型业务。2020 年，公司新单期缴业务占比较高，其中十年期及以上业务占新单期缴比例接近 90%，公司 13 月综合继续率 94.82%，上述各项指标均位居同期开业的新设人身保险公司前列。

表 23-3　三峡人寿保险公司新单业务结构——险种结构

险种	新单保费收入 / 万元	占新单保费收入比例 /%	占比变动 /%
寿险	67148	72.11	−21.79
其中：分红型	54935	59.00	−27.07
健康险	23999	25.77	21.12
意外险	1968	2.11	0.67
合计	93115	100.00	—

从险种结构看，分红险占比大幅下降 27.07 个百分点，健康险明显上升，占公司新单比例达到 25.77%，险种结构占比合理。

保险姓"保"，是监管部门的明确导向，也是三峡人寿坚定的发展方向。公司明确了"保障型业务细分市场领先者"的战略定位，制定了以健康险、定期寿险、两全保险等保障型业务为主的产品策略，没有采取传统的年金、终身寿险等更容易冲规模的理财型产品策略。2020 年 10 月，三峡人寿荣获第十五届中国保险创新大奖"年度最具成长性保险品牌"奖项。

（2）续期业务达成情况

表 23-4　三峡人寿保险公司续期保费收入达成情况

渠道	目标 / 万元	实际达成 / 万元	达成率 /%	状态
银保	9544	10822	113.39	达标
网销	4234	4782	112.94	达标
中介	1089	1161	106.55	达标
团险	1	1	100.00	达标
个险	286	310	108.22	达标
合计	15155	17076	112.68	达标

表 23-5　三峡人寿保险公司分渠道 13 个月及 25 个月综合继续率达成情况

渠道	13 个月年综合继续率 /%			25 个月年综合继续率 /%		
	考核指标值	已达成值	状态	考核指标值	已达成值	状态
个险	75.32	77.48	达标	88.20	91.39	达标
银保	84.77	95.83	达标	88.08	90.66	达标
中介	85.00	92.47	达标	—	—	—
网销	75.01	94.91	达标	—	—	—
合计	81.04	94.82	达标	88.15	91.03	达标

2020 年，三峡人寿整体 13 月年度综合继续率 94.82%，25 月年度综合继续率 91.03%，公司及各业务渠道均超额达成年度下达的续期保费收入预算任务，整体预算执行率达到 112.68%。

3. 资产配置执行情况

三峡人寿 2020 年投资体系基本搭建完成，投资能力明显增强。公司持续引进优秀保险资管人才，组建高素质资管团队，完善投研体系，强化投资能力，始终坚持长期、价值投资理念，采取积极措施应对资本市场因疫情及国际政治经济环境变化冲击，在固收、权益、信用类资产方面，投资均取得较好收益。2020 年实现投资收益 1.62 亿元，财务口径投资收益率 7.98%，在同业中位于较高水平。2020 年实际资产配置情况，均在年初经董事会审议的资产配置指引范围内。

4. 再保险执行情况

三峡人寿 2020 年度与汉诺威再保险股份公司上海分公司、中国人寿再保险有限责任公司、德国通用再保险股份公司上海分公司和前海再保险股份有限公司 4 家再保险公司办理了再保险分出业务，4 家再保险公司均符合公司再保险交易对手的选择标准。在确定产品的再保安排方式时，综合考虑了产品特点和双方合作等因素。对于保额分散的产品，使用溢额分保为主，混合分保为辅的方式，以减少大额理赔给业绩带来的波动；对于保额相近的产品，选择成数分保方式，以实现风险共担的目的。通过对产品安排合适的再保险，实现风险转移，并提高公司的承保能力。在此基础上，安排了巨灾超赔再保险，对自留部分的死亡风险进一步转移，减少巨灾事件对公司的财务稳定性等带来的影响。

5. 合规及风险管理情况

一是开展合规大检查，风险隐患整改到位。按照监管部门各项工作要求，认真开展自查和整改，并按时报送情况报告。积极开展日常专项检查，梳理各条线风险隐患，确定整改措施，及时进行整改完善。

二是加强日常管理，各项监管评级稳中有升。通过纳入绩效考核、分析指标变动情况、预警提示、整改完善等日常管理，公司风险综合评级结果保持在 B 类。持续推进上年度 SARMRA 自评发现问题整改。不断完善反洗钱制度、系统和流程，反洗钱分类评级上升到 BB 类。

三是严格审核把关，服务业务经营。积极按照监管新规，开展互联网保险可回溯验收，完成各网销平台整改上线。审核各类单证、宣传资料、产品条款、合同、制度等，为业务经营保驾护航。

四是开展监测评估，及时报告风险。通过风险容忍度、关键风险指标等监测风险状况，进行风险评估，每月编制合规风险报告，向管理层提示风险。每季度编制各类风险报告，向公司管理层报告。

五是增强制度解读，强化合规宣传。在 OA 开辟"合规风控"专栏，发布监管规定、政策解读、培训课件等 50 余份，加强合规知识的传播和宣导。

（三）服务实体经济情况

三峡人寿发挥优势，打造特色，以实际行动服务实体经济。公司不断发挥总部机构在精算、产品开发、资金运用等方面的优势，打造三峡特色，以实际行动服务实体经济，彰显责任担当。

1. 加强风险保障

充分发挥保险的风险保障功能，发挥其在事后经济补偿、事前事中风险预防管控等方面的作用。2020 年，公司全年服务客户 28.6 万人次，新增承保保单 7.6 万件，服务我市企业客户 428 家次，支付各类赔付 1122 次，向广大客户提供风险保障 722.31 亿元，为我市社会经济发展、服务民生提供有力保险保障。

2. 强化惠民服务

坚持保险保障本源，加大产品供给，陆续开发 10 余款惠民特色产品。积极参与"精准脱贫保"项目，对"重庆市万州区扶贫开发办公室精准脱贫部分乡镇街道项目"的人身保险部分进行了共保，目前已服务当地居民 4000 余名。同时还为重庆市万州区的 5 个乡镇街道，2 万余名困难群众提供了简易人身保险。参与重庆"渝惠保"项目，共保体共承保 300 余万人，为重庆人民提供了实惠、优质的医疗保障。

3. 做好资金运用

三峡人寿作为总部在重庆的第一家全国性中资寿险公司，其资金运用方面具有总部优势。目前公司资产管理基本形成了固定收益投资团队、权益投资团队、信评团队、投资运营团队、资产负债管理岗位、风险管理岗位、交易员岗位在内的保险投资基本架构。人员基本来自外资保险公司、国内大型保险集团、中型保险公司、专业化信评机构等。

目前公司以委外投资为主，全力支持西南片区经济发展，例如西南机构发行的公开市场债券、"成都—宜宾"的高速公路基础设施建设等。根据目前发展规划，预计在明年获取"无担保债"能力备案，之后可以以自主方式投资信用债及债权计划等资产。公司将充分发挥投资团队专业优势，加强投资能力建设和资产负债匹配管理，更多聚焦成渝地区打造智慧城市和数字经济方面的重大建设项目，提供保险资金支持。

（四）产品、服务及模式创新情况

1. 增强产品创新，专注打造高价值保障体系

银行代理渠道注重业务规模，专注客户储蓄、养老规划、子女教育储备等财富规划。2020 年开发"三峡红鑫禧两全保险（分红型）"和"三峡红鑫享年金保险（分红型）"两款产品。

个人代理渠道注重保障，专注于价值创造。产品开发计划以风险保障为主，兼顾获客类产品，2020 年开发 4 款形态简单、条款简洁、责任清晰的特定疾病和意外类获客产品，针对高年龄段人群的防癌需求，开发"三峡福老年防癌疾病保险"。

公司直销渠道以保障类产品为主，包括员工福利计划、建工险、意外险、学平险，配套政府采购、股东及相关大型团体业务保险。2020年开发学平险4款，满足学生儿童保险需求。

经代渠道专注于渠道价值实现、提升公司品牌知名度、积累客户资源、培养忠实客户群。2020年开发2款特定疾病保险，1款保证续保6年医疗险，3款重大疾病保险，其中重大疾病保险风险保障包含单次重疾责任、分组多次重疾责任、中症责任、轻症责任、特定疾病责任等多种责任，为客户提供全方位保障。

2. 强化服务创新，全心构建高品质服务体系

保障是保险的基础，服务是保障的升华。以客户为中心，为客户提供超越期望的服务是三峡人寿始终如一的追求。经过持续建设，公司逐步形成了前端服务线上化、后端服务自动化、创新服务智能化的新型服务框架。为了更好地适应、满足移动互联时代客户对服务体验的不断追求，公司利用科技创新赋能服务手段，构建了线上为主、线下互通，以"客户为中心"，以"快、捷、简"为服务宗旨，风控严密、服务高效、体验良好的三峡服务体系。

一是"快"——打造快速高效、实时响应的服务体系。以响应速度为核心，优化流程、升级系统，从链条流程作业逐步转换为单点作业，快速反应客户需求。2020年，公司犹豫期内回访成功率99.82%、电话呼入人工接通率99.33%、投诉响应及时率和结案及时率100%、小额理赔平均时效2.09天，多项关键服务效率指标达到较好水平。

二是"捷"——构建全方位、全天候的服务生态。完善以线上为主、线下为辅的服务方式，结合柜面、微信、邮件、电话等多渠道，为客户提供全方位、全天候便捷服务。公司开业以来，自助服务比率以每年8%左右的速度不断攀升。与此同时，公司高度重视线上自助服务难以触及的服务盲区（例如中老年等对智能设备不熟悉的客户群），不断探索"将服务向前端延伸"，利用"移动e家""指南针"续期引擎等工具将前线业务人员纳入整个服务体系，打破时空地域限制，让业务人员真正成为客户保障和服务的综合管家。

三是"简"——不断简化流程、缩短服务链条。业务免填单、单证无纸化、规则引擎、智能核保、快速理赔等多效并举，在风险可控前提下，深挖细节、压缩简化服务链条。从低风险业务减免资料，到运用视频柜员适度代替传统

柜面业务、免除客户亲临等。下一步，公司还将持续探索电子证件、线上免填单等更加简便的服务方式。

3.探索模式创新，科技赋能互联网保险发展

（1）全力打造保险科技驱动力

数字化、科技化已经成为各行各业转型升级的发展共识，也是保险业自我革新的重要内涵。作为一家新公司，在各项资源相对有限的情况下，三峡人寿持续加强对前沿保险科技的探索，科技投入水平始终保持在年度保费收入的 5% 左右，持续打造支撑、赋能公司创新发展的科技体系。

公司坚持"找准突围爆点、打造明星平台、构建卓越特色"的科技赋能发展方略，对标同业公司信息化一流水平，逐步探索出一条符合三峡人寿实际的信息化建设道路，初步完成科技赋能体系建设整体布局。一是"功能"体系化，构建大中台集约建设、高效整合。建成覆盖保险销售、服务、管理职能，集中涵盖数百个核心保单运营管理场景的"业财一体后台"；统筹线上线下各类渠道，打造"百毫秒内"响应速度的"云化交易中台"；整合多渠道、多媒体，建设"客户服务中台"；基本完成集约化建设标准的整体布局，具备了体系化支持能力。2020 年，三峡人寿以大中台建设为抓手，形成稳健推进的大中台建设策略，提出一揽子行动项目，完成中介及自营两个前端自营平台系统上线，实现 ToB、ToC、ToA 的技术中台架构布局，实现 ToB 中台渠道标准对接提速 50%，提升了敏捷迭代响应能力。同时，打通各系统数据壁垒，初步建成数据模型，为公司实时业务督导、优质续期管理、精致个险发展、全面风险管理等重要业务领域和业务场景实现了数据管理赋能。二是"场景"智能化，运用新科技融入业务、变革业务。采用智慧"1+4"模式，即专业核保人员 + 智能数据风控、智能核保规则引擎、智能加费问卷、在线人工核保等多维风控手段，集成多媒体视频柜员、智能机器人、应用 OCR、人脸识别等前沿科技，嵌入销售支持、渠道合作、微信客服、两核管理等流程中，实现 100% 无纸化承保、99% 智能身份识别和证件识别，超过半数以上的传统人工场景实现自动化、智能化，进一步提升被赋能场景的操作智能化程度和使用智能化体验。三是"触点"移动化，重组旧模式展业变革、服务升级。构建形成三峡 e 家（销售支持系统）、三峡 V 服（微信客服系统）、三峡 i 家（协同办公平台）等三个分别面向营销员、客户及内勤员工的移动化门户，提高

展业效率，提升销售形象，增强管控能力，增进办公协同，简化服务程序，增值服务内容，丰富移动触点，从投保前端到服务后端，提供全流程线上化服务，实现客户体验秒级处理响应，大大提升服务效率。

通过"线上化、生态化、中台化"数字布局，实现了多元化业务服务场景创新，全面推动信息科技建设降本、提速、增效。近年来，三峡人寿先后获得"金保奖"保险科技新势力奖、IDC"数字化转型先锋奖"、"金融科技创新应用案例奖"等信息化建设奖项。

（2）细分领域提高互联网客群保障

互联网保险是行业近几年的主要创新领域。为了突变破局，尽快在市场上站稳脚跟，经充分分析调研，三峡人寿确定了以互联网保险为核心销售渠道的创新发展策略，在新设公司中率先启动以互联网保险业务为主的业务模式，确立了"1234"的渠道发展思路，即以"价值＆创新"为核心，逐步实现"做优渠道和做大自营"双轮驱动，积极探索"细分领域产品创新、ToA/B/C/G/S 模式创新、Insurtech（保险科技）赋能创新"三大创新方向，持续提升"风控价值、保单价值、服务价值和团队价值"四大价值。

三峡人寿积极推进网销策略落地。以夫妻双被保人的家庭保障型短期定期寿险亮相互联网保险市场（小雨伞平台"小两口"产品），取得不俗销量和市场口碑；在深入调研消费者需求基础上，连续发布爱相随系列定寿产品和重疾产品（钢铁战士 1 号、达尔文 2 号、超级玛丽多倍版 MAX、爱相随定寿等），打造了现象级保险 IP。某四大会计师事务所 2020 年互联网保险市场调研报告中，将公司爱相随重疾作为正面打板产品。"三峡美爱相随定期寿险"荣获第十四届中国保险创新大奖"最佳互联网保险产品"、"最具市场欢迎保险产品"两个奖项，爱相随重大疾病保险获得第八届信息时报金狮奖"2019年度最佳重疾保险产品"奖。在中国银行保险报近期组织的"互联网保险新规解读培训"中，有两款重点解读产品均出自该公司。同时，该公司不断推进创新步伐，于近期推出可实现智能在线加费的重疾产品，满足互联网亚健康人群的风险保障需求。截至 2020 年底，三峡人寿互联网保险渠道已累计服务客户约 6.5 万人次，累计实现保费收入约 3.14 亿元，10 年期及以上期缴占比超过 99%。

三峡人寿互联网保险业务在取得一定规模的同时，获得了客户的信任、合作商的好评以及行业的认可，初步构建起以长期保障型业务为主、科技赋能支撑的互联网保险发展之路。

（五）经营目标与未来展望

1. 未来发展战略

（1）指导思想

紧抓"十四五"规划带来的全新机遇，坚持"一驱两轮"核心战略和轻资产运行模式，以"资产负债匹配下的价值成长"为主题，以优秀人才为驱动，以科技赋能为支撑，全面实施"大中介"营销战略，深耕健康保险、养老保险等业务领域，统筹发展和价值，强化业务发展、投资管理、风险管控、公司治理、客户服务各方面能力建设，加快探索专业化、特色化发展道路，实现股东财富增长、客户体验满意和员工成就感提升，打造最具成长性的保险公司。

（2）战略定位

保险中介市场领先的细分领域保险产品和服务的优秀供应商。

（3）总体目标

到 2025 年，公司治理结构进一步完善，业务发展能力、投资管理能力、风险管理能力、客户服务能力进一步提高，公司总体价值大幅提升，并在细分业务领域具有较强的核心竞争力和市场影响力。

2. 人才战略展望

三峡人寿大力实施"人才驱动"战略，强化党的领导，加强党建引领队伍建设，打造"引领性、能动性、成长性"人才机制，集聚培养一支高素质、高水平、高绩效人才队伍，建设中西部寿险人才高地，以高素质人才队伍驱动公司高质量发展。

一是强化人才机制。打造"引领性、能动性、成长性"人才机制，引领性即人才政策在同类公司中具备较强竞争力，对优秀人才具有较强吸引力；能动性即强化战略导向，引导员工行为符合战略需要，坚持能者上、优者奖、庸者移、劣者汰的用人原则；成长性即实行更加积极开放的组织管理模式，重视人才培养，为愿干事、真干事、能干事的人提供适宜的工作和成长环境。

二是优化人才结构。继续坚持高学历、高素质、高资历的"三高"人才标准。持续引进优秀寿险人才，以本科学历为主，重点引进硕士及以上学历人才，推动人才队伍年轻化。

三是加强人才招募与储备。用好用活地方人才引进政策，加强优秀人才招募。借助科技力量，探索各类新兴招募渠道，逐步建立自有人才库并实施标签化管理。加强校企合作，形成人才蓄水池，探索设立企业博士后工作站。

四是推进人才培养。加大培训投入，建立完善教育培训体系；探索管培生培养机制，设立保险干部培训学院，实施内外部交流锻炼等人才梯队培养机制，鼓励员工参加内外部专业培训，并给予培训费用补贴，逐步建立优秀人才自主培养体系。

五是增强人才激励。探索建立员工持股、股权激励等长期人才激励机制；建立市场化、激励性的薪酬体系，吸引和留住优秀人才；探索制定以岗位胜任力为导向，工作业绩为重点，结合职业道德的人才考评体系。提升员工满意度，增强企业认同感和归属感。

3. 风险管理规划

2021—2025年，三峡人寿将继续围绕"守土有责，管住控好"的风险管理要求，持续优化风险管理体系，积极防范和化解风险，为公司经营管理行稳致远保驾护航。

一是加强精细化，不断夯实风险管理制度基础。积极落实偿二代二期工程要求，更新完善风险管理制度体系，在公司偿付能力风险管理办法、七大类风险管理办法组成的"1+7"基础制度体系框架下，不断充实保险、市场、信用、声誉等各项配套工作机制，优化工作流程，完善工作要求，实现风险管理的精细化。

二是增加匹配度，持续完善风险偏好体系。加强对风险偏好体系的回溯评估和持续优化，动态适应外部环境和公司实际，加强风险偏好体系对业务规划、财务预算、资产负债等的匹配，加强风险偏好对偿付能力、资产负债、流动性、舆情等关键风险的约束，实现偏好体系同经营决策更好地融合。

三是提高前瞻性，敏锐识别风险和预警。通过风险容忍度、关键风险指标等工具，建立风险监测"前哨"，前瞻性开展风险识别、预警，定期向董事会、管理层报告和提示风险。实施超限额处置机制，对超预警和超限额的指标进行预警提示，并根据实际情况采取处置措施，确保公司风险符合风险偏好，控制在容忍度范围内。

四是强化应急能力，完善和实施应急机制。不断完善偿付能力、理赔、退保、声誉、投资、流动性、群体事件等多方位应急处置机制，适时更新完善应急启动触发条件和处置程序，定期开展应急演练，确保风险事件有序处置。

五是配强专业人才，充实和历练风险管理队伍。贯彻落实"人才驱动""人才强司"战略，加强对专、兼职风险管理人员的持续培养，重点强化量化风险管理、声誉风险管理、资产负债管理人才的储备和锻炼，打造一支高学历背景、高专业素养、高实操技能的风险管理人才队伍。

2021 年是我们国家"十四五"规划开局之年，我国将开启全面建设社会主义现代化国家新征程、向第二个百年奋斗目标进军。2021 年也是三峡人寿的攻关之年。公司将坚持在轻资产运行模式方面不断探索创新，以引战增资为契机，推进公司转型升级，实现更高质量的发展。

二、恒大人寿保险有限公司

（一）基本情况

1.设立情况

恒大人寿保险有限公司前身为中新大东方人寿保险有限公司，于 2006 年5 月 8 日经原中国保监会批准设立，2015 年 11 月 20 日原中国保监会批准公司股权收购事项并更名为恒大人寿。现有三方股东，分别为恒大集团（南昌）有限公司（持股比例 50%）、大东方人寿保险有限公司（持股比例 25%）、重庆财信企业集团有限公司（持股比例 25%）。公司注册地址为重庆市北部新区星光大道 92 号土星商务中心 B1 幢 22-27 层，实际经营地在深圳。注册资本 100000 万人民币整，法人代表梁栋。业务范围为在重庆市行政辖区内及已设立分公司的省、自治区、直辖市内经营下列业务（法定保险业务除外）：（一）人寿保险、健康保险和意外伤害保险等保险业务；（二）上述业务的再保险业务（依法须经批准的项目，经相关部门批准后方可开展经营活动，具体经营项目以相关部门批准文件或许可证件为准）。

2. 组织架构

公司董事会成员共有 8 人，监事会 3 人，高级管理人员 11 人。公司共设置 18 个中心，包括银保、个险、经代、团险、创新五大业务中心，以及产品精算、信息技术、运营服务、投资管理、风险管理、法律合规、企划、董事会办公室、品牌、管理监察、人事行政、审计稽核、财务等 13 个职能中心。

3. 机构分布

公司分支机构数量合计 88 家，其中分公司共有 8 家（分别为重庆分公司、四川分公司、陕西分公司、湖北分公司、湖南分公司、河南分公司、广东分公司、江苏分公司），中心支公司 30 家，支公司 25 家，营销服务部 25 家。

（二）运营情况

2020 年，面对新冠疫情冲击、经济金融市场大幅波动等诸多挑战，公司坚持围绕"规范化经营、效益化发展、精细化管理"的发展主线，沉着应对，精心策划，积极部署，创新发展举措，夯实发展基础，稳步推进各项管理工作，有效保障公司经营活动的正常运行，取得了良好的经营成绩。

一是业务规模平稳增长。全年实现规模保费收入 667.2 亿元，同比增长 19.6%，其中，新单保费收入 599.7 亿元，同比增长 23.9%，续期保费收入 67.5 亿元。实现原保费收入 603.3 亿元，同比增长 43.6%，原保费占比 90.4%，同比提升 15.1 个百分点。

二是业务结构不断优化。大力推动期交业务发展，全年期交保费达成 51.3 亿元，同比增长 108.7%。期交保费占新单保费的比例 8.6%，同比提升 3.5 个百分点。得益于期交保费的较快增长，公司整体新业务价值大幅提升，累计达成 3.82 亿，同比增长 1747.6%；公司内含价值 216.5 亿，同比提升 15.5%。

三是经营指标持续向好。全年累计实现净利润 11.4 亿元，连续 4 年实现盈利；综合投资收益 107.7 亿元，投资收益率 6.06%，保持在良好水平。截至 2020 年 12 月末，公司总资产达 2412.7 亿，较 2019 年底增长 28.6%，净资产为 171.4 亿元，较 2019 年底增长 9.8%；综合偿付能力充足率 139.1%，符合监管要求。

四是风险指标控制较好。2020年，公司整体13个月保费继续率90.0%，保持在较好水平；综合退保率2.78%，处于合理范围之内，全年未发生重大投诉及群体性事件；各项流动性风险关键风险指标均处于正常范围，公司整体流动性较好。

五是有效应对疫情冲击。一是快速搭建线上办公和线上会议系统，完成VPN远程连接、线上会议资源扩容，支持员工远程办公需求。全系统共召开线上会议超万场，单场会议同时在线参会人员最高达到上万人。二是积极推动线上展业，疫情期间，在传统营销方式受阻的情况下，各渠道开拓创新，积极利用移动互联新技术，将线下营销活动搬到线上，有效实现线上增员、线上培训、线上督导和线上促成，充分保障了疫情期间各项业务的正常开展。三是以官微和小程序为抓手，全面推广线上保全、理赔、核保等超过30类大项服务功能，线上自助业务办理达到86.3%，并首次获得中国银行保险报颁发的"金牌服务机构"奖，运营服务效率、服务品质均迈上新台阶。

六是积极履行社会责任，彰显社会价值。在"新冠"疫情期间，第一时间推出重疾意外保险产品责任扩展新冠肺炎、"三减免四取消"理赔服务、7×24小时全方位报案受理等一系列服务支持举措，发挥保险保障与服务社会职能，助力国家抗击新冠疫情。2020年该公司共处理新冠肺炎理赔案件18件，累计赔付保险金160.56万元。此外，该公司通过"蔬菜＋现金"方式捐赠总金额共计2532.74万元，支持武汉市抗击"新冠"疫情，此举获得了武汉市委、市政府的高度认可和肯定。

（三）产品、服务及模式创新情况

1. 产品创新

恒大人寿坚持"以客户为中心"的基本原则，健全以优质产品为核心的人寿、健康、意外、养老等全方位产品保障体系。在产品责任设计、保险费率确定及后续服务配套等层面，均充分考虑客户的保障和服务需求，为客户提供保障全面、责任多样、品类丰富、高性价比的人身保险产品和服务，并针对不同客户群体，提供多层面、针对性的保险解决方案。2020年，恒大人寿相继推出恒大万年红（尊享版）终身年金保险、恒大万年福尊享版年金保险产品计划、恒大万年欣终身重大疾病保险、恒大恒家保终身重大疾病保险等优质产品，其中恒大万年福尊享版年金保险产品计划和恒大万年欣终身重大疾病保险两款产品获行业肯定，分别获得"最佳综合保险保障计划"和"最具创新力保险产品"奖项。

2. 服务创新

公司秉持善良美好的初心，以及"价值＋服务"的发展理念，不断深耕客户需求，完善客户服务体系。2020年相继推出住院垫付服务、就医绿通、博鳌医疗特惠方案等增值服务，解决客户"挂号看病难"和"住院急用钱"的就医问题；积极推进公司康养战略，创新推出"恒享福养老保险产品计划2.0"，为客户提供全方位、全龄化、全季候、高品质的养老养生服务。2020年，面对突如其来的新冠肺炎疫情，公司全面搭建线上客户服务体系，推动线上保全、理赔、核保等功能上线，优化或新增35项官微功能，赠送免费家庭医生服务等，极大方便了客户。

3. 模式创新

《健康保险管理办法》规定，2020年，恒大人寿正式成立健康保险事业部，对健康险相关业务进行统一管理，为客户提供涵盖健康体检、健康咨询、疾病预防和就医服务四大类型的健康管理服务，目前已在官方微信服务号搭建线上健康服务管理平台，实现系统化、线上化、智能化管理，有效改善客户体验。为进一步提升服务质量和水平，健康保险事业部也在积极探索"产品＋"模式，寻求外部优质资源，契合公司战略，定制社区专属产品、试水非标体产品开发，开展差异化承保策略等创新发展模式。

（四）未来展望

未来，公司将立足保障本源、发挥协同优势、体现专业价值，瞄准"融合康养、社区和数字化生活元素的创新型保险公司"这一目标，遵循规模价值并行、资产负债联动的发展路径，推进"康养战略、社区战略、数字化战略"三大战略布局，以"网点驱动、组织驱动、管理驱动、文化驱动"四大驱动为动力，奋力迈向高质量发展之路，为重庆市经济社会发展大局及金融市场高质量发展贡献自身力量。

三、安诚财产保险股份有限公司

（一）基本情况

安诚财产保险股份有限公司成立于 2006 年 12 月，是第一家总部设在重庆的全国性财产保险公司。公司注册资本金 40.76 亿元人民币，总体资产规模近 80 亿元人民币。现有省级分公司 19 家，分支机构 260 家，主要分布在长三角、珠三角、西三角及华北地区等重要经济带。公司设有全国性独资子公司安诚保险销售有限公司、安澜保险经纪有限公司。公司总部下设职能部门 22 个，全辖员工 6000 余人。

安诚保险现有股东单位 19 家，主要为地方国有大型企业、民营企业及世界著名金融企业等，其中国有股东 7 家占比 62.3259%、外资股东 1 家占比 15.0098%、民营股东 11 家占比 22.6643%。

公司专业经营各类财产保险业务，同时具有农业保险、大病医疗保险等政策性保险经营资质，是中国农业保险再保险共同体成员单位、中国核保险共同体成员单位之一；与劳合社、瑞再等世界著名再保险公司建立了稳定的合作关系。公司还设有重庆市首家保险博士后工作站、首家保险高技能人才培训基地、保险研究院。

近年来，公司先后被业内评为中国价值成长性十佳财险公司、中国市场竞争力十佳财险公司称号、中国保险年度影响力赔案及服务创新公司、中国保险行业 7·8 扶贫公益基金代言人、多次荣获重庆市金融贡献奖。公司积极主动承担社会责任，在 137 家在华经营的保险公司中社会责任发展指数位居第 9 位。经中华保险研究所权威评估，安诚保险估值逾百亿市值。公司内控合规健全，治理结构稳健，多次获得监管机关 A 类评级。

公司在全国范围内，为众多重大基础设施建设工程和大型企业集团提供风险保障服务，如重庆、河南、广东等地轨道交通工程保险，美的、意尔康、长安福特等企业财产保险；为国家重大发展战略及各省市政府民生保障类保险项目提供保险服务，如大病保险、医疗机构责任保险、电梯责任保险、村民保险等；积极履行企业社会责任，为企业践行"一带一路"提供风险保障服务，如渝新欧铁路运输保险；为扶贫攻坚提供保险支持，如精准扶贫保险、农业保险，并创造性研发了土地流转信用保证保险。积极促进多层次医疗保障体系发展，扎实推进医疗惠民工程，2020 年 11 月 6 日推出城市定制型商业医疗保险产品——"重庆渝惠保"，为重庆市 288 万余市民提供补充医疗保障，获得重庆社会各界的高度肯定和广大市民的热烈反响。

（二）运营情况

公司 2020 年实现原保费收入 37.22 亿元，其中：车险保费收入 25 亿元，大病保费收入 5.7 亿元，常规非车险保费收入 5.41 亿元，农险保费收入 1.06 亿元。实现资本保值增值率 102.47%，综合成本率 110.80%，综合投资收益率 7.8%，净利润 526.62 万元，同比减亏 4.39 亿元。2019 年 3 季度至 2020 年 3 季度，公司风险综合评级结果连续 5 个季度保持 A 级。

2020 年，安诚公司紧盯利润目标，明晰思路，改革转型取得新成效；彰显责任，立足根本体现新担当；提升管理，精细运作展示新作为；创新路径，拓展范围开辟新渠道。具体表现在以下几方面工作：

1. 加强党的建设，纵深推进全面从严治党

一是突出政治引领，党的建设取得新成效。始终将政治建设作为根本性建设，不断推动党建与经营融合发展。把严明政治纪律和政治规矩摆在更加突出位置，营造风清气正的良好政治生态。深入推进党的领导融入公司治理，认真开展"1+4"制度修订工作，形成各司其职、各负其责、协调运作、有效制衡的公司治理机制。严格落实集体决策制度，2020 年全年召开 40 次党委会议研究决定或前置研究讨论"三重一大"事项。加强理论武装，全年开展 42 次集体学习，学习习近平总书记最新重要讲话、重要指示批示 90 篇，落实意识形态工作责任制，公司党委全年召开 6 次会议做实定期分析研判。培育党建特色打造"一企一品牌"，"安诚党建"信息系统被市委组织部评为全市优秀应用案例并在全市推广。**二是坚持党管干部，干部队伍得到新加强**。坚持党管干部、党管人才，调整干部 56 人次，提拔干部 16 人。制定《中层干部引进管理办法》，加大市场配置干部力度，规范引进人才程序，全年引进干部 4 人。制定《科级干部管理办法》，加大选拔优秀年轻干部力度，提拔科级干部 35 人，激发干事动力。健全完善干部"选育用管"机制，坚持"选培储用"并重，不断提高选人用人质量，努力打造高素质干部队伍。**三是强**

化正风肃纪，廉洁建设得到新提高。切实履行管党治党主体责任，推动全面从严治党向纵深发展。落实党委季度专题研究全面从严治党和党风廉政建设工作、班子成员季度汇报"一岗双责"、党委定期研判政治生态制度，制订《2020年安诚保险进一步落实党委主体责任深化监督执纪的实施方案》，督促"两个责任"落地生根。开展作风建设专项督查，积极服务中心工作。深化理赔专项巡察，持续发挥巡察监督的震慑作用；开展巡察"回头看"，夯实整改成效，加强重点环节风险防范处置。开展清廉金融文化建设工作，打好"以案四说""以案四改"组合拳，进一步做深做细做实审查调查"后半篇"文章。

2. 抓好复工复产，严防严控打好两场硬仗

全司上下在集团党委的指导下，"一手抓疫情防控，一手抓复工复产"，持续压实领导主体责任、机构属地责任和纪委监督责任三个责任，持续落实组织保障、机制保障、后援保障和服务保障四项保障，持续开展防疫排查、职场防控、日常经营、后勤保障和宣传动员五项工作。保障疫情期间"经营不散，管理不乱、服务不断"，实现了疫情防控和复工复产"两手抓，两不误"。公司 12000 余名工作人员实现了零感染。公司广大干部员工在疫情期间积极担当，好人好事不断涌现，开通绿色服务通道，扩展新冠肺炎保险责任，捐赠保险保障和物资，勇担社会责任。

3. 突出效益为先，深耕细作推动业务发展

（1）着力优化结构，促进规模效益双提升

一是车险方面。稳定销售基本盘面，多维度拓展优质业务，鼓励优质私家车业务发展，该业务占比由 58% 上升至 63%；鼓励发展 5~10 吨营业货车业务，该业务占比同比上升 22.22 个百分点。多措并举，守住成本底线。持续调控高风险、高赔付业务，出台"两率联动"细则，差异化配置资源，优化效果明显。加大系统支持力度，弥补管理基础短板，自动定价系统上线，利用精算模型定价分析，实施费折联动。

二是非车险方面。加强成本管控。通过制订提质增效专项工作、实施承保及费用管控、清理拒保亏损业务等措施，成本优化成效明显。加快业务创新。坚持推动重点项目拓展和新产品研发，不断拓宽业务渠道，探索新的业务增长点。加大管理下沉力度。跟踪机构指标、发展趋势情况，助推分公司重点

项目、渠道业务落地。

三是农险方面。开展农险经营资质申报工作，获批农险全国经营资质以及山东、四川省级农险资质。大力发展种植险，全年种植险实现保费 5061 万元，同比增量 623 万元，增幅 14%。加强产品创新，首创柑橘气象指数保险，首期保费 200 万元，填补了我司农险市场气象指数保险的空白；完成奉节辣椒种植保险开发，实现保费收入 176 万元。

四是重大项目方面。组建重大客户部，发挥总部优势，大力拓展政企单位保险，开发维护重大优质客户，重点布局城市定制型商业补充医疗保险，深耕重庆保险市场。立足非车险重点，以抢占市场先机和占取重大份额为目标，全面介入长期护理保险和工伤保险业务，大力推广"重庆渝惠保"，全力支持全辖机构业务转型。

（2）着力理赔管控，降本增效严防跑冒滴漏

将"效益为先"作为理赔工作定位，进一步抓基础、控过程、降赔付。

一是加快信息系统建设，推进车物、人伤智能定损和客户自助理赔系统项目引进，完成工伤认定调查、"重庆渝惠保"理赔等新业务系统开发，确保新业务理赔服务保障能力。

二是夯实过程管控能力，加强机构督导帮扶，全年对 19 家机构开展视频督导，检视分析理赔指标；提升查勘管理基础，现场查勘率从 54.64% 提升至 98.42%；强化估损管理，加强理赔精算协同，估损充足性进一步提高。大力推进专项项目管理，"以我为主"搭建"重庆渝惠保"项目理赔服务体系。

三是践行利润导向，全年完成减损任务 13637 万元，超目标值 2137 万元。全年车险实物赔付进项税抵扣金额共计 2875 万元，同比增长 39%；车险追偿 587 万元，同比增长 272%；非车共保摊回赔款 5521 万元，同比增加 1759 万元，增幅 47%，完成全年应摊赔款项（含既往）73.7%。

（3）着力渠道拓展，科技支撑推动平台建设

"信息建设与渠道拓展"相结合，抢抓保险市场渠道机遇，凝聚发展合力。

一是加强科技赋能，提前上线个人代理人平台，实现线上投保、增员、营销管理三方平台整合，推动个渠业务管理，提升优质业务占比。

二是个渠队伍、业务不断发展，个代人力扩充至 5880 人，当年净增 669 人。个渠发展为车险业务调结构、优品质提供了有力支撑，全年个渠私家车保费

收入 9.18 亿元，同比增长 2.37 亿元。

三是互联网渠道业务成绩突出，全年实现保费 3.34 亿元，超额 2.14 亿元，同比增长 267%。

（4）着力两轮驱动，提升能力确保稳健收益

公司实现财务口径收益额 39978 万元，财务口径投资收益率 7.91%。

一是面对危机，冷静应对。一季度新冠疫情在国内外蔓延，给资本市场带来两次剧烈冲击。投资部门抢抓机遇，调整投资策略，优化资产配置，把握投资节奏，化危为机，为公司实现整体盈利奠定了基础。

二是开拓渠道，大胆创新。开拓利用中保投的行业优势，投资国家支持发展的新能源产业，孚能科技单只个股实现利润 9071.16 万元，投资收益率达 132%，是 2020 年公司投资收益超行业平均水平的主要动能。

三是完善制度，防范风险。2020 年新出台 5 个制度，建立激励与约束相结合的机制，规范投资行为，让投资在阳光下操作。

四是走出去、引进来。加强队伍建设，通过视频会、互访、外派学习、项目考察等多种形式与泰康、平安、太保、中信证券、南方基金等大机构交流学习，提升管理水平和业务技能。

4. 聚焦夯基固本，推动管理水平不断提升

（1）算账经营不断优化

一是实施账户集中，将资金结算与资产托管业务需求整合，成本大幅降低。

二是启动财务共享中心建设，财务、资金、费用、成本集中管控提速。

三是减少资金沉淀，营运资金日均占用余额较 2019 年度下降 1349 万元。

四是落实疫情优惠政策，全年享受社保减免费用 4502 万元，享受税费减免 106 万元，享受房租等减免 40 万元。

五是夯实财务管理基础，开展单证清理、推动电子单证上线、建立固定费用标准库、采购"十三精"数据库专项工作。

（2）科技赋能不断强化

一是加强信息安全防控能力，坚持基础设施网络重点巡查，定期清理信息系统账号、权限及口令，严控信息泄露风险，保障信息安全。

二是以提升信息技术能力为重点，建设个渠专属线上管理平台、启动财务共享中心、筹备电子单证系统上线、升级车险自动定价系统、上线车险费

用规则管理平台与自动定价系统，快速推进信息化建设。

（3）合规经营不断细化

坚守合规经营底线不动摇，持续强化风险控制能力和合规经营意识，为公司稳健发展保驾护航。

一是公司监事会针对"陕西分公司营业货车赔付率上升""上海驾校学员意外险附加培训损失险风险敞口较大"问题，及时进行了风险揭示并推动整改，为公司的可持续发展发挥监督保障作用。

二是推进法律风险管理，强化合规风险预防化解，重视既发风险应对处置，加强与改进反洗钱工作，推进反保险欺诈与关联交易管理。

三是建立"风险事项报送"机制，健全风险监测预警体系。紧盯风控重点环节，开展信用风险、资金运用高风险业务、重点风险、融资性保证保险抵质押业务等4项专项风险排查。注重全流程风险管理，不断完善"1+7+N"全面风险管理制度。通过督促整改、全面培训等工作，推动"一道防线"主动防控，提升公司风险管理能力。

四是加强审计监督职责、提升审计价值。完成了经济责任审计、重点领域审计、重点项目审计35项。审计发现问题280条，提出建议212条，整改问题203条，精准揭示风险，充分发挥审计监督职能。

五是制定并印发《基金和资管产品投资管理办法》，明确了基金经理与管理人的选拔标准，规范了公司公募基金及保险资管产品投资业务，对不符合标准的投资产品进行了调整，防范了投资风险，提高了公司投资管理水平。

（4）人才建设不断深化

一是严格管控人力成本，降本增效。公司争取到"五险一金"政策减免，减免社保费用共4502万元，淘汰低产能后援人员。

二是实施组织架构优化，引育人才。公司获批重庆市首个保险博士后工作站、首个保险高技能人才培训基地，举办重庆市首个保险人才高级研修班，引进博士2名。落地公司"三定"方案，开展"双选"工作，引进和优化170余人。

三是持续完善薪酬考核体系，利润导向。修订印发总公司职能部门与分公司年度绩效考核办法，发挥绩效考核"指挥棒"作用，建立薪酬托底机制，为公司高质量发展提供人力支撑。

（三）服务实体经济情况

1. 助力实体经济

自 2020 年初开始，安诚公司协同推进十余项直属重点项目，覆盖政府单位，能源电力、公路交通、建筑工程等多个领域，部分项目已实现落地。各分公司大项目业务屡有新的斩获，包括重庆轨道 4 号线二期、18 号线一期工程险 410 万元，重庆江津白沙长江大桥工程险保费 310 万元，重庆煤责险项目（渝新能源旗下煤矿）保费约 249 万元，重庆黔江、潼南社会公众救助责任保险费近 500 万元，北京中铝秘鲁铜矿财产险项目 100 万元，广东律师协会意外险 330 万元，江苏南京医责险共保项目预计约 500 万元等。

2. 服务三农发展

截至 2020 年底，公司在重庆市开展政策性农业保险业务，先后开展了水稻、玉米、马铃薯、柑橘、油菜、烟叶、荞麦、食用菌、生猪、能繁母猪、奶牛、肉牛、肉（蛋）鸡、山羊、蚕桑、渔业、森林等多种类型的灾害保险以及创新型保险产品等，共 30 余个产品，涉及中央财政补贴产品、市级财政补贴产品、区县财政补贴产品以及商业性产品。公司累计实现农业保险保费收入 8.68 亿元，为重庆市农业产业的发展提供了 475 亿元的风险保障；累计为 148 万余农户提供了服务，为灾后恢复农业生产支付保险赔款 5.3 亿元，农业保险服务工作得到了参保农户的拥护和当地政府的广泛认同。

3. 加强风险保障

2020 年，该公司对贵州水利实业有限公司、重庆商社（集团）有限公司商业管理分公司、重庆市轨道交通（集团）有限公司等 130 余家损失金额超过 10 万元以上的实体经济开展理赔工作，共计支付直接赔款 4568.39 万元。

（四）产品、服务及模式创新情况

1. 创新产品推动有成效

坚持推动非车险新产品研发和新业务拓展，积极探索新的业务新增点。继续推动 IDI 项目，推动工程类保证保险、医疗意外险等新业务发展。北京、重庆、贵州、河北、深圳、山东等地的扫码投保手术意外险业务，部分已经上线，部分待排期开发中。河北、山东、安徽等分公司的投标保证险也有新的突破。全年医疗意外险年保费超 1000 万元，赔付率约 15%，工程类保证保险年保费收入约 200 万元，赔付率暂为 0%。

2."重庆渝惠保"发布成功

安诚公司非车险管理部通过深入学习和研究国家健康政策、行业动态，积极寻找健康险发展机遇。经过 1 年多的筹划和准备，该公司研发承保的重庆市首个城市定制型普惠医疗保险产品"重庆渝惠保"于 2020 年 11 月 6 日成功发布，在重庆市引发广泛关注和好评，最终参保人数接近 280 万人。"重庆渝惠保"是充分利用区域医保政策和医保大数据研发的城市定制型普惠医疗保险产品。此项目的成功发布，是公司推进保险服务民生，契合广大居民多层次医疗保障需求的具体担当和行动，对公司发展意义深远。此外，该公司高质量圆满完成重庆市长期护理保险试点评估项目，进一步加强了与人社局、医保局的紧密合作，为下一步相关业务开展奠定了良好基础。同时，配置销售页面，设计优化共保公司跳转页面，制作运营可视化界面，完成 15 家共保公司后台配置、联调测试上线及上线后的信息核对，成功支撑"重庆渝惠保"上线及共保业务开展，推进"重庆渝惠保"平台的进一步优化。通过公司官方微信公众号积极宣传"重庆渝惠保"产品及政策、公司品牌，助推和引流"重庆渝惠保"业务。

3.推动新冠肺炎产品研发和公益捐赠

安诚公司非车险管理部按照年度工作既定计划，在年初做好疫情防控工作的基础上，通过抓线上作业和服务工作，始终保持经营管理平稳有序，努力推动新冠肺炎产品研发和公益捐赠，为抗击疫情和复工复产提供支持。

一是研发专属产品。公司在前期研发《附加甲类传染病疾病保险》《甲类传染疾病隔离期间津贴医疗保险》《甲类传染疾病补充医疗保险》等三款健康险产品后，于 2020 年 3 月再次推动研发《附加传染病保险（2020 版）》《附加宁波市传染病保险》《附加扩展新型冠状病毒肺炎隔离津贴保险》《附加扩展新型冠状病毒肺炎保险》4 个新条款，积极为各地、各行业企业在当前疫情情况下复工复产提供保险支持。

二是推出"企业复工保"专属方案。推出支持企业复工复产的专属产品方案"企业复工保"，针对性地提供员工意外疾病，及新型冠状病毒感染肺炎的风险保障，解决复工复产企业的后顾之忧。此外，该公司以共保体成员的方式参与宁波、贵阳、阜阳、徐州、宿迁、镇江复工复产企业疫情防控综合保险，提供人身意外疾病、企业营业中断的损失保障，为相关企业提供风险保障约 10 亿元。

三是积极开展公益捐赠。通过捐赠或免费扩展新冠肺炎保险责任等方式，努力为一线抗疫企业人员，及各行业复工复产提供保障支持。公司独家捐赠或免费扩展保险的对象包括重庆市保安集团一线安保人员 1036 人，重庆市脱贫攻坚及乡村振兴专家服务团专家 320 人，重庆市城口县疫情防控人员 311 人，西阳扶贫及驻村干部意外险 7276 人，青岛平度市高速路口防疫检测人员 1090 人，射洪市人民医院援武汉医务人员 4 人等，涉及捐赠保额约 28 亿元，捐赠保费超 10 万元。公司以共保体成员参与捐赠或免费扩展保险的对象包括徐州市所有一线防疫人员，重庆和南京市医责险共保体承保医院的一线医护人员，重庆部分学校学生，重庆液化石油气行业从业人员，重庆大足、铜梁等区县辖区普通民众及防疫一线人员等。

4. 积极开展农业保险创新工作

公司近年来相继开发了多款农险创新产品，其中比较具有特色的产品有：一是 2016 年开发的柑橘收益保险产品，该产品经过近几年的积极推广，2020 年已达到年度保费 1000 万以上；二是 2020 年在重庆首创开发了柑橘气象指数保险产品，并在开州成功落地试点，首期保费 200 万元，填补了重庆农险市场气象指数保险的空白。

5. 加强渠道产品创新

该公司着力专属产品开发，加强微门店管理，加强渠道建设。根据各分公司的特点和优势，着力机构专属产品开发，支持分公司线上业务的发展，通过总—分高频联动，积极开拓和推进，全方位提升渠道管理及推动能力。2020 年，微信平台新上线非车险产品 37 个，其中通用产品 4 款，专属产品 33 款；微门店开店 8254 家，开店率 97%；渠道保费 3090.45 万元（签单不含税含微平台中介模式）。

6. 加强线上化率提升

基于安诚微平台营销模式，提前成功上线了个人代理人平台 3.0 版本。实现了线上投保、线上增员、营销管理等三方面的平台化整合，实现公司个人渠道业务管理效能提升和优质规模化发展。微平台系统持续优化，完成已完税车型的投保、多种支付方式，车险影像上传、取消过户车投保限制，快速车险保费计算，生成报价单、线上线下续保车辆信息自动带出、线上线下承保流程互通、互联网车型库部署、继续投保和重新投保自动带出订单信息等8项功能及销售可回溯系统和页面整改优化上线。通过个代平台建设和系统优化创新，截至2020年12月31日，微平台车险线上化率从年初4.69%上升至22.76%，微平台车险日均规模从年初20多万元/天上升至300多万元/天，为公司互联网业务的整体提升打下了坚实基础。

（五）经营目标及未来展望

1.2021年公司发展任务

扎实落实各项任务，坚持"123"发展思路，持续转变经营理念，不断优化业务结构，加大科技赋能力度，强化资产负债匹配管理，不断夯实盈利基础能力，推动公司高质量发展迈上新台阶。

2. 工作目标

紧盯利润，突出经营效益，盈利能力不断提升，保费收入稳步增长，综合成本持续优化，投资收益稳中向好，风险综合评级保持B级及以上，确保不发生重大安全责任事故，常态化抓好疫情防控，完成各项指标任务。

落实"五个三"重点工作，即牢树三个理念，发展至上理念、客户至上理念、利润至上理念；强化三种精神，担当精神、创新精神、开拓精神；实现三大突破，健康险要尽快突破10亿元、农险要尽快突破2亿元、赔付率要达到对标公司平均水平；实现三大发展，建立安诚生态圈、壮大重庆基本盘、重构安诚销售链；夯实三重保障，组织保障、人才保障、系统保障。具体抓好十个方面的工作"不放松"：一是持续抓好疫情防控不放松；二是抓快抓好规划编制不放松；三是贯彻险种经营策略不放松；四是持续抓好机构管理不放松；五是推进盈利能力建设不放松；六是完善渠道产品体系不放松；七是加快人才队伍建设不放松；八是夯实风险合规保障不放松；九是加强信息科技建设不放松；十是扎实全面从严治党不放松。

第二十四章　担保公司

一、重庆进出口融资担保有限公司

（一）基本概况

重庆进出口融资担保有限公司是重庆市政府和中国进出口银行在签署《关于开展统筹城乡综合配套改革金融合作备忘录》的基础上，于 2009 年由重庆渝富控股集团有限公司代表重庆市国资委与中国进出口银行合资组建的一家全国性担保机构。公司注册资本 30 亿元，重庆渝富控股集团有限公司持股 60%，中国进出口银行持股 40%，主体信用等级 AA+。

公司以"融资　增信　分险　共赢"为发展使命，构建了贷款、债券、信托、基金、履约、诉讼等多品种担保产品协同发展的主营业务格局，并形成了担保、投资、商业保理、小贷、咨询等多元经营格局，满足各类融资需求。公司搭建了重庆总部、异地分支机构、子公司协同发展的组织架构，积极助力建设内陆开放高地，服务经济发展，立足重庆，业务辐射全国 21 个省市自治区。成立以来，公司已累计为 130 余万户客户提供逾 1300 亿元的融资支持。先后荣获"全国最具公信力担保机构""中国中小企业首选服务商""最具领袖力担保机构"等 30 多项荣誉。

当前，公司积极响应发展普惠金融号召，以建设"智慧担保"为路径，运用金融科技手段推进业务创新，凭借全线上批量化业务模式，提增金融供给，为小微企业、实体企业提供高效率、低成本的综合融资服务。

面向未来，公司将坚持以习近平新时代中国特色社会主义思想为指导，聚焦服务实体、支持中小，努力打造全国一流的"新型综合金融服务商"，为经济社会发展提供更加优质的综合金融服务。

（二）运营情况

2020 年，公司坚持以习近平新时代中国特色社会主义思想为指导，深入学习贯彻党的十九大及十九届二中、三中、四中、五中全会精神和市委五届九次全会精神，在市委、市政府和市国资委的坚强领导下，进一步增强"四个意识"、坚定"四个自信"、做到"两个维护"，聚焦国企高质量发展、数字化转型，围绕畅通双循环、建设内陆开放高地、成渝地区双城经济圈等重大部署，按照"顺应趋势、增强优势、补齐短板、巩固成果"工作思路，统筹抓好疫情防控和经营发展，致力于服务实体经济，经营业绩保持稳中有进、稳中向好，实现了效益、规模、质量协调发展，各项指标实现新突破。

一是经营发展提质增效。全年累计新增担保额 348 亿元，营业收入、净利润分别较上年增长 24%、16%；继 2017 年后，2020 年再次作为全市唯一担保机构荣获市国资系统创新奖励 200 万元，可持续发展能力日益提增。

二是金融风险防化扎实有效。围绕防范化解重大金融风险，推进客户结构调整、风控技术改进。通过强化风控措施、严格风险排查、加快不良清降等手段严守风险底线。当前公司拨备覆盖充足，存量资产情况较好，总体风险可控。

三是数字化转型成效显著。全年累计服务企业、个人逾 100 万户，主营业务实现转型升级；累计取得 8 项知识产权专利，建立的大数据风控系统属行业首创，实现工作全流程电子化、网络化、平台化，线上批量业务"7×24 小时不打烊"日趋常态，业务、风控壁垒逐渐成型。

（三）服务实体经济情况

1. 扩大朋友圈，共同发展普惠性金融

公司深入挖掘实体企业在生产经营过程中的真实场景和融资需求，不断调整和丰富产品供给，打造特色业务。为降低企业交易成本，提高企业资金周转效率，公司围绕供应链核心企业开辟电子投标保函、E 票宝、供应链 ABS、商票承兑担保等供应链产品体系；为提升小微企业融资的可得性、便捷性，继续深化货车帮"司机贷"、电信"企业白条"等基于真实场景下的批量业务合作；依托核心交易场景开发消费贷、法拍宝、微博借钱等产品，在疫情期间为发挥消费拉动作用、激活上亿市场主体做出贡献。近年来，公司

各类产品辐射领域涵盖进出口贸易、生态环保、旅游、工程建设等方面的小微企业及个人，不断拓展服务实体企业融资的内涵和外延。

2020 年，公司开展的"司机贷"产品为 14793 名货车司机提供担保 8700 万元，有力保障货车司机运输途中的经营性支出；1535 户建筑商通过公司电子投标保函提升了投标效率，减少资金占用最多达 90%；支持 677 户通信经销商获得运营资金 5 亿元，为支持 5G 建设助力。

2. 积极履行国企社会责任，落实市委、市政府在防疫抗疫及支持企业复工复产、脱贫攻坚等方面工作要求

防疫抗疫及支持企业复工复产方面，公司围绕经济发展大局，以金融科技为抓手，运用线上业务系统，为超过 3700 家小微企业提供融资支持超过 9 亿元；落实"不抽保、不压保、不断保"要求，为湖北工建等受疫情影响出现还款困难的企业，给予延长还款期、续保续贷、减免保费等绿色政策，积极帮助企业纾困；为工业园区提供贷款担保业务，支持企业复工复产；支持民生供应保障，为供热供气供电的保供企业开辟绿色通道，其中最快的项目从立项到放款仅用 5 天时间，保障民生企业生产经营不断档；

脱贫攻坚方面，认真落实习近平总书记在解决"两不愁三保障"突出问题座谈会上的重要讲话精神，围绕金融扶贫、产业扶贫、智力扶贫、消费扶贫四个重点推进扶贫工作：金融扶贫方面，针对重庆市彭水、秀山等地区基础设施建设、旅游资源开发等领域，提供贷款担保、企业债担保、信托产品担保等多种担保产品；产业扶贫方面，筹集专项资金投向保鲜技术产品、农业原材料等脱贫产业，增强贫困地区自主造血能力；智力扶贫方面，通过教学设备捐助、普及《民法典》知识等形式，支持贫困地区教育发展和文化水平提高；消费扶贫方面，通过食材采购等形式，凝聚企业、员工爱心，调动贫困户依靠自身努力实现脱贫致富的积极性，促进贫困地区相关农户产业持续发展。

（四）产品、服务及模式创新典型案例

1. 案例一：电子投标保函业务

"电子投标保函"是公司对参与重庆市公共资源交易中心公开招投标项目，为投标人开立的招标人认可的电子化保函凭证。相比传统的现金保证金及纸质保函，"电子投标保函"无须抵押、无须反担保、无须冻结资金，并

具有以下特点：

一是减少资金占用。该产品为纯信用担保，无抵押、低保费，可以减少投标人的资金占用和成本压力，将大量的工程投标保证金进行释放，从而为市场注入资金活力。据统计，使用电子投标保函最多可为投保人减少90%的资金占用，大幅减轻投标企业资金压力。

二是全线上化，全天候办理。投标业务通过电子保函系统在线提交申请，系统收到投标人的申请信息后，通过大数据分析，在线为投标人授信并"秒开"电子保函，全过程线上办理。

三是信息安全保密。公司电子投标保函系统自动对接重庆市电子招投标系统，统一使用CA数字证书登录认证，系统自动采集投标人在投标提交的数据，无须重复提交资料，全程留痕，全程可溯；系统同步对接公司大数据风控系统，投标人信息高度保密、防泄露。

该业务自2020年3月上线以来，2020年内已累计为1500余户企业提供超过30亿元担保服务，为优化营商环境、激发市场活力，促进公共资源交易规范化、透明化做出了有益探索。

2. 案例二：货车帮"司机贷"

货车帮"司机贷"产品是由公司与满帮集团旗下货车帮平台开展合作，通过对货车司机在干线物流线上车货匹配平台上的历史数据、行为数据及外部数据进行准入及额度审批，帮助其获得金融机构授信，解决其在运输过程中的经营性资金需求。

在传统金融工具中，货车司机群体常因信息不对称、尽调及风控成本与收益不相匹配的问题，难以获得金融机构授信。货车帮"司机贷"产品是针对长途货物运输行业中存在的长运距、运费滞后结算这一特性，以及货车司机在运输过程中对路费、修配、加油等方面存在资金需求而推出的金融服务产品。该产品利用金融科技手段，结合货车帮平台数据，分析了解司机群体，精准画像、准确定位，帮助其实现获得金融机构授信，真正实现"司机贷"产品有效地帮助和支持小微企业和客户发展。

截至2020年末，该产品已累计发生超过7亿元，累计服务用户近11.7万户，单笔授信金额最小仅1000元，为全国货运物流市场广大小微企业和货车司机提供精准、便捷、高效的普惠金融服务，以提高其资金周转效率。

3. 案例三：E 票宝

"E 票宝"是基于人民银行电子商业汇票系统，以担保机构进行背书保证的电子商业承兑汇票作为融资标的的线上金融产品。该产品主要是基于核心企业的信用，以小而分散的原则，将单票金额小、到期日分散的电子商业承兑汇票作为融资标的进行融资。

在传统贴现业务中，持票企业需要到银行线下网点进行，并接受银行开展的尽职调查、授信审核等流程，用时较长；同时，若遇到银行缺乏授信额度的情况，企业可能无法及时从银行渠道获得贴现融资，大大增加融资人的资金占用和资金成本。"E 票宝"由公司主动授信，给予核心企业一定的额度，在企业与银行之间搭建更有效的增信渠道，在安全合规的前提下，提升票据贴现的便利性，对满足要求的商业承兑汇票即时变现，有效解决持票人资金流动性问题，缓解企业短期融资难题。目前，公司已实现全线上风控，具备时间短、方便快捷的特点。

该业务自 2020 年 8 月上线以来，2020 年内已累计为 60 余户企业提供超过近 2 亿元担保服务。为稳定和畅通产业链供应链、带动上下游企业复工复产积蓄势能。

（五）经营目标及未来展望

1. 紧抓数字经济带来的业务机遇优化产业模式

受疫情影响，我国数字产业化和产业数字化进程都明显加快，5G、人工智能、大数据、云计算、区块链等新技术新应用加速，赋能新经济新业态的蓬勃发展。同时，各行各业"上线""上云"已成趋势，传统生产组织模式和产业供应链、价值链不断重构，催生商业系统生态全面变革，打破了原有行业格局，为公司提供了千载难逢的市场机会。未来，公司将紧抓数字化转型机遇，将金融科技与消费互联网、工业互联网相融合，发展出一条数字经济与实体经济融合发展的道路。

2. 紧抓消费带来的新机遇优化产品布局

中央经济工作会议强调"注重需求侧管理"，未来，公司将顺应消费升级和结构变迁趋势，把握医疗健康、养老育幼、医疗器械、文化旅游等行业机会；

顺应数字经济加速发展趋势,关注共享经济、在线教育、互联网医疗、直播带货、产业平台化等机会;顺应强化国家战略科技力量趋势,挖掘 5G、新基建、智能制造、高端装备、集成电路、新能源、新能源汽车等机会。未来,公司将围绕上述行业和核心企业发掘新的商业机会和合作伙伴,保障业务稳步发展。

二、重庆市小微企业融资担保有限公司

(一)基本情况

根据市政府第 77 次常务会议精神,重庆市小微企业融资担保有限公司于 2015 年挂牌成立,注册资本 6 亿元,托管重庆市小微企业融资担保基金和代偿补偿资金 13.5 亿元。公司由重庆市财政局直接出资和管理,是重庆市政府成立的专注于小微企业融资领域的国有政策性担保机构,是政府担保基金的托管机构,同时也是重庆市唯一一家国家融资担保基金的合作机构。公司的成立是市委市政府落实国家坚守政府性融资担保机构的准公共定位,着力缓解普惠领域融资难、融资贵的重要举措。

公司作为政府性融担机构,紧紧围绕"做出地方特色、突出支持重点、做大业务规模"的总体要求,始终坚持"聚焦支小支农主业、保本微利运行、凝聚政担银三方合力"的基本原则,强化与国基深度合作,聚合财政资金功能,坚守"政策性目标、市场化运作"的经营理念,坚持以落实国家政策为导向、以大数据平台和智慧系统为载体,不断提高服务民营企业、扶持"小、三、创、新"等群体的能力,降低担保服务门槛,促进大众创业、万众创新。

公司始终聚焦小微企业融资薄弱环节,开发的"创业保""小微保"产品荣获"国家普惠金融优秀产品奖",陆续又推出国基"总对总"批量保、知产保、加成保等创新产品,保障普惠金融供给;创新服务小微机制,切实有效降低小微企业和"三农"综合融资成本;金融科技高效服务,智慧小微凸显特色;形成小微风控体系,实时动态管理守住风险底线。截至 2020 年底,公司累计新增各类担保贷款 331 亿元,扶持 20.7 万人创业,带动 103.5 万人就业,服务对象 100% 为小微企业、"三农"等国家扶持的群体,已为重庆创业群体减免担保费 3.8 亿元,切实降低小微企业和"三农"群体的综合融资成本,为做出重庆担保行业特色、充分释放政策红利、促进重庆经济发展做出了积极贡献。

（二）运营情况

一是政策效益情况。2020 年，公司新增小微企业和"三农"融资担保 5 万户，新增小微企业和"三农"融资担保金额占比 99.8%，新增单户 1000 万元以下融资担保金额占比 100%，当年平均融资担保综合费率 0.29%，政府性融资担保公司社会效益凸显。

二是经营能力情况。2020 年，公司新增融资担保 104.5 亿元，年末融资担保在保余额 113.5 亿元，融资担保在保余额放大倍数 4.42 倍。公司 2020 年实现收入 8465 万元，实现净利润 837 万元，净资产收益率（ROE）1.54%，实现了国有资本的保值增值。

三是风险控制情况。2020 年，公司新增代偿 2441 万元，代偿余额 7817 万元，担保代偿率 0.38%，拨备覆盖率 448.51%，完成目标任务。

四是体系建设情况。2020 年，公司与国家融资担保基金保持良好的业务合作关系，公司按照银担风险分担机制及时足额承担风险责任，体系建设稳步推进。

（三）服务实体、产品或模式创新举措

1. 坚守主业，打牢政府性担保机构主业基石

一是创业担保再创新高。受疫情影响，国家加大了政策支持力度，助力企业复工复产，全市创业担保贷款新增发放创历史新高，达到 86 亿元，较去年同期增长 89%。

二是银担合作全面扩面。先后获得 13 家银行授信，额度共计 100 亿元，先后开发了知产保、加成保、乡村振兴保、网商保等专项产品，丰富了公司产品体系。目前，"加成保"产品户数超过 200 户，担保放款 8688 万元。

三是银担"总对总"合作率先落地。银担"总对总"批量担保业务是国家融资担保基金开发的重点产品，公司已与交通银行等 8 家银行签订合作协议。2020 年 8 月，通过交通银行成功放款 2 笔，重庆成为继天津、甘肃后全国第 3 个实现银担"总对总"批量担保业务落地的省市。2020 年，与交通银行、民生银行合作共放款 1111 万元。

四是国基合作全面深化。国家融资担保对全国 21 家合作机构评价，评价公司等次为 AA（评价等次最高为 AA），全国排名第五。2020 年 6 月，收到代偿补偿款 5.99 万元，实现国家风险补偿政策落地。全年公司已累计申请 416 万元的风险补偿，可获得国家 20% 的风险补偿。获得国家融资担保基金股权投资 1.2 亿元，成为全国首批被投机构，目前是唯一一家省级融资担保机构。

2. 坚守底线，落实政府性担保机构主体责任

一是规范基础管理。树立全员风险防范意识，把防范化解金融风险放在首要位置。修订完善了《创业担保贷款操作实施细则》《创业担保贷款信用项目操作指引》等业务制度，扩大了创担业务准入人群范围，降低了企业贷款准入门槛，提高了担保额度上限，加大"扶小支农"力度。规范业务操作流程，更新了创业担保贷款风险分类制度，进一步细化了五级分类标准，增强了分类标准的操作性。

二是加强保前风险防范。全面分析政策、产品、市场等方面风险，制定知产保、加成保、网商保、乡村振兴保、"总对总"批量保、商贸保等 6 个产品方案，高质量创新国基业务，控制产品风险。进一步优化小微保产品方案，补充建立委托担保、反担保关系。

三是风险预警突出重点。创业信用贷款项目重点关注经营实体的真实性及第一还款来源。加成保业务严格要求银行按照合作协议约定，完成委托保证书等相关文书的代签。在区域上，特别关注开州区，防止区域泛滥性风险。

四是加强清收追偿工作。加快智能风控体系建设，进一步推进银担系统互联互通，及时获取客户还本付息数据，把握催收黄金期。优化律所激励机制，提高司法追偿效果，公司不良担保率控制在 0.75%，远低于全国 1.92%。

3. 夯实系统，发挥政府性担保机构效能

一是不断完善业务系统。公司已建立起覆盖重庆所有的 200 万小微企业动态数据库，企业信息有 62 个维度 645 项指标，个人信息 40 个维度 465 项指标，进一步丰富了小微企业的"无形资产"。创业信用贷款、加成保、批量保业务相继上线，保障业务工作推进。

二是金融科技效果显现。疫情期间 2 个月的远程办公，进一步检验了"保前自动'秒批'、保中、保后自动预警"的智能性。公司牵头的全国人社信用模型试点一年来，1250 多个项目尚无一个项目逾期，为国家层面探索数字经济提升创业担保贷款获得率积累经验。

三是系统建设提档升级。在确保业务工作不受影响的基础上，创新推进

业务系统升级、智能风控 AI 系统、大数据分析平台"三位一体"的系统建设。搬迁机房实现自我管理，重新部署业务系统网络架构，增强业务实时性、数据安全性和访问便捷性。联通财政 OA 系统，公司自有的财务系统、OA 办公系统相继上线，进一步丰富了公司办公系统体系。

4. 强化管理，提升政府性担保机构服务能力

一是完善治理机制和决策工作。全年召开股东会 1 次、董事会 9 次、监事会 1 次，经营层召开总经理办公会 21 次，在市财政局的坚强领导和指引下，领导层群策群力为公司谋发展、把方向。

二是平稳推进改革工作。公司股权变更顺利完成，市财政局作为唯一出资人并进行管理，公司注册资本金实现翻番，领导班子配备齐全。贯彻落实市委市政府关于西部（重庆）科学城等建设重大决策部署，与高新区管委会开展战略合作，筹备建立子公司（重庆科学城融资担保有限公司）。

三是进一步完善制度。出台《关联交易管理办法（试行）》等办法，全年新增、修订制度 24 个。2020 年底，根据公司发展的需要，专门组织召开两场制度建设意见听取会，下沉一线收集意见和建议。

四是强化内控管理。严控财务风险，预算管理精细化，对执行偏差较大的科目实施动态监控，采取措施干预；严控大额采购，强化合同签订、借款、费用报销、收付款等环节的审核；开展大额费用报销、银行账户、资金管理等多项自查工作。完成审计特派办、市审计局、市金融监督管理局等机构 8 次审计检查工作。

五是强化人才队伍建设。市场选聘一名中层管理干部，新招聘（派遣）2 名信息技术人员满足系统建设工作需要。高级职称新通过 1 人，中级职称 5 人，干部职工队伍素质得到提升。

六是全力做好疫情防控工作。高度重视落实责任，制订疫情防控管理办法，统筹抓好疫情防控与公司经营发展各项工作，全年公司未出现新冠病毒肺炎疑似及确诊病例，保护了全体员工的身体健康，保障了公司正常经营。

（四）经营思路及未来展望

1. 经营思路及目标

历经了极不平凡的 2020 年，2021 年站在新起点上，公司将迎来更多的发

展机遇，同时也将面临更多的挑战。公司将认真贯彻落实党的十九大、十九届二中、三中、四中、五中全会精神，按照中央经济工作会议、全国财政工作会议和重庆经济工作会议要求，在市财政局党组的坚强领导下，坚持"聚焦高质量、发力供给侧、推动智能化"的发展总基调，强化科技战略支撑，以"抓党建、提质量、强系统"为抓手，强化普惠金融、绿色金融服务能力，降低担保服务门槛，释放更多创新动能，引导更多金融活水流向普惠领域，着力缓解小微企业、"三农"等普惠领域融资难、融资贵、融资慢问题，确保"十四五"发展开好局，以优异成绩庆祝中国共产党成立100周年。2021年，公司将继续围绕国家导向的政策效益、经营能力、风险控制、体系建设等方面下功夫，进一步发挥政府性融资担保公司作用和价值。

2. 未来展望

2021年是"十四五"开局之年、全面建设社会主义现代化国家新征程开启之年，2021年，世界经济政治局势仍然存在诸多不确定性因素，经济、社会发展面临前所未有的挑战。当前，疫情对产业链、供应链、资金链造成影响，此时引导政府性融资担保机构积极作为，无疑是缓解疫情冲击的有效途径。2021年中央经济工作会议指出："要深化金融供给侧结构性改革，疏通货币政策传导机制，增加制造业中长期融资，更好缓解中小微企业融资难、融资贵问题。要稳定就业总量，改善就业结构，提升就业质量，突出抓好重点群体就业工作，确保零就业家庭动态清零。"公司作为政府性融担机构更需要抢抓机遇，将按照市财政局党组的要求，继续将全面贯彻党的十九大、十九届四中全会精神，中央经济工作会议和习近平总书记系列重要讲话及视察重庆讲话精神，将"四个全面"战略布局和"五位一体"总体布局贯穿落实到公司改革发展工作中，继续围绕"做出地方特色、突出支持重点、做大业务规模"的总体要求，坚持"聚焦支小支农主业、坚持保本微利运行"的发展定位，以落实国家融资担保基金各项政策为导向，以大数据平台和智慧系统为载体，以推动改革、做大规模、做出特色为目标，全面落实"大众创业、万众创新"决策部署，做优做大创业担保贷款，强化与国基深度合作，聚合财政资金功能，提高服务民营企业、扶持"小、三、创、新"等群体的能力，逐步缓解重点群体融资难、融资贵问题。

（五）下一步措施

1. 做细做实创担业务

一是协调市级相关部门，积极争取政策操作上要更加精准有效，不急转弯，减少政策收紧的影响。

二是现有合作机构数据全部互联互通，推进精细化管理，提升服务质量和效率；推动与市就业局信息共享，全盘接入申请客户信息。

三是积极协调提高不良容忍度至2%，尽快启动呆账核销工作，建立常态化的呆账核销机制和担保基金补充机制。

2. 做大做强国基业务

2021年要把政策性业务转型作为业务开发的总基调，对除创担以外的其他国基业务要大力倾斜，在其他国基业务规模上，要超过创担规模或至少与创担规模持平；在小微企业规模占比上，要有实质性提高。

一是严格遵循政策化目标、市场化运作的逻辑，灵活运用分险、熔断、费率等手段，提高公司创新担保产品的市场竞争力和占有率。

二是加强与支小支农成效突出的银行合作，扩展合作范围，做大业务规模。

三是紧紧依靠财政资源，加快与市发改委、市经信委、大数据局等职能部门的合作，共建获客渠道，共研风控模型，共筑产品体系，打造批量化、数字化、标准化的担保产品。

四是深入贯彻国办发〔2019〕6号文件精神，通过建立"国家、市、区县"三级政府性融资担保体系建设，合作开发担保业务。

3. 多措并举控制风险

一是完善业务制度，针对费用处理、数据认定、代偿档案等各症结点，逐个专项深入分析，探索规范化解决方案。

二是坚持底线思维，灵活运用熔断机制风控、智能技术风控、合作机构风控等风控手段，区分不同产品不同银行针对性制定方案。加强行业分析，探索"小产业"风险管理模式，提升风险预判能力。

三是做细保后风险预警，针对新试点业务加强保后抽查，发现问题的及时采取措施。加强与银行及就业部门的沟通，持续做实做细信用类业务保后管理工作。

四是落实创担点对点反担保关系，建立统一的银行合作模式。

4. 强化系统建设

一是进一步接入税务、征信等数据，丰富客户"无形资产"，凸显出公司在业务开发、风险控制和业务管理中的独特科技实力。

二是把"三位一体"的业务系统升级、智能风控 AI 系统、大数据分析平台逐渐融入业务工作，实现小微企业信息"进得来""转得动"，公司内部"审得快"、风险点"找得准"。

三是加强系统建设规划，推进 App 建设，相继上线创担和国基业务，强化统一推广运用。

5. 加强制度建设

一是强化研究调研，建立与业务功能相匹配的组织机构。

二是以"制度建设年"为抓手，进一步修订完善公司制度，全面提高公司管理水平。

三是扎实做好疫情防控工作，加强现场办公人员管理，统筹抓好疫情防控和公司经营发展工作。

四是完善薪酬绩效、选人用人育人等激励机制，建立健全员工综合考核评价体系，激发员工干事创业热情。

三、瀚华融资担保股份有限公司

（一）基本情况

瀚华融资担保股份有限公司（以下简称"瀚华担保"）创立于 2004 年，是国内首家上市普惠金融集团——瀚华金控股份有限公司（HKSE：03903）全资子公司。2009 年 8 月，瀚华担保业务与发展模式获得全国工商联的认可与推广，在其直接支持和指导下，公司进行股份制改革，发起设立全国性大型融资担保集团。

瀚华担保担任中国融资担保业协会副会长单位、重庆市融资担保协会会长单位。公司注册资本 35 亿元，长期主体信用评级资本市场 AA+，信贷市场 AAA-。

瀚华担保在全国 25 个省市自治区设立了省级分支机构，在全国拥有 100

余个城市服务网点，核心竞争要素均位列全国商业性担保机构首位。自成立以来，瀚华担保先后获得中国最具竞争力担保机构、最具影响力十大担保机构、中国普惠金融最具竞争力企业、中国最具公信力中小企业信用担保机构等荣誉。

（二）业务发展情况

2020 年以来，突发新冠肺炎疫情叠加逆全球化趋势，宏观环境的不确定性进一步增强，面对这种复杂的环境，中小微企业发展遇到重重困难，同时传统融资担保发展模式面临巨大挑战。

瀚华担保在做好自身防疫复产的同时，积极响应国家政策，竭尽全力为中小企业发展提供金融服务，坚持"不忘初心、不悖原理、不逆大势、不触底线"的基本原则，在"产融"和"科融"两大战略指引下，聚焦普惠、转型发展，全面服务实体经济、全力扶持小微企业，各项业务发展稳健，转型升级稳步推进。

1. 业务规模保持稳定、业务发展持续稳健

坚持"稳中求进"的原则，有效结合国家宏观调控政策和产业政策，审慎、稳健、适度地发展担保业务。既注重规模，更注重质量，确保了业务实现稳健可持续发展。2020 年业务在保责任余额为 350 亿元，直融、间融、非融业务保持合理比例，且实现同步稳定增长。

2. 服务行业范围广泛、贴近民生实体行业

坚持"服务实体"的理念，努力扩大实体经济服务范围，既积极主动向民生、实体行业倾斜支持，又避免对单一行业过度依赖，有效分散风险。目前，瀚华担保客户已经基本覆盖实体经济全部重要大类，且 2020 年服务的信息技术、智能产业等实体经济新兴行业在保规模占比较 2019 年同期均同比提升。

3. 积极响应国家政策，更加聚焦支持小微

坚持"小额分散"原则，积极响应国家政策要求，发挥融资担保作为准公共产品的作用，在实际业务发展中更加聚焦小微企业。2020 年，瀚华担保服务客户中约 80% 为小微企业，切实支持小微企业发展。

4. 转型升级初见成效、服务能力提升明显

抓住产业物联网、科技金融、供应链金融的发展机遇，加强与行业核心企业、产业互联网平台的互补合作。2020 年，瀚华担保与耐用消费品、能源、

三农等行业主要核心企业、与政府公共资源交易平台等均建立了战略合作关系，推动业务批量化、标准化、数字化，全面提升客户服务能力。

（三）服务实体经济情况

2020 年，瀚华担保积极贯彻落实党中央、国务院和各级地方党委政府关于疫情防控和做好"六稳""六保"的各项决策部署，充分发挥上市公司的社会责任和担当，迅速响应，利用民营金融机构灵动、快速、高效的机制优势，多措并举支持中小企业发展，全力服务实体经济发展。

疫情以来，瀚华担保积极行动，全员战"疫"，向慈善总会捐款 150 万元，专项用于重庆、武汉等地的疫情防控工作，向部分地区相关单位捐赠口罩等防疫物资。全员及办公场地全部按照防疫要求开展各项工作，还有部分员工参与当地防疫志愿者，积极为防疫做出贡献。

1. 优化流程，提升服务效率

疫情以来，瀚华担保开启 24 小时应急联动机制，采用线上咨询、线上受理、线上审批、线上贷后管理模式提供金融支持并隔离疫情风险，创新线上服务方式，提速增效。

开通"绿色通道"，按照"特事特办、急事急办、主动出击、即来即办"的原则，第一时间响应受疫情影响客户的需求，快速受理延期还款或调整还款期限申请，保障客户资金使用连续性，支持企业经营。

2. 产品创新，提高服务质量

瀚华担保打造"瀚华云链"平台实现了客户申请、使用全流程线上化服务，客户足不出户即可享受 7×24 小时全时段在线的金融服务。其中，建筑贷产品通过"瀚华云链"系统实现线上自动审批放款，融资全流程时间从原来的 7 天，缩短为 3 小时，客户"足不出户"就自助完成了用款、还款全流程；电子保函产品，2020 年以来已经为各级各类企业招投标客户提供电子保函服务超过 10000 次，服务客户超过 3000 家，减轻负担 20 亿元，全面加速助力企业复工复产。

3. 减费让利，履行社会责任

瀚华担保全面实行"到期延、存量续、总量增、利率降""不抽贷、不断贷、不压贷"，迅速梳理回访即将到期的还款困难客户，分析客户实际情况，变更分期还款计划为到期一次性还款，给予客户缓冲期，积极对接企业复工复产融资需求，同时适度降低融资担保条件，调低收费标准。尤其是对湖北等疫情严重地区，住宿餐饮、物流运输等受疫情影响严重行业以及参与疫情防控重点物资研发和保障的企业，降低担保费率约40%，最大限度地支持企业抗疫复工复产。受疫情影响较大的客户，视情况与合作伙伴联系采取适度补贴、息费减免等方式，帮助企业减负。

4. 主动对接，积极落实政策

瀚华担保主动与相关政府部门沟通联动，落实各地专项再贷款的相关政策要求，快速组织对接561家重点疫情防控企业，对有利于疫情防疫工作的药品供应企业、医疗器械生产企业、运输物流公司的紧急担保融资需求，及时提供足额低成本资金，助力企业继续扩大生产保障物资供应。

积极开展专项信贷全面支持企业复工复产，用足用好各项优惠政策，对符合条件的企业加大支持力度，加快普惠金融贷款投放，加大对"首贷户"支持，提升中长期贷款和信用贷款占比，帮助小微企业加快复工复产。

5. 链接资本，发挥增信能力

瀚华担保积极发挥资本市场的增信能力，通过链接各类资本市场，为小微企业直接融资提供新的渠道，降低小微企业发债门槛和融资成本。2020年，瀚华担保为浙江某物流企业在浙江省股权交易中心发行抗疫专项私募可转债提供担保增信，经过多轮沟通，并为小微企业融资开辟了绿色通道，帮助企业快速案通过并成功发行。

6. 多方合作，聚力支持实体

2020年，瀚华担保持续加强与各类金融机构的渠道合作建设，与多家银行及金融服务公司签署了《战略合作协议》，开展更广泛的担保业务合作，撬动更多资金支持实体企业发展。2020年，已与50多家银行进行合作，获得超过人民币400亿元的信用担保业务授信额度；同时与40多家非银行金融机构进行合作，获得超过人民币300亿元的信用担保业务授信额度。

2020年，瀚华担保还与中国银行重庆市分行、10家具有行业代表性的民营和制造业企业，达成支持企业复工复产战略合作。旨在发挥专业化、多元化优势，同时借助担保的杠杆作用，进一步推动民营企业高质量发展。

（四）公司创新发展情况

瀚华担保作为专业的商业性融资担保机构，始终坚持市场导向、服务为本的理念，通过践行"产融""科融"战略，致力于产品与服务创新，做好公益性与商业性的有效平衡，推动融资担保行业实现可持续发展，致力于探索普惠金融健康稳定持续的发展之路，始终为探索解决小微企业融资难题贡献智慧和力量。

1. 在"产融"方面的创新

瀚华担保一直紧紧跟随国家重点扶持产业，同时认为要做自己最擅长的事情，把行业做专、做精、做深、做透，比银行更懂产业，要比产业更懂金融，才能真正成为"产业专家"。

一是信息通信产业。国内某全球知名通信行业龙头企业在面临业绩高增长和外面环境不确定性的多重影响下，产业链向下的经销商存在较为分散（分布全国）、信息难以闭环、自身企业实力差距较大等问题，但都有较迫切的资金需求。瀚华利用担保自身买方信贷经营、丰富资金渠道、全国服务、信息产业研究优势，与其核心经销商达成战略合作协议，与核心企业共享产业信息，全力支持解决核心企业产业链向下的企业融资需求。

目前，瀚华就该产品已与全国 13 家合作渠道完成放款合作，包含了国有大银行、全国性股份制商业银行、地方城商行、民营银行、金融保理、再担保机构等，已完成 62 户项目上报授信，给予 56 户授信，累计实现 33 户放款。

二是食品消费产业。国内某知名上市食品消费企业龙头，由于经营发展的需要，核心企业需要发展更多加盟店拓展分销渠道。但由于加盟店多为中小个体经营主体，非法人经营，大银行和股份制银行资金需求供给不足。

瀚华担保经过对食品消费商业上市公司的研究，判断核心企业为弱周期，关涉民生消费，有稳定性，通过小额分散的模式能够带来批量合作的客户。公司累计授信 34 户，户均授信 112 万，单户最低提款额 10 万元，切实为小微实体发展贡献了绵薄之力。

三是航空制造产业。某国家级经济技术开发区第一家国家级航空高技术产业基地和目前唯一以航空为专业特色的开发区，基地内企业以航空全产业配套，从事军民融合产业的航空相关企业超过 500 家，其中规模企业 76 家，孵化企业 400 家，众创载体 40 家，但因军工企业压款，同时固定资产投入大，有流动性的压力，有资金需求。

园区基地管委会为助力企业发展与属地的股份制银行紧密合作，共同促进当地中小企业的发展，对园区内的中小企业通过多次走访，摸共性，精服务，对即便成立时间短，银行传统模式难审批，公司也能通过对产业的了解、客户经营的判断，保证措施的设计，给予 30 万~500 万元不等航空助力贷支持；此类小微客户符合国家发展、科技强国的政策导向，公司收费只有 1.5%，与银行探索不收公司合作保证金，给予逾期后两个月的化解、代偿的宽限期；探索一条服务科技型小微企业的合作模式，着力解决小微企业融资难、融资贵、融资效率低下的问题，和金融机构一路支持小微，成为其成长道路上的伙伴，助力其发展。公司累计授信 5280 万元，审批过会 15 户，户均 352 万元，单户最低 30 万元。

2. 在"科融"方面的创新

2020 年，数字化已经成为各行各业的大势所趋，金融科技发展趋势不可阻挡，金融科技的发展，让客户不见面就能够获得更加高效快捷的金融服务，通过解决了信息不对称的问题，进一步降低了成本；金融科技在批量精准获客、加快审批效率、有效控制风险、提升客户体验方面有着明显比较优势。

瀚华联合腾讯打造供应链金融线上服务平台"瀚华云链"

图 24-1

一是瀚华云链。瀚华担保与腾讯联手共同打造供应链金融线上服务平台"瀚华云链"，用科技赋能金融，更好地服务中小微企业。"瀚华云链"充分应用腾讯 AI、大数据、云计算、区块链等前沿技术，建成了企业数字身份认证、远程电子签约、量化风控决策、实时支付结算等系统模块，打通了面向企业的融资服务线上渠道。同时，通过打造进件、授信、放款、还款等开放 API 能力，与核心企业、产业平台、银行等生态合作伙伴建立起实时交互的数字化通道，实现贷前风险筛查、贷中风险控制、贷后风险监控的全流程数字化运行，提升了融资服务效率、降低了融资服务成本，有效解决了产业链上中小企业融资难、融资贵问题。

二是电子保函。瀚华担保充分发挥"金融 + 科技"优势，探索智能科技与金融服务的融合，深入建筑工程电子招投标交易场景，深耕行业链条、聚焦产业痛点、变革服务模式，为中小微企业提供更加优质、高效的数字普惠金融服务，通过自主研发的电子保函系统，实现 1 分钟自动开具电子保函，实现了客户申请、审核、出函全流程线上化服务，客户足不出户即可以享受 7 × 24 小时全时段在线服务，目前已与多地政府公共资源中心交易平台完成对接并运行良好，大幅减轻了参与投标的中小企业资金负担，提升招投标效率。

2020 年疫情发生以来，瀚华担保已经为各级各类企业招投标客户提供电子保函服务超过 10000 次，瀚华专业、安全、快捷的电子保函服务，获得政府、客户以及同行的高度认可。特别是在新冠病毒肺炎疫情等特殊环境下，瀚华电子保函服务不受外界环境变化的影响，在有效阻断疫情传播的同时，及时、高效、安全地保障了各地公共资源交易中心招投标业务的正常开展，有力保障了全国企业复工复产活动的顺利进行，并获得了"2020 全国公共资源交易助力复工复产优秀供应商"奖项。

（五）经营目标及未来展望

未来，瀚华担保将始终坚持"聚焦实体、服务小微"的普惠金融初心，坚定不移地走"以产业互联网为契机、以供应链金融为方向、以科技金融为手段"的转型升级发展道路，不断提升"识别场景、运营客户、科技赋能、平台运作"的能力，通过"人才、组织、管理、科技"驱动，努力打造瀚华成为普惠金融的中国样本。

第二十五章　金融要素市场

一、重庆药品交易所股份有限公司

（一）基本情况

2020年，药械交易额首次突破300亿元，利润总额实现2倍增长，超额完成董事会下达的年度经营业绩考核任务；不断优化平台综合服务功能，形成"一体化""全流程""在线办"服务模式；交易主体不断扩大，驻渝部队医院、部分民营医院、药店进场交易；信息化服务能力得到提升，承接国家智慧医保实验室和国市两级医保信息平台的建设运维工作，受到国家医保局领导肯定好评；药交所上报的带量采购政务信息连续三年被国办采用，发出了重庆和公司的"好声音"。

（二）运营情况

1. 抗疫情、促交易，平台保供稳价取得新进展

坚持疫情防控和交易保障两手抓、两手硬，主动作为，积极发挥平台作用，有效保障全市药品器械采购顺利运行。

一是快速实现抗疫产品上线。疫情初期，快速响应，及时研究出台交易业务"网上办"、抗疫产品"优先办"、平台保供"催促办"、平台稳价"盯着办"、交易活动"畅通办"等8项举措，2020年春节期间开始加班加点做好医药交易服务工作，通过现场值守、网络办公与业务全程在线办理的方式，高效完成了1352个抗疫药品耗材挂网，每日监测抗疫产品价格、订单响应情况、配送情况，对违规会员督导整改，有效保障全市医疗机构对抗疫药品耗材的采购需求。

二是高效执行国家集采落地。配合主管部门草拟实施方案、开发系统功能，开展政策宣传、会员操作培训、执行情况监测等组织实施工作，助力国家首

批"4+7"城市药品集中采购及续约、第二批、第三批集中采购共112个品种及上千个非中选药品在我市的平稳采购。截至12月底，第一批续约药品采购4亿元，完成进度318.07%；第二批中选药品完成进度0.98亿元，完成进度142.03%，第三批于11月1日起启动采购，累计交易4965.4万元。

三是有力开展药械集中带量采购。配合主管部门开展采购品种调研、论证、方案起草和组织实施、座谈宣讲、操作培训、落地执行以及采购分析总结等系列工作，有效完成渝黔滇豫四省市医用耗材、渝黔滇湘桂五省（市、区）第一批常用药品、渝粤京津冀新冠检测试剂带量采购工作，以及国家冠脉支架集中带量采购、渝黔琼球囊联盟采购、川渝人工晶体联盟采购等平台准备工作。接受医疗机构或政府单位委托，承接4批次集中带量采购代理工作，市结防所2020年第一批结核试剂带量采购，成交价比历史参考价平均低25.6%，最高降幅48.95%；第一批抗结核药品带量采购药品平均降幅13.7%，最高降幅60.71%；抗耐药结核药品成交价低于委托方预估成交价；市妇幼保健院委托的叶酸片带量采购，最终成交价低于市场参考价83.2%。

四是积极推动交易主体不断扩大。积极推进市场主体进场交易，陆军军医大学4家附属医院和警备区7家干休所，以及92家民营医院和药店顺利在平台注册交易，当前平台有效会员1.58万家。其中陆军军医大学四家驻渝医院自2020年6月正式进场交易，截至12月31日，累计交易41.64亿元，其中药品24.88亿元，器械16.76亿元。

五是平台交易各项指标稳步趋好。2020年平台累计药械交易金额318.22亿元，同比增长7.15%，其中药品交易金额221.88亿元，同比增长4.65%；器械交易金额96.34亿元，同比增长13.38%。累计结算268.3亿元，同比增长8.21%。平台药品价格总体保持在全国中偏下水平，2020年平台药品价格、器械价格较2019年分别平均下降10.78%、3.22%。平台整体到货率88.84%，其中药品88.29%，器械89.68%，供应保障情况总体良好。

2. 优服务、严把关，交易营商环境取得新改善

不断优化办事程序，压缩办理时限，完善服务功能，实现办事零跑动，服务零距离，加强平台审核把关，交易监测常态化，不断提升平台会员的体验满意度。

一是优化全程网上办理功能，交易会员无须到现场，即可全程在线完成

注册、挂网、交易、结算等业务办理，最大限度减少人员集聚，减轻企业负担，实现不见面业务办理。同时，已与国家工商总局电子营业执照唯一授权运营商签订合作协议，以数据共享的方式，实现企业身份官方认证，提升入市效率和审批力度。

二是优化业务办理流程，压缩办理时限，对交易会员有关业务实行即收即办，开设重大疫情、临床急需产品绿色通道，在业务受理后 8 小时内完成审核挂网；制订《交易业务服务规范》，完善服务规章，进一步明确业务受理首问责任制、一次性告知制和限时办结制，提高服务效率。

三是优化会员服务渠道，升级交易大厅服务窗口，实现"一窗综办、一号响应、一册通办"的会员首接服务模式，会员满意度达 99%，投诉为零；开通呼叫中心 24 小时 ×7 天的操作咨询语音导航 IVR 功能，提供"不打烊"咨询服务，以解决会员实际问题为导向，优化社群服务通道，全年累计咨询约 15 万人次，同步采取"线上直播 + 线下操作指导"方式开展业务培训，深得会员好评。

四是把好产品准入挂网审核关。全年累计审核会员资料 1.91 万件次、产品资质 39.96 万件次，截至 12 月底，平台正常挂网可交易产品 16.42 万个（药品 1.84 万个，器械 14.58 万个）；登录药监局官网开展质量公告巡检累计 336 次，收载相关公告共计 9 期；对资质过期进行全面清理，全年共清理药械产品 36587 个，同时加强站内点对点发送更新提醒；定期清理无效会员和产品，保障平台产品合法合规。

五是开展立体化常态化交易监测。持续发挥大数据监测服务作用，开展国家药品集中采购情况、短缺药品、抗癌药、国谈及仿制药、国家重点监控合理用药目录、平台挂网价格偏高药品信息提示、采购配送等数据监测上报。全年持续完成各类监测分析需求 800 余份，其中新冠病毒肺炎疫情监测分析 250 余份，相关部门在医改决策、行业监管、产业发展等方面的需求 350 余份；平台监测日报 160 余份；带量采购监测周报 38 份；编制完成《2019 年重庆药品交易所发展报告》，为政府部门监管、医改决策等提供数据支撑。

六是着力服务行业实体经济，加大对平台会员中小微企业、民营企业发展的支持力度，拓展结算平台金融服务功能，基于平台会员诚信体系，开展商业保理业务，截至 12 月底，保理业务融资余额近 3 亿元。

3.夯基础、强支撑，服务医改实力取得新提升

对标对表国家有关标准，优化平台功能，加快推进建设成为全市公益性医药招标采购平台，同时发挥信息化服务作用，积极服务医保改革，着力提升平台综合服务实力。

一是大力优化完善平台功能。全年围绕落实国家药品集中采购和我市药械带量采购、价格直报等政策，涉及系统改造和完善功能点275个，升级优化平台功能点152个；加强系统和网络安全建设，有效提升服务性能效能，平台系统可用性高于99.96%，有效保障了全市药械交易运行。坚持以创新为驱动，积极推进项目和资质申报工作，取得良好成效。为防疫药械快速挂网交易、稳价保供而研发的"卫生应急医药交易保障与供应链协同系统研发及应用"项目获批2020年重庆市技术创新与应用发展专项；智能医药物流信息服务平台被认定为"重庆市重点软件产品"；医药全流程电商智能监管服务平台被市大数据局纳入"2020年大数据产业发展项目库"；获批药交网带量采购平台、全流程电子商务平台等软件著作权10项。

二是全力服务国家智慧医保实验室建设。落实市政府与国家医保局签订的战略合作协议，积极承担国家智慧医保实验室建设运维任务，累计选派30余名信息化骨干分别赴国家和市医保局协助开展实验室筹建运维工作。推动国家医保信息平台建设落地，2020年11月支撑国家医保信息平台广东（汕尾）的上线，北京、吉林、重庆等医保综合服务终端上线，以及为国家医保局各分项提供项目管理、技术支持和业务培训；完成医保信息平台的工程基础设施整体建设、全国跨省异地就医直接结算系统迁移及在全国各省的落地，牵头负责17个系统、4个涉密项目采购管理，深度参与6个工程安全系统建设、3个非密采购项目管理。同时负责各省医保信息平台初设方案的评审，指导和管理各软件厂商系统建设工作，制定支持地方医保信息平台建设实施方案，为全国统一的医保信息平台建设和运维提供了高水平的技术团队支撑和高质量的运维服务保障，受到医保局领导充分肯定。同时，参与招标顺利承接了国家智慧医保实验室的智能化系统建设项目。

三是有力服务重庆医保平台建设和业务发展。有力有效支撑市医保局医保信息化系统迁移和平台建设工作，配合推进医保电子凭证落地实施；选派5名业务骨干，协助主管部门进行新版药品交易制度修订、医保信息业务编码

建设、集采药品医保资金结余留用等工作。发挥平台数据优势、专业人员优势，抽调 5 人到市医保局集中办公，全程参与重庆牵头组织的四省市医用耗材、五省市常用药品集中带量采购，受到市医保局的书面表扬。

（三）2021 年工作要点

2021 年是"十四五"规划启动实施之年，也是药交所第二个十年的第一年，是药交所转型突破发展的关键之年。药交所将坚持以习近平新时代中国特色社会主义思想为指导，深入贯彻党的十九大和十九届二中、三中、四中、五中全会精神，全面落实习近平总书记对重庆提出的系列重要指示要求，认真贯彻落实国家和全市药品采购政策的新要求，积极落实国企改革三年行动实施方案，以服务医改为主线，以高质量支撑医保招采改革为出发点，以稳中求进为工作总基调，以积极稳妥、风险可控为总原则，以巩固提升、转型发展、改革突破、融合创新为年度工作主题，以数字化转型发展为契机，着力打造全国一流的药械交易采购平台，通过平台优化、业务创新、人才强所三个举措，实现科技能力、市场能力、服务能力、管理能力四个提升，促进药交所在"十四五"起步之年迈好第一步、见到新气象，为未来几年发展打下坚实基础。

1. 推动发展规划蓝图化，引领"十四五"发展新征程

立足职能职责和功能定位，持续推进国内一流的区域化医药要素市场建设，加快推进药交所"十四五"规划以及重点领域专项规划的学习梳理、调查研究、起草编制、论证上会等工作，科学确定"十四五"期间公司发展目标。围绕集团"十四五"时期发展目标和改革重点任务，做好分解落实和跟踪协调，切实强化战略规划的刚性约束和有效落实。

2. 推动交易平台数字化，提升科技支撑能力

深入落实国家和全市数字经济发展战略，抢抓机遇，建强数字化业务中台，扎实推进信息化提档升级。

一是以支撑和推动国家智慧医保实验室运营落地为契机，着力加强专业信息化人才队伍建设，做好国家医保局和市医保局信息化项目，擦亮"部市

合作"品牌，在全国打响信息化服务招牌。

二是推进交易平台智能化升级。按照国家标准完善全市药品招标采购平台建设，突出智能追溯、在线监测等特色，优化完善智能化服务工具和功能；推动实现药品入市价和挂牌限价价格自动计算及业务在线办理；同时，积极推进与国家市场监督管理总局合作，推动数据信息互联共享，提升交易服务效率和能力，夯实平台在行业的领先地位。

三是升级互联网医药大数据平台。建立医药大数据资源库和统一数据指标库，采用"大数据+AI"模式，升级医药大数据应用平台，通过数据挖掘、智能分析和机器学习等手段，对医疗、医保、医药大数据资源进行深度开发运用，提供面向会员的数据分析产品，并更好地服务政府医改决策、行业部门监管和经济社会发展。

四是深化全国供应链创新和应用试点。积极推进与市药监局合作，服务全市疫苗、麻醉药品等重要产品的追溯体系建设，同时积极争取各级项目支持，提升药交所的软实力。

3. 推动业务运营市场化，持续拓展收入渠道

一是拓展供应链金融业务。立足医药流通供应链金融服务，在积极稳妥、风险可控的前提下，巩固"药交保""融易保"等以平台为支撑的存量业务基础，积极拓展新客市场，着重拉增量、保增长；探索创新保理新业务和新模式，做大保理规模；严格产品制度规则执行，加大合规管理和风险防控，确保全年无新增不良，不良率有效下降。

二是拓展信息化市场收益。以药交所信息化团队服务国家智慧医保实验室为契机，找准切入点，推动形成服务国家和各省市医保信息化项目运维运营的市场化业务，形成新的利润增长点。

三是拓展资金结算运营。持续优化结算平台功能，进一步巩固结算秩序，做大结算量，在合规前提下，持续优化资金管理，做细资金头寸调度，扎实做好资金高效运营。

四是拓展政府购买服务收入。做实做细全市药品耗材招标采购平台的各项工作，加大市医保局等政府部门公关协调，营造有利于药交所的外部环境，积极推动固化新的财政购买服务新机制，确保财政资金补助稳步增长。

4. 推动公共服务精细化，积极服务医改大局

围绕医改重点任务，积极发挥全市医药招标采购平台的运营和医药交易服务职能。

一是抓好国家药品耗材集中带量采购的落地实施，加强对药械交易过程中采购情况、支付结算情况、供应保障以及履约情况等监测、分析和报告工作，打造成为助力医改的新亮点。

二是配合实施市级药械集中带量采购工作，积极发挥平台支撑和落地实施作用，通过大数据分析，配合做好产品推荐、方案设计、组织实施、操作执行等相关工作，形成具有重庆特色的药械带量采购经验。

三是落地新版交易规则制度。高质量做好交易规则制度出台后，涉及交易细则拟定、平台改造、价格调整、会员培训、业务咨询等一系列工作。

四是扩大主体与范围，做大交易规模。优化平台医药交易服务，积极协调医保部门，推动医保定点药店和民营医院进入平台交易，力争实现交易市场全覆盖；推动疫苗、中药饮片、毒麻精放等医用相关产品均进入平台交易，逐步实现交易品种全覆盖。

二、重庆股份转让中心有限责任公司

（一）基本情况

1. 成立背景

为贯彻落实《国务院关于推进重庆市统筹城乡改革和发展的若干意见》（国发〔2009〕3号）关于"加快发展多层次的资本市场，适时将重庆纳入全国场外交易市场体系"的精神，市委、市政府于 2009 年 7 月正式批准成立重庆股份转让中心，具体承担场外资本市场建设任务。2012 年 11 月，为进一步增强重庆股份转让中心市场竞争力、提升服务实体经济能力，重庆市政府决定对重庆股份转让中心改制。2013 年 2 月 6 日，由重庆渝富资产经营管理有限集团公司、西南证券和深圳证券信息公司参股，注册资本 1.56 亿元的重庆股份转让中心有限责任公司正式成立，开启了公司新的征程。

2. 服务宗旨

一是构建三个平台：上市资源培育平台、企业价值发现平台和企业综合金融服务平台；

二是解决三个难题：企业融资难、公众投资难、政府管理难问题；

三是承担社会责任：承担促进企业快速发展和科学治理的社会责任，切实提高金融服务实体经济的综合能力。

3. 目标定位

一是政府促建现代企业制度的有力抓手，建立政府决策参考的企业专业评价体系，优化社会资源配置，促进企业质量提升。

二是中小微企业全方位、多手段融资的主要渠道，引导企业构建完善的法人治理结构，增强企业市场活力和融资能力。

三是投资者多样化、个性化私募金融产品投资的重要场所，引导民间投融资行为合法、合规和有序。

4. 服务及职责

一是提供融资服务。重庆股转中心聚集大量的个人和机构投资者，为企业提供综合性融资服务，丰富企业融资渠道，降低企业融资成本。可充分利用资本优势和信息优势，帮助企业引入战略投资者或财务投资者，实现定向直接融资；与银行等金融机构开展战略合作，为企业间接融资提供支持；以股权、债权融资为基础，与信托、保险、证券等金融机构进行深度合作，以金融创新促企业发展。

二是提供股权登记托管等股权增值服务。根据重庆市政府授权，为企业提供优质而全面的股权登记托管服务，维护股东权益，降低企业股权管理成本，提高股权管理效率和公信力。

三是促进企业改制。汇聚会计师事务所、律师事务所及知名券商等中介机构，为企业股份制改造提供全程服务，帮助企业完善法人治理，优化股权结构，为企业持续快速健康发展打下坚实基础。

四是提供股权转让平台。对暂不具备条件或不愿意上市的企业，为其提供股权合法、有序转让的平台，使企业在重庆股转中心平台上实现股权的流动和增值，提升企业价值。

五是培育企业进入更高层次资本市场。积极落实重庆市政府对企业改制上市相关政策，汇集各类资源，为企业提供孵化培育、融资融智等综合服务，全方位、多角度对企业进行量身定制的市场辅导，扶持企业做大做强，进入更高层次资本市场。

（二）运营情况

2020 年，重庆股份转让中心立足支小扶微，积极搭建"企业上市资源培育平台、价值发现平台及金融综合服务平台"，通过加大孵化培育力度、拓展多种融资渠道、完善企业服务体系等措施，有效支持了我市实体经济发展。

1. 疫情期间助力企业复工复产

一是疫情期间利用自主研发的综合业务系统，实现业务流程的全网络化办理，全力保障交易和兑付，维护市场稳定。二是对受疫情影响较大以及在疫情防控中贡献突出的企业减免费用 1000 多万元，并开设服务绿色通道，协助企业抗疫复工。

2. 搭建上市资源培育平台

一是积极利用多层次资本市场孵化培育企业。截至 2020 年底，累计挂牌企业 1888 家，累计托管企业 2790 家，累计股权交易额 404.69 亿元，为企业实现各类融资 935.24 亿元。二是联合区县做好企业孵化培育。促成了长寿区、黔江区等多个区县挂牌同比增长超过 20%，累计为挂牌企业争取财政补贴奖励 7445 万元。三是着力筹建上市服务基地和私募基金服务基地，助力我市西部金融中心建设。

3. 扩大企业直接融资规模

一是路演平台市场影响力不断提升，共帮助企业获得融资 4.43 亿元。二是与政府合作产业引导基金初见成效，4 只产业引导基金规模 19 亿元，已完成 2.7 亿元的股权投资。三是积极为企业提供债权融资，累计为企业发行私募债和可转债 253.82 亿元。

4. 大力提升企业服务水平

一是利用大数据技术为企业服务赋能。2020 年利用大数据融资平台为企业融资 2000 余万元。二是健全企业服务体系建设。推行客户经理制，对 350 多家挂牌企业进行了实地走访，积极通过线上培训平台、微信群在线课程等方式为企业免费提供线上业务培训，服务 8000 余人次。

（三）2021 年工作计划

1. 完善市场功能

一是发挥区域股权市场在企业规范治理、集约扶持政策以及政策落地成效检验等方面的平台优势，助推政府涉企政策落地。二是建立和区县地方政府联动的企业挂牌合作机制，积极推动行业特色板块建设，大力培养规上企业。三是搭建金融生态圈，为中小微企业提供全生命周期的综合金融服务。四是探索发挥金融资源聚集效应，增强区域性股权市场对风险投资的吸引力。

2. 推动业务创新

一是继续发挥政策的引导作用，鼓励企业改制挂牌。二是着力提升公司股权主动管理专业水平，助推区域中小微企业发展。三是丰富企业培训的内容和形式，持续为企业发展提供智力支持。四是加强融资工具创新，弥补西部地区企业利用多层次资本市场融资服务力度不足等问题。

3. 扩大直接融资规模

一是持续强化路演培训服务，提升路演平台影响力。二是促进股权业务与债券业务的融合，为企业提供长期资金支持。三是大力推动可转债业务，探索通过投贷联动等方式，加强与银行等金融机构的合作。

4. 探索金融科技创新

一是进一步探索企业信用大数据的智能化应用，为中小微企业融资提供便利。二是探索适用于区域股权市场的区块链技术，重点打造区域性股权市场的区块链基础平台。

第二十六章　私募股权基金公司

一、重庆市产业引导股权投资基金

（一）基本情况

重庆市产业引导股权投资基金（以下简称"产业引导基金"）是由重庆市政府批准，于 2014 年 5 月 13 日成立的自我管理型公司制母基金。产业引导基金的设立是重庆市 2014 年全面深化改革的 25 项重点改革任务之一，是重庆市落实十八届三中全会精神、创新财政资金分配方式的重大决策。

重庆产业引导基金从成立之初，就定位为市场化母基金，坚持"政府引导、社会参与、市场运作、规范管理、防范风险"总体原则，坚持股权投资主线，着力工作机制创新，不断提高运作水平。摸索出适合发展需要，经受了实践检验的"四同""四化"利益分配机制和运作管理机制。

（二）运营情况

成立六年多来，产业引导基金业务规模持续壮大，市场化、规范化运作水平稳步提升，产业发展带动作用日益显现，通过聚焦先进制造，推进现代农业，夯实硬核科技，打造智慧服务，深耕城市文旅，实现六大产业全面覆盖，为我市产业转型升级提供资本支撑，不断为实体经济高质量发展注入新的源头活水。

1. 子基金设立情况

截至 2020 年末，产业引导基金实收资本 102 亿元，累计认缴 154.73 亿元用于发起 33 支子基金，参与出资 2 支政府主导的投资基金，包括 1 支战略性新兴产业基金（以下简称"战新基金"）和 1 支纾困基金。实际已对外出资 81.53 亿元，其中，出资 39.53 亿元投向子基金，出资 42 亿元配套政府主导基金。截至 12 月末，产业引导基金资产总额 106 亿元。

2020 年新设和扩募一批基金，总金额 35.36 亿元。与华登国际新设华芯远景基金，主要投资半导体芯片领域，规模 11.46 亿元；与方正多策发起设立禾优高通基金，主要投资农业领域，总规模 3.8 亿元；与渤溢投资发起设立渤溢棋开基金，主要投资医药医疗领域，规模 5 亿元；与红马资本设立两江红马智能产业基金，主要投资智能制造领域，规模 5.05 亿元。主投集成电路的润科基金规模由 14.95 亿元扩募到 20 亿元；主投军民融合的中金科元基金规模由 46.01 亿元扩募到 51.06 亿元。

截至 2020 年末，产业引导基金认缴 79.73 亿元，累计发起子基金 33 支，基金规模 364.92 亿元。

——主投工业的 8 支，基金规模 165.39 亿元，产业引导基金认缴 36.4 亿元，资金放大 4.54 倍；

——主投农业的 4 支，基金规模 19.95 亿元，产业引导基金认缴 8.94 亿元，资金放大 2.23 倍；

——主投科技的 9 支，基金规模 41.65 亿元，产业引导基金认缴 9.19 亿元，资金放大 4.53 倍；

——主投现代服务业的 8 支，基金规模 86.93 亿元，产业引导基金认缴 16.7 亿元，资金放大 5.21 倍；

——主投文化的 2 支，基金规模 26.01 亿元，产业引导基金认缴 3.5 亿元，资金放大 7.43 倍；

——主投旅游的 2 支，基金规模 25 亿元，产业引导基金认缴 5 亿元，资金放大 5 倍。

2. 子基金投资情况

2020 年子基金新增投资项目 53 个，金额 30.48 亿元，覆盖六大行业，完成全年目标。截至 2020 年末，子基金投资项目总计 287 个，投资金额 172.13 亿元。从行业分布上看，子基金投资工业、科技类项目 163 个，金额 85.20 亿元，除汽车、笔电配套、机械制造等传统支柱产业外，还重点支持了符合创新驱动战略的工业机器人、车联网技术、半导体芯片、无人驾驶等前沿科技项目；投资现代服务业项目 81 个，金额 47.05 亿元，主要涉及医药大健康、再生环保、物流运输等细分领域；投资农业项目 16 个，金额 8.06 亿元，覆盖了农产品种养殖、深加工、渠道分销及流通市场全产业链；投资文化旅游项目 27 个，金额 31.82 亿元，主要支持了重庆文旅产业中的薄弱环节，如动漫开发、影视制作、旅游景区升级等。

3. 子基金投资重庆情况

2020 年新增投资重庆项目 17 个，金额 19.05 亿元，占新增项目投资额的 62.5%。截至 2020 年末，累计投资重庆项目 113 个，金额 115.74 亿元，占总投资额的 67.22%，带动其他社会资本跟投 96.46 亿元，总计 212.2 亿元。

（三）服务实体经济情况

产业引导基金设立以来，通过市场化运作，促进了重庆私募基金行业的快速发展，丰富了全市企业直接融资渠道，为实体企业解决融资难、融资贵问题，对我市经济和产业发展发挥了积极的推动作用。

1. 投资了一批新兴产业及传统产业转型升级潜力企业

一是布局全市产业发展重点领域和关键技术环节。重点布局了一批芯片半导体、工业物联网、无人驾驶、人工智能、大数据等领域项目。子基金累计投资新一代信息技术项目 49 个，金额 22 亿元。如重庆物奇微电子，致力于提供物联网和人工智能领域高度整合的芯片解决方案，先后获得 3 家子基金共 2.7 亿元投资。

二是推动科技创新项目加速成长。子基金所投项目中，超过 60% 具备硬核科技创新属性。如聚合物锂电池专业制造商重庆紫建电子已成长为行业"隐形冠军"，客户包括华为、小米、OPPO、索尼、LG、松下等知名企业；中科院孵化项目重庆中科超容，其高功率储能器件产品能量密度达到全球超级电容领导企业 Maxwell 两倍以上，填补了市场空白；"互联网 + 农业"企业重庆美村科技，应用大数据、IOT、AI 技术，助力农业规模化、智慧化、品牌化、精细化发展。

三是助力传统企业打造行业龙头。积极助力全市农业、制造业、服务业传统企业转型升级，做大做强。如投资重庆洪九果品，助推其与盒马、永辉等大型连锁商超建立鲜果基地源头直采战略合作关系，现已成长为国内水果供应链行业龙头企业；支持重庆睿博光电完成跨境并购，成为奥迪、奔驰、宝马、保时捷等 30 多家顶级客户的供应商，打造汽车 LED 小灯领军企业；

拟向金龙铜管投资 6 亿元（预计带动投资 24 亿元），帮助企业巩固全球铜管加工行业龙头地位；挖掘并投资轻量化材料研发与生产高新技术企业重庆新铝时代，公司在新能源汽车铝合金电池托盘产品细分领域已处于全国领先地位；投资的办公物资一站式采购配送服务企业重庆欧菲斯办公伙伴，目前已成为全国第一的办公物资垂直电商。

2. 引进一批促进全市产业提质增效的优质企业

一是重点引进了一批智能制造企业。如通过投资智能纺织设备制造商卓朗机械，引进世界领先的机床制造商德国埃马克机床落地；吸引西安前沿动力成功设立两江空天应用技术研究院，其产品计算机仿真与评估（CAE）软件已应用于高端装备制造行业；带动汽车整车及零部件测试设备生产商苏州凌创设立本地子公司，为本地车企提供更优质试验与检测服务。

二是吸引了一批人工智能新兴项目落户本地。如基于大数据的普惠金融平台誉存科技将总部由杭州迁至重庆，助力重庆提升创新驱动决策能力；安防领域动态人像识别高科技公司广东金杭科技在渝设立子公司；腾讯旗下汽车智能网联领域企业北京梧桐车联已与两江新区达成落户协议。

三是引导了一批文化企业在本地集聚。如通过与文化龙头企业完美世界联合发起设立基金，引导其在渝投资设立 20 家文化影视子公司，业务涉及电影、电视剧、动画制作发行，游戏开发以及版权运作等，营业收入总规模超 20 亿元，弥补重庆文化产业薄弱环节。

四是带动了一批医疗大健康企业来渝发展。子基金已累计投资医疗大健康领域项目 60 余个，金额超过 35 亿元。吸引了专注于尖端全影像链设备 CT、PET/CT 等产品研发、生产的杭州明峰医疗，专业口腔医疗设备综合服务商北京美众亿分别落户江津区和大渡口区；带动了专门从事肿瘤放疗的北京全域医疗在万州区建设质子中心；引进中国高精密 3D 打印厂商深圳摩方材料和光通讯芯片公司凌越科技落地。

3. 一批投资项目已产生良好经济社会效益

一是推动一批企业上市，提升经济证券化水平。2020 年助推 8 家企业成功上市，截至 2020 年末，已累计推动长电联合、重药控股等 14 家企业上市。重庆城乡环境管理系统解决方案提供商新安洁进入新三板精选层，重庆紫建电子、三羊马等 7 家企业正在发审委排队审核，新铝时代、洪九果品、重庆园林、宇海精密等 19 家企业进入上市辅导期，西南设计正在重组上市方案审核中。

二是所投项目促进就业和增加税收效应逐步显现。据统计，子基金所投以及引进重庆企业吸纳就业人口超 8 万人，年缴税金额超 15 亿元。如重庆乳制品行业龙头企业光大乳业，打造重庆高端乳品名片，带动重庆乳制品产业提档升级，吸纳就业 630 余人，通过原材料采购带动农民增收近 2000 万元；重庆内资企业中产能最大、工艺最全、技术最强的笔电塑胶配套企业宇海精密带动 2500 余人就业；完美世界在渝成立 20 家文化影视子公司，2020 年创造税收近 1 亿元，近 5 年创造税收超过 5 亿元。

4. 搭建了有效对接各方资源的综合平台

一是充分发挥引导基金对接国家级资金的平台作用。成功争取到国家发改委、商务部、供销合作总社等国家部门的资金；军民融合大基金、国新基金、国华基金、国方母基金等国家级基金；兵装集团、中船重工、华润集团、招商局集团等大型央企资金，共同发起设立子基金。

二是建立与国内知名基金管理人合作的平台。已成功与中金资本、深创投、华登国际、复星创富、金浦投资、天士力、盛景嘉成等 20 余家国内外知名基金管理人合作发起设立子基金。

三是联合金融机构等为企业搭建多重增值服务的平台。与深交所签署战略合作协议，依托其管理的科技部"燧石星火"项目路演平台等资源，为重庆企业打造面向全国的投融资通道；与重庆股份转让中心达成合作，共同支持企业融资、挂牌；与招商银行、重庆农商行、重庆小微担保公司等开展企业"投贷联动""投贷保联动"；借助普华永道、天健会计师事务所、国枫律师事务所等知名中介机构，开展企业专项咨询、尽职调查。

四是努力建设我市优质项目储备及对接的平台。与市级部门、区县政府及园区（开发区）、金融机构等建立了项目储备推荐机制，初步形成了一个渠道多元、动态更新，在全市有影响力的本地优质企业融资储备库，目前入库企业 600 余家。带领子基金深入区县、园区开展项目对接活动，充分挖掘本地优质项目，已向子基金累计推荐本地企业 300 余家，成功获得投资的近20家。

5. 积极推动了我市股权投资行业发展

一是推动形成支持股权投资发展的社会氛围。作为我市最大的政府引导基金、重庆股权投资基金协会会长单位，产业引导基金积极发挥影响力，向证监会、国家发改委等建言献策，推动出台有利行业发展的政策。邀请中基协等来渝举办培训，引导行业健康发展。深入渝北、合川、长寿、黔江等区县开展宣讲活动 20 余场，增强我市区县、园区及企业对股权投资的认识。

二是带动多元化出资主体共同参与股权投资。产业引导基金已带动渝北区、两江新区等 10 余个区县和开发区，化医集团、机电控股、宗申集团、华宇集团、博腾制药等地方国企和民营龙头企业共同参股出资子基金，37 亿元资金流入创新创业企业。

三是助推我市股权投资人才队伍建设。通过合作设立子基金，带动深创投、复星创富等 24 家知名股权投资机构管理团队落户本地，为重庆带来高素质、专业化股权投资人员超过 200 人，显著提升我市股权投资行业人才队伍整体素质。

近七年的运作，公司稳扎稳打，有效促进了全市产业发展，其运作模式得到国务院领导的批示肯定；财政部、人民银行、证监会专题调研并形成报告；全国各兄弟省市来渝交流学习超过 290 批次；公司荣获市政府"2015 年度重庆市金融贡献突出单位"，连年入选清科集团、投中集团、母基金联盟等权威中介机构评选的"中国最佳政府引导基金 TOP10""中国最佳有限合伙人 TOP10"等榜单。2020 年，公司董事长杨文利荣获"母基金行业十大杰出贡献人物""2019 年两江新区十大经济年度人物"等个人荣誉，监事长张云帆荣获"2020 中国优秀女性母基金投资人 TOP50"，投管部徐松荣获"2020 中国 40 位 40 岁以下优秀青年母基金投资人"。

（四）模式创新

通过整合政府产业扶持资金，设立产业引导基金，并按照市场化合作机制，引入国内优秀基金管理人和优质社会资本，共同发起设立子基金。重庆产业引导基金在子基金中作为专业 LP，只参股、不控股，采取有限合伙方式，在投资全过程中与其他社会资本"同股同权""同回报、同进退"（即"四同"），共担风险，共享收益。同时，按照"市场化、专业化、规范化、综合平台化"（即"四化"）的运营理念，实行所有权、管理权分离，子基金的发起设立、投资管理、到期退出等均按市场化原则运作，确保了"专业的人做专业的事"。

在具体运行机制上，建立市财政局、市金融监管局、市国资委、市发展改革委、市经济信息委、市商务委、市科技局、市农业农村委、市文化旅游委等9家主管部门组成的重庆产业引导基金协调会议机制，把握整体投资方案；择优选用专业管理人才，具体负责母基金的日常运营和管理；公开征集、筛选的子基金管理人主导具体项目投资决策。

在子基金的选择上，牢牢把握"三个适应"。一是注重各行业领域的子基金规模与全市产业结构相适应。二是注重子基金的运行周期与资本、人才等要素配置相适应。三是注重子基金管理人的投资策略与全市产业发展改革战略方向相适应。

（五）经营目标及未来展望

2021年是中国共产党成立100周年，也是实施"十四五"规划、开启全面建设社会主义现代化国家新征程的第一年。公司将坚持市场化运营原则，适应新发展阶段、贯彻新发展理念、构建新发展格局，切实增强工作的前瞻性和主动性，积极应对内、外部经营环境变化，认真落实全市政府投资基金整合工作专题会议精神，进一步服务市委市政府战略意图，抢抓新一轮西部大开发、成渝地区双城经济圈、陆海新通道建设以及高规格建设西部科学城等机遇，结合全市"十四五"产业发展规划，更好支撑全市经济社会发展规划和产业布局部署落地。

1. 积极配合推进全市科技创新投资平台建设

按照全市政府投资基金整合工作专题会议的要求，配合推进全市科技创新投资平台建设，配合打造一个政府引导，市场运作，决策高效，风险可控，具备全国重要影响力、竞争力和资源整合能力的国有新兴产业综合投资运营平台，力争撬动更多社会资金投向科技创新等重要产业领域，为全市经济发展注入新的活力和动力。

2. 坚持市场化运作，助力全市产业优化升级

一是优化基金组合，坚持优中选优、优胜劣汰的策略。积极"招募一批"，以重庆市"十四五"产业发展规划为导向，重点招募在重庆优势产业和新兴产业投资创新细分领域卓有建树的基金管理人。持续"壮大一批"，对已合

作的优秀子基金管理人筹备发起二期基金，继续深化合作。落实"淘汰一批"，对募资能力不佳、投资进度严重落后、投资效果不及预期的基金谨慎考虑后续合作。

二是围绕全市发展重大战略，聚焦重点核心产业投资。围绕全市产业升级方向，加快发展战略性新兴产业，推进数字经济产业，重点支持5G、人工智能、工业互联网、智能制造、新材料、新能源、高端装备、大健康、乡村振兴、绿色生态经济、文化旅游等领域项目投资，不断推动全市支柱产业迭代升级，提高产业高质量发展水平。

三是贯彻落实我市《关于发展股权投资促进创新创业的实施意见》精神，支持创业投资，助力初创期、早中期企业发展。研究完善"投早投小"管理策略及有利于初创期企业成长的投资办法，针对初创期、早中期企业扶需培优，为优秀早期企业持续成长创造良好环境。

3. 强化风控，严密防范投资风险

加强全流程合规风控，优化内部相关制度建设，进一步完善子基金及所投项目绩效评价体系建设。强化风控意识，不断夯实对子基金的全生命周期风控管理。加强子基金清算和项目退出合规管理，持续提升风险管理能力，确保国有资产投资风险可控。

二、重庆天使投资引导基金有限公司

（一）基本情况

重庆天使投资引导基金有限公司（以下简称"天使引导基金"），原重庆科技创业风险投资引导基金有限公司，注册资本10亿元，2009年7月成立，是目前重庆市唯一一家专注科技型企业早中期投资的政府引导基金。天使引导基金坚持发挥财政资金引导和杠杆作用，按照"政府引导、市场运作、专业管理"的总体原则，秉持"聚焦产业、市区联动、投资与孵化协同、政策目标与商业收益兼顾"的基金投资理念和"专业管理、及时防控、积极引导、价值提升"的投后管理理念，坚持"精品投资"和"积极型投后管理及服务"的投资管理策略，继续积极引进国际国内知名创投机构，引导投资方向聚焦天使、VC阶段。

截至 2020 年底，天使引导基金已与 IDG 资本、北极光创投、德同资本、汉能创投、峰瑞资本、险峰等国内一流的基金管理团队发起设立共 29 支，总规模 213.8 亿元的创投基金，投资方向重点关注人工智能、高端智能装备、大数据及生物医药等领域；参股基金累计投资 526 个项目，投资金额 131.37 亿元，带动其他资本投资 218.96 亿元，实现三级放大约 34.03 倍，其中 67 家企业进入多层次资本市场；参股基金累计投资 139 个重庆项目，投资金额 46.89 亿元，其中 26 家企业进入多层次资本市场。

（二）运营情况

1. 基金组建情况

2020 年，天使引导基金围绕科技创新精准发力，协同头部机构扎根重庆，加大基金组建力度，充分发挥政府引导基金的引导和放大功能。管理团队全年累计与 58 家创投机构进行了对接沟通，新增组建 3 支参股基金，获批规模 58 亿元，其中我司认缴出资 6.5 亿元。

天使引导基金与国内顶尖头部创投机构 IDG 资本、北极光创投保持长期良好合作，设立完成了着眼于硬科技领域投资的北极光四期基金，参股投资了重点关注大数据、智能制造及新消费领域的 IDG 和谐超越二期基金。同时，管理团队重点围绕市委市政府建设西部科学城及科技创新中心的战略规划，聚焦科技成果转化与产业化，引资引智汇聚创新资源，培育重庆本土创投团队，争取科技部支持，设立目标规模 20 亿元的西部首支科技成果转化基金。

2. 投后管理情况

2020 年，天使引导基金参股基金投资案例 76 个，投资金额 13.68 亿元，带动社会资本联合投资总额 49.75 亿元。

一是投资行业分布。按照国家战略性新兴产业（节能环保、新兴信息产业、生物产业、新能源、新能源汽车、高端装备制造业、新材料）、文化创意、消费进行分类，2020 年投资的 76 个项目中，新兴信息产业 41 个、消费 13 个、高端装备制造业 8 个、生物产业 8 个、文化创意 3 个、节能环保 1 个、新材料 1 个、新能源汽车 1 个，具体分布详见图 26-1。

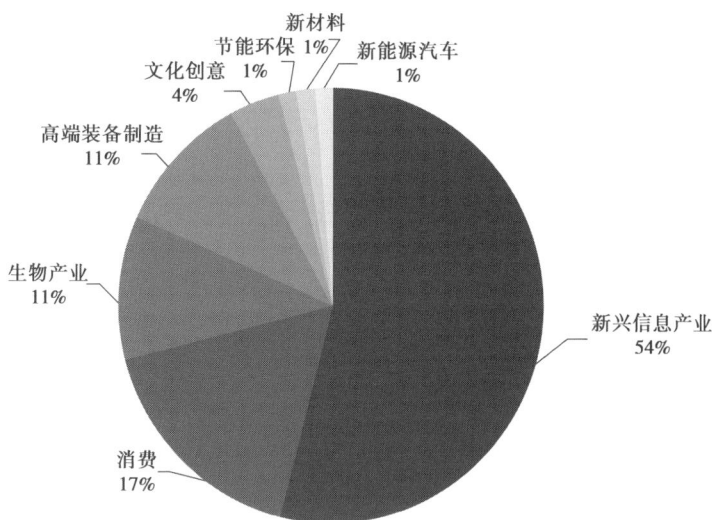

图 26-1　参股基金 2020 年投资项目行业分布（占比）

二是投资地域分布。2020 年投资的 76 个项目涉及我国 14 个省市及美国 1 个州，北京市 17 个、上海市 16 个、广东省 11 个、重庆市 10 个、江苏省 7 个、浙江省 5 个、河南省 2 个、湖北省 1 个、海南省 1 个、福建省 1 个、山东省 1 个、陕西省 1 个、四川省 1 个、天津市 1 个、美国特拉华州 1 个，具体分布详见图 26-2。

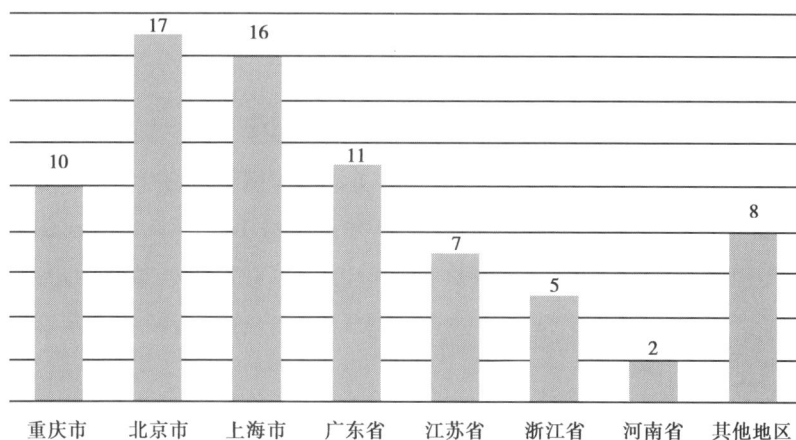

图 26-2　参股基金 2020 年投资项目地域分布（单位：个）

三是投资阶段分布。76 个投资项目中，投资 74 个中小型企业 13.18 亿元，投资 2 个大型企业 0.5 亿元，初创期与成长期企业为参股基金投资主要方向，对初创期和成长期企业的投资数量和金额均超过总投资的 95%，符合引导基金扶持早中期中小型企业发展的初衷。

3. 投研工作情况

天使引导基金高度重视投研能力提升与专业化团队培育，近年来在基金运营管理、基金价值评估以及重点行业等方面进行了全面、系统的调研分析，并形成了专题报告。

2020 年，针对突发的新冠疫情，公司积极与基金管理人沟通，形成了疫情影响评估及应对、影响效果整理及总结等 2 份专项报告；针对重点产业、重点区域及行业新动向 3 个方面形成了 3 份专题行研报告；同时，公司团队通过实地考察、走访、座谈等形式与 10 余个本地区县进行对接，就当地的科技扶持政策、重点产业发展等进行了详细了解并形成专题报告。

4. 为重庆创投发展建言献策

在副市长李波的领导安排下，召开了 3 次专题研究会议，包括创投机构生态、创投税收政策、创投发展研究等主题，天使引导基金受邀参加，并推荐深耕重庆的领航新界、清研资本参会，在提高引导基金出资比例、明确返投认定标准、扩张天使引导基金规模、争取更大的税收优惠等方面积极发表建议，并在市金融局、重庆监管局的推荐下，与重庆日报开展主题宣传活动，重点关注创投机构助力企业高质量发展的经验及成效。

5. 获奖情况

2020 年，天使引导基金累计斩获"融资中国 2019 年度中国最佳政府引导基金 TOP30""36 氪 2020 年度中国最受 GP 关注政府引导基金 TOP20""母基金周刊 2020 中国投资机构软实力 LP100—人才组织力 Top10""CLPA2019–2020 年度创投引导基金 10 强""金投奖 2020 年度中国政府引导基金 TOP30"5 项行业大奖。此外，据不完全统计，天使引导基金合作创投机构全年在业界重量级榜单上榜超 150 次。

（三）服务实体经济情况

1. 抗击疫情全力促进复工复产

2020 年，面对突发的新冠疫情，天使引导基金团队积极倡导参股基金践行社会责任,捐款捐物支持抗疫。1月末,IDG资本以不同形式捐出600余万元,包括门诊筛查所需仪器、一次性手术服、防护服、口罩等;北极光创投捐助超过7万只医用口罩;险峰创投通过壹基金捐赠200万元;峰瑞资本捐赠资金与物资约100万元,包括口罩、手套、消毒液等;洪泰基金通过武汉市慈善总会捐赠100万元。同时,许多被投企业持续发挥自身优势,通过专业技能参与帮助,或快速筹集抗疫物资,积极配合城市防疫需要。

疫情解封后,基金投资业务开展受到重创,针对参股基金的艰难困局,天使引导基金团队积极协调基金管理人,一方面支持参股基金加大投资力度,完成全年投资目标,另一方面尽最大力量支持参股基金已投项目复工复产。

在参股基金投资业务开展方面:2020年3月底,参股基金投资受疫情影响严重,仅完成4个项目投资,在天使引导基金团队和基金管理人的共同努力下,到11月实现了参股基金投资业务的基本恢复。

在参股基金已投项目复工复产方面:天使引导基金联合基金管理人,通过收集整理政府部门扶持政策、引荐被投企业间展开合作、提供资源及解决渠道等方式,从给予咨询意见到密切跟进指导,在财务、人力、法务等方面针对性地做出规划,促使企业在三季度开始逐步恢复进入正常发展。

2. 支持参股基金投资企业上市

截至2020年底,天使引导基金参股基金累计支持67家被投企业进入多层次资本市场,包括23家A股上市、4家港股及纽交所上市,其中重庆企业26家,包括5家A股上市。

2020年,天使引导基金参股基金投资企业有8家进入多层次资本市场,其中A股上市5家,包含1家科创板;重庆项目上市3家,其中A股上市2家:重庆三峰环境集团股份有限公司由圆基环保基金投资,于2020年6月5日成功在上交所A股上市,股票代码601827.SH,公司位于大渡口区,主营业务为从事垃圾焚烧发电项目投资运营、EPC建造以及垃圾焚烧发电核心设备研发制造等相关业务;重庆四方新材股份有限公司由富坤智通基金投资,于2021年2月26日成功在上交所A股上市,股票代码605122.SH,公司位于巴南区,主营业务是商品混凝土研发、生产和销售,同时生产建筑用砂石骨料;公司的主要产品为普通商品混凝土、高强度商品混凝土、及特种商品混凝土。

3. 协助科创企业落地重庆

管理团队长期坚持实行"走出去，引进来"战略，充分发挥资源链接整合优势，联合创投机构通过资本链接引入科技含量高、成长性好的企业落地。2020 年期间，支持参股基金引入博骥源（重庆）医药科技有限公司、重庆希微科技有限公司等多家科技创新型企业落地重庆。

天使引导基金配合领航星云投资的博骥源（重庆）医药科技有限公司新设落地高新区，该公司由中国科学院上海药物研究所南发俊（首批国家"万人计划"科技创新领军人才、国务院政府特殊津贴专家、国家科技进步二等奖及上海市科技进步一等奖获得者）等 3 位科学家携手领航新界组建，该公司致力于打造完备的新药研发专业团队，聚焦具备自主知识产权的小分子创新药物研发，目前公司 1 个肿瘤 1.1 类新药正在进行一期临床研究，2 个慢性病 1.1 类新药即将完成临床前研究。天使引导基金支持北极光创投引入重庆希微科技有限公司落地渝北区，该公司致力于提供有竞争力的 WiFi6 及后续演进芯片，产品应用领域涉及物联网、车载、安防、白电等，创始团队由紫光展锐前工程副总牵头，引入博通模拟射频核心工程师等 WiFi 团队骨干人员为主组成，由北极光和华业天成共同孵化，后期引入小米系投资方，计划共同投资天使轮 9000 万。

（四）产品、服务及模式创新情况

2020 年，天使引导基金在产品、服务及模式创新方面进行了积极的尝试，紧跟市委市政府产业重点的指导方向，与高新区管委会共同发起西部首支科技成果转化基金，以清研理工创业谷为依托探索创新创业培育的"四轮驱动模式"，在市区两级联动、创新生态打造等方面进行了创新探索。

1. 市区两级联动创新探索

西部科技成果转化基金在基金出资、投向规划、架构设计等方面，充分体现了天使引导基金与高新区管委会的深度联动，不仅发挥了资本层面市区两级联动的合力效应，更在充分发挥天使引导基金专业性、行业敏锐性的同时，深度结合了西部科学城在产业布局、政策支持方面的区域优势，打出了基金组建市区两级联动的"漂亮组合拳"。

2. 争取国家科技部资源支持本地创新生态

西部科技成果转化基金作为西部首支专注于科技成果转化的基金，一方面，充分整合了重庆本地资源，为西部科学城的科技成果项目培育转化提供优厚条件；另一方面，有效争取了国家科技部成果转化基金的参股支持，为重庆乃至西部地区的创新生态营造、西部科技创新高地打造整合国家层面的资源支持。

3. 依托专业机构打造协同创新模式

天使引导基金引进了具有技术创新、产业转化背景且专注于汽车产业投资的清研资本，通过发起设立清研华业基金、清研理工创业谷、汽车智能制造与检测产业技术研究院、重庆清研理工检验检测服务中心，建立以"孵化 + 基金 + 研究院 + 检验检测"为主的"四轮驱动"体系，打造梯度式"三级孵化"模式，为企业全周期生长提供支撑，构建区域内创新创业生态环境。

（五）经营目标及未来展望

1. 基金组建方面

2021 年，天使引导基金将按照市委、市政府关于"坚持创新驱动发展，加快建设具有全国影响力的科技创新中心"的战略规划，结合我市产业基础及未来布局，坚持发挥财政资金的杠杆和引导作用，引导社会资本投入科技创新领域。继续寻找、对接、合作具备科技创新投资与孵化丰富经验、产业领域优质资源背景的专业基金管理团队，设立符合重庆产业发展需求的创投基金，集聚整合科技创新与发展所需资金、人才、技术、市场和政策资源。

同时，天使引导基金将充分发挥积淀十余年的平台优势，联合区县发起设立区级引导基金（母基金），以基金为纽带向区县输出管理经验与人才，打造市区两级、多点开花的创投引导基金体系，并建立常态化内部交流与资源共享机制，形成资金与政策合力，促进全市创新资源的集聚与协调。

2. 投后管理方面

2021 年，天使引导基金将围绕成渝地区双城经济圈建设，推进西部（重庆）科学城发展，管理团队坚持"专业管理、及时防控、积极引导、价值提升"的原则，持续整合吸引科技人才、科技资源，引导鼓励国内外创投机构，通过参股基金投资、引入、培育优质技术、项目，促进科技成果转化落地，扶持科技型企业成长，助力重庆产业高质量发展，为重庆打造科技创新中心、西部金融中心、内陆开放高地提供有力支撑。

同时，秉持"积极型投后管理及服务"的理念，天使引导基金将通过专业化、精细化、分层式的监督管理，以及积极主动的增值服务，"全流程、双轨道"严格按照合伙协议的约定权益和责任，切实履行有限合伙人职责，确保天使引导基金整体稳健运行，实现国有资产保值增值。

3. 构建天使引导基金发展 2.0 模式

天使引导基金将积极构建创新生态、探索新发展方向，充分发挥现有资源，与国内同行及投资链条上的其他机构开展创新合作。2021 年，拟与国内顶尖天使母基金、科创母基金等政府引导基金建立常态化协作沟通机制，构建天使引导基金发展生态圈；同时，立足重庆，面向全国，积极争取与保险、券商、银行等其他金融资源的创新合作，开拓新发展模式，培育发展新动能。

三、重庆盈科股权投资基金管理有限公司

（一）公司简介

重庆盈科股权投资基金管理有限公司（以下简称"盈科投资"）成立于 2015 年 6 月 12 日，同年 8 月在中国证券投资基金业协会完成备案登记（登记编码：P1021555），是一家专业从事私募股权投资的金融服务企业，目前管理着 8 支基金，总规模近 50 亿元人民币。盈科投资现为重庆股权投资基金协会副会长单位、西南大学金融学专业教育实践基地，是中国西部地区处于领先地位的私募股权投资机构。

盈科投资专注于从事云计算、大数据、人工智能、5G 基础设施核心供应链、高端制造和生物医药等领域的投资，其中尤以"云、数、智"为主。投资阶段主要集中于目标公司成长速度较快的 A 轮～C 轮，投资周期一般为 3～5 年。成立近 6 年来，盈科投资已成功投资了包括浪潮云、科大讯飞、京东数科、准时达国际供应链（富士康唯一全球授权供应链管理公司）、佳沃鑫荣懋（亚太地区最大的水果供应链企业）、猪八戒网、阿里巴巴张北数据中心在内的诸多头部企业。因投资的多个项目荣登《2020 胡润中国独角兽排行榜》，被

媒体誉为"独角兽捕获者"。

在基金运营中，盈科投资一直秉承"合规、专业、透明"的投资理念，坚持价值发现、产业深耕和精准投资策略，深度挖掘企业价值，利用自身资源整合能力帮助地方优化产业结构，促进产业转型升级。公司先后荣膺CLPA2019年度"最佳金融科技产业投资基金合伙人"奖和2020创投重庆·发现金种子"最佳私募股权投资机构"。

（二）运营情况

2020年，新冠肺炎疫情给全球经济造成严重冲击，各投资机构在"危机"中求生存，遭遇了前所未有的严峻考验。面对重重压力，盈科投资凭借专业的投资能力、丰富的风控经验及坚定的深耕精神，逆势而上，实现了业务发展新的突破。

2020年3月，盈科投资与泛海投资联合领投国内领先的云服务商——浪潮云的C轮融资，支持浪潮云进一步研发、提升云服务水平。2020年末，浪潮云经营业绩保持稳步增长，企业估值已超过100亿元。

目前，浪潮云已在全国设立了7个核心数据中心、62个地、市云数据中心，为全国共25个省（自治区、直辖市）的150多个地、市人民政府以及100万多家企业提供云计算服务，承载了1万多家政府机构共4万多个应用程序。在市场占有率方面，浪潮云位居政府云服务市场榜首、公有云服务市场前三甲。

浪潮云现已启动科创板上市计划。中信证券于2020年11月16日完成上市辅导工作，并向山东证监局报送了浪潮云上市辅导工作的总结报告。

2020年12月，盈科投资完成了对重庆创意联动传媒有限公司（以下称"创意联动"）的天使轮投资。资金专项用于对重庆洪崖洞景区、自持IP流量和文创、旅游线下品牌的深度开发与人才引进。

此外，2020年，盈科投资还对人大金仓、浪潮卓数、七六四、汇遂科技、远程特惠、盈科生物、权大师、巨星科技、伦丰电子、中感微、动网天下、立刻说等12个拟投资项目进行了深度调研，项目集中于大数据、生物医药、知识产权等领域。其中，国内最大的知识产权服务平台等4个项目的各项尽职调查工作已顺利完成。

2020年，盈科投资与市内外多家重点高校、优质企业达成战略合作，进一步增强了自身实力,在公司发展历程上又迈出了重要一步。

2020 年初,为科学利用教育资源,盈科投资与西南大学经济管理学院签订了战略合作协议。作为西南大学金融学专业教育实践基地,公司将与高校协调培养"产学研一体化"的金融学专业高层次专门人才。

自开展合作以来,盈科投资与西南大学经济管理学院逐步建立健全了产学研全覆盖的金融人才培养体系,充分利用公司的资源优势和实践经验,完善企业、学校、社会协同育人过程,为重庆培养股权投资专业人才,促进重庆金融业发展。

2020 年 7 月,盈科投资引入中国最大的标准厂房供应商、政府招商引资方案解决商和集群产业转移综合服务商——重庆盈田实业集团有限公司作为战略投资者。大半年来,公司利用盈田集团在政企协同领域领先的解决能力和丰富的园区资源,为被投企业在优化产业布局、降低企业运营成本、整合上下游产业链等方面提供了更专业的增值服务。

（三）服务实体经济情况

近年来,盈科投资管理的私募股权投资基金已成功投资浪潮云、科大讯飞、京东数科等诸多国内头部企业及猪八戒等重庆本地科技企业,并通过自身资源和所投企业,为重庆经济发展赋能。

1. 投资国内头部企业,间接服务重庆经济发展

盈科投资于 2016 年、2020 年先后投资了科大讯飞和浪潮云两家科技企业。这两家企业现已落子西南,布局重庆,成为重庆发展数字经济的重要助力。

浪潮云全称浪潮云信息技术股份公司,成立于 2015 年,是国有 IT 巨头浪潮集团实施"云 + 数字 +AI"新型互联网公司战略定位的重要平台,连续 6 年在政务云市场占有率排名第一。重庆是浪潮云的重点布局城市。自入驻重庆以来,浪潮云在渝投资累计超过 10 亿元,并在重庆市"互联网 + 政务服务"改革实践中担负着总规划、总设计、总开发、总运营、总协调的职责。重庆市民广泛使用的应用程序"渝快办"就是由浪潮云助力重庆市政府打造的政务服务品牌。目前,"渝快办"已上线 1000 多项高频、便捷的便民服务事项。

2019 年 2 月,浪潮云发布浪潮工业互联网平台"1+N"战略（重庆）,为企业提供数据中心、智能化应用、平台建设等方面的资源,推动企业上云,

助力渝企数字化转型，构建重庆市云计算生态圈；2019年底，浪潮云为重庆搭建了全国直辖市中首个集约化建设的网上审批项目，用区块链技术帮助重庆优化营商环境。

2020年3月，基于浪潮云和浪潮区块链平台（IBS）技术，浪潮云正式推出云码平台，宣布升级"同舟计划"。浪潮云将开放更多的资源，从伙伴激励、市场活动、人员赋能三个方面共投入生态培育基金10亿元，推动生态规模达6500+，发展核心服务伙伴100家，培养5000个浪潮云认证工程师，助力500家伙伴实现数字化转型。

疫情防控期间，浪潮云利用在云计算和大数据等方面的优势，为重庆搭建了疫情监测指挥系统，快速上线部署了120+战"疫"产品，为企业复工提供支持。同时，还联合重庆市大数据局仅用时3天就完成了"渝康码"主题数据库的顺利上线，至今已发放"渝康码"1000多万个。

成立于1999年的科大讯飞，是中国智能语音与人工智能产业领导者，在语音合成、语音识别、口语评测、语言翻译、声纹识别、人脸识别、自然语言处理等智能语音与人工智能核心技术领域代表国际最高水平。2016年，科大讯飞在重庆市委、市政府的大力支持下来到重庆。如今，其已在渝建立集研发、营销、运营、服务于一体的西南总部综合管理平台，展开覆盖多领域的业务合作。

其中，在智慧教育方面，截至2020年底，科大讯飞在重庆已承建了渝北区、永川区、南岸区、两江新区多个区域智慧教育平台，教育教学应用产品覆盖全市超过38个区县，覆盖学校超过1000所，服务师生近120万人。

2. 引入优质项目，为重庆经济增长注入新活力

盈科投资涉足投资领域近6年，积累了诸多资源。利用这些资源，公司主动充当重庆招商引资的"红娘"，为重庆经济发展引入新鲜"血液"。

2017年，盈科投资将生产汽车天窗的世界智能制造隐形冠军——长春合心机械制造有限公司（以下简称"合心机械"）引荐给大足区。之后，合心机械与大足区达成投资协议，双方计划在大足区打造中德国际五金智能制造产业园，通过智能制造＋工业互联网的手段，打造先进的五金产业生态，助推大足区五金产业转型升级。

合心机械创立于2002年，是米其林轮胎和伟巴斯特天窗全球供应商，在

全球拥有员工 600 余人，其中研发人员 300 余人，产业生态聚焦智能制造领域。中德国际五金智能制造产业园项目投资 6 亿元，占地约 300 亩，由合心机械牵头引进 10～15 家德国五金高科技企业共同建设。其投产后，预计可实现营收 30 亿元以上，实现利税 5000 万元以上，提供就业岗位 1000 个以上。

3. 开展天使轮投资，为重庆本土初创企业成长赋能

作为一家重庆的本土投资机构，盈科投资始终紧跟重庆产业战略发展方针政策，投资本土有成长性的新兴产业领域企业，实现"助力重庆，成就自身"双赢目标。

2015 年 6 月，盈科投资刚刚成立就参与了猪八戒网 C 轮融资。此后，在猪八戒网全国建设产业园区开疆扩土过程中，主动争当先锋角色，探路各地政府，陪伴猪八戒网一路成长为"独角兽"。目前，猪八戒网正筹备上市。

疫情防控期间对重庆创意联动传媒有限公司（以下简称"创意联动"）的天使轮投资，是盈科投资对重庆企业的又一次支持。

创意联动成立于 2020 年疫情防控期间，主营业务为创新型城市文旅营销解决方案服务、文旅线下场景打造、品牌战略打造、视频工厂、内容创作。创意联动致力于通过创新型的营销运营模式迭代文旅传统模式，在对重庆城市文旅地标洪崖洞进行深度发掘和分析的基础上，从内容生产层面逐渐深入到洪崖洞的运营、融合层面，构建和确立起以洪崖洞城市文旅地标为场景的互动式品牌营销、创意传播和实体孵化平台，组成闭环产业生态。

（四）产品、服务及模式创新

盈科投资一直秉持精准投资策略，不单纯追求"高大上"，不凑热闹，不盲从，致力于提高服务质量和投资效率，培育出更优质的企业。

1. 坚持产业深耕和价值投资

首先，在行业选择方面，盈科投资着眼于逻辑起点，在进行大量行业研究的基础上，提前 2～3 年预判未来增长空间大的行业。最终，盈科投资选定云计算、大数据、人工智能、5G 基础设施核心供应链、高端制造和生物医药作为重点投资领域，尤以"云、数、智"作为聚焦方向。

其次，确定好行业后，盈科投资坚持对行业主管部门、行业科研单位与

行业重点企业"三位一体"的产业深耕,深入挖掘细分垂直领域,切准细分市场,准确圈定成长性好、抗风险能力强的优质标的。

最后,针对意向标的,盈科投资根据具体项目,从产业政策到长期规划、从产业链到某个专利技术,都坚持长期跟踪调研,及时掌握最新动态。同时,坚持职业化,把尽职调查战线拉长,把尽职调查工作做细。基于此,盈科投资成功挖掘出浪潮云、科大讯飞、京东数科(京东金融)、猪八戒网和准时达国际供应链等独角兽企业。

表 26-1 盈科投资主要投资方向

方向	典型案例
云计算	浪潮云
大数据	阿里张北数据中心
人工智能	科大讯飞
供应链	准时达

2. 坚持精准投资

盈科投资所坚持的精准投资策略,一个重要的方面是设立投资"红线",坚持"三不"投资原则,保证投资的"稳准狠"。所谓"三不"投资原则,一是不追求"高大上",即不盲目相信某些产业"高大上"的光环;二是不凑热闹,即不追逐短期风口;三是不盲从,即不简单以知名资本为参照标杆。"三不"原则的内核,是独立、冷静、审慎,专注于甄别,不被看似"时髦"的热点所迷惑,不偏离"价值投资"这一核心逻辑。

盈科投资的投研团队坚信,投资没有捷径,每一个项目都需要一步步深入产业去调研、考察。依靠产业深耕和"三不"原则,针对企业的各个层面,包括技术指标、财务数据等多个维度的细节问题,反复探讨,逐一分析求证,才能做到拨开纷繁复杂的表象,直抵企业核心价值和主要风险,更好地陪伴项目成长壮大。

(五)经营目标及未来展望

2020 年以来,中央出台的一系列政策文件,明确提出将重点推进工业互联网、人工智能、大数据、区块链、云计算和 5G 等新兴数字产业发展。

2020 年 3 月，科技部等五部门印发的《加强"从 0 到 1"基础研究工作方案》指出，国家科技计划突出支持关键核心技术中的重大科学问题，重点支持人工智能、网络协同制造、云计算和大数据等重大领域。

2021 年 3 月发布的《中华人民共和国国民经济和社会发展第十四个五年规划和 2035 年远景目标纲要》提出："培育壮大人工智能、大数据、区块链、云计算、网络安全等新兴数字产业，提升通信设备、核心电子元器件、关键软件等产业水平；构建基于 5G 的应用场景和产业生态，在智能交通、智慧物流、智慧能源、智慧医疗等重点领域开展试点示范；鼓励企业开放搜索、电商、社交等数据，发展第三方大数据服务产业。促进共享经济、平台经济健康发展"，旨在加快推动数字产业化，打造数字经济新优势。

可以预见，在政策推动下，"云、数、智"及 5G，将成为我国"十四五"期间重要的经济增长引擎。这更加坚定了公司对自身发展前景的信心。未来，盈科投资将继续以整体安全性为目标，凭借严格的风险控制、规范的业务流程、高效专业的投研团队，聚焦云计算、大数据、AI、5G 基础设施核心供应链及场景应用、高端制造业、生物医药等领域的投资，进一步推动地方产业升级转型，助力企业实现跨越式发展和突破。

四、前海领航（重庆）股权投资基金管理有限公司

（一）基本情况

1. 基金概况

前海领航（重庆）股权投资基金管理有限公司（以下简称"领航新界"）是一家注册在重庆、在中国证券投资基金业协会登记备案的基金管理人，登记编号 P1069010。

领航新界目前管理了一支人民币股权投资基金——重庆领航星云智新股权投资基金中心（有限合伙）（以下简称"领航星云基金"），在中国证券投资基金业协会备案的编码为 SEV628。领航星云基金主要对未上市企业进行股权投资，采用 A 轮为主、天使轮和 B 轮为辅的策略，以赋能型投资分享企业的市场红利与成长红利。

领航新界建立了产业、学术、资本的三维管理投资团队，兼具国际水准，

擅长赋能型投资。团队成员来自MIT、哈佛、北京大学、重庆大学等国内外名校，背景覆盖生物医疗、智能科技等领域，拥有丰富的研究经历及工作经验，具备出类拔萃的专业优势。同时深耕产业多年，拥有高质量的项目获取、全方位的鉴别和把控能力。

2. 合伙人及团队情况

创始合伙人张乐曾是高盛中国的投资银行家、德同资本的主管合伙人，拥有丰富的国内外资本市场经验，曾投资并带领多个企业成功登陆美国纳斯达克和A股市场，在企业发展战略、资源整合重组、项目发掘及投后管理方面拥有丰富的成功经验。张乐拥有美国MIT斯隆商学院MBA学位。投资案例：博腾股份（300363.SZ）、川仪股份（603100.SH）、China Biologic（美国纳斯达克交易代码：CBPO）、天圣制药（002872.SZ）、海默尼药业、超力高科、九曳供应链、易宠科技等。

创始合伙人罗雄曾是德同资本投资合伙人，拥有丰富的基金募投管退经验。罗雄先后获得北京中关村股权投资协会"2015年中国生物医药领域优秀投资人"以及重庆市"三百人才计划"首届创投领军人才荣誉称号。此外，罗雄还担任重庆大学经济与工商管理学院金融专硕研究生导师。罗雄拥有重庆大学的工商管理硕士学位。投资案例：天圣制药（SZ002872）、易宠科技、海默尼制药等。

合伙人庄士超拥有超过十年的股权投资经验和三年创业经验，曾是嘉御基金的创始团队成员之一，也曾任清华大学金融硕士项目的主讲教师，拥有北京大学硕士学位、麦考瑞大学金融硕士学位。投资案例：PPStream、八爪鱼、卡帝乐鳄鱼等。合伙人谭永献拥有超过20年的IT前沿科技从业经验，先后担任Packeteer、BlueCoat System、Symantec、Rubrik公司的华东区经理，熟知各类硅谷领先技术厂商的创新和成长过程，对国内IT行业的市场、渠道和行业销售也有丰富的经验。技术合伙人谢欣是中科院上海药研所研究员、博士研究生导师及国家新药筛选中心副主任，参与过多个新药研发。谢女士是两任973首席科学家。迄今已在Nature、PNAS等知名学刊上发表论文100余篇，申请发明专利30余项，获授权10余项。技术合伙人兰志银曾任博腾制药高级副总经理、东邦药业总经理、复星医药投资总监、重庆医药工业研究院合成研究室主任等职务。兰先生对小分子药物开发以及制药企业公司运营、体系建设等有丰富的实践经验。

核心管理团队成员资本市场投资经验丰富，共同合作超过 10 年以上，自 2009 年至今，人民币资产管理规模超 15 亿元。

3. 获奖情况

（1）2020 创投重庆·发现金种子企业评选活动"最佳私募股权投资机构"

（2）2019 财智英雄汇"2019 年度最佳创投机构"

（3）青成企业服务联盟"2018 企业服务领域杰出投资机构"

（4）重庆股权投资基金特邀的"行业发展委员会成员单位"

（5）重庆市科技创业投资协会会员

（6）重庆股权投资基金协会观察会员

（二）2020 年运营情况

表 26-2　2020 年投资情况

被投企业	投资日期	投资金额 / 万元	投资方式	持股比例 /%	所属行业	投资阶段
北京同创永益科技发展有限公司	2020 年 10 月 22 日	500（系追加投资，共计投资 2000 万元）	股权	4	灾备行业	成长期
Arthrosi Therapeutics,INC	2020 年 5 月 20 日	3604.56	股权	6.21	化学制药	成长期
上海精鲲计算机科技有限公司	2020 年 9 月 17 日	2000	股权	10	IT 运维	成长期
江苏阿尔法药业有限公司	2020 年 9 月 18 日	2000	股权	1.1494	化学制药	扩张期
博骥源（重庆）医药科技有限公司	2020 年 9 月 21 日	2000	股权	36.5	化学制药	成长期
Innovative Cellular Therapeutics Holdings Limited	2020 年 9 月 30 日	3500	股权	2.7401	生物制药	成长期
北京大道云行科技有限公司	2020 年 11 月 4 日	2000	股权	9.36	存储行业	成长期
2020 年合计投资金额		15604.56				

（三）服务实体经济情况

领航新界建立了全球化的投资生态体系，并将人民币基金总部设立在重庆，建立起一支从合伙人到执行层面本地化的基金团队。作为重庆市场第一批风险投资人，创始合伙人张乐和罗雄，在重庆均有超过10年的基金从业经验，见证了重庆 PE/VC 市场的蓬勃发展，与相关机构和投资人建立了良好的合作关系。主要合伙人担任重庆市工商联执委、重庆市股权投资协会、科技创投协会智库专家。

2009年至今，创始合伙人在重庆精耕细作，针对重庆产业特点，投资和培育了多家重庆本土上市公司及独角兽企业，其中博腾股份（300363.SZ）、川仪股份（603100.SH）、天圣制药（002872.SZ）、新大正（002968.SZ）在A股上市，新安洁（831370）、中设股份（833873）、新中天环保（837164）在新三板挂牌（新安洁和中设股份是重庆首批新三板精选层公司）。另外还投资了准独角兽企业易宠科技以及海默尼制药等本地拟上市公司。

领航新界施行"走出去 + 引进来"策略，将全国优秀企业引入重庆落地，助力重庆本土经济发展。领航新界目前已引进了博骥源药业、同创永益、中科弘云等一批在国内有独角兽潜质的优秀公司注册入驻重庆，发挥了积极的资本招商作用。

博骥源（重庆）医药科技有限公司（以下简称"博骥源"），依托中国科学院上海药物研究所科研团队的资源，聚焦具备自主知识产权的小分子创新药物研发，以"Best in Class""First in Class"为目标，打造在科创板上市的一流创新药企业，填补重庆相关产业的空白。博骥源研发管线丰富，重点布局肿瘤和慢性病，分别持有倍赛诺他专利权、ZM326 以及 X04 产品的专利独占许可，平台型公司特点亮眼。重庆创云星博信息技术有限公司，将会成为拟上市主体北京同创永益科技发展有限公司主要的销售主体（结算中心）、西南总部；中科弘云科技（重庆）有限公司，以长寿化工园区合作企业为基础研发新产品，将从重庆推广到全国范围。另外，精鲲科技、碳泽科技也在引入重庆的过程中。

同时，领航新界及主要合伙人立足重庆，培养了重庆的第一批 LP 群体及本土的创投人才（多位同事现已成为川渝地区多支创投基金的合伙人等高管），为区域创投生态的发展贡献了力量。

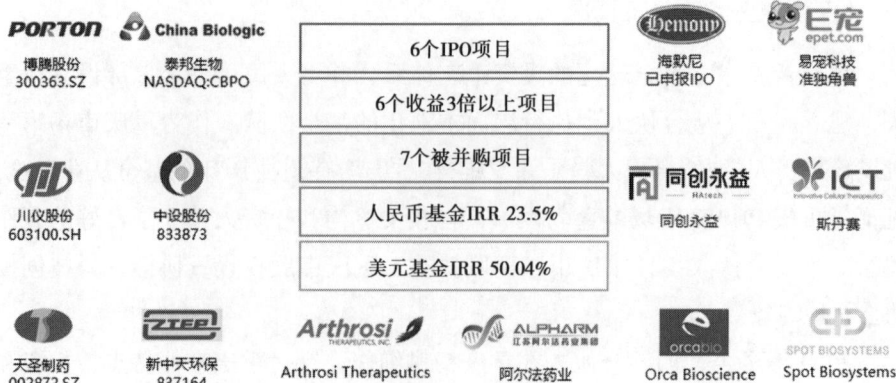

PORTON 博腾股份 300363.SZ	**China Biologic** 泰邦生物 NASDAQ:CBPO

6个IPO项目

6个收益3倍以上项目

7个被并购项目

人民币基金IRR 23.5%

美元基金IRR 50.04%

Hemony
海默尼
已申报IPO

E宠
epet.com
易宠科技
准独角兽

川仪股份
603100.SH

中设股份
833873

同创永益
HAtech
同创永益

ICT
Innovative Cellular Therapeutics
斯丹赛

天圣制药
002872.SZ

ZTEE
新中天环保
837164

Arthrosi
THERAPEUTICS, INC.
Arthrosi Therapeutics

ALPHARM
江苏阿尔法药业集团
阿尔法药业

orcabio
Orca Bioscience

SPOT BIOSYSTEMS
Spot Biosystems

图 26-3   过往业绩

（四）产品、服务及模式创新情况

1. 精选赛道，帮助企业走向资本市场

领航新界坚持长期价值投资，只聚焦于生物医疗和智能科技两大"赛道"，发挥基金技术背景的核心优势，发掘并培养"独角兽"企业。核心团队扎根重庆超过 10 年，本土成功投资案例众多，能够深刻理解重庆的经济并以投资为手段资本赋能，横跨中美两地，围绕重点产业建立起完整的生态体系，包括专业的国际医疗孵化器、美元基金、人民币基金等。

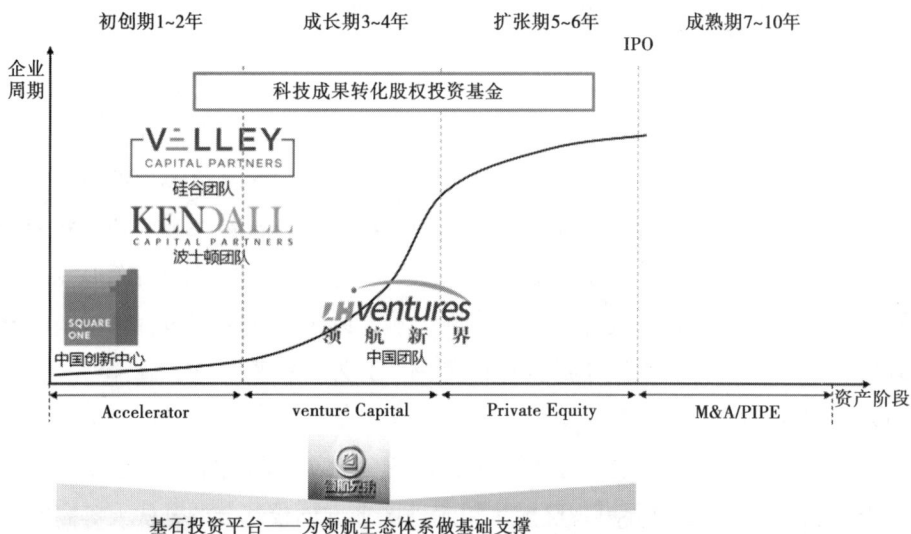

图 26-4   领航新界培育高科技企业成长的完整生态体系

　　人民币基金智能板块聚焦于"AIEI"四个行业，即人工智能与行业的集合（AI+）、信息安全（Information Security）、企业级 IT 基础设施（Enterprise Infrastructure）、工业智能（Industrial Intelligence）四个细分行业；医疗板块围绕突破性疗法和药物、医疗相关服务商、诊断等三方面挖掘项目。

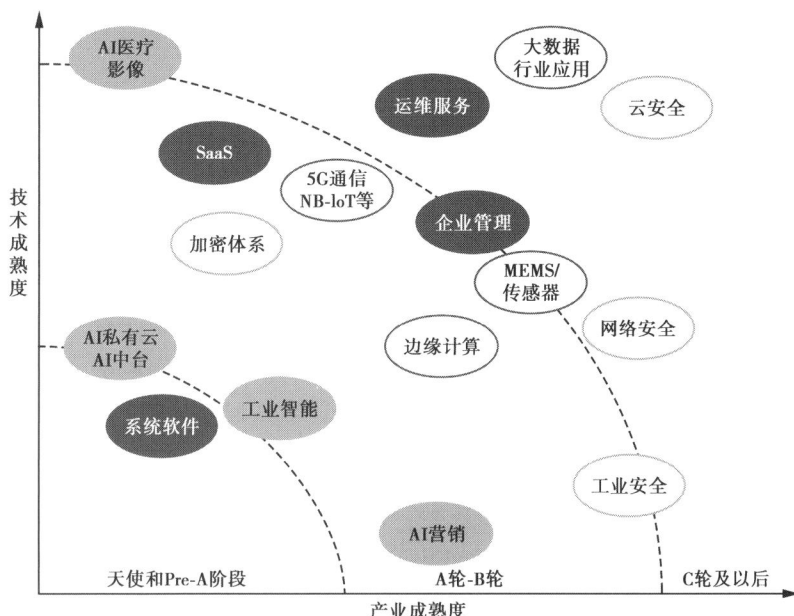

图 26-5　医疗板块投资方向

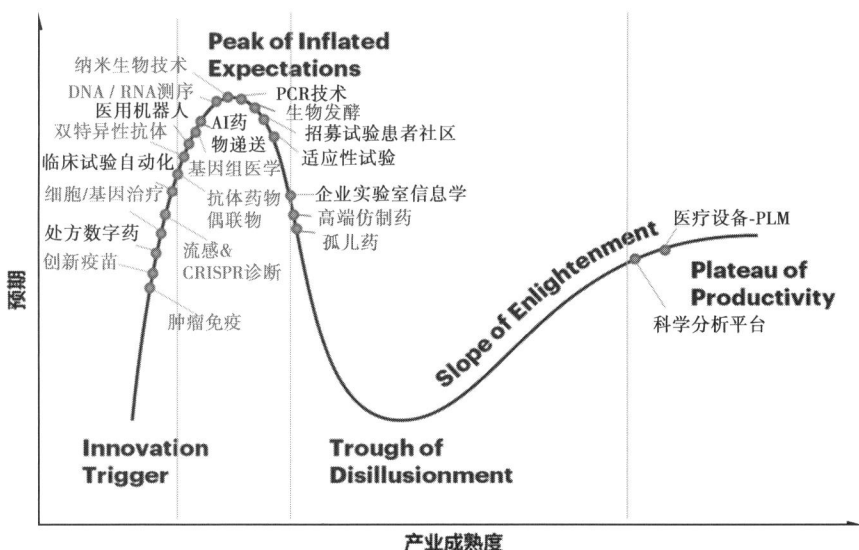

图 26-6　智能板块投资方向

领航新界已建立科技创新企业从早期培育、成长加速到资本市场全周期的生态体系。在被投企业成长的初创期和瓶颈期，领航新界以"产业、资本及生态赋能"，通过组合各阶段的资源和增值服务能力，将优质科技成果从实验室带入市场、将科技创新转化为生产力，持续帮助科技企业不走弯路、少走弯路地走向资本市场。

领航新界以管理团队、合作伙伴、与产业高度结合的 LP 生态资源、科研机构四类资源，为被投企业提供增值服务。领航新界的 LP 生态资源涵盖重庆天使引导基金、市场化母基金、上市公司、优秀民营企业家、行业内专家及经验丰富的投资人等。科研机构资源包括重庆医科大学、MIT、哈佛、斯坦福等高校资源，能为企业提供全方位的国内外先进技术指导，推动企业不断提升技术能力。

领航新界的核心团队曾帮助众多被投企业实现增值，包括为企业提供公司战略制定、关键岗位人才引进、技术对接、品牌宣传推广、市场渠道建设、财务规范性辅导、税务优化咨询、资本市场对接等增值服务。其中，博腾股份（300363.SZ）、川仪股份（603100.SH）、China Biologic（NASDAQ：CBPO）和重庆易宠等投资项目通过积极的投后管理，实现了行业资源整合，成功走向资本市场。

2. 立足重庆、面向全国、放眼全球，促进重庆资本市场发展

领航新界作为一家注册于重庆且有全球视野的私募股权基金，合伙人已深耕重庆私募股权市场十余年，培育了多家上市公司和独角兽企业。领航新界秉承以投资带动发展的原则，结合重庆经济发展的特点，整合导入国际领先的技术和资源，不断优化发展战略，完善资本生态体系，立足重庆，面向全国，放眼全球，为重庆的资本招商贡献了应有之力。

立足重庆，促进重庆资本市场发展。领航新界发挥在重庆的资源优势，挖掘本地优秀项目，培育优秀重庆企业走向资本市场；举办资本论坛等活动，提供探讨业务、推动产业资本化发展的交流合作平台，活跃重庆资本市场氛围。

面向全国，以投资带动优质企业落地重庆。领航新界在智能科技、生物医疗等重点领域布局，利用其丰富的行业影响力和管理、项目、资金等优势，通过资本赋能，带动优质企业落地重庆，实现招商引资、引智，促进重庆产业转型升级。

放眼全球，将世界领先的技术引入重庆。领航新界投资范围横跨中美两地，通过与斯坦福大学，MIT、哈佛等机构加强国际合作，在重庆设立加速孵化器平台，将世界领先的技术引入重庆，引领重庆科技发展。

领航新界引入国内外高质量科技企业的方式主要有两种：

（1）通过旗下各支基金投资，引入高质量的科技企业

领航新界通过领航新界生态体系内硅谷、波士顿团队，把握世界最新技术趋势，捕获前沿智能科技，挖掘顶尖生物技术，并积极引入有引擎作用的科技创新企业落地重庆，聚集创新资源和人才。

除了引入国内的优质科技企业，领航新界还能够将美国硅谷的高科技项目引入重庆，增强重庆的主导产业布局，促进产业内部创新。

领航新界利用自身积累的行业资源，甄选出具备潜质的创新型科技企业进行投资，并在重庆完成落地后，持续培育落地企业，进行投资和全生命周期跟踪服务，形成被投企业之间、被投企业与重庆其他企业的产业生态。生态体系的形成能够促进重庆产业发展，也为本基金吸引或创造更多衍生的投资机会，从而在"资本、产业、企业"之间形成良性循环。

（2）通过孵化加速器 Square One，引入国际顶级科学家和创业团队

Square One 中国创新中心是领航新界体系内的国际医疗孵化加速器平台，去年 7 月正式落地重庆市高新区，与高新区建立了长期战略合作关系。Square One 致力于引进全球优质的医疗检测技术和产品在高新区孵化并完成产业化，与重医构建海内外科学成果转换平台，在高新区建成全球 IVD 医疗产业集群，形成全球 IVD 技术高地。

Square One 中国创新中心包括与重庆市高新区、重庆医科大学共建的 IVD 研究院，孵化加速器，独立第三方检测实验室和 GMP 生产车间等板块。Square One 在美国硅谷和重庆拥有完善的运营和管理团队，团队有来自中美资深的医疗行业专家、重庆医科大学专家组、全球顶尖投资人、专业孵化器加速器运营团队及一批成功创业者生态群。Square One 与全球顶尖的加速器平台 StartX、YC 孵化器紧密合作，通过领航新界资本在国内外丰富的医疗企业资源，领先的医疗专家团队，以及与全球顶尖科学家——哈佛大学的 George Church 教授和 MIT 的 Robert Langer 教授强有力的合作关系，能持续获取斯坦福大学、MIT、哈佛大学、中科院上海药物研究所、重庆医科大学等国内外高

校实验室领先的项目资源。一方面对重医等本地高校团队的科技成果进行转化，另一方面引入国际领先技术的科创企业，提供办公空间，投融资、创业路演、创业培训、品牌营销、人才引进、专家共享、独立第三方检测实验室、GMP生产车间等全方位一体化服务，帮助企业落地重庆孵化加速并完成产业化。

Square One 现已储备超过 50 家企业，目前已引进 9 家海内外医疗企业入驻高新区，包括来自加拿大的中奥加创生物科技（重庆）有限公司，来自美国的（重庆）思珀生物科技有限公司，来自德国的基诺莱（重庆）生物技术有限公司，来自上海药物研究所的博骥源（重庆）医药科技有限公司等。

（五）经营目标及未来展望

领航新界的愿景是通过与对产业发展趋势有深刻理解以及能适应中国市场环境的企业家合作，共同打造世界一流的公司。同时，充分发挥资本引领、资本招商的作用，帮助更多本地企业"走出去"，吸引更多外地企业"引进来"，服务于重庆的产业结构升级调整。

在 2020 重庆国际创投大会集中签约仪式上，领航新界与重庆天使投资引导基金有限公司、重庆市高新区签署重庆科技成果转化股权投资基金，基金认缴金额不低于 20 亿元，落地于西部（重庆）科学城，主要投向企业服务与云、生物医药、智能制造等有前瞻性、有竞争力、跨界融合的战略性新型制造业，以及研发设计与检验检测等高技术服务业。

该基金的落地是领航新界一直以来通过资本引导丰富地方产业结构，从而推动重庆高质量发展的缩影。当前，重庆正在加快推进成渝地区双城经济圈建设，而规划建设西部（重庆）科学城正是推动双城经济圈建设的主要任务。

基金落地后，领航新界将充分发挥资本引导作用，加快推动科技成果转化、促进经济结构调整和转型升级，助力重庆高新区实现创新资源加速集聚、提升品质，服务高新区重庆科学城建设的总体目标。未来，领航新界将继续关注生物医疗和智能科技两大领域，不断追求领航"创投与产业融合"的新境界，为重庆构建多层次资本市场贡献更大力量。

第二十七章　小贷公司

一、重庆度小满小额贷款有限公司

（一）运营情况

1.公司治理及内控措施

度小满小贷当前规划了业务部、风控、债权管理部、财务部、合规部、行政部、政府事务部 7 个部门，累计聘用本地员工过百人，并将持续扩招。

度小满小贷建立了完备的制度管理体系。在信息披露方面做了非常好的用户感知体系。例如在疫情期间，发现诈骗高发时，公司向用户推送了防诈骗提醒，并在醒目位置进行长期提示。在为用户免息、延期等普惠措施出来后，公司也向适合用户推送我们的普惠措施介绍，帮助用户了解、享受。针对消费者权益保障工作，公司内部梳理建立了全套的投诉信访问题处理流程，快速定位、帮助用户排忧解难。

2.基本财务数据

度小满小贷积极践行普惠金融理念，以支持实体经济发展为目标，大力发展面向小微企业主资金周转的贷款产品。截至 2020 年 12 月 31 日，度小满小贷总资产 234.02 亿元，在贷余额 206.85 亿元（其中小微贷余额 95.23 亿元）。全年累计发放贷款金额 611.17 亿元，累计服务客户 1292 万户，累计放款笔数 3942 万笔，经营稳健。总体来说财务状况良好，资产规模及贷款投放规模居全国小额贷款公司前列（以上财务数据均为审定数）。纳税贡献上，度小满小贷成立至今已累计贡献税收 10.33 亿元。

（二）履行社会责任情况

1.通过集团专项基金全力抗击疫情

2020 是不平凡的一年，1 月 26 日，百度宣布成立总规模 3 亿元的疫情及公共卫生安全攻坚专项基金，用于支持新型冠状病毒等新疾病的治愈药物筛选、研发等一系列抗击疫情工作，以及更长期的社会公共卫生安全信息科普和传播。同日，重庆度小满小额贷款有限公司（以下简称"度小满小贷"）向百度疫情专项基金捐赠 1000 万元，全力支持抗击疫情的系列工作。目前，度小满金融已对全国驰援武汉的医护人员及其家属免费赠予"小度在家"智能屏 12200 余台，为在抗疫一线的医护工作者增添一份温暖。

2. 小满助力计划·亿元免息贷款公益项目

"小满助力计划"是度小满金融于 2019 年推出的公益免息贷款项目，在国内首创金融扶贫新模式，覆盖了众多不能获得金融服务的农户，不仅填补了金融扶贫的空白，更进一步完善了农村征信体系建设。截至 2019 年底，"小满助力计划"已经落地四期，共计发放免息贷款 1002 万元，涉及重庆市秀山县、万州区、丰都县、石柱县、巫溪县 5 个区县，8 个乡镇，50 个行政村，不仅带动了当地产业集群化发展，更带动了当地的贫困户就业。央视《新闻联播》报道了重庆"聚焦深度贫困、攻坚克难啃下'硬骨头'"的系列举措，并重点介绍了政企合作的金融扶贫新模式。

2020 年 5 月 21 日，度小满小贷启动"小满助力计划·亿元免息贷款公益项目"，投入 1 亿元，面向全国农村地区人群提供公益助农免息贷款，助农扶贫。同时，度小满金融还与央视财经频道达成合作，成为"2020 CCTV-2 央视财经金融科技服务合作伙伴"，携手央视财经直播首秀。央视和度小满金融精心挑选了十余款具有浓厚重庆、湖北特色的农产品。和以往其他直播带货活动不同，此次直播产品均为度小满金融公益项目的帮扶农户，目的是帮助困难农户的农产品走出大山，因为"酒香也怕巷子深"。度小满金融 CEO 朱光除了在直播活动中下场带货，和央视主持人陈伟鸿一起用万州的花椒油给凉菜调味，卖力展示好味道，还实实在在地拿出真金白银给卖货农户做补贴引流，比如朱光推荐的万州花椒油，做到了 1 分钱包邮，网友们直呼"秒光"。为了更多地帮助到农户，直播现场的所有秒杀、特价互动环节，差价由度小满金融来承担，不会降低农户收入。

同时，通过与央视财经大型融媒体行动"走村直播看脱贫"活动结合，2020 年 8 月以来，度小满陆续走过陕西汉中市镇巴县春生社区、贵州遵义市花茂村、湖南湘西永顺县科皮村及湖北恩施洞下槽村等多个村镇，为当地村民带来公益免息贷款。随着活动的继续,度小满的下乡助农之路走得更加平稳,将持续在全国更多乡镇落地。

此扶贫模式既不同于商业贷款,也不同于普通的慈善捐赠,而是通过企业贴息的方式,借助科技能力,为贫困地区有梦想的农户提供免息贷款,为有资金需求的农户提供支持,帮助这些能把资金发挥更大价值的新时代农户,实现脱贫致富,发展农村经济,从而实现产业扶贫的带动效应。

2020 年是全面打赢脱贫攻坚战收官之年,度小满金融将进一步加大扶贫免息贷款的投入力度,将成功经验在更大范围推广,承担企业的社会责任,助力 2020 年打赢脱贫攻坚战,决胜全面建成小康新时代。

(三)金融科技服务实体经济情况

受新冠肺炎疫情影响,小微企业 2020 年遭受了前所未有的冲击,尤其是线下开店的小微企业主,因客户流失、订单量减少,经营资金周转困难。今年年初,清华、北大对中小企业一项联合调研显示:疫情对中小企业的营收产生了较大影响,有 30% 的企业下降 5 成以上,28% 的企业下降 3 成。为了帮助小微企业主疏解资金周转难题,2020 年 12 月 31 日,度小满金融主办的"金融科技助力小微企业研讨会暨小微加油站发布会"召开。度小满金融宣布上线 "小微加油站"计划,为全国小微企业主提供总额为 10 亿元的低息贷款,日利率 0.01%(年化利率 3.65%),不需要任何抵质押担保,帮助小微企业主解决经营资金周转难题。该计划是从 2020 年 12 月 31 日起至 2021 年 1 月 31 日,新注册使用度小满金融信贷服务的 22—55 周岁个体工商户、小微企业主,均可凭个人身份证件及营业执照通过度小满金融 App 在线申请,审核通过后即可获得低息贷款用于生产经营,每人可申请的最高授信额度为 10 万元,贷款期限最长为 1 年。2020 年以来,度小满金融已累计为小微企业主提供 3000 亿元无抵押信用贷款,超 7 成度小满金融信贷用户为小微企业主。

度小满小贷将智能风控技术应用到小微服务领域,使可授信小微企业数量提升、风险降低、人均放款额增加、平均利率下降。度小满用户中 60% 以上是小微企业主和创新创业人士,人民大学的一项研究中显示,获得度小满资金支持后,这些用户平均雇用劳动者 5.5 人,接近 47.9% 小微企业经营范围得到了扩大,52.1% 经营流水得到了增加,40% 从兼职创业转向了全职经营。

2020 年，度小满小贷公司对于"普惠"的愿景有了更为广阔的外延。公司一直以来基于自身的优势科技能力，从真实的场景出发，不断探索助力小微企业的新路径，针对小微企业的资金需求推出定制化服务，致力用科技改变金融，助力金融精准扶持中小微企业。目前，度小满小贷已经和数十家银行等金融机构开展了信贷合作，公司在不断推动金融普惠、资金直达的同时，也在填平社会经济体中各个单元之间的信息鸿沟，努力推动科技共享、资源共享，推动实体经济的良性循环与高质量发展。

（四）合规经营情况

1. 利用优势信贷产品持续服务教育市场

教育分期是度小满金融普惠金融实践的起点。截至 2020 年末，度小满小贷通过旗下"满期贷"教育分期产品，已累计为用户提供超 350 亿元的教育分期贷款，累计服务 280 万人，其中 40% 以上用户是大专以下学历，40% 以上用户来自农村，15% 来自国家级贫困县。在得到度小满金融教育分期贷款帮助后，他们的税后工资收入平均提高了 1147 元，五险一金覆盖率提高 10% 以上。

教育分期业务始于 2015 年 4 月，依托人工智能技术，基于百度搜索等特色线上场景，为中低收入、信用信息较薄的用户提供小额信贷支持，支持用户通过参加职业教育培训、提升就业技能、改善生活水平、实现个人梦想。有钱花教育分期产品目前主要聚焦于职业教育（如烹饪、汽修等）、IT 培训、语言培训、学历教育（自考、MBA）以及在线教育等行业，涵盖了国内大部分顶级教育培训机构。2019 年，在教育培训机构倒闭潮的背景下，度小满小贷严守合规经营准则，全面摸排存量机构端经营风险，及时锁定潜在高危机构，下达合作警示函、派专员入驻指导整改或即时停止合作，并有针对性地制订合理科学的贷款资金回收计划，成功应对并化解行业风险。赋予每个人平等享有金融服务的机会是金融科技的使命，也是度小满小贷的初心和努力方向。度小满小贷运用科技能力，挖掘并满足具有金融需求的客群。

2. 成功承办 2020 年中新金融峰会分论坛

2020 中新金融峰会是中国、新加坡两国战略性互联互通示范项目及国际间经济金融合作沟通的重要平台，汇集了来自东盟 10 国政商学界多位重量级嘉宾，峰会围绕金融科技、绿色金融、贸易融资与金融创新、数字货币等主题，深化国际间、区域间经济金融合作，为建设立足西部、辐射东盟的内陆国际金融中心提供智力支持和实践支撑。度小满小贷代表度小满金融第一时间响应市政府及市金融监管局号召，联合江北嘴集团承揽"金融科技推动数字经济发展"分论坛的办会任务。在短时间内，成立会务工作组，设计制订了细致的分论坛议程，邀约国内外重量级嘉宾，整场会议得到了全程直播，相关内容也在多家全国性权威媒体获得播报及宣传，论坛效果和质量得到了政府及监管领导高度肯定。作为全市唯一一家协办中新峰会的小贷公司，度小满小贷积极履行企业社会责任，同时也将持续关注和筹备后续中新论坛工作。

度小满小贷作为一家"重合规、重风险"的小贷公司，一直秉承着"以风险管理为核心、以金融实践为基础、以服务实体经济为目的、以开放共赢为路径"四个原则，积极承担社会责任，助力现代金融体系建设。

（五）产品创新情况

度小满小贷在营的两款产品消费贷、周转贷发展非常稳健。消费贷是早已成熟的信贷产品，产品随借随还的特性也非常适用当前消费者和青年人士的需要，也很契合政府工作报告中提到的鼓励发展随借随还的要求。周转贷产品通过运营和用户体验，也发展良好。

成为小微企业最信赖的金融伙伴是公司的愿景，所以从中长期而言公司希望能够更好地服务到小微企业，公司也一直将金融科技作为自身的核心竞争力。目前也有几个创新点。

一是关联网络系统。小微企业和个人不同，有较强的关联属性，关联到股东、管理人员和供应链体系，这使得他的风控更为复杂。所以公司也在利用关联网络技术和图算法，来探索小微企业金融的准入风控和贷中风控。

二是自动建模工具。传统建模周期长、复杂度高，所以在应对疫情和宏观政策这种突发情况时，调整周期大，不利于风险控制。据此公司研发了自动建模平台，通过算法的自动调优，可以让模型建设和优化到天级，可以实时根据市场最优情况调整各种策略。

三是计算机视觉应用，针对小微企业的材料审核，开发专用的 OCR 工具，强化审核效率和准确度。

四是公司的语音机器人进一步升级，提升服务质量和效率，降低服务成本，强化消费者保护。

通过公司这些技术的应用，可授信小微企业数量提升了 20%，风险降低了 25%，人均放款额增加 35%，平均利率下降 10%。

（六）经营目标及未来展望

一是进一步完善小贷内控制度体系。对标监管要求和规范，结合小贷实际经营发展需要，进一步丰富并完善小贷内部制度，逐步搭建起健全的公司内部制度体系，使公司各项主要业务均做到"有章可循"。

二是对标相关规范严格合规管理。严格对标《关于加强小额贷款公司监督管理的通知》《关于加强网络小贷业务合规经营管理的通知》等监管要求，坚守合规底线，确保依法合规经营。

三是突出主业，强化金融服务功能。加强对小微企业、农民、城镇低收入人群等普惠金融重点服务对象的服务，践行普慧金融理念，支持实体经济发展。进一步提升小微企业和三农贷款规模，同时努力提升客户体验，加强信息披露和消费者权益保护。

四是持续强化风险控制，提升资产质量。继续加大对宏观风险的研究与把控，不断优化迭代风控模型，提升风险识别和控制能力；加大对不良率指标监控与管理力度。

五是坚持普惠理念，履行社会责任。积极参加社会公益活动，持续通过公益捐赠、扶贫救助等方式履行社会责任。

二、重庆金安小额贷款有限公司

（一）发展历程

1. 基本情况

重庆金安小额贷款有限公司（以下简称"金安小贷"或"公司"）于 2015 年 2 月经重庆市人民政府金融工作办公室批准（渝金〔2015〕32 号）设立。公司现有注册资本 320000 万元，由平安集团联营企业下属公司融熠有限公司

持股 90.625%、平安普惠企业管理有限公司（以下简称"普惠企管"）持股
9.375%，是中国平安保险(集团)股份有限公司联营公司(陆金所控股有限公司)
子公司融熠有限公司下属的小额贷款公司，股权架构图如下。公司经营范围为:
在全国范围内开展各项贷款、票据贴现、资产转让业务〔以上业务仅限于互
联网方式线上开展（除重庆市主城九区外 ）〕。

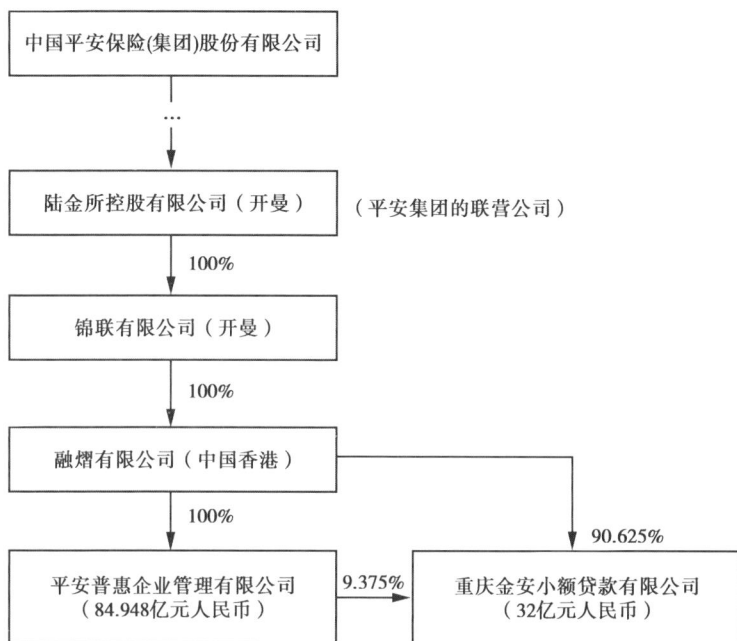

图 27-1

金安小贷依照《中华人民共和国公司法》及小贷行业的相关规定，建立
了规范的内部治理结构。公司设有董事会，董事由股东选举产生，董事会成
员 3 名，设董事长 1 名，董事长由董事会选举产生。公司不设监事会，设监
事 1 名，对董事及公司高级管理人员的履职行为进行监督。同时，公司的高
级管理人员有总经理 1 名、副总经理 1 名、财务负责人 1 名。所有高级管理
人员任职都报经监管机构核准同意，履职期间无违法、违规经营行为。

2. 经营思路和服务客群

金安小贷借助强大的股东背景和先进的金融科技实力，积极响应国家扶
持小微、普惠"三农"的号召，专注于为小微企业主、个体工商户、中低收
入人群提供合理、有效的经营类、消费类贷款服务。公司一方面通过线上平

台广泛、高效地获取目标客户。另一方面，凭借自身完善的风控管理体系以及与第三方保险、担保公司的合作，有效分散、降低客户违约风险。同时，公司还主动让利，降低小微、"三农"融资成本，为实体经济发展做出了积极的贡献。

3. 合作互联网平台情况

作为平安集团旗下承载普惠金融、科技金融的重要载体之一，金安小贷依托"平安普惠"网站（网址：www.ph.com.cn，ICP备案证号：粤ICP备16117044号，注册时间：2014年1月22日）和"平安普惠App"（发布时间：2014年6月29日，更名前名称：平安易贷App，2015年12月4日正式更名为"平安普惠App"），从客户来源、风险评定、业务流程等方面均实现了技术化、网络化、实时化。金安小贷充分发挥互联网平台和金融技术革新的优势，力行实现经济效益和社会效益的最优组合。

截至目前，普惠企管持有金安小贷9.375%股权。普惠企管成立于2015年7月，注册资本84.948亿元人民币，经营范围为：企业管理（仅限平安集团内部企业）、企业管理咨询、实业项目投资咨询、企业形象策划；经济信息咨询；行业应用软件、计算机网络、计算机信息系统的技术开发、技术服务、技术咨询、技术转让（不含限制性和禁止性项目，涉及许可证管理及其他专项规定管理的，取得许可后方可经营）；黄金制品、贵金属的销售（依法须经批准的项目，经相关部门批准后方可开展经营活动）许可经营项目是：技术进出口（依法须经批准的项目，经相关部门批准后方可开展经营活动，具体经营项目以相关部门批准文件或许可证件为准）。

融熠有限公司持有金安小贷90.625%股权。融熠有限公司（Harmonious Splendor Limited）于2015年6月1日在香港注册成立，当前注册资本为216508.84万美元。公司由陆金所控股有限公司（Lufax Holding Ltd）通过全资子公司锦联有限公司（Gem Alliance Limited）100%间接控股。

4. 历年变化情况

2015年2月，经重庆市人民政府金融工作办公室批准（渝金〔2015〕32号）设立，注册资本3亿元人民币[中国平安保险海外（控股）有限公司出资1.53亿元人民币等值港币、深圳市信安投资咨询有限公司出资1.47亿元人民币]，经批准的经营范围为：在全国范围内开展各项贷款、票据贴现、资产转让业务，经批准，徐兆感任董事长，YAO WILLIAM（姚志平）任董事、总经理兼法定代表人，黄聪任副总经理，方国兵任董事兼财务负责人，罗浩任监事；

2015 年 7 月，完成董事会成员变更，变更后的董事会组成人员：董事长徐兆感、董事何实、董事邹宣戈；

2015 年 9 月，法定代表人变更为何实，股东变更为融熠有限公司 100% 持股，注册资本增加到 9 亿元人民币；

2016 年 6 月，注册资本增加到 11 亿元人民币；

2016 年 12 月，撤销董事会，改设执行董事一人，为邹宣戈；

2017 年 4 月，法定代表人变更为邹宣戈；

2017 年 9 月，注册资本增加到 12 亿元人民币，增资后股东组成：融熠有限公司出资 11 亿元、平安普惠企业管理有限公司出资 1 亿元；

2018 年 2 月，恢复董事会，组成人员：董事长邹宣戈、董事马永丰、董事倪荣庆；

2018 年 4 月，增加董事会人数，变更后的董事会组成人员：董事长邹宣戈、副董事长马永丰、董事倪荣庆、董事 YounJeong LIM、董事秦福荣；

2018 年 6 月，注册资本增加到 14 亿元人民币，增资后股东组成：融熠有限公司出资 11 亿元、平安普惠企业管理有限公司出资 3 亿元；

2018 年 10 月，完成网络贷款平台"平安普惠"（网址：www.ph.com.cn，衍生手机应用"平安普惠 App"）及贷款产品"车商贷"的备案，备案文号"渝金〔2018〕332 号"；

2018 年 12 月，注册资本增加到 32 亿元人民币，增资后股东组成：融熠有限公司出资 29 亿元、平安普惠企业管理有限公司出资 3 亿元；

2019 年 4 月，完成贷款产品"经营循环贷"的备案，备案文号"渝金〔2019〕101 号"；

2019 年 11 月，完成贷款产品"平安普惠信用贷"的备案，备案文号"渝金〔2019〕号"；

2020 年 2 月，完成董事会成员变更，变更后的董事会组成人员：董事长邹宣戈、副董事长秦福荣、董事 YounJeong LIM。

(二)经营现状

1. 合作平台和贷款产品

金安小贷合作的互联网平台为"平安普惠"网站（网址：www.ph.com. cn，ICP 备案证号：粤 ICP 备 16117044 号，注册时间：2014 年 1 月 22 日）和"平安普惠 App"。截至 2020 年底，主要经营以下四种产品。

①平安普惠信用贷。主要服务于平安普惠存量客户中有稳定收入的优质客群，为其日常消费、经营提供无抵押贷款服务。

②经营循环贷。主要服务于平安普惠存量客户中的小微企业客群，为其日常生产经营提供抵押贷款服务。

③车商贷。针对广大客户中的小型二手车商，金安小贷通过平安普惠网站引入平安集团内汽车拍卖平台的交易场景，向合格车商授以一定信用额度，用于其在合作平台上竞拍二手车。

④惠农贷。通过与地方农担公司在内的多方协作，充分发挥各自在业务属性、服务网络、数据积累、风险管理、科技研发、金融资源等方面的差异化优势，融入各业务环节，以协同方式消除业务短板，为三农人群提供多元化、价格可承担、体验便捷的借贷服务解决方案。

2. 贷款规模和经营效益

2020 年金安小贷新增放款 26.79 亿元，具体情况如下。2020 年末贷款余额 18.02 亿元。

（1）放款规模

表 27-1　2020 年放款规模

产品类别	2020 年放款规模 / 亿元
无抵押 – 车商贷	0.85
无抵押 – 惠农贷	0.38
无抵押 – 普惠信用贷	21.49
有抵押 – 经营循环贷	4.07
合计	26.79

（2）2020 年主要经营指标

表 27-2　2020 年主要经营指标

经营指标	2020 年 / 元
资产总计	4348312493.36
所有者权益	4287344712.89
净利润	133932826.51
缴纳税款	203722487.08

注：未经审计数

3. 贷款投向

金安小贷坚持"小额、分散、支持实体经济"的原则，始终秉持稳健经营、扶助小微企业和实体经济的理念，积极探索符合自身的经营模式，与传统金融机构错位经营，切实做好小额信贷和普惠金融的践行者。

金安小贷主要服务于传统金融机构无法有效覆盖的小微企业主、个体工商户等小微客群，该类群体经营规模小、缺少融资规划和成熟的财务报表，存在较高信用风险，无法通过传统借贷方式独立获得银行金融机构的贷款支持。

第二十八章　商业保理公司

一、海尔金融保理（重庆）有限公司

（一）基本情况

海尔金融保理（重庆）有限公司（以下简称"公司"）于 2015 年 5 月 28 日由重庆市金融办批准成立，是国内首批 5 家金融保理公司之一。公司为海尔集团(青岛)金融控股有限公司孵化的全资子公司，实收资本 10 亿元人民币，净资产超 19.8 亿元人民币，是目前中国实收资本金最大的金融保理公司。公司聚焦大健康、大环保、高新技术、基建、教育五大板块，打造链式信用生态。公司围绕产业链上下游，盘活大企业优质信用，并将优质信用传导至中小企业，使中小企业获得更为优良的融资条件，从而推动产业链的共享化、流通化。

海尔金融保理立足重庆，同时在上海、北京、青岛等 8 地设立分部，形成辐射全国范围的生态网。截至 2020 年末，公司累计为 800 余家产业链客户提供金融服务，并储备了 900 余家潜在客户。秉持共创共赢的经营理念，先后获得"2016 年票据 ABS 最佳资产奖"、"2017 十大创新资管产品君鼎奖"、"2019 应收账款类资产证券化市场认可产品奖"、重庆市"金融贡献先进单位"、改革开放 40 周年"重庆金融功勋企业"、重庆市"保理龙头企业"等多项殊荣，并入选重庆市首批保理企业监管"白名单"。

（二）2020 年运营情况

1. 财务情况

截至 2020 年末，海尔金融保理累计投放超 415 亿元，余额近 80 亿元，累计创利达到 11.3 亿元，税收贡献 4.3 亿元。凭借稳健经营的良好态势，公司经营声誉在金融保理行业内稳步提升，目前已与近 20 家金融机构建立合作关系。除获取金融机构授信以外，海尔金融保理致力于丰富自身融资渠道，增强自身融资能力。目前，公司已成功发行四期 AAA 级 ABS，累计发行金额 34.2 亿元。2020 年新增储架式 ABN 注册额度 25 亿元，首期 7.76 亿发行完成，债项评级 AAA，证券化累计融资规模达 41.92 亿元。

2. 风控情况

海尔金融保理通过搭建 5 道风控防线（黑名单和征信排除 + 评分准入 + 专家评审 + 运营集中作业 + 智能监测预警）、11 个行业评分模型、300+ 风控指标、11 项风险管理制度（涵盖授信作业全流程），4 个风控中心（贷前尽调、授信评审、贷后监测、数据模型），建立起严格有效的风险管理体系与内部治理机制，将资产质量维持在远高于行业平均的水平。

同时，公司通过"商业保理业务管理系统"，实现授信资料上传、工作任务流转、贷后管理报表等功能。基于生态场景，结合专家经验，充分利用大数据，通过反欺诈引擎、智能监测预警系统、授信决策辅助引擎以及内部评级和监测预警系统等信息化手段，形成海尔金融保理特色风险管理体系。

（三）服务实体经济情况

作为海尔金控旗下的物联网产业信用赋能平台，海尔金融保理践行"产业投行"发展模式，在深入产业的基础上，坚守金融服务实体经济的本源，将金融与产业有效融合，为实体经济的产业提供更加丰富、深入的金融服务，从而带动技术的进步、商业模式的创新、产业链的重构以及整个产业的转型升级。

1. 布局教育新风口，护航独立学院转设之路

2020 年 5 月 15 日，教育部办公厅印发《关于加快推进独立学院转设工作的实施方案》的通知，要求各教育行政管理部门把独立学院转设作为高校设置工作的重中之重，积极创造条件推动完成转设。独立学院由于性质不清晰，长期陷入公办民办"两不靠"的尴尬局面。因此，转设对独立学院来讲是一个进阶新发展平台的绝佳机遇。

独立学院转设政策也为企业发展带来新风口，作为重庆乃至西南地区最具影响力的教育企业，转为民办院校后，企业旗下学院将迈上新台阶，开启更加长远的发展征程。

但独立学院转设涉及生均建筑面积、校舍建设等多项标准，这对企业资金提出了更高要求，尤其在今年新冠疫情等偶然因素和国际经济形势影响下，企业资金问题更加凸显。海尔金融保理以"股债联动"模式嵌入企业，通过债权形式为学院的转设进程加码助力；同时通过获得企业核心 K12 教育板块的部分股权，实现风险闭环的同时，深化了双方合作力度。

在海尔金融保理的赋能加持下，企业旗下一所学院通过扩建校舍等方式补齐短板，完善办学条件，达到《普通本科院校设立暂行规定》等文件规定的设置标准。目前，该所学院已完成转设工作。值得一提的是，该学院为重庆首家以"财经学院"命名的本科院校。

作为重庆市保理龙头企业，在持续向本地实体经济输血的同时，海尔金融保理更将促进社会进步、改善民生为第一己任。未来，海尔金融保理将继续聚力聚焦于教育产业，通过不断升级的产品与高质量服务，赋能本地教育产业的蓬勃发展。

2. 个性化业务模式赋能高铁商业平台，为城市增色添彩

高铁作为国家大力支持的战略新兴产业，受到各级政府的高度重视和国家产业政策的重点支持。在国家政策支持和铁路总公司的运营下，高铁正飞速发展并渐渐覆盖更多的城市，高铁站也因此成了城市名片。而许多高铁商业存在商铺管理不到位、缺乏统一的包装策划、到达层商圈规划不合理等不利因素，直接导致了高铁商业布局混乱、缺乏消费吸引力、商户出现问题无法有效处理等问题。

海尔金融保理通过"债股联动"的合作形式，与共创方合资成立运营主体［坤海企业管理（杭州）有限公司］，共同搭建高铁枢纽商业运营平台，将高铁到达层的商业平台进行统一规划、统一改建、统一运营，使高铁站的商业生态链更加强大稳固。

以杭州东站为例，坤海高铁商业平台为 80 余家商户提供了科学有效，兼具地域特色的包装、招商和管理，丰富商业业态，打破人们对传统高铁商业的认知。同时，在疫情春运期间，平台为商户减免 3 个月的租金，减轻了商户压力，并指导商户有效开展疫情防护工作，保障了疫情之下商户的安全有序经营。

目前，该模式已在天津站、杭州东站顺利落地运营，南昌站、黄山站、

青岛北站等 7 座高铁站已完成签约。未来，高铁商业平台将与更多高铁站达成合作，为更多地区的高铁站打造更具地域特色、更具商业吸引力、更符合旅客切实需求的高铁商业，让各地高铁站蜕变为城市名片，并为国家建设高水平的现代化铁路强国的目标贡献坚实力量。

3. 产业扶贫新路径，金融"活水"精准"滴灌"

由于农业项目普遍收益低，风险大，投资回报周期长，传统金融企业对此类项目的投资意愿不强。海尔金融保理创新金融模式，通过股权、债权等金融手段，形成综合金融解决方案，基于项目未来现金流，在无抵押物的情况下，并联企业，从而为农业灌溉项目提供定制化的金融支持。

以云南元谋县项目为例，海尔金融保理通过"物联网＋场景＋金融"的创新模式，运用全生命周期金融解决方案，将"政府＋社会资本"的共创模式引进到节水灌溉领域中，解决政府、施工方资金压力的同时，链接场景内其他攸关方，实现政府、企业、农户、资金方、攸关方五方共赢的合作模式。

在"产业投行"模式的赋能下，海尔金融保理带动乡村每年灌溉节水约2600 万立方米，农户单季用水量由原来的每亩 800 立方米降至 180 ~ 240 立方米，用水成本每季从 1258 元降至 350 元。原来一年种一季，由于具备了 24 小时供水保障，农户由原本一年种植一季作物，提升至一年可种植 3 ~ 4 季，年亩均增收 5000 余元。施工企业当年营业收入由 12 亿元提升至 18 亿元，攸关方利润增加三成。该项目覆盖农民 6.63 万人（其中建档立卡贫困户 2349 人），土地近 17 万亩。

4. 链接金融与教育，为高校师生打造全新校园生活体验

教育市场广阔，资金需求量大，但学校预算有限，服务商规模较小，导致学校、服务融资困难。海尔金融保理通过"债股联动"的创新业务模式，助力智慧校园和后勤升级。

以河南信阳某公办高等院校为例，该地夏季日照充足，气候炎热，而冬季则因城市整体采暖设备的缺乏，导致生活舒适度欠佳。在这种情况下，空调是降温采暖的重要设备。但由于学校财务预算较为有限，且大批量购置空调设备经费申请难度较大，因此，学院的降温采暖设备长期处于供不应求的状态，师生的校园生活质量也受到了较大影响。海尔金融保理通过"股债联动"的合作模式，与服务商共同成立运营平台，由运营平台负责空调的采购、安装、

电路改造等事宜，后以共享空调的形式与学院进行合作。海尔金融保理锁定项目后期特许经营权，通过付费共享的方式运营项目并达成收益，实现三方共赢的局面。

目前，该平台已完成该学院 2900 台空调的安装调试工作。同时，结合海尔自身产业优势，依托海尔物联网电器共享生态平台，通过智能化管控，保障空调使用体验，让学生们切身感受到物联网带给生活的便利。

海尔金融保理将持续聚焦教育场景下的用户需求，如热水、直饮水、洗衣机、无人零售等，以"金融＋综合运营"的方式赋能高校，推动高校设施设备完善，为师生开启全新校园生活。

截至 2020 年末，公司累计服务实体经济 278.8 亿元，共计 265 户，1237 笔，覆盖环保、教育、制造业等行业。其中，2020 年投放 51 户，342 笔，合计金额 70.4 亿元。海尔金融保理致力于推动产业转型升级，助力实体经济，服务千万中小微企业及个人用户，通过深入产业融合，互联互通，彼此赋能，让金融机构与实体产业在更长周期的价值链上获得"共创共赢"。

（四）产品、服务及模式创新情况

1. 科技金融模式

海尔金融保理通过保理＋期权的金融模式，为轻资产、高成长的科技型中小企业提供投贷联动的综合性金融服务解决方案，为生物医疗、节能环保、智能制造、互联网等科创型企业盘活应收账款、引进战投资源，满足用户全生命周期不同的资源需求。

保理＋期权的创新模式具体是指，海尔金融保理在向科技金融客户提供传统保理授信业务的基础上，为客户提供投资方链接、财务顾问等综合服务，客户则额外提供一定份额的期权。后期公司形成一定规模的期权池可供 PE、券商、政府引导基金筛选，最终实现期权溢价转让退出。对客户而言，该创新模式能在不同阶段获得债权＋股权的资金，充分发挥金融链接能力，为用户匹配最适合的资源，助力企业优化现金流，完善上下游产业链以及提升市场估值；对创投机构等合作伙伴而言，该创新模式能够为其推举优质标的，输送投资良机；对于公司自身而言，则能长期保持与客户的战略合作，加强风控抓手的同时也获得后端非风险业务收益，优化收入结构。

目前，公司已与20余家科创型企业建立战略合作关系，累计投放金额近6亿元。同时，该模式获评2020年度中国商业保理专委会"创新案例奖"。

2. 产业投行模式

海尔金融保理以股债结合的方式，与上市公司共建孵化平台，参与项目经营，培育未来可注入上市公司的优质项目，形成前端固定收益＋后端溢价分成的收益模式。对于公司，该模式除获取固定收益端的利息外，还能在退出期获取一定比例的后端股票溢价收益，在保证风险水平一定的情况下，实现更高收益；对于客户，股权投资和债权融资相结合，不仅满足客户不同层次的资金需求、优化了负债结构，同时助力其产业升级，实现双方共赢的局面。截至目前，孵化的水务云平台已占位云南，为元谋、弥渡等地14万农民提供滴水灌溉服务，同时向高铁枢纽商业运营平台进行复制，下阶段，孵化平台将寻求上市公司收购，海尔保理实现溢价退出，模式进入变现期。

3. 多级信用流转模式

海尔金融保理高度重视科技投入，在业内率先搭建了应收账款线上流转平台，即云单科技平台，以加快业务效率，加速业务发展。

该模式以云单平台为依托，平台上的资金方基于核心企业的信用和真实的业务场景，为其授信；核心企业依据基础合同形成的合法有效的债权债务关系，向一级供应商开具云单，用于支付货款、材料款等应付款项；一级供应商可将收到的云单再转让给下一级供应商，以此类推；各级供应商收到云单后，可选择将云单继续向其下一级供应商拆分转让，也可选择持有云单到期，还可将云单申请提前融资变现；各级供应商申请云单融资时，资金方将融资款项支付给融资方；待云单到期，开具云单企业将应付账款全额支付给清分方，由清分方统一清分给各云单持有人。

目前云单平台已与多家知名行业龙头企业建立长期合作关系，为其产业链上的供应商提供金融服务。融资客户在平台上可以完成融资申请，线上化确权，线上签约，高效放款。云单作为海尔金融保理的供应链金融平台，已经稳定运行了3年，截至2020年12月，云单平台线上交易量超1700亿元，用户数近750家，为核心企业及其供应商提供金融服务，提升了线上化能力，展现了专业服务水平。

（五）经营目标及未来展望

2021 年，公司将继续稳中求进，在控制风险的前提下，持续稳定增长。业务方面，2021 年公司整体规模预计达到 100 亿元，创利预计 2.2 亿元，纳税贡献预计 1.1 亿元。战略方面，公司将继续锁定链式信用、科技金融、产业投行三大领域，具体路径如下：

链式信用：打造云单全方位 FINTECH 技术产品模块，提供定制化供应链金融科技解决方案，实现核心企业债权在供应链上的快速多级流转融资。

科技金融：围绕大健康、大环保、互联网三大领域深度布局，快速积累渠道资源与期权池，为高成长、具有核心竞争力的科创企业提供综合金融服务，并以科创企业当前估值折价的方式获得期权，逐步形成规模化期权池，为众多投资机构提供可选择标的。

产业投行：以股债结合的方式，与上市公司共建孵化平台，培育未来可注入上市公司的优质项目，形成前端固定收益 + 后端溢价分成的收益模式。其中，强强联合孵化的坤海，已是行业内运营面积最大、运营站点最多的高铁枢纽商业运营平台，并计划每年新增 4 个高铁站。

未来，公司将围绕更多的生态场景，依托数字化风控与科技平台深入核心企业挖掘供应链金融机会，持续推动产业升级；同时针对国家大力扶持的高新技术产业，强化公司专业团队建设，提供适应轻资产特色的创新金融产品，赋能科创型企业。公司将以整体规模 200 亿元，创利 12.3 亿元，纳税贡献 5.9 亿元为五年奋斗目标。

二、重庆魏桥金融保理有限公司

（一）基本情况

重庆魏桥金融保理有限公司（简称"魏桥金保"）创立于 2016 年 11 月 22 日，公司地址位于重庆市渝中区虎踞路 82 号，是中国铝产业领域的专业金融服务机构，中国宏桥集团（股票代码 01378.HK）成员企业。公司主营业务包括：以受让应收账款的方式提供融资；应收账款的收付结算、管理与催收；账户分户（分类）账管理；与本公司业务相关的非商业性坏账担保；客户资信调查与评估及相关咨询服务；再保理业务；金融类应收账款资产转让、承销。

从设立起，魏桥金保利用自身资源和优势，深耕铝产业链，为实体制造业企业特别是民营制造企业提供优质金融服务，同时发展铝产业供应链金融云服务平台。目前，魏桥金保业务布局涉及全国 31 个省市自治区，覆盖了铝产业从矿产到回收的全链条，推动实现铝产业参与者间跨行业、跨区域的信用流转。农为国之根本，工乃国之支柱。魏桥金保始终坚持金融服务实体，立足行业和社会进步，促进自身成长，为国家发展献力。

（二）2020 年运营情况

1. 供应链金融业务情况

魏桥金保 2020 年度保理业务累计投放金额 900405 万元，同比增长 11.9%；累计投放 348 笔，同比增长 35.9%，其中合同金额 100 万元以下、100 万 ~ 1000 万元、1000 万 ~ 5000 万元、5000 万元以上分别占比 2.30%、63.22%、27.30%、7.18%。2020 年生息资产规模同比增长 10.96%，营业收入同比增长 15.67%，净利润同比增长 46.11%；业务风险不良率连续 4 年为 0。

2. 融资情况

魏桥金保 2020 年实现新增融资余额 5.7 亿元，较 2019 年同比提升 23%。截至 2020 年末，与重庆银行、工商银行、华夏银行、广发银行、富民银行、中信银行、光大银行、渤海银行、新网银行、中合担保、联想金控、山港金控等多家银行机构及非银金融机构实现紧密的资金合作。

3. 金融科技情况

2020 年受疫情影响，国内人员流动及物流运输收到极大限制，导致中小微实体企业的生产经营活动面临巨大困难，魏桥金保凭借金融科技平台——Finpay 供应链金融云平台将遍布全国各地的客户、银行、核心企业等多方在不见面的情况下，提供实时线上办理融资业务服务，盘活了核心企业煤炭、炭素等关键原材料的采购，服务资产近 1000 亿元人民币。同时在 2020 全年保理融资款项在线投放笔数实现同比增长 144.30%，应收账款管理规模以 50 亿元 / 年的速度实现稳增长。

2020 年 3 月，Finpay 供应链金融云平台与中信银行实现系统直连，首笔银企直联在线供应链金融业务落地；同年与工商银行、富民银行、新网银行、联想金控等多家金融机构实现系统直连、在线投放及在线贷后管理。

此外，Finpay 供应链金融云平台与中国人民银行征信中心动产融资统一登记公示系统、中国人民银行征信中心、工商、税务、企业 ERP 系统实现开放互联，能够依法合规采集、传输供应链企业经营、贸易、融资等数据信息，能够有效识别、核验企业身份、业务意愿、交易关系等相关信息的真实性，能够有效甄别、监测、评估、控制供应链金融风险，具备完善的监测预警、信用评估、纠纷处理、风险处理和应急处理等机制。

4. 获得监管、行业认可情况

2020 年 7 月，魏桥金保顺利通过重庆市地方金融监督管理局现场抽查；12 月，魏桥金保被纳入重庆市首批商业保理企业监管白名单；截至 2020 年末，魏桥金保全年各项指标悉数符合《中国银保监会办公厅关于加强商业保理企业监督管理的通知》（银保监办发〔2019〕205 号）的监管要求。

同时，2020 年 5 月，魏桥金保"贸融通"产品获得由中国服务贸易协会商业保理专业委员会颁发的"第五届中国商业保理行业创新案例奖"，是连续第 4 年获得保理业行业创新奖；同年 12 月，魏桥金保获得由重庆市商业保理行业协会颁发的"重庆 2020 年度（第四届）保理贡献奖"，总经理朱楠先生被授予"2020 年度保理优秀工作者"荣誉称号。

此外，2017—2020 年，魏桥金保一直担任中国服务贸易协会商业保理专业委员会常务委员，2021 年初荣升为副主任单位。

（三）服务实体经济情况

农为国之根本，工乃国之支柱。魏桥金保自 2016 年设立以来一直秉承股东"为国创业，为民造福"的经营理念，坚持金融服务实体的本心，围绕铝产业链及其生态圈建立基于铝业的供应链金融场景，建设铝产业链企业信用交易平台，服务并深耕于生产制造实体企业，推动中国制造企业高质量的发展。

1. 服务产业

截至 2020 年末，魏桥金保的供应链金融业务已成功覆盖了铝产业链从采矿—远洋运输—氧化铝—电解铝—铝型材（板带箔）、各种铝合金—建筑、电力、电子、航天航空、高铁、新能源汽车、食品、医药—环保、废铝回收的全链条产业领域，为多家实体制造企业在产能扩大、订单采购、在途物流、基础建设、生产设备更新等方面提供了专项金融服务，加速推动了行业新旧产能置换，为企业在扩大经营规模、提高盈利水平等方面提供了助力。此外，魏桥金保的供应链金融业务还在向新型材料、仓储物流、能源、贸易等多个行业领域不断延伸。

2. 服务区域

截至 2020 年末，魏桥金保的供应链金融业务已成功布局全国 31 个省市自治区，其中铝产业链上游产业如煤炭、碳素、电、氧化铝、设备等业务主要集中在河北、内蒙、山东等地区，部分设备类业务在江苏、福建等省市，而铝产业链下游业务主要集中在山东地区。此外，魏桥金保正在积极准备开展国际保理业务，并将逐步向"一带一路"沿线重点国家开拓市场。

3. 服务规模

截至 2020 年末，魏桥金保深化服务生产制造领域，为产业链中供应链中 300 余家中小制造型企业提供了批量、标准、高效的供应链金融服务，实现应收账款管理规模累计已近 2100 亿元，精准解决了中小微企业金融痛点，加速了产业链属各级企业活力，增强了供应链产业链的完整稳定性，促进了生产制造产业健康可持续发展。

（四）产品、服务及模式创新情况

1. 业务模式及产品创新

一是存货质押。2020 年 12 月，魏桥金保、山东港口金控公司、山东港口烟台港协同联动"再保理＋港存融资"创新业务模式，推动了山港金控首笔铝矾土跨港区融资业务顺利落地。魏桥金保与山港保理合作，采用第三方港存铝矾土质押的模式为客户提供保理融资服务。基于港口存量货物，融资人将货物进行存货质押，并将应收账款债权转让给魏桥金保进行融资，魏桥金保再将应收账款债权转让给山港保理进行再保理融资。上述质押物存放于山东港口所辖区域内，并由山东港口相关主业单位进行监管，对质押物采取静态可换货质押监管模式。

二是贸融通。"贸融通"产品是针对部分大型核心企业及部分公共事业等在容易出现确权不便的情况下，通过魏桥金保金融科技的方式，对优质买方、稳定的贸易关系、确定的回款关系进行分析，优选出部分适合的交易对手，以简化确权方式及确权内容。通过"贸融通"产品，可实现对应收账款转让通知及回执内容要素进行适当修改简化，可额外获得债务人对转让确权的配合，可在不降低风险标准的情况下拓展客户、实现业务合作，有效地改善业务条件，更好地为中小企业提供融资服务。"贸融通"一经推出后便取得了较好的反馈，不仅提升了核心企业的配合意愿，而且还大幅改善了企业的确权效率，在 2020 年获得"第五届中国商业保理行业创新案例获奖"。

2. 金融科技创新

一是银企互动，系统直连。2020 年 3 月，魏桥金保 Finpay 供应链金融云平台与中信银行青岛分行历经立项、系统联调、供应商在线开户、业务落地营销等多重环节的努力，实现签约金额 2 亿元，首笔银企直联在线供应链业务落地。截至目前，魏桥金保与中信银行在煤炭、炭素等能源行业展开了深度合作，中信银行在 Finpay 供应链金融云平台累计资金发生规模突破 112 亿元。在中信银行合作的产业金融平台中，魏桥金保的供应链金融业务发生额排名全行第二。此外，Finpay 供应链金融云平台还与工商银行、富民银行、新网银行、中合担保、联想金控等多家银行及非银金融机构实现了系统直连、在线投放及贷后管理，大力支持了生产制造产业领域各实体企业与金融机构的可持续协同发展，推动了供应链金融业务的可持续健康发展。

二是成功对接央行征信系统。2018 年 3 月，中国人民银行重庆营业管理部办公室批复同意含魏桥金保接入金融信用信息基础数据库，即魏桥金保获准接入人民银行征信系统资格。截至 2020 年末，魏桥金保已成功对接中国人民银行二代征信系统，并顺利通过中国人民银行重庆营业管理部的现场验收。继明德保理后，魏桥金保作为重庆第二批接入央行征信系统的商业保理企业，在征信接入上实现了"从 0 到 1"的突破，对于重庆乃至全国保理行业起到了示范引领作用。征信一直以来唯有银行等金融机构独享，征信与保理行业的结合，是行业的创新工程，能够进一步完善全社会企业信用体系的建设，促进商业保理行业的健康发展。魏桥金保接入央行征信系统，一方面将促进公司保理系统规范化、业务数据报送自动化，使得公司征信报送更加智能、规范、高效。另一方面，公司在授信审查、贷后管理中，可通过自主查询更加适时、完整地了解客户的信用状况，征信已成为商业保理行业创新风险管理的重要力量。同时，魏桥金保作为重庆首批纳入监管名单的 31 家商业保理公司之一，征信将为公司合规经营发展、创新风险管理等提供更加有力的支撑。

三是创建信用生态环境。除了上述央行征信系统外，魏桥金保早于 2019 年便成功接入中国人民银行征信中心动产融资统一登记公示系统（简称"中登网"），有效地避免了交易风险，并保障了自身对于应收账款转让和质押的合法权益，同时还大幅提升了运营和风控水平及工作效率，促进了金融风险安全防范，助推了魏桥金保业务的自动化、智能化及合法合规化发展。此外，魏桥金保还设计了智能风险管理模型，拟于 2021 年投入使用；同时还在筹备大数据信息平台和统一资源平台的搭建。基于 Finpay 供应链金融云平台，依托于区块链、云计算、物联网、人工智能等新兴金融技术手段，魏桥金保拟在搭建供应链金融场景、推动产业链供应链成员之间协同的同时，积累交易、信用数据，构建专业智能风险管理体系，创立产业链信用生态环境，促进实体制造产业链稳健发展。

四是拟接入供应链票据平台。2020 年 4 月 24 日，上海票据交易所推出的"供应链票据平台"正式上线试运行。"供应链票据平台"依托于电子商业汇票系统，与供应链金融平台对接，为企业提供电子商业汇票的签发、承兑、背书、到期处理、信息服务等功能，通过供应链票据平台签发的电子商业汇票称为供应链票据。产业链供应链中大型集团企业的上下游往往有较长的贸易链条，通过供应链票据可以解决企业之间的"三角债"问题；并且可以方便企业流转支付，避免企业手头积压过多应收账款；同时还能够通过供应链票据传递核心企业优质信用。供应链票据的使用，既可灵活支付，又可通过贴现或标准化票据快速融资，而通过供应链票据平可在线完成供应链票据的等分化签发、背书、融资，实现"一键处理、全程无忧"的高效便捷操作。2020 年 9 月，魏桥金保已启动对接上海票据交易所供应链票据平台工作，拟通过 Finpay 供应链金融云平台对接供应链票据平台，实现供应链票据的签发，盘活生产制造产业链供应链中庞大的应收账款，并通过多级流转，使核心企业信用向多级供应商进行传递；推动供应链票据在公开市场流转，实现票据资产证券化业务标准化；监控核心企业上下游风险，保证基础交易背景真实，规范供应链平台运营，解决中小企业融资难、融资贵的痛点，助推供应链金融的稳健可持续发展。

（五）经营目标及未来展望

生产制造业是国家"十四五"规划及 2035 年远景目标的重点发展领域，国家多部委亦提出要加大对先进制造业、现代服务业、贸易高质量发展等国家战略及关键领域金融支持力度。未来，魏桥金保还将依托 Finpay 供应链金融云平台建设实体制造业背景项下（特别是大宗商品行业）的大数据分享服务平台，服务从原料到终端产品，从矿山到汽车、手机、飞机、电缆等制造业产业链，解决大多数实体行业信息不对称、资金占压严重、中小企业融资难、融资贵的问题；同时，通过对交易数据的收集和管理，反向应用数据盘活交易，用数据为交易进行风险管理，把控产业链风险，提供交易撮合、集采代销服务。此外，魏桥金保还将进一步利用交易平台、智慧仓储、智慧运输及物联网技术，对客户及交易场景进行全方位画像，实现从数据收集到数据资产线上化的转换，深化实体产业链客户服务。

魏桥金保将一以贯之在生产制造领域深耕细作，大力推进供应链金融发展，精准服务制造产业链供应链，构建高效的生产供给体系，矢志建立在中国在生产制造业领域具备竞争优势的互联网金融科技平台，成为中国领先的供应链金融企业，推动中国制造企业高质量发展，支持畅通"双循环"特别是国内经济大循环新发展格局，维护、提升我国产业链稳定性和竞争力，为祖国的"两个一百年"奋斗目标尽责献力。

三、永辉青禾商业保理（重庆）有限公司

（一）基本情况

永辉青禾商业保理（重庆）有限公司（以下简称"永辉保理"）是 A 股上市公司永辉超市股份有限公司全资在 2016 年 3 月投资设立的商业保理公司。永辉保理 2016 年注册资本 5000 万元，伴随业务稳健发展，在 2018 年 1 月由原有股东发起人永辉超市股份有限公司全资增资至 2 亿元。

在十余年的发展中，永辉超市深耕零售供应链，基于零售供应链沉淀了十余年的发展经验，现已发展为以零售业为龙头，以现代物流为支撑，以现

代农业和食品工业为两翼，以实业开发为基础的大型集团企业。基于良好的股东背景，永辉保理从诞生起就注定了实体经济的基因，一直秉持"以融促产、服务实体"的理念，专注在流通和零售领域，为中小微品牌商、经销商、流通商、物业商和零售商提供"便捷、高效、普惠"的金融科技产品。

（二）2020 年运营情况

2020 年，永辉保理面对新冠疫情的冲击及复杂多变的经济金融形势，坚持"以融促产，服务实体"，积极支持中小微企业和三农企业发展，实现营业收入 2 亿多元，较 2019 年增长 68.42%，全年纳税额 2700 多万元，均位于同行业前列。

永辉保理服务对象主要涉及永辉超市自有的生态商超体系，通过核心企业永辉超市的供应链条上的供应商、物流服务商、工程承包商等中小企业商户和永辉超市之间的交易数据，提取一定权重不同纬度的信息数据，建立了分布在不同行业及交易区间一个较为全面的、立体的风控模型。通过横向行业的比对数据，分析出各个行业的基本利润率和交易特点；通过纵向交易量的波动和差异，分析出不同企业的交易量的合理范围和发展趋势，评估个体风险。通过数据比对，分析量权重的调整和变动系数的微调，找出不同企业的不同风险把控点，同时，通过供应链条上数据产生的不同阶段，如订单期、运输期、交货期、发票期、结算期等不同数据的变化比率和流失比率，把控企业数据在不同阶段的动态风险，利用大数据及神经网络深度学习，通过行业数据、城市数据、平台数据、交易数据、企业工商数据、季节波动数据、企业征信数据等多维度大数据匹配搜索和比对，自创一套实时交易的量化风控模型，同时，利用移动端 App 线上交易的便利性，为客户提供 7×24 小时的金融服务，目前累计服务三农和小微企业逾 5 万家，融资余额突破 20 亿元人民币。

（三）产融结合

永辉保理依托于永辉超市在零售领域的数据和场景优势，为供应商定制了基于供应链的"惠商超"保理融资产品，以解决供应商因账期较长而产生的资金不匹配问题。基于不同单品行业的淡旺季，永辉保理开发的产品支持按日计息，随借随还，能够全方位满足客户的资金需求，淡季时供应商可以借短及时"回款"、借长规划资金需求，旺季时还可以根据实际情况临时提额。

例如本地供应商重庆乐怀食品有限公司已经将永辉超市作为核心销售渠道，但是由于货款流转过程中的积压，以及回款不及时导致的资金链断裂严重影响着公司扩张。银行等传统金融机构由于不了解乐怀所在的肉制品产业规律，认为其没有稳定的现金流，并未向供应商提供融资，但是永辉保理依据永辉超市在该行业的深耕经验以及乐怀的历史交易数据，真正实现了在风险可控的前提下，发放了第一笔融资款。现在永辉保理向重庆乐怀食品有限公司发放的融资款已经从 200 多万元增加到了 400 多万元；目前乐怀食品的产值已达 1 亿多元，为永辉超市带来更多优质的产品与服务。永辉保理推动乐怀食品规模快速发展的同时，乐怀也反哺永辉超市，真正实现了三者的联动，真正实现了以融促产。

在涉农企业的扶持方面，永辉保理依托于母公司永辉超市在生鲜领域的产业优势，为农业供应商在销售旺季时提供各种旺季提额、订单融资等综合金融产品，基于不同单品的淡旺季，贴合产业规律，为用户提供了便捷、高效、及时的金融服务，深受供应商喜爱，推动了供应商规模的快速发展。例如，永辉内部最大的大闸蟹供应商常州洋泽农业科技有限公司（以下简称"常州洋泽"），2017 年销售额 6000 多万元，在销售旺季中秋节前后需要大量收购毛蟹为永辉超市备货，需要部分流动资金支持。由于大闸蟹的生长周期为 3—10 月，在此期间没有养殖收入，到了 10 月之后，大闸蟹才会陆续大批出塘。银行等传统金融机构由于不了解大闸蟹的产业规律，对涉农企业服务和认知不够，认为没有稳定的现金流，未向供应商提供融资。永辉保理基于对大闸蟹的销售周期的了解，以及永辉超市所下销售订单，为供应商提供了融资支持，并在原有的额度基础上进行了旺季提额，促进供应商在长荡湖产地收购到更多更优质的大闸蟹，更好地服务了超市，实现了反哺超市。同时，在永辉保理的支持下，常州洋泽在 2018 年已实现业绩接近翻倍，年销售规模快速增长至 1 亿元。

（四）抗击疫情

公司疫情期间，新增保理融资投放 7.4 亿元，展期客户数达 97 家，展期金额达 1.45 亿元；其中湖北地区供应商 11 户，湖北新增保理融资投放量 1 亿元。重点在永辉中百商超保障民生的餐桌饮食供应和生活用品行业。

2020 年 2 月 28 日，永辉保理在疫情发生后，在上交所发行了疫情防控专项 ABS，以驰援疫情期间需支持的民生商超类中小微企业资金投放。

图 28-1　公司在疫情期间发行首单零售商超行业专项 ABS

同时，公司设立专用资金支持涉农和小微企业新增保理融资，疫情期间累计服务全国中小供应链企业 200 多户。

疫情发生期间，公司就东北米农因受灾和疫情影响导致的问题，积极主动联系米业采购品牌商（尚禾米业、秋然米业）并派遣公司业务人员至东北为米农解决抗灾收米事宜。

保障就业方面，公司承诺疫情期间工作岗位、薪酬不减少，并根据公司的发展进一步规划就业岗位的扩充，在疫情严重时期员工持续在家办公，薪酬无差别对待，疫情缓和后，公司大力增添办公用品例如微波炉、加热器、消毒柜等，保障员工访岗安全，充分地体现了公司的人文关怀。

（五）经营目标及未来展望

未来公司将继续着力提高金融支持的力度来缓解中小微企业客户的资金压力，不断打磨更新公司的产品，更多地通过线上化操作、线上化审批让客户少出门，大大降低客户感染风险并提高效率。公司还将结合永辉超市核心企业优势，继续深耕供应链服务，维存拓新。

四、重高铁发（重庆）商业保理有限公司

（一）基本情况

重高铁发（重庆）商业保理有限公司（以下简称"公司"）于 2019 年 12 月 5 日获得市金融监管局批复在重庆成立，公司的注册资本为人民币 5 亿元整，由中国铁建与重庆高速共同出资成立。以"服务主业、以融促产"为宗旨，服务股东产业链，通过金融支持推动产业链健康发展。公司依托股东强大的产业资源，积极发挥专业平台、低价资金、专业人才的优势，通过开展中小企业应收账款保理业务、核心企业应收账款保理业务、ABS 业务以及创新业务，实现平滑企业经营性现金流、优化资产负债结构、盘活优质存量资产的目标，打造具有特色的产业金融公司。

（二）2020 年运营情况

1. 不断优化、加强业务模式和客户联系，积极探索商业保理新领域

2020 年，公司夯实传统保理业务，创新新型保理业务，不断优化业务模式、不断加强客户联系。全年完成投放客户 / 项目 20 余个，投放金额近 40 亿元。

（1）夯实传统业务

2020 年，实现正向应收保理、反向应收保理、ABS 劣后投资等传统业务投放约 30 亿元，夯实了公司传统业务基础，主要体现在以下三个方面：一是夯实了正向应收保理核心业务营销地位。作为公司核心业务，其投放体量大小直接影响公司业务投放整体规模。二是夯实了 ABS 劣后产品认购。全年，公司先后协同 9 单 ABS 落地，并起到"定价锚"的作用，为降低股东成员单位综合成本起到积极效果。三是夯实了具有产品差异化的传统反向保理业务。公司深入研究与铁建保理类同的传统反向保理业务，并优化形成具有产品差异化的反向保理业务。

（2）创新其他业务

2020 年，围绕提升品牌竞争力、创新业务模式这一目标，公司大力开展

创新工作，丰富业务产品结构，提高公司品牌竞争力。全年，创新业务完成投放近 10 亿元。

一是创新未来应收账款保理业务。未来应收账款保理业务来源于《民法典》对合格应收账款的扩展，服务于项目建设启动阶段，在工程资本金到位后，项目贷款资金到位前，根据工程合同及开工情况，基于客户将有的应收账款提供保理融资服务，解决了项目前期材料采购及农民工工资兑付的资金压力，缩短了工程建设工期，推动了工程有序开展。

二是开创高速公路 ETC 保理业务。2020 年全国高速公路实现电子不停车联网收费后，其 ETC 业务得到快速发展。目前其用户量已达到 2 亿以上，货车 ETC 使用率已达到 53%，发展前景巨大。为此，公司在成立之初即紧盯这一项目，通过历时近一年的充分研讨，基于货车通行高速公路后产生的通行费，公司积极搭建业务平台，联合重庆高速、银联平台、担保公司发挥各自优势，为货车司机提供通行费保理，缓解了货车司机交货结算前的资金压力，积极响应了国家服务实体经济和加快 ETC 应用发展的政策要求，促进企业降本增效，助力普惠金融需求、推动实体经济发展。

三是开发合资公司反向保理业务。为缓解股东参与合资项目公司项目资本金到位压力，公司创新开发反向保理产品，既保障项目施工进度，又实现总包单位出表。2020 年，该业务在铁建重庆投双合项目完成了首单落地，成为公司业务新增长点。

2. 不断扩展融资渠道，努力打造业务融资新平台

2020 年，围绕主营业务需求，公司立足于加强资金管控和统筹，在不断健全财务管理制度的同时，同步规范完善自身经济行为，全力协调、对接银行做好放贷工作，努力打造业务融资新平台。

（1）建立健全财务管理制度，强化财务管理流程

为规范公司会计核算，根据保理业务的行业特点编制公司《会计核算办法（试行）》，为防范价格风险，提高对外报价效率，编制了《定价管理办法（试行）》，对业务投放定价和融资定价进行了全面规范。

（2）加强公司资金管控筹划，努力降低资金成本

一是积极开展与各家合作银行的授信工作。全年与 10 余家合作银行进行沟通协调，并获得相应的授信批复。二是积极协调银行做好放贷工作，尽可

能做到银行放贷与公司保理资金投放的无缝对接。三是做好公司融资方案的科学编制，合理选择融资渠道和融资品种，降低公司资金管理成本。四是公司各部门通力合作，在保理资产的选择上尽量优先选择可融资再保理资产，尽可能盘活公司资产，提高资产使用率。

（3）规范完善自身经济行为，防范规避各种风险

一是按照保理合同约定及时发出保理催收函，防止出现逾期支付情况发生，各项目保理费、保理手续费或期间收益均按计划时间收回，无逾期不良资产产生；二是合理进行资金调控，按时筹措资金归还到期贷款本金，全年无贷款违约情况发生。

3. 不断明晰风险责任，逐步构建完善合规风控体系

（1）完善公司风控管理制度体系

根据公司经营发展和业务拓展需要，不断改进风控管理工作，逐步建立和完善公司风控管理制度体系，促进相关工作制度化、规范化、体系化。全年，公司制定合规风控、客户授信风控、项目投放风控、项目贷后风控等指引文件，建立完善《授信管理办法》等制度。在合规前提下尽量减少业务流转程序，做到不相容职务相分离，达到互相复核和监督的效果，有效降低公司运营风险。

（2）抓好客户授信和项目投放风控审查

2020年，公司合规风控部紧扣业务实际，不断加强对各项目执行情况的跟踪督办，通过授信和投放的全过程参与，提示项目可能存在风险。

（3）实现三项重点工作法律审查全覆盖

一是与公司常年法律顾问共同对公司拟对外签订的合同、协议进行合规合法审查，保障公司合法权益；二是通过参与公司制度和决策文件的审查，梳理公司风控流程，降低公司经营风险。全年，法律审查全面覆盖公司合同126个和制度29个。

（4）着力合规体系建设，落实常规及专项风险监督

一是全面落实风控管理员职责，落地公司日常运行的风险管理；二是每月通过风控管理员初查、合规风控部复查和风控月度例会的形式，形成月度报告供公司领导参考决策；三是开展专项检查2次，内容涵盖业务授信、业务投放、财务凭证、会议资料等各个方面，及时纠正各板块工作中出现的瑕疵，完善和规范公司管理。

（5）多级多维度强化项目贷后管理

2020年，公司合规风控部定期进行融资主体财务状况和项目回款情况跟踪检查，不断完善贷后检查报告、优化贷后检查流程。主要有以下几点：一是结合客户回访及业务推介，对客户进行现场贷后检查；二是对未进行现场贷后检查的项目，开展非现场贷后检查，实现全年项目贷后检查全覆盖；三是对到期回款项目开展后评价工作，根据项目审批和项目执行情况，评价前期尽调真实性、项目收益情况及风控措施有效性。全年，公司各个投放项目均正常开展、按期回款，贷后管理均为正常类。

4. 不断提升内控管理水平

（1）完善公司企业文化宣传

本年完成VIS视觉标识系统全部完成设计，设计涵盖Logo、名片、PPT模板、业务/商务信封、纸杯、电脑界面、邮箱模板等应用设计，T型广告牌、DM单页/折页海报等广告识别设计。这一系统的建立，规范了公司对外统一形象，更好诠释了公司企业文化。

（2）全力开展全员抗疫专题活动

为保护员工个人安全，保障公司正常、有序运转，公司发起全员抗疫的专题活动，主要包括以下四个方面的工作：一是成立公司疫情防护工作领导小组，发布各类疫情防护紧急通知、情况通报和应急预案10余次，做到政令畅通；二是积极协调多方供应商，紧急采购口罩、消毒洗手液、酒精等各类防护物资，定期进行办公场所消杀工作；三是完善公司视频会议系统，以疫情为契机，建立了专门的视频会议系统，提高了工作效率；四是积极筹措节后复工复产工作，及时发布专题活动宣传报道。

（3）行政管理全方位覆盖

建立公司月度经营情况信息报送机制，内容涵盖财务预算、融资状况、业务授信与投放、风控管理及内控管理等多个方面，为领导决策提供了全面信息。

（三）未来工作展望

2021年是中国共产党建党100周年，是"十四五"规划的开局之年，也是全面建设社会主义现代化国家新征程、向第二个百年奋斗目标进军的开局之年，更是保理公司稳步发展、持续壮大的发展年。当前，智能化、数字化、平台化已成为发展保理行业的重要趋势。在政策全面推动应收账款融资业务大力发展，疫情之后经济回暖的有利时机下，商业保理行业将迎来持续快速发展的新机遇。根据相关研究报告，2021年，商业保理行业业务量将达到2.39万亿元，融资业务量将达到4.61万亿元，未来五年，业务量年均复合增长率将达到5%以上。面对这一机遇、风险并存的局面，公司将深入学习宣传贯彻党的十九大精神，坚持以习近平新时代中国特色社会主义思想为引领，增强"四个意识"、坚定"四个自信"、做到"两个维护"，统筹推进"五位一体"总体布局，协调推进"四个全面"战略布局。

1. 围绕节点，努力实现业绩新高

公司将继续深入研究股东产业链，稳住传统业务，不断创新产品，扩大客户覆盖面，持续提升服务质量，努力实现公司经营业绩再创新高。

（1）推陈出新，加大创新力度

深入研究股东产业模式，不断创新业务产品，提高企业竞争力，切实服务好股东主业。一是要加快完善ETC项目的运作流程，持续跟进平台运营情况及客户拓展进度，推动项目高质量、高速度发展；二是要开发合资公司反向业务新项目，为该类业务提供持续性支撑；三是要继续深入研究未来应收账款保理业务，打通融资渠道，实现撬动投融资项目综合一揽子保理服务目标；四是要继续深入研究股东产业链，开发新业务产品。

（2）依托股东，做好属地推广

依托股东背景，深耕重庆区域重点项目，取得实质性突破。紧盯重庆高速公路、航运建设重点项目，开发并提供特色保理服务；围绕中国铁建和高速集团在重庆的成员单位，深入推广保理业务。

2. 紧盯业务，抓好经营风险防控

（1）全员覆盖，加强体系建设

一是持续完善公司各业务产品操作指引，明确各部门工作职责、介入时间、成果要求和时限要求，使公司的项目投放流程更加规范。二是持续完善和梳理公司风控体系建设，制订或修订相应管理制度，重点完善各部门风控操作手册，提炼公司风控管理要点，通过公司整体风控体系的建设，形成公司独特的风控管理文化。

（2）提前介入，加强风险预判能力

一是要将风控工作前移，优化并加快项目审批、投放流程，为客户提供更好服务；二是要强化现存项目的贷后管理工作，特别是对投放较多的客户和项目，增加现场贷后检查比例，控制业务风险。

（3）重点关注，狠抓专项防控

一是要加强合同审查工作，降低公司操作风险。持续加强对各类经济合同的审核工作，特别是对保理业务合同，根据不同产品需要适时更新合同套件，防控业务风险，为客户提供便利。二是要落实教育培训计划，提升员工风控意识。按照年度培训计划安排，及时组织相关培训，丰富员工的知识积累，提升各部门员工的风险控制意识。三是要适时开展专项检查，加强风险防控针对性。根据全年工作安排，适时开展专项检查，有针对性地解决公司日常经营活动中的管理风险。

第二十九章 资产管理公司

一、重庆富城资产管理有限公司

（一）基本情况

重庆富城资产管理有限公司（以下简称"富城资产"或"公司"）成立于 2017 年 3 月，是重庆市第二家获市委市政府批准筹建，经国家银保监会核准的地方资产管理公司，于 2017 年 6 月取得金融机构不良资产批量收购处置业务资质，并于 2021 年 2 月获批参与单户对公和批量个贷转让试点。经营范围为参与市内金融企业不良资产的批量转让业务，收购、受托经营市内金融机构不良资产，收购、受托经营非金融机构不良资产，并对不良资产进行管理和处置；对股权资产进行管理和处置；以自有资金投资及投后管理等。

富城资产注册资本 15 亿元，股东分别是麦启投资（上海）有限公司、重庆佳利科技有限公司、重庆金融资产交易所有限责任公司、重庆市江北嘴中央商务区投资集团有限公司，分别持股 35%、35%、20%、10%。

表 29-1　富城资产资本构成

股东名称	出资金额 / 万元	持股比例 /%
麦启投资（上海）有限公司	52500	35
重庆佳利科技有限公司	52500	35
重庆金融资产交易所有限责任公司	30000	20
重庆市江北嘴中央商务区投资集团有限公司	15000	10

公司自成立以来，连续 4 年实现盈利，累计贡献税收近 3.5 亿元，发挥了较好的经济和社会效益。

（二）2020 年经营情况

1. 业务为基础，公司经营平稳有序

截至 2020 年末，公司资产总额 76 亿元，负债总额 56 亿元，资产负债率 73%，较上年下降 8 个百分点，负债杠杆不断压降。2020 年，公司实现营业收入 4.6 亿元，净利润 0.5 亿元。

公司围绕主业，努力提升经营质量。全年新增收购不良资产规模 72 亿元，其中收购金融机构不良资产规模 39 亿元，占全年收购不良资产规模的 55%，重庆地区收包数量排名第二。全年处置不良资产规模 89 亿元。不良资产经营与处置实现收入 3.6 亿元。不良率保持在正常范围内。

富城资产于 2020 年 10 月获得远东资产评估有限公司《主体信用评级信用等级通知书》，公司主体长期信用等级为 AA+，评级展望为稳定。

2. 管理为后盾，公司治理工作稳步开展

公司召开了 2019 年度股东会及董事会、监事会年度会议，审议通过了公司年度工作报告、财务决算报告、财务预算方案，明确了年度股东会、董事会等有关授权方案。顺利完成了董事会、监事会的换届及经营层的聘任工作，新任董事长和执行总裁等新任高管取得任职资格。为有效促进董事会、监事会、高级管理层的协调配合，推动构建高效有序的决策机制和科学清晰的职责边界，进一步提升了公司治理能力，更有力地夯实了基础。

3. 机制为核心，调动业务团队积极性

公司对年度目标进行分解，开展组织考核和激励机制的创新尝试，试行事业部"赛马"机制，充分发挥机制的引导作用。一是大力倡导绩效优先的企业文化，以经营指标为核心，以发展质量指标为要求，以监测指标为督导，以 360 度考核为辅助，实现公司有质量的增长；二是深化完善绩效考核机制，在原有机制基础上进行优化调整，建立激励约束的长效机制。引导发挥目标导向和激励约束作用，提升业务人员的积极性和战斗力。

4. 队伍为依托，提升核心竞争力

公司不拘一格选拔人才，立志做不良资产运营管理专家。优先把有从业经历、真才实学和有一定政商资源的人才配备到高级管理岗位。注重专业人才的培养，对有法律、资管、财务、证券等专业职称和从业资格的人员优先任用。公司关心专业团队的建设，并按事业部制配套相应的激励机制，充分调动全员的积极性，上下形成既有专业分工，又有团队合作的局面。

通过传承"简单、专注、持久、坦诚、阳光"的企业文化基因，增强队伍的凝聚力和向心力；坚持"走正道、守规矩、不折腾、负责任"的管理理念，把公司办成正规化的资产管理公司；树立"高标准选人、高志向留人、高激励用人"的人才观，激发团队的热情和创造力。打造学习型组织，通过内陪外引，培养一支作风过硬，纪律严明的专家型人才队伍。

5. 风控为底线，为公司安全保驾护航

风险是公司安全运营的生命线，公司重视风控责任意识培养，倡导合规文化建设。全年着重抓好几项重点工作。

一是强化风控体系。根据监管要求修订完善风控制度和操作指引，确保业务从准入到落地各个环节的合规性和规范性，降低操作风险。

二是严控项目风险。一是前置风控防线，风控团队在前台业务营销阶段参与客户沟通，更加贴近市场、了解交易对手，有利于提升业务风险识别、度量和控制能力。二是针对监管政策的变化，提高了项目准入门槛。三是从严掌握项目评审标准，全面关注项目的市场风险、信用风险、法律与合规风险和操作风险。

三是不踩监管红线。及时关注监管动向，适时调整业务方向，确保各项业务达到监管要求。年内接受了市金融监管局的现场检查。

四是守住法律底线。坚持项目法律与风险审查平行开展，聘请了专业的律所提供常年法律顾问服务；重大项目聘请专门的律师提供全过程法律指导与服务；定期组织法律相关的业务培训，内容覆盖到业务操作、尽职调查、监管应对与刑事法律风险等可能遇到的问题。

（三）服务实体经济情况

1. 聚焦主业，助力化解区域金融风险

公司不忘初心，牢记使命，助力化解区域金融风险。全年收购不良资产规模 72 亿元。处置不良资产规模 89 亿元。参与收购重庆市内金融资产不良资产包数量 7 个。

一是积极参与市内外金融机构的不良资产批量处置。公司创新合作模式，引入市外的金融机构、地方 AMC 参与重庆本地不良资产处置。全年收购金融机构不良资产规模 39 亿元，占全年收购不良资产规模的 55%。其中，重庆市内金融机构不良资产规模 31 亿元，为全年金融不良资产收购规模的 80%。公司全年累计收购重庆地区金融不良资产包 7 个，本金合计 26.5 亿元，中标合计 6.3 亿元，平均折扣约 2.4 折，在重庆市场排名靠前。不仅得到金融机构广泛认同，也为化解重庆市内金融风险发挥了作用。

二是积极帮助非金融机构化解风险。在经济下行和疫情影响的复杂环境下，通过非金融不良资产收购重组及债务期限重新安排等方式做到业务成功落地，帮助实体企业渡过难关。公司全年收购非金融机构不良资产规模 32 亿元，占全年收购不良资产规模的 45%。

三是主动配合政府化解市内金融风险。公司积极参与到市内重点企业债务以及有关特殊存量债务的风险化解工作，前期已完成部分现场尽调工作，并参与北汽银翔的破产重整工作。后续将制订有关收购方案，寻找资金方，逐步消化解决存量债务。

2. 应对疫情，发挥对受困企业的支持作用

新冠肺炎疫情给不少企业带来了非预期性冲击，资金方面受到了较大的压力。公司顺应金融扶持政策导向，立足重庆，对疫情受困的企业给予金融支持。

一是为困难实体企业纾困。针对重庆辉岳贸易有限公司和重庆鑫磊诚贸易有限公司债务困境，2019 年，公司获得地方政府支持，制订了债务和解方案。在疫情期间，公司加大支持力度，在原有债权上打折给予债务人支持，并制订一系列专业处置方案。在疫情发生的大背景下，债务人销售净回款达到 1352 万元，使债务人看到了重生的机会，表示将继续配合公司一起解决问题，感谢富城公司帮助其渡过难关。

二是为重庆金融企业给予支持。对普罗米斯小额贷款公司债权进行收购，并引入合作机构进行债权清收，化解相关风险，为稳定市内金融环境发挥作用。

（四）产品、服务及模式创新情况

1. 创新模式，特色化经营模式是公司参与市场竞争的利器

在依法办事，守住法律底线；坚持原则，不踩监管红线；分级授权，独立运行；从严执纪，不碰公司高压线的原则下，不断创新、延伸业务模式。

一是"不良资产+"模式，依托不良资产主业，整合上下游产业链，一业为主，全面发展。

二是不动产特色模式（差异化模式），专注于土地、房地产、"烂尾楼"、科技园区及矿产资源类不良资产收购处置。

三是混合经营模式，不限于金融、非金融不良资产收购处置，涉及投资、融资、企业兼并重组、破产重整等。

2. 响应政策，助力成渝地区双城经济圈建设

在战略层面，公司布局成渝地区双城经济圈建设，在成渝两地大力寻找符合国家战略的创新型科技企业。公司充分利用团队股权投资经验和业务优势，经充分研判，以股权投资形式投入 2000 万元，支持成都立航科技公司，配合其完成 IPO 申报材料的递交和证监会审核意见的反馈。2020 年 12 月，成都立航科技顺利通过证监会发审委上海主板 IPO（首发）审核，成为 2020 年成都新区第 8 家过会企业。后续公司将继续借助重庆地区一流的营商环境、加大力度优先在重庆本地寻找优质股权投资标的，为助推重庆地区的创新型企业上市提供肥沃土壤。

为响应国家打造成渝双城经济圈的战略，公司持续深化成渝金融机构合作关系，已和成都大连银行、富润资产、新网银行展开全方位、多层次的紧密合作，助力成渝双金融中心建设。

（五）经营目标及未来展望

1. 持续加强公司治理，健全法人治理机制和结构

公司成立之初，在"三会一层"的运作机制、组织架构、薪酬体系、投决会运作等各方面进行了精心的设计，以"基于不良资产而不唯不良资产""经过三年的努力，把公司建设成为国内一流的地方资产管理公司"为愿景，确立了公司未来的发展方向。

公司将持续规范运作三会一层日常工作，有效发挥董事会、监事会作用，适时修订公司有关制度，进一步提高公司治理能力。

2. 以战略为引领，谋划未来发展规划

一是制订好三年滚动预算目标，编制公司中长期战略发展规划。二是坚持"两大目标"不变的原则（跻身国内一流地方资产公司和3年力争达到上市条件），制订实现规划目标的路径和实施细则。三是推进公司股份制改造，力争引进战略投资人，增资到30亿元。

3. 以发展为核心，围绕主业深耕突破

契合政府和监管导向，面向客户市场需求，继续在规模、质量、效益兼顾的框架下推动业务发展。

一是深耕主业。以外部市场化业务为主，在目标客户上，广泛关注银行、非银行金融机构和各类大企业客户非金融不良资产中的业务机会；在合作资源上，广泛发掘上下游客户，打造公司价值链和盈利点；在交易结构上，以个性化、特色化为差异竞争优势，实现主营业务做大做强。

二是深耕金融机构。以客户为中心，为客户解决问题，实现资产、融资和效益的同步提升。

三是深耕融资渠道。尝试与大型地产公司、投资集团建立战略合作关系，通过合资合作或其他方式，提升双方核心竞争力和市场拓展能力，实现互利共赢。

四是深耕以不动产为特色的"富城+"业务模式。坚持以不动产为特色的商业模式不动摇，在已基本成型的"融资+操盘+股权投资"的不动产项目投资模式下总结经验，形成可供复制的商业模式。

4. 以融资为重点，构建公司的"蓄水池"

一是以财务评级为根本，培育自身的造血功能；二是以项目为载体，培养自己的源头活水；三是以收购为核心，积累自己的压舱石；四是以主业为依托，构建多元化的融资渠道。

5. 以合规为前提，以风险为底线，扎实开展工作

一方面，持续推进公司内控合规建设，进一步形成良好的合规文化。一是积极落实外部审计检查整改工作；二是进一步完善公司治理运行机制，更

好地发挥三道防线的作用；三是以制度执行为抓手，强化流程管控。

另一方面，以风控为准绳，不踩红线，守住底线。要始终坚持四个原则：依法办事，守住法律底线；坚持原则，不踩监管红线；分级授权，独立运行；从严执纪，不碰公司高压线。

二、重庆渝康资产经营管理有限公司

（一）基本情况

重庆渝康资产经营管理有限公司（以下简称"渝康公司"或"公司"），成立于 2016 年 7 月 1 日，是市委、市政府立足全面深化改革需要，设立推进服务供给侧结构性改革、国企国资改革、金融体制改革的市场化专业平台，是经财政部备案、中国银保监会核准的全市首家地方金融资产管理公司，于 2016 年 9 月取得金融机构不良资产批量收购处置业务资质；同时，还取得了破产管理人资格，获批开展对公单户和个贷不良转让试点。主要从事不良资产的收购处置、受托经营、重组整合及相关的金融和中介服务。

公司主体信用评级持续保持 AAA，实缴注册资本金 50 亿元，现有 4 家股东：华润金控投资有限公司、重庆渝富控股集团、重庆市地产集团、重庆市城投集团，均为央地两级国有资本投资、运营公司试点企业或出资企业。其中，华润集团基于产融协同和央地合作的需要，在国务院国资委和重庆市委、市政府的关心支持下，由华润金控于 2020 年 9 月完成对渝康公司 54% 股权的收购，成为公司新的控股股东。目前，公司参控股子公司 8 家，其中 3 家为上市公司股权。

在全国地方 AMC 中首家获批设立博士后工作站，成功实施重庆首单"洁净转让、真实出售"市场化债转股，是中国特殊资产 50 人论坛创始理事单位，地方国有 AMC 高层圆桌会议联合发起单位，被推选为中国 AMC 联盟副理事长单位，先后荣获特殊资产行业优秀案例奖、中国地方 AMC "领先发展卓越奖""改革创新奖""最佳案例奖"、重庆改革开放 40 周年创新企业奖，相关探索被国务院国资委精选录入《国企改革 12 样本》，被誉为"企业医院"。

（二）2020 年运营情况

2020 年，渝康公司认真贯彻落实市委、市政府决策部署，在市国资委、市金融监管局等主管监管部门的指导支持下，以推进引战混改落地为牵引，持续聚焦不良资产主业，全力以赴抓引战混改、抓收购处置、抓合规经营、抓风险防控、抓整合发展，较好地完成了各项任务，推动公司实现了持续稳健发展，为"十四五"良好开局奠定了坚实基础。

自 2020 年 9 月华润正式接手渝康公司以来，在市金融监管局的关心指导下，公司新管理团队严格按照监管要求，团结一心，本着想干事、能干事、干成事劲头，努力推进"新渝康"整合发展。全年新增项目投资 40 亿元，累计回现 27 亿元，实现营业收入 5.4 亿元。2020 年末，公司资产总额 151 亿元。重点推进了以下工作：

1. 圆满完成引战混改

在市委、市政府和华润集团的领导重视和主管监管部门的指导支持下，渝康引战混改工作先后完成公司、股东、华润集团、市国资委和市政府、市委及国家市场监管总局"七个层面"决策审批，有序推进、圆满落地。

3 月 6 日，受新冠肺炎疫情影响，项目中止。4 月 3 日，恢复交易公告，公告期延长至 5 月 6 日。4 月 10 日，华润金控审议并通过了参与渝康"引战"，同意签署《产权交易合同》及相关文件，指定华润资产要约收购重庆燃气流通股。5 月 20 日，根据报名情况及交易结果，华润金控成为项目受让方。5 月 28 日，华润金控与渝康股东方签订《产权交易合同》。6 月 8 日，华润集团战略调研组入驻，开始工作对接。9 月 3 日，国家市场监管总局下发《反垄断审查不予禁止决定书》。9 月 9 日，华润金控完成 35 亿元股权收购价款支付。9 月 30 日，完成工商备案登记并换领新的营业执照。10 月 16 日，重庆 3 家股东原认缴出资 21 亿元到位，50 亿元注册资本金做实，公司注册资本金首次超过全国行业平均水平（37 亿元）、资本实力进一步增强，标志着渝康引战混改工作圆满落地。

2. 有序推进整合发展

自 2020 年 9 月华润资产正式接手渝康公司以来，按照华润集团赋予渝康"1+3"战略定位，渝康新管理团队团结一心，努力推进整合与发展。

一是稳妥推进团队整合。9 月 23 日，渝康召开董事会、股东会，完成董事会换届，聘任新一届经营管理班子。9 月 23 日，华润资产与重庆市国资委商定完成渝康公司管理体制调整，公司党组织从市国资委转接到华润资产党委，原班子不再由国资委管理任命。10 月 15 日，渝康成立新的党委。公司原班子和团队全部得到妥善安排，新治理结构搭建完成，实现平稳过渡。公司党委主要负责人先后与全体班子成员谈话谈心，落实工作分工，统一思想认识，凝聚干事创业信心和决心。公司先后多次召开全体员工会、中层以上干部会、新入职员工会，用混改后公司新的发展目标激励团队，鼓励大家向前看、奋力干。

二是深入推进战略融合。华润资产第一时间带领渝康公司骨干人员走访调研同业，向同行先进学习对标。结合华润集团开展"十四五"规划的统一部署，邀请毕马威协助开展战略梳理和"十四五"规划，确立"三三三"发展战略，致力于将渝康打造成为最具价值创造力和产融特色的资产管理公司。结合成渝地区双城经济圈建设上升为国家战略，协助华润集团战略部开展区域战略调研、规划建议，将渝康摆进华润集团区域战略，积极主动服务产融、融融协同。

三是积极导入市场机制。引入投行化 MD 体系。进行职级体系调整，借鉴地方 AMC 标杆公司经验，建立业务 MD 发展通道及职级标准；结合公司管理需要，构建完善"管理+专业+业务"的多元化发展通道。实施市场化绩效管理。完善项目激励体系，建立与员工绩效直接关联的激励约束机制，推动新旧体系转换；设计市场化激励策略，确定市场化薪酬定位，定立市场化薪酬结构，实施市场化管理办法。2020 年 12 月，在华润资产支持下，完成全员职级薪酬套改，实行新业务激励机制，着力点燃团队干事创业的激情。导入行动学习方法。组织专家为公司中层以上骨干员工开展领导力培训班 4 期；将华润集团行动学习方法导入团队学习工作之中，组织开展行动学习 7 次，持续给员工赋能。强化行业对标研究。校企合作建好全国地方 AMC 首家博士后工作站，围绕资产管理行业和成渝地区双城经济圈建立研发体系，完善市场化对标管理研究、跟踪、落地体系。

四是着力优化团队结构。盘点人才。邀请德勤开展人力资源体系优化项目，系统梳理关键岗位人员的履职能力、岗位胜任度、工作状态与职业意愿，并进行全面评价，识别出优秀人才及后备人才。充实队伍。按照专业急需要求，新引进专业人才30人，及时补充新鲜血液。截至2020年底，公司人员共79人。优化结构。平均年龄35岁，硕士及以上占比近50%，拥有技术职称或职业资格员工占比约60%，前台业务人员占比50%，前中后台人才结构持续优化。

五是加快制度流程融合。全面对标华润金控、华润资产，加强制度体系建设，形成39项制度计划清单，推进废、改、立、训工作。严格落实华润要求，与华润资产加强办公流程、人员交流、资金财务、合规监管等有效对接，确保衔接有序、规范治理。

六是促进华润系公司协同。积极与华润资产交流对接，就深圳、上海、成都等地业务开展协同。借助华润授信和华润资产银企合作支持，全面改善公司融资环境，降低融资成本。积极与华润置地等集团内部公司协同，着力在信息共享、尽职调查、联合投资、投后管理等方面加强交流沟通、互通有无，促进业务拓展。

3. 全力以赴拓展业务

一是抓存量处置。强化存量资产分类管理，梳理24个重点项目，采取分工负责和专项激励的策略推动实施。注重债权转让、司法处置两手抓，强化业务、法务配合，提速资产处置、存量盘活。力帆、隆鑫、惠融通P2P等存量项目实现处置退出。2020年10月，公司参与的重钢破产重整项目获得中国特殊资产行业"优秀案例"奖。

二是抓增量开拓。开辟新的业务和区域，用增量带存量，业务部门由4个增加到7个，新设投行部、成都业务部，积极布局两类［产融（融融）结合类、不良资产重整投资类］基金项目，稳步拓展四川及西部市场。探索政企合作收处模式，与13个区县政府及平台公司建立联系机制、加强交流对接、洽谈业务合作，提速推进区县合资平台搭建。2020年，收购资产包15个，积极帮助化解不良资产61亿元。华润控股管理后，公司新增储备项目50余个。

三是抓资质获取。积极拓展破产管理人业务，成为重庆全市首家、全国第7家取得破产管理人资格的地方AMC，推进项目4个。获批开展不良贷款转让试点，公司新增对公单户不良、个贷批量不良收购经营两类新金融业务资质。至此，公司实现既可以参与对公，也可以参与个贷，既可以开展批量，也可以开展单户的"大不良"金融业务全覆盖。

4. 强化资金运作保障

引战混改成功后，公司借助华润的支持，进一步优化融资结构，加强流动性管理，保障了业务发展和经营管理。

一是拓展合作机构。渝康成为华润控股经营的子公司后，可直接切分商业银行为华润核定的授信总额，至 2021 年 2 月，授信合作银行增加到 22 家，获批授信总额 391 亿元。

二是加强直接融资。发行 3 期超短融，18 亿元，发行价格创市场较低水平。注册中票 15 亿元，有效期 2 年。

5. 持续加强合规风控

一是出台业务指引。根据新的业务战略，陆续完善收购经营类和收购重组类业务规程，出台业务操作指引 16 份。

二是强化合规管理。严格遵循监管规定，依法审慎展业，确保合规运营。通过行动学习，开展业务风险政策研讨，培育上下一致、前中后台一致的风险合规文化。

三是修订风险制度。借鉴华润资产好的风控机制，修订风险制度 9 个，建立月度风险管理和月度投后管理报告机制，及时管控公司流动性风险、项目投资风险，做实投后管理和监测预警。

四是完善风控体系。推动构建全面、全员、全程"三全"风险管理体系，做实前台业务、中台风控和业决会审查、后台审计和大监督"三道防线"。

6. 推进品牌文化融合

用好央地国资合作成果，在承接"渝康"已有市场声誉基础上，积极导入"华润"文化，打造"华润渝康"品牌。

一是有序推进公司更名。混改落地后，及时启动、推进公司更名为"华润渝康资产管理有限公司"。目前，已获华润集团字号授权、重庆市金融监管局批复、市市场监管局及国家市场监管总局核名同意，2021 年上半年完成变更登记、财政部备案、银保监会核准重新公告。

二是积极推进文化融合。大力宣贯、推行业绩文化、价值文化、执行文化、创业文化。实施"文化上墙工程"，办公区域实现"华润"标识上墙；实施"文化联训、活动联搞"，联合华润资产开展文化培训 2 次，邀请华润集团秘书长、办公室主任蓝屹培训华润历史文化。滚动播放华润 80 周年大型文献纪录片，浸润华润文化。承办"使命担当新时代、奉献开启新征程"知识竞赛。

（三）服务实体经济情况

渝康公司作为央地合作的国有金融 AMC，始终坚守初心使命、担当社会责任，坚持以市场化方式、法治化原则、专业化手段开展业务，着力收购处置不良资产、防范化解金融风险、盘活增值低效资产、服务实体经济发展，有效发挥了"企业医院"的功能作用。

1. 积极服务助力国家战略

积极响应党中央和川渝两省市党委政府号召，加强与川发资管常态联动，签署《"川渝 AMC 携手 创新合作模式 服务助推成渝地区双城经济圈建设"战略合作备忘录》，建立合作机制，在四川实施项目 2 个、投放资金 4 亿元，服务助推双城经济圈建设。2021 年 4 月 16 日，第六届中国地方 AMC 论坛在成都举办，四川省政协副主席赵振铣在讲话时充分肯定了渝康公司与四川发展资管公司建立常态合作机制，以防范化解区域金融风险、服务实体经济为切入点，积极主动融入国家战略，专业服务成渝地区双城经济圈建设的实践和成效。

2. 着力帮助重点民企纾困

一是助推力帆集团司法重整。公司坚持以法治化、市场化为原则，积极履行国企责任和担当，在保证本金安全和合理收益的前提下，尽量免除力帆集团相关违约金，帮助力帆承担税费约 3100 万元，减轻力帆经济负担，支持实体经济发展。严格按照市政府确定的时间节点，有序完成以物抵债，为力帆化解债务风险、解决资金归集问题以及后续司法重整的顺利推进奠定坚实基础。

二是助推北汽银翔战略重组。先后组织资金逾 12 亿，收购多家金融机构涉及北汽银翔公司的资产包，对应总债权逾 40 亿元，并作为担保组最大债权人，积极支持市区两级政府对其战略重组的安排，促进《重整草案》高票通过，有力保障其司法重整平稳有序推进，工作成绩得到市区两级政府的高度认可。同时，积极与区政府对接合作，全方位对其母公司其他债务问题进行梳理、重组、经营及盘活，有力支持民营经济发展。充分依托控股股东——华润集团多元化产业背景，通过存量盘活带动增量项目，实现理念、产业、资源导入，促进合川天顶工业园 21 平方千米工业园区系统开发，解决当地产业单一问题，实现产业优化升级。此项目的顺利实施，产生了"四重"效益：（1）解决重大债务问题，挽救了困境企业；（2）产融协同导入渝康股东资源，促进产融、融融协同，实现地方经济全方位发展；（3）系统化解区域金融风险，提升企业造血功能；（4）稳住了产业链上中下游上千家经销商、配套商，稳定了上万名职工就业，维护了社会和谐稳定。

3. 注重创新研发支撑

完成年度博士后开题答辩、中期考核及 2020 年博士后进站面试，被市人社局遴选推荐申报国家级站。完成市政府、市金融局及华润集团战略部交办调研课题，2 名在站博士后分别获得"2020 重庆英才大会"（全国博士后学术交流暨成渝地区双城经济圈创新发展座谈会）优秀论文一等奖和三等奖。

（四）产品、服务及模式创新情况

在第六届中国地方 AMC 论坛上，全国 55 家地方 AMC 和监管机构负责人研讨行业改革发展，评选表彰了年度优秀机构和先进探索实践，经全体地方 AMC 票选及专家评审，渝康公司获得 2020 年度"中国地方 AMC 改革创新奖""中国地方 AMC 最佳案例奖"。其中，"中国地方 AMC 改革创新奖"旨在表彰渝康公司引战混改的成功实践，该实践也被论坛列入示范引领意义的年度行业大事记。

渝康公司于 2016 年 7 月成立后，先后参与完成重钢破产重整、重庆能投去产能、国企 P2P 风险化解、500 余亿元问题资产收购处置等，为区域金融风险化解、地方国有资本布局优化、实体企业疏困等作出突出贡献。但公司到位注册资本仅 29 亿元，资本实力不足制约了进一步发展和职能发挥。2018 年，重庆市委、市政府将渝康列为一级集团混改试点，启动"引战混改 + 增资扩股"工作。

经"走出重庆 + 请进家门""集中推介 + 重点遴选""战略投资 + 业务协同"三结合方式，先后营销 30 余家以中央企业为主的投资人，最终，华润金控于 2020 年 5 月摘牌，公开竞得渝康公司 54% 的股权，后经经营者集中反垄断申报，成为全国第一个"绿色通道"审批项目。2020年9月，渝康公司引战完成股权交割及公司治理、企业文化、组织架构、激励约束等体制机制的全部转换工作，该项目被国务院国资委评价为央地合作示范项目，在华润并购史上也是最复杂项目之一。

渝康公司的成功引战混改实现"五大效益"：

一是增强了资本实力，公司实缴注册资本金由29亿元增加到50亿元，为进一步增资扩股到80亿元以上打下基础；

二是成功实现了央地国资的平台和业务、资金和资源、体制和机制、人才和技术的协同融合；

三是完成四个项目协同推进，通过渝康引战还带来了华润微对重庆200亿元高科技产业布局，带来对重庆燃气增持股份开展的市场化改革，带来推进完成渝康当期债务重组及远期资产重组项目安排；

四是形成新型发展模式，华润多元化产业赋能渝康，"产融协同"成为公司发展模式和最大的差异化竞争优势；

五是提升公司发展空间和功能定位，渝康公司成为华润加大成渝产业布局的"桥头堡"，并承担了参与地方国企改革实施平台、资源整合助推平台、防化风险专业平台"三大功能"。

（五）经营目标及未来展望

目前，渝康公司通过对"十四五"战略的梳理、分解，确立了"聚焦主业，盘活存量，拓展增量，防化风险，稳中求进"的总体思路，着力推动公司紧扣功能定位、聚焦发展战略、把握工作重点，在新的征程上实现新的跨越。

1. 功能定位

2020年9月21日，华润集团主要领导来渝，与重庆市委、市政府主要领导会晤，沟通深化央地合作事宜，并见证签订华润与重庆市政府战略合作协议，华润集团对渝康公司提出了新的要求、明确了新的定位。

一是推动华润渝康融合发展。加速华润资产与渝康公司的品牌、资产、业务、机制、文化等全面整合，打造"华润渝康"一个金融AMC主体，进一步优化业务结构、提升投资回报，实施对标管理，"十四五"末注册资本、资产规模、盈利水平均进入全国地方金融AMC前列。

二是明确定位支持协同发展。华润集团给渝康公司赋予了"1+3"的定位，要全面、系统、准确地认识、理解和把握。"1个总体定位"，即：在华润集团加大川渝产业布局过程中，充分发挥好渝康公司"桥头堡"功能，承担好在收集项目信息、对接政府资源、协调国企股东、开展投后管理等方面的桥梁纽带作用。"3个功能定位"，即：①参与地方国企改革的实施平台——结合华润产业优势和发展需要，支持医药、健康、大消费、新能源、环保等地方国资的混改或专业化重组；②资源整合的助推平台——服务华润产业和金融业务板块拓展成渝市场，扮演好区域业务协同平台作用，包括项目推介营销和投后管理等；③防化风险的专业平台——整合华润资源和发挥央地股东协同优势，加强与四川地方 AMC 的合作联动，在双城经济圈不良资产处置、问题企业纾困中发挥作用，拓展业务资源。

2. 发展战略

"十四五"时期，渝康公司的发展战略是：立足重庆、着眼成渝、辐射大湾区、面向全国，坚持以"御势化险，润业至臻"为使命，聚焦打造"最具价值创造力和产融特色的资产管理公司"愿景，全面构建三大业务引擎（做快收购经营类业务，做强收购重组类业务，做精特殊机遇投资类业务）、打造三大能力体系（投资与经营能力，产业与资本运作能力，生态构建能力）、建立三大支撑保障（组织、人才与文化，全面风险管理，数字化驱动）。

3. 经营目标

2021年，力争实现营业收入7.6亿元、净利润1.5亿元，ROE（净资产收益率）达到4%，新增投资项目规模63亿元，年末市场化资产管理规模达到195亿元。

4. 重点任务

2021年是中国共产党成立100周年，是渝康公司"十四五"战略开局之年，是公司混改完成后起步之年。为全面落实华润赋予的"1+3"定位要求，推进发展战略落地，确保年度商业计划完成，引领公司立足新起点、实现新发展，全年计划推动完成10大任务：

一是强化党建引领。重点是以庆祝建党100周年为统领，组织开展党史学习教育、"党在我心中、永远心向党"系列活动，落地实践华润党建7C体系，创建特色党建工作品牌，将低效存量项目盘活增效纳入党员攻坚行动，完善"大党建"工作机制。

二是强化战略支撑。重点是加强华润渝康"三三三"总体战略宣贯，强化全员战略意识，保持战略与执行一致性；实施战略分解、签订部门业绩合同，通过年度商业计划执行，开展战略检讨，推动战略执行落地；强化研究支撑，建立行业、产业研究及工作交流机制，形成行业对标体系。

三是强化业务拓展。重点是"双轮驱动"，在抓好存量处置的基础上，抓增量拉动，收购经营类业务，重在做快周转、做优生态；收购重组类业务，重在做强实力、打造核心能力；特殊机遇投资类业务，重在做"精"品牌、专注产业能力培养；破产管理咨询业务，重在积累经验、拓展资源、协同业务。

四是强化产融协同。重点是落实央地合作战略协议，积极做好收集项目信息、对接政府资源、协调国企股东、开展投后管理服务，协助华润兄弟单位开拓市场，服务双城经济圈国家战略，力争年内落地 3 个协同项目。

五是强化风控合规。重点是加强与监管部门的沟通汇报，对标监管要求，建立完善全面风险管理制度体系，完善风险管控政策、工具，改进风险评估、监测与报告工作机制，积极培育风险文化，完善、优化风险管理体系。

六是强化业财融合。重点是做好资金筹集、资本管理和税务筹划，采取提前还款、债务置换等方式，着力优化负债结构，严控融资成本。

七是强化整合融合。重点是主动加强重庆与深圳两地对接，保持工作交流顺畅，做好职能衔接。推进业务、财务、风险、合规、人力、审计、党群等各条线、各版块的深度整合，提升公司运行质效。

八是强化人才发展。重点是加强专业人才选聘，优化团队结构。优化 MD 管理体系，完善市场化机制。推动领导力发展项目，加强团队梯队建设。组织"复盘工作坊"，推动项目复盘机制实施，促进项目反思。

九是强化机制保障。重点是优化项目推进、决策审批、日常管理等组织流程，优化存量、增量等项目实施的激励约束机制，传承培育优秀文化，学习领会华润文化，掀起"二次创业"热潮。

十是强化数字化建设。重点是推进共性信息、财务、业务等三方面的系统建设，优化完善 IT 基础，加强数字化、智能化应用，不断提高经营管理的质量效率。

第三十章　融资租赁公司

一、重庆市交通设备融资租赁有限公司

（一）公司简介

重庆市交通设备融资租赁有限公司（以下简称"交通租赁公司"）是由重庆市交通局发起，经重庆市人民政府特批，于 2008 年 3 月成立的专业从事融资租赁服务企业，2009 年 12 月被商务部、国家税务总局确认为国内第六批内资融资租赁试点企业。2010 年、2011 年经重庆城市交通开发投资（集团）有限公司两次增资扩股后，公司注册资本金达到 10 亿元人民币。2014 年，经市国资委批准，公司进行混合所有制改革。2015 年 1 月起，公司正式成为民营上市公司控股的混合所有制企业，现为受重庆金融局监管的地方金融机构。

多年来交通租赁公司一直围绕国家战略方针和地方经济发展，立足民生、服务实体经济、发展绿色金融、助力脱贫攻坚、推进产业升级、聚焦成渝双城经济圈开拓租赁业务。业务领域涉及公共交通（轨道、公交、长途客运车辆、船舶、集装箱、出租车）、清洁能源、基础化工、有色金属、基础设施、教育、水务、环保、医疗器械、工程机械、车辆制造等行业；区域覆盖重庆、四川、贵州、内蒙古、宁夏、广西、山西、天津等省市。经营 12 年来，累计服务各类企业 129 户，累计投放业务规模逾 106.68 亿元，为股东创造利润约 7 亿元，且坏账率仅为 0.07%，远远低于金融行业坏账监管指标要求。交通租赁公司已构建了适应于行业、市场和自身特征的全面风险管理架构，通过全方位的融资租赁风险管理机制，专业化的行业研发能力，规范化的尽职调查，以及完善的租后管理体系，为广大客户提供专业化、特色化，量身定制的一站式金融服务。

（二）2020 年运营情况

过去的 2020 年，是"十四五"规划的启动之年，交通租赁公司处在"十四五"规划的"编制期"、宏观政策逆周期调节的"窗口期"和国家重大战略的"机遇期"。特别是新时代推进西部大开发形成新格局、成渝地区双城经济圈建设、"两新一重"建设等系列重大战略的实施，为现代金融业高质量发展提供了更多的发展机遇。新时代、新征程，机遇与挑战并存，交通租赁公司紧跟国家政策导向，坚持把项目开拓作为"稳增长"的关键动力，积极探索符合租赁行业特点的发展之路，重点围绕"民生产业、实体经济、绿色金融、脱贫攻坚、成渝双城经济圈"这一根本方向，精耕深耕新老客户，积极开拓适租领域，大力推进项目投放力度。2020 年，完成项目投放 13 个，覆盖公交、教育、化工、医药、水务、环保、民生、电解铝等行业领域，全年利润总额较 2019 年同比增长 14.90%。在继续保持稳中向好、稳中提质的发展态势同时，面对新常态及错综复杂的经济环境，全体干部员工深入研判新形势，坚持新的发展理念，不断以推进"业务结构调整、产品服务创新、资产质量提升、内控管理增强、员工队伍建设、深化党建引领"为核心的"六大工程"建设为载体，实现战疫情、稳经营"两手抓""两不误"，有效推动了各项经营工作平稳发展。

（三）服务实体经济情况

1. 发挥行业引领 抗疫链条不松动

2020 年，面对突如其来且来势汹涌的新冠疫情，交通租赁公司时刻谨记肩负在身上的社会责任重担，坚持把疫情防控和金融服务保障作为当下工作的首要任务。"兵马未动，粮草先行"，即刻对医疗物资、物流运输、民生生活等相关领域企业，进行了全面认真的梳理，特别是对直接参与疫情防治工作的企业，持续了解其金融服务需求，并及时展开沟通对接。针对其中受疫情影响较大的企业，主动提供专业化、差异化、优惠的产品服务，并根据企业受影响程度、复工复产情况等，合理采取展期、创新产品业务等措施，助力企业复工复产，以发挥金融之力来克服疫情影响，为打赢疫情防控阻击战，促进社会经济平稳发展保驾护航，累计向疫情防控重点保障企业投放业务规模逾 2.65 亿元。在抗击新冠疫情的关键时刻，用时代赋予的历史使命，切实为"逆行者们"筑牢坚实的防疫城墙，充分彰显了交通租赁公司的社会责任担当，为重庆市打赢疫情攻坚战提供了强有力的资金保障。

2. 牢记初心使命 助推金融回归本源

习近平总书记强调，金融是实体经济的血脉，为实体经济服务是金融的天职，是金融的宗旨，也是防范金融风险的根本举措。经济兴，金融兴；经济强，金融强。经济是肌体，金融是血脉，两者共生共荣。而融资租赁具备产融结合的独特属性，与实体经济、实物资产紧密相连，是服务实体经济最有效的金融形式。交通租赁公司时刻牢记共产党人的初心使命，不断深化经济和金融关系的认识，加快推动金融供给侧改革，加大金融业对经济高质量发展的支持，加强自身能力建设。紧密围绕国家产业政策和区域规划，依托线上线下一体化渠道优势、多元化产品优势和资金优势，把更多金融资源配置到社会经济发展的重点领域和薄弱环节，为建设现代化经济体系提供精准金融服务，促进金融和实体经济的良性循环。

一是深入城市公交、供排水产业链，助推城市公共事业发展。结合疫情防控新形势、新要求，交通租赁公司认真贯彻落实"六稳""六保"工作要求，紧跟党中央提出的关于"稳就业""保基本民生"的政策方针，坚持以政策为引导，立足实际，强化内生驱动，发展社会事业，筑牢保障底线，让人民群众生活得到稳固保障。针对民生工程项目多样化的融资需求，交通租赁公司不断增强金融供给适配性，加大金融对民生项目高质量发展的支持。围绕城市公交、城市供排水等基础民生领域，以融资租赁产品独有的优势，及时盘活企业存量资产，提高资产使用效益，加快其产业规划建设发展进度。截至 2021 年 3 月，累计向城市公交、供排水项目投放规模逾 13.62 亿元。以有机的金融协同、有力的金融创新、有为的金融服务、有效的金融投放，为实体经济发展提供了强有力的支撑，为城市建设、人民生活安稳祥和而做出了不懈努力。

二是深入全铝产业链，切实支持产业扶贫。2017 年 4 月 19—21 日，中共中央总书记、国家主席习近平同志亲临广西视察指导，并在发表的重要讲话中提到"要着力振兴实体经济，糖、铝、机械、冶金等传统优势产业，是广西经济发展的家底，要加大技术改造力度，加快产业重组，推动这些产业实现'二次创业'"。同时也提到了"要加快产业扶贫，为贫困地区和贫困户培育持久增收致富的产业发展长效机制"。交通租赁公司积极响应国家号召，切实贯彻落实党中央、国务院决策部署，紧紧围绕"精准扶贫、精准脱贫"基本方略和"全面打赢产业精准扶贫攻坚战"要求，以深化金融改革，优化金融环境，强化金融服务为根本原则，把支持产业扶贫摆在重中之重，争做金融扶贫的先锋、主力和模范，助力脱贫攻坚重点项目。共计向广西某矿业集团投放租赁规模逾 3 亿元，使该集团成功地完成了从小煤矿到"煤电铝一体化"，以及向终端深加工延伸的综合性、上规模企业的转型蜕变，同时也有效地为该地区培育了长效的扶贫机制，强有力地维护了相关产业链上下游关联企业的稳固经营。在交通租赁公司的大力支持下，该企业发展势态良好，2020 年在疫情的影响下全年仍然实现盈利 10 亿元左右。为该县决胜全面建成小康社会、决战脱贫攻坚作出了重大贡献。

三是深入教育领域，加快教育现代化建设。交通租赁公司自 2011 年起一直致力于为民办高校提供金融服务，重庆市多家高职院校、独立本科院校均与其开展了融资租赁深度合作，累计融资总额逾 3 亿元。通过对高校提供定制金融服务，切实推进了高校新一轮信息化建设，帮助民办应用型大学推进"转型升级、双轮驱动""特色引领、重点突破""协同创新、借势跨越"三大发展战略，学校综合实力和核心竞争力不断壮大增强，极大程度促进了学校人才培养、科学研究、文化传承、社会服务、国际交流等方面的深度融合与创新应用。交通租赁公司用源源不断的人才资源，汇聚起实现成渝地区双城经济圈建设国家战略的磅礴力量，为建设具有全国影响力的重要经济中心、科技创新中心、改革开放新高地，提供了坚实的人才支撑。

（四）风险管控情况

交通租赁公司通过多年的积累和不断的完善，以风险管理为导向，以制度建设为抓手，持续提高风险管理水平，逐步建立了规范化、精细化、制度化的风险管理体系。通过搭建风险评估模型、严密的风险评审流程，以及合规性管控和稽查，实现了融资租赁全流程的风险管理，有效地防范了风险的发生。

一是树牢红线意识，确保风险管控"全覆盖"。积极对标《融资租赁公司监督管理暂行办法》，严格按照"补短板、严监管、防风险、促规范"工作要求，强化责任意识，将合规理念内化于心，外化于行，固化于制，引导全体员工树立合规意识。同时，不断健全和完善风险管控长效机制，组织修订《风险管控评估办法》，全面规范风险评审工作流程，全面提高风险管控有效性，全面筑牢风险管控"前、中、后""三道防线"，通过风险管理前移、前期尽调的加强，以及常态化风险排查机制的建立，全面提升风险管控标准化水平。

二是坚持标本兼治，确保风险管控"不漏项"。全面梳理和排查风险管控中存在的隐患，优化《租赁项目风险评定办法》《城市公共汽电车客运行业投向指引》《客户信用等级评定办法》等相关制度，不断深化项目风险防控力度，不断提高项目管理规范化水平。制订《合规稽核管理办法》，明确合规稽核工作的主要内容、方法、要求和检查依据等，为合规管理工作的开展作出清晰指引，织牢风险管控"防护网"，确保制度到位、责任到位、监管到位，不断推动风险管控工作向制度化迈进。

三是突出重点任务，确保风险管控"精准度"。面对宏观经济环境和监管形势的新变化新要求，及时准确把握市场发展新动向，交通租赁公司持续加强风险管控人员金融政策类和规章制度的学习培训力度。对内，通过组织召开专题培训会等形式，进行案例分析与探讨，及时总结并分享好的经验。对外，通过"企业大学"平台，组织开展"线上＋线下"相结合的交流学习，进一步开拓眼界、拓宽工作思路，加强行业交流，切实做到学以致用，知行合一。

四是准确分析形势，做到精锐出战。通过建立分析框架、指标体系、收集数据、新闻并加以分析研究，以季度为周期，开展国内外经济分析研究，及时跟进最新宏观经济数据和发生的热点问题，精准研判宏观经济、行业经济的最新走势以及可能对公司造成的影响等，为公司未来业务拓展方向，各项流程节点的风险把控，发挥"风向标"作用。

（五）产品创新情况

随着创新驱动发展战略在全国范围内全面推进，创新探索在不同领域、不同层次深入扩展，创新已成为区域谋求加速发展的重要机遇。交通租赁公司多年来一直致力于服务实体经济，在回归本源、转型升级的行业大背景下，延续现有业务的同时，大胆创新、积极探索差异化发展新路径。通过发挥自身资源禀赋，利用产业技术联盟等创新合作方式，促进创新能力提升，促使创新资源优势转化，对拟进入行业展开了一系列前瞻性研究，并同步建立业务产品和标准化风控模型，全力助推业务开拓。

目前交通租赁公司正紧密围绕重庆轨道交通建设工程装备市场领域，积极探寻轨道交通第四轮规划建设需求窗口机遇，重点开展轨道交通工程建设装备产品研发工作，以实现重庆轨道交通建设产业链的纵向延伸和整合为愿景，为重庆地方经济发展赋能增效。

（六）党建工作情况

一是加强政治建设，做到"两个维护"。 在重庆城市交通开发投资（集团）党委的坚强领导和公司党支部的正确领导下，严守政治纪律和政治规矩，教育引导公司干部员工树牢"四个意识"、坚定"四个自信"、做到"两个维护"，在思想上政治上行动上同以习近平同志为核心的党中央和上级党委保持高度一致。

二是夯实理论武装，筑牢信仰之基。 坚持把理论武装作为政治建设的先导工程，深入推进"两学一做"规范化，通过"三会一课"、主题党日、党员集中学习、"学习强国"、个人研读等，教育引导公司全体党员绷紧思想之"弦"、补足精神之"钙"。

三是推动党企融合，凝聚发展合力。 持续深化"围绕中心抓党建，抓好党建促中心"思路，围绕公司中心工作、改革发展各项任务，推动党建与业务工作深度融合，破解经营管理难题，努力推动公司改革发展。

（七）工作思路及未来展望

2021年，是开启"十四五"、逐梦新征程的开局之年，是中国共产党成立100周年，是公司改革发展的关键之年。公司今年工作的指导思想是：以习近平新时代中国特色社会主义思想为指导，深入贯彻党的十九大、十九届二中、三中、四中、五中全会精神，习近平总书记对重庆工作的重要讲话精神，重点围绕"两点"定位、"两地""两高"目标、发挥"三个作用"和推动成渝地区双城经济圈建设等重要指示要求，以及关于公司改革发展工作的部署要求，确定公司"1+2+3+4"工作思路。

一是观大势。紧密团结在以习近平同志为核心的党中央周围，坚持稳中求进的工作总基调，坚定贯彻新发展理念，紧跟国家发展战略和宏观政策导向，紧盯竞争对手最新动向，抢占有利战略位势，全力推动交通租赁公司在新一轮市场竞争中开好新局，赢得先机。

二是看区域。以成渝双城经济圈建设为契机，深刻领会成渝地区双城经济圈未来发展方向，强化担当意识和责任意识，坚持市场导向，立足交通主业，催生新发展动能，切实把思想和行动统一到中央、市委市政府和重庆城市交通开发投资（集团）各项部署要求上来，为推动成渝地区双城经济圈建设发挥良好作用。

三是聚行业。准确把握成渝地区双城经济圈的发展目标和具体要求，重点加强区域产业链培养，重点跟进交通基础设施、民生支柱产业、城市供排水、现代交通物流口岸、民办初高中教育、应用型大学转型、汽车和电子智能制造等上下游产业链项目开拓力度，努力拓展市场空间。持续加大直租项目比例、探索尝试转租赁项目模式、力争在经营性租赁项目实现突破。重点开展新兴战略行业及产业链研发力度，持续推进新引进产品研发工作，进一步激发市场发展活力。

四是谋发展。全面贯彻新发展理念，积极融入新发展格局，谋划未来发展战略，结合行业特性，编制交通租赁公司的"十四五"规划。

二、中垦融资租赁股份有限公司

（一）企业简介

中垦融资租赁股份有限公司（以下简称"中垦融资租赁"），是为贯彻中央农垦改革意见，在国家农业部大力支持下，由重庆农投、成都农投、安徽农垦等8个农垦企业和2个非农垦企业共同发起设立的全国农垦系统融资租赁平台。

公司成立于2016年8月，注册资本10亿元人民币，实收资本金10亿元人民币。公司注册地位于重庆市沙坪坝区土主镇土主中路199号附618号，公司办公地位于重庆市渝北区金渝大道85号汉国中心B座22楼。

企业目标：打造农垦创新发展的新动力，为农垦产业发展开辟新领域，作为重要金融平台服务于农垦大粮商的建设。

经营范围：许可项目：第三类医疗器械经营（依法须经批准的项目，经相关部门批准后方可开展经营活动，具体经营项目以相关部门批准文件或许可证件为准）。一般项目：融资租赁业务；租赁业务；售后回租业务；租赁财产的残值处理及维修；向第三方机构转让应收租赁款；接受租赁保证金；租赁交易咨询和担保；兼营与主营业务相关的商业保理业务（以上范围均不含金融租赁；不得从事吸收公众存款、委托发放贷款，禁止从事讨债业务）。第二类医疗器械销售（除依法须经批准的项目外，凭营业执照依法自主开展经营活动）。

法人治理结构、组织机构设置情况：中垦融资租赁管理模式精干高效，目标明确，分工合理，组织机构如图 30-1 所示。

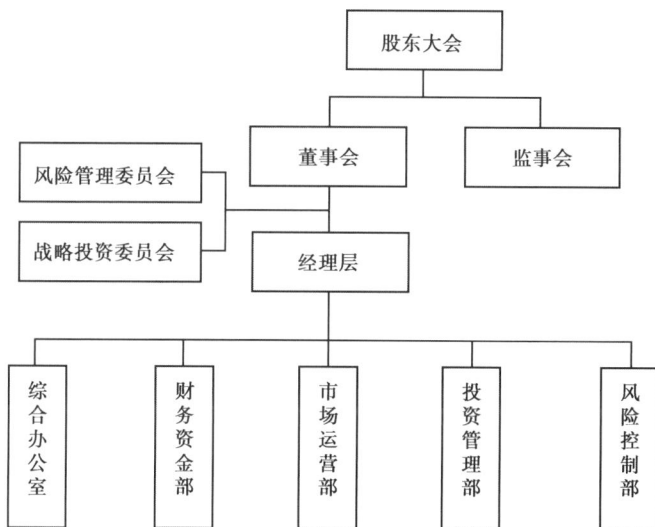

图 30-1 组织机构

制度体系建设情况：自公司成立以来，不断完善企业法人治理结构，严格遵守管理制度，促进公司规范运作。制度建设方面，按照"管理制度化，制度标准化，标准流程化、流程表单化，表单信息化"的标准建立健全内控制度，目前公司按管理手册、管理标准、上级引用文件三层次完善公司制度建设，实现了对当前各经营环节全覆盖。

（二）2020 年运营情况

1. 主要经济指标

中垦融资租赁从 2016 年成立至今，运行较为稳健，营业收入和净利润均稳步增长，呈良好健康发展趋势，发展势头较好。

2020 年受疫情影响，实体经济下滑，对公司整体造成一定影响，但中垦融资租赁化危为机，加大业务拓展，帮助在租项目企业共渡难关，严控逾期风险。2020 年最终取得了不错的成绩，营业收入同比增长 8.46%。截至 2020 年 12 月底，公司租赁资产余额达到了 15 亿元，股东权益得到保障。

2. 重点工作运营情况

（1）市场业务拓展方面

一是业务开拓方面。以用户为中心，加大市场开拓力度，按照"实施、储备、研判、跟踪"项目综合比例不小于"1：2：4：8"要求推进。项目库更新做到了按周统计，按月更新具体项目推进情况。全年实施项目总金额近 3 亿元。

二是优化项目结构。继续探索直租、经营性租赁等形式的业务，逐渐形成多元化业务体系，优化项目结构。同时增加二、三类医疗器械经营范围已获股东大会通过，拟逐步开发医疗器械直租、经营性租赁，进一步优化业务结构。外部项目单个项目投放金额均在 5000 万元以下，有效控制了单个项目投入资金过大的风险。

（2）风险控制方面

公司以五部委联合颁发的《企业内部控制基本规范》《企业内部控制配套指引》等相关要求为指导，建设公司全面风险管理体系，通过体系的实施和不断完善，逐步形成全程全员风控管理格局，有效保证了公司合规运营和健康可持续发展。

● 项目风险控制

ⅰ）项目前期管理。一是项目拓展按照"四个一批"的原则进行管理，设定项目分类标准，规范业务操作流程，采用科学的项目评分机制开拓项目；二是项目立项、审查按照《融资租赁业务立项、审批管理办法》，规定职责、明确立项条件，量化操作标准，对符合要求的项目进行立项；市场人员与风控人员对项目进行项目现场、租赁物、财务数据、经营情况、诉讼情况等进行多维度分析；三是成立项目评审委员会，制定评审规则和流程，科学分析应对项目投放过程可能出现的风险，为管理决策层提供重要的决策参考；四是按项目实施金额设定三个层次的审批管理权限，保证项目实施时效性、安全性，提高决策效率。

ii）项目中期管理。一是按照"分级负责、归口管理"的原则进行合同管理，有效控制风险，预防纠纷，依法维护公司合法权益；二是按照"全面核实、真实有效"的原则，明确面签、核保程序，规范标准的业务操作，有效防范风险，确保合同、要件等相关文本客户签章的真实有效性以及项目担保措施落实到位。

iii）项目租后管理。一是通过台账管理、起租检查、租金监控、账户监管、定期检查、不良项目风险处置、在租项目档案管理等管理内容，建立跟踪、监控、预警、应急、处置为主要手段的风险防范体系；二是充分运用信息化技术手段，在租赁资产上加装定位装置，动态监控公司租赁资产，搭建项目自动预警台账，每日按时巡检租赁资产监控设备运行情况，保障租赁资产安全，提前预警项目风险；三是利用互联网手段，如企查查、中国裁判文书网、中登网等网站动态收集承租人及担保人的最新资信状况，提前预判项目风险；四是严把风险防控，租后检查采取定期非现场检查和非定期现场检查等方式，实现在租项目租后检查全覆盖。

● 内部风险控制

一是持续优化内部流程，夯实风控体系。公司按管理手册、管理标准、上级引用文件三层次完善公司制度建设，有效保证了制度流程对经营活动的匹配支撑。

二是持续流程稽查，保证执行到位。开展流程制度及重点项目稽查，督促相关责任人对稽查过程中发现的问题及时整改并达到公司管控要求，有效地支撑了公司制度流程的执行与持续改进。

（三）服务实体经济情况

1. 实体经济贡献方面

中垦融资租赁按照"1+3"业务发展目标，形成了股东业务为基础，智慧农业、环保大健康、先进制造业三大市场化业务纵向拓展的业务格局。业务区域立足重庆辐射全国，业务扩展到了广东、广西、云南、贵州、四川、黑龙江等省、自治区。项目累计实施合作金额达 23 亿元。

一是智慧农业，从公司成立至今，涉农项目共 17 个，为农业发展提供了达 12 亿元的资金支持，占公司总实施合作金额的 52%。帮助涉农企业购买新设备、产业升级、扩大规模等，为农垦发展开辟新领域、农业产业链的拓展、提高涉农企业质量水平做出了新贡献。

二是环保大健康，中垦融资租赁在养老、教育、医疗、城市绿化等方面投入大量资金，惠及重庆、四川、云南、江苏、河北等省，为养老院增加床位扩大规模、学校采购修建教学设施设备、大型医院采购专业医疗设备、城市绿化环境优化等提供了资金支持，为产业发展、提高人民生活水平质量做出贡献。累计实施合作达 7 亿元，占公司总实施合作金额近 30%。

三是先进制造业，制造业作为实体经济中不可或缺的重要组成部分，中垦融资租赁从成立至今，一直努力探索先进制造业板块的合作，已涉猎港口、船舶、石油化工、新能源电池、聚酯聚丙烯薄膜等行业。累计实施合作金额达 3.4 亿元，占公司总实施合作金额近 15%。

2. 税收贡献方面

从公司成立到 2020 年底累计实现营业利润近 3 亿元，向重庆市沙坪坝政府贡献税收 6000 余万元。

3. 社会贡献方面

2020 年新冠疫情对实体产业发展带来了较大的影响，为支持客户经营发展，共度难关，中垦融资租赁经综合评判研究后，对受疫情影响较大，但发展健康良好的在租项目租金进行了展期，有效支持了客户发展，解决了客户因疫情影响导致的资金紧张等问题。支持力度达到融资租赁规模的 18%。

（四）产品、服务及模式创新情况

1. 业务结构创新

中垦融资租赁坚持"一切以市场为导向，一切为了用户，一切服务于用户，一切服从于用户"的经营理念。继续按照"1+3"业务发展目标的同时，探索直租、经营性租赁等业务模式，逐渐形成多元化业务体系，优化项目结构。

同时增加二、三类医疗器械经营范围，拟逐步开发医疗器械直租、经营性租赁，进一步优化业务结构。

2. 互联网信息化运用创新

在风险控制、租后管理等方面，与信息化深度结合，提高管理水平。实现风控重要过程资料云存储及移动终端查询、上线融资平台区域风险地图、运用信息化手段创新远程风险审查，在有效提高风险管理水平和工作效率的同时保障了资料安全。深度运用互联网大数据共享平台，多维度调查客户租后经营、涉诉、债务、租赁物等情况，在大大提高租后检查效率、扩大调查范围的同时节约成本。

目标任务管理功能模块搭建，实现项目全过程动态跟踪。在系统化解决海量定性信息与定量数据融合、公司内部与承租方适时联动的管理难题，突破现有架构，做好做足"云桌面""云办公"资源储备，帮助公司迈上全数字化云端。

经过多年的探索，中垦融资租赁已基本建成了全面风险管理体系，信息化、大数据、智能化的工具运用也初见成效，为公司产业发展提供了技术和管理支撑。从人才储备来看，已建立经验丰富、忠诚可靠的管理团队，管理团队成员具有长期的从业经验和业务开拓、风险控制、内部管理能力，关键岗位在岗人员基本满足能岗匹配要求。

3. 融资模式创新

在拓宽融资渠道，强化资金保障方面，中垦融资租赁积极与银行沟通协作，让银行提前介入项目，搭建创新融资途径，积极推进业务拓展与融资的深度融合；同时优化业务结构，为未来发行资产证券化做好基础工作。

（五）经营目标及未来展望

1. 发展机遇

政策方面，银保监会出台监管融资租赁细则后，行业进入门槛大幅提升，许多不具备条件的融资租赁企业将面临清退劝退，融资租赁行业形象有望得到改观，商业模式有望进一步明确，行业发展将更加规范健康。

市场方面，我国经济发展方式从规模速度型转向质量效率型，发展动力从主要依靠资源和低成本劳动力等要素投入转向创新驱动，将为融资租赁带来新的市场机遇。医疗、5G 等行业的不断发展，也为融资租赁进入新的细分领域并建立独特竞争优势创造了条件。

融资方面，金融脱媒逐渐成为主流，各个优质企业纷纷采取债券、股票、融资票据等证券直接筹措资金。国内金融业对外开放的良好趋势，自贸区、香港等地资本市场的开放，为类金融行业这一资金密集型行业进行直接融资提供了便利的条件和较低成本的资金。

2. 面临挑战

政策方面，总体来说，国家对类金融行业的监管趋严趋紧。银保监会发布了《融资租赁公司监督管理暂行办法》，对融资租赁企业的租赁物、关联度、集中度等都作出了明确的限制，融资租赁公司依靠传统的股东业务、大客户和政信类项目的商业模式面临巨大变革，为融资租赁发展带来巨大的挑战。

市场方面，融资租赁业务新增投放量逐年减少，租赁资产规模增长乏力，租赁市场逐渐饱和；整体业务发展主要集中在存量业务的置换上，新的业务领域的拓展和挖掘尚需时间；银行等传统金融机构通过渠道下沉、设立金租等方式，也在进一步挤压商租类融资租赁公司的发展空间。

融资方面，强监管、降杠杆、控风险仍然是类金融行业发展的主要趋势，谨慎稳健是各地金融发展主旋律。在此背景下，持续的金融去杠杆和清除地方隐性债务、防止资金空转，将导致各地微观金融环境逐渐改变，类金融企业从银行、政府等的融资渠道将会进一步收紧，融资将更加困难。

3. 发展定位

一是锚定发力方向，突出业务重点。中垦融资租赁公司将专注"3+X"发展，深挖相关细分行业，逐步形成独有的竞争优势和经营特色。锚定大健康、高端制造、农业和股东业务方向着力，按照"四个一批"1∶2∶4∶8 的比例做好项目的储备实施，同时尽可能细化行业研究，与 1～2 家主机厂等形成合作关系，全力服务实体经济，使资产规模达到 30 亿元左右，建成全国农垦融资租赁领军企业，推动融资租赁公司专业化发展。

二是遵照政策规定，严格合规实施。根据监管政策的新要求、新变化，及时调整发展方向、管理体系、业务结构、融资渠道等。在法律轨道上健康发展，在资本市场平稳运行，在优化资源配置、科学选择项目投放等方面抓实抓细。按照银保监会发布的《融资租赁公司监督管理暂行办法》（银保监发〔2020〕22号）文件要求，在规定的3年过渡期内，在融资标的物、关联交易、单户及集团企业规模、企业管理体系等方面按文件规定进行合规性调整，满足监管规定，规范经营行为，防范化解风险，推进企业健康发展。

三是拓展项目来源，建立项目渠道。主动对接金融机构、垦区、其他融资租赁公司等，多方寻找业务信息，多向国家支持鼓励的行业探索延伸，选择经营管理班子道德水平高、业务能力强准的项目。在合法合规的前提下，利用好、开展好股东类项目。立足农垦、农业，重点关注农业机械化设备、农产品和食品仓储设备、农产品加工设备、食品和饮料制造设备、产品零售环节所需设备、家庭农场基础设施设备等业务领域，做精做大农业项目；深入发掘医疗、养老等大健康产业资源，适时切入高端进口及国产大型专业医疗设备、健康体检设备等大健康领域，探索多样化的融资租赁服务合作；逐步进入电子信息、装备制造、5G、物联网等先进制造业和新兴产业，大力发展基础设施、大型成套设备等领域的融资租赁，做高端制造等先进制造业；继续发掘股东产业项目资源，在农场改革、资源整合和产业升级发展中寻找收益相对较高的合作项目。

四是创新融资模式，强化资金保障。进一步增强自身融资能力，多元化、多渠道、多方式拓宽资金来源；要扩大业务规模，通过杠杆放大作用，利用租赁项目再融资，提高获取资金的能力。要做好资金来源，业务资金来源的匹配和筹划，走出重庆，到资本发达的地区寻求资金，甚至通过上市寻找资金。发挥公司股东资金基础雄厚的优势，寻求突破传统融资需要股东担保的难题，广泛地与银行及其他合作伙伴建立牢固的合作关系并不断创新融资合作模式。尝试通过股东增资、引入战略投资，设立子公司等形式，增强资本实力，发挥规模效应，便于在资本市场更好融资。

五是全面风险管理，把控经营风险。解读监管政策，明确行业监管方向和要求，通过多种形式的学习培训，增强合规经营意识和风险管控意识，不断提高类金融企业全员风险管理的认识。结合国家及地方有关规定以及企业经营实际，建立完善企业风险管控制度体系，覆盖企业运营的各个环节，从制度层面全面有效把控企业经营风险。加强全员风险意识培养教育，消除风险管理和投资业务拓展的对立意识；进一步提升从业人员道德素养，避免道德风险事件的发生。

强化风险管理的过程控制，项目实施前，多渠道、多角度收集项目及相关企业信息，扎实推进项目资料审查和现场调查，从项目标的物、经营情况、管理团队及其运营管理能力、涉诉情况、兜底措施等多维度分析项目风险存在的可能性及风险应对预案的有效性。项目实施过程中，严格按照公司审批流程，合法合规推进项目实施。项目资金投放后，对各流程环节开展稽查工作，对存在的问题，及时整改纠偏，确保各项工作按计划、有步骤的推进；定期或不定期地对存量项目（包括逾期项目）进行梳理，审视项目的整体运营情况，总结经验与教训，在实践中，提升风险把控能力。

充分利用移动互联网、人工智能、大数据等技术，通过线下获客、线上审批双轮驱动，从企业自证信用为主，转变为使用数据证实信用为主，有效地控制项目质量水平和综合成本。在进行智能化数字化信息化建设的同时，重点围绕保护客户核心指标、敏感数据、保护客户隐私和公司重大商业机密，利用数据治理完善相应制度和流程，制订数据问题反馈机制，对核心数据进行资产盘点，提高风险管理的效率和安全性、可追溯性。

六是积极内设外购，做大经营规模。适时在全国条件成熟的地区成立融资租赁子公司，用资本撬动资源，扩大融资租赁行业影响力，通过设立 1 ~ 3 个分子公司和办事处进行全国化布局，形成品牌效应和规模效应；租赁公司不断提升自身信用，达到主体级别 AA 及以上评级标准。

七是强化投后管理，筑牢经营成果。借鉴业内优秀企业租后管理的工作经验，不断完善投后规范管理，形成标准化的投后工作管理体系，规范投后管理行为，提高投后管理效率。采取非定期非现场调查和定期现场检查相结合的方式对在投项目进行管理，及时了解、核查和反馈客户经营及财务状况、重大涉诉、重大融资等情况，对担保人的资信状况和抵（质）押物的使用、变化情况进行检查，及时识别项目可能存在的风险。运用信息化手段，动态管理公司投后资产情况，智能预警项目逾期风险。

第七篇　重要事件篇

第三十一章　2020年重庆市金融业重要事件

1月2日，人保财险重庆市分公司与重庆市城投金卡信息产业集团签订战略合作协议。双方将围绕车险服务这一主要场景，设计打造更多便民利民的数字化服务，让车险理赔更简单、更便捷。

1月，重高铁发（重庆）商业保理有限公司开业落户江北嘴。该商业保理公司注册资金5亿元人民币，是中国铁建下属的铁建资产、铁建重投两家公司和重庆高速集团下属负责对外投资的高速投资、高速基金两家公司共同投资设立（分别占股50%），属重庆首家央企与地方国企结合的国有商业保理公司。

1月9日，重庆两江新区召开智汇两江科技金融产品发布暨签约活动会，宣布50亿两江新区科技创新股权投资基金正式启动，并与复星创富、松禾资本、重庆科风投等知名投资管理机构集中签约设立科创类子基金，签约总投资规模达50亿元。两江科创母基金由两江产业发展集团出资，基金总规模50亿元。

1月30日，重庆三峡担保集团向重庆市红十字会捐赠500万元疫情防控专项资金，同时出台"1快2免3保障"6项支持措施，为企业提供疫情防控融资担保服务。

1月31日至2月14日，浙商银行重庆市分行先后为重庆外经贸集团办理国内证开证2145万元、国内证议付4444万元、进口开证340万美元、交易宝购汇549万美元、进口付汇605万美元，有效缓解了客户在疫情防控关键时期的紧急融资需求。

2月4日，市政府出台应对新冠肺炎疫情支持中小企业共渡难关二十项政策措施，提出给予企业降融资成本支持，将转贷应急周转资金的费率从一个工作日万分之二降到万分之一。

2月10日，重庆银保监局发布《关于加强重庆银行业保险业金融服务配合做好疫情防控工作的通知》。

2月12日，人行重庆营管部向重庆 3 家地方法人银行发放专项再贷款 20 亿元，用于支持 3 家银行向重庆疫情防控重点企业发放优惠利率贷款。此次获得专项再贷款的分别为重庆银行、重庆三峡银行和重庆农村商业银行。

2月20日，市金融监管局发布九条小贷行业支持疫情措施。

2月21日，重庆农商行发行全市首家疫情防控专项同业存单，加大疫情防控金融支持力度。重庆农商行在全国银行间市场成功发行疫情防控专项同业存单，发行规模 3 亿元、期限 3 个月，发行利率 2.3%、低于 AAA 级城农商行普通同业存单发行利率 20 个基点，是全市首单疫情防控专项同业存单。

2月26日，中国银行重庆市分行作为独家主承销商，为重庆市轨道交通（集团）有限公司成功发行 5 年期 15 亿元绿色中期票据，票面利率 3.49%。

2月27日，重庆农商行成功获批中西部首家"赤道银行"，成为全国第 4 家、中西部首家"赤道银行"。

2月28日，重庆采取委托财政部代为操作的方式，在中央国债登记结算公司成功发行今年重庆首批政府债券 332 亿元，将主要用于疫情防控、基础设施建设等方面，涉及 254 个项目。

2月28日，由重庆市金融监管局举办，重庆市金融发展服务中心承办，重庆银保监局参与的一场面向民营企业的金融政策"云宣讲"在重庆举行。

3月11日，在中国银行业协会发布的"2019 年中国银行业 100 强榜单"中，重庆农商行首次跻身中国银行业前 20 强，位列全国农商行和中西部地区银行第 1。

3月12日，建行重庆市分行成功发行 6 亿元重庆机场疫情防控债和 3 亿元轻纺集团超短期融资券。

3月12日，重庆进出口担保推出的"投标保证金电子保函系统"在重庆市公共资源交易中心的电子招投标交易系统同步上线。

3月16日，重庆农商行在全国银行间债券市场成功发行 80 亿元金融债券、期限 3 年、票面利率 2.89%、主体评级与债项评级均为 AAA，创 10 年来中西部地区银行金融债利率最低水平，募集的低成本资金将全部用于支持"三农"、小微、民营等实体经济复工复产，并优先用于疫情防控相关企业信贷需求。

3月16日，西南证券落实全国中小企业股份转让系统新三板精选层改革举措，辅导国内农药植保行业龙头企业颖泰生物通过北京证监局的新三板精选层挂牌验收，使其成为全国首家通过精选层挂牌辅导验收的新三板公司。

3月20日，由市金融监管局主办，市经信委、市工商联协办，市金融发展服务中心承办的金融支持疫情防控在线政策宣讲培训会成功举办。1000余家中小微企业，共计5100余人次实时在线参加培训。

3月24日，在中新互联互通项目框架下，重庆南部新城产业集团与新加坡星展银行成功签约，星展银行将为南部产业集团提供7620万美元授信支持，签约资金将直接用于南部产业集团子公司经营的重庆国际生物城园区。

3月25日，农业银行黔江分行向重庆三磊玻纤股份有限公司发放了全市首单存货抵押贷款3000万元。

3月26日，人行重庆营管部组织召开国务院金融委办公室地方协调机制（重庆市）第一次会议。此举，标志着金融委办公室地方协调机制在重庆市正式落地运行。

3月30日，市政府发布《重庆市应对新冠肺炎疫情稳外贸稳外资若干政策的通知》。

3月31日，重庆供销集团成功通过银行间市场发行了3亿元超短期融资券，利率5%。该只债券是全国供销体系首只疫情防控债券，主承销商为中国银行重庆市分行和民生银行重庆分行，募集资金部分用于采购农产品、应急物资和春耕农资等。

4月2日，重庆财政提前下达今年第2批新增政府专项债务限额167亿元。此次下达的新增专项债券，原则上二季度末要全部发行完毕，发行后1个月内将资金全部拨付到具体项目上。资金使用上，须用于公益性资本性支出，优先支持手续完备、已完成立项审批拆迁环评等各项手续和前期准备工作、具备施工条件的项目。

4月2日，重庆三峡担保集团与重庆市公共资源交易中心合作，成功开具"重庆市电子招投标系统"首单"电子投标保函"。"电子投标保函"具有全线上化、足不出户、全天候办理的特点，打通了中小微企业参与公共资源交易的融资渠道，减少资金占用，减轻资金压力。

4月9日，重庆市正式获批成为继北京、上海后全国第二批开展动产融资担保统一登记工作的试点城市。重庆市动产担保统一登记公示系统将于4月28日正式启用。

4月13日，重庆市南部新城产业投资集团有限公司获准发行"一带一路"公司债。这是今年国内首单获准发行的"一带一路"公司债。本期债券总申报规模 25 亿元。

4月14日，重庆进出口担保公司通过重庆市公共资源交易中心"重庆市电子招投标系统"，成功为某工程建设项目投标的客户开具首单电子投标保函。

4月18日，上海证券交易所召开第十次会员大会，选举产生新一届理事会、监事会。在上交所 118 家会员中，西南证券作为中西部地区民主推选得票最高的会员，当选为第五届理事会理事。这是西南证券首次当选上交所理事，也是中西部地区唯一当选的证券公司。

4月21日，新华保险重庆分公司向客户快速赔付 5 万元癌症确诊保险金，完成首例重疾先赔案件。

4月23日，由重庆进出口融资担保有限公司开具的电子投标保函某招投标项目在重庆市公共资源交易中心顺利开标。从申请、审核、合同签订、保费支付、保函生成、密文传输、明文传输等过程均在线操作。

4月28日，重庆市正式启用动产融资统一登记公示系统。动产融资统一登记公示系统上线后，住所地为重庆地区的抵押人在新办生产设备、原材料、半成品、产品四类动产抵押登记业务时，在该系统统一办理。

4月30日，重庆农商行发放全市首笔以生猪活体为抵押物的贷款，通过创新"银行信贷＋保险保障"模式，以市级重点保障企业重庆日泉农牧有限公司养殖的 6000 头生猪活体为抵押，为该企业发放流动资金贷款 3000 万元，实行优惠贷款利率，帮助企业扩大生猪产能。

5月6至7日，市金融监管局会同人行重庆营管部等部门，按照国际可比、对标世行、中国特色的原则，组织开展了优化营商环境推动"获得信贷"第五场网络直播专场培训。

5月13日，美国福布斯发布 2020 年全球企业 2000 强榜单，重庆农商行入选《福布斯》2020 年全球企业 2000 强，排名第 815 位，位居重庆企业第 1 位。

5月15日，摩根士丹利国际（MSCI）公布了半年度评审结果，重庆农商行同时被纳入 MSCI 中国 A 股在岸指数、MSCI 中国全流通指数

5月18日，新加坡毅鸣投资公司、绿雅现代农业公司将助黔江区建食用

菌基地，这是中新互联互通项目首次投资农业领域。毅鸣·绿雅（黔江）现代农业产业项目总投资 2.5 亿元，将用于在黔江区建设鲜品食用菌基地，年产鲜品食用菌 4.5 万吨以上。

5 月 21 日，度小满金融启动"小满助力计划·亿元免息贷款公益项目"，于 2020 年投入 1 亿元，面向全国农村地区人群提供公益助农免息贷款，助农扶贫。

5 月 21 日，标准普尔国际评级公司（S&P Global Ratings）发布对重庆银行维持评级的信息，继续给予重庆银行"BBB-"投资级评级，展望"稳定"。

5 月 28 日，中国银行重庆市分行在云阳县举行扶贫捐赠仪式，向云阳县泥溪镇捐赠 60 万元用于排危改造项目和院落修缮项目建设。

5 月 28 日，巴南区与农业银行重庆市分行举行"推进成渝地区双城经济圈建设战略合作备忘录"签约仪式。未来三年，农行重庆市分行将提供不少于 200 亿元的意向性融资额度，助力巴南区在兴业兴城上培育新动能，共同推进成渝地区双城经济圈建设。

5 月 30 日，重庆小米消费金融有限公司在江北嘴金融核心区挂牌开业。公司注册资本 15 亿元，其中，小米出资 7.5 亿元，占比 50%；重庆农商行出资 4.5 亿元，占比 30%。

5 月 30 日，西南证券非公开发行 A 股股票的申请获证监会审核通过。

6 月 9 日，浙商银行重庆分行联合中国国际贸易促进委员会重庆市委员会联合开展"小微贷款线上直通车"活动。

6 月 10 日，武隆区民营小微企业首贷续贷中心投入试运营，中心在区政务服务中心设立服务窗口，9 家银行首批入驻参与轮值，为武隆区民营小微企业和个体工商户首贷、续贷等提供一条龙服务。

6 月 17 日，重庆民营小微企业首贷续贷中心在江北区行政服务中心正式对外开展服务。中心利用线上线下有针对性地为企业提供金融支持。

6 月 24 日，中银金融租赁有限公司正式成立，系重庆首家注册资本金超百亿的金融法人总部机构。公司注册资本 108 亿元人民币，其中中国银行出资 100 亿元，持股比例 92.59%。

6 月 29 日，重庆农商行全资设立的渝农商理财有限责任公司正式挂牌开业。公司注册资本金 20 亿元，成为全国农商行首家开业的理财子公司，西部地区首家开业的理财子公司。

7月2日，重庆市打击非法金融活动领导小组办公室、四川省金融工作领导小组办公室联合签署《深化打击非法金融活动协调联动机制助力成渝地区双城经济圈建设合作备忘录》。双方围绕"防非处非，川渝共行动"目标，将川渝两地防范和处置非法金融活动的政策指引和组织协调优势结合起来，从五方面共同推进合作领域内各类跨区域项目的实施，切实保护群众合法权益，防范系统性区域性金融风险。

7月3日，永川区金融人才培训基地在重庆财经职业学院正式签约揭牌。基地将依托重庆财经职业学院，建设立足永川、服务主城都市区、对接"双城经济圈"的金融人才培训基地，为助推"双城经济圈"建设培养选拔优秀的金融人才队伍。

7月6日，秀山县民营小微企业首贷续贷金融服务中心成立，将通过前置金融服务窗口，以"政务服务＋金融服务"的模式集中受理民营小微企业和个体工商户的首贷续贷、政策咨询、金融投诉、账户管理等金融业务。

7月7日，国家外汇管理局重庆外汇管理部、市口岸和物流办签订合作备忘录。双方将共同推动金融和科技深度融合，探索国家外汇管理局跨境金融区块链服务平台与"单一窗口"系统、物流企业系统直连，强化信息共享利用，为跨境交易结算提供高效便捷服务、为企业融资与银行信贷提供授信支撑、真实性核验便利，服务内陆国际物流枢纽建设。

7月10日，重庆银行首个供应链金融数字信贷产品"链企政采贷"成功落地，这是重庆针对政府采购这一场景首款定制化的在线数字信贷产品。

7月14日，重庆某公司接入供应链票据平台签发了4500万元供应链票据，用于向重庆某劳务公司支付劳务费。该单票据是西南地区首单供应链票据，同时创下全国供应链票据最大金额。

7月15日，国家绿色发展基金股份有限公司揭牌成立。作为基金发起人和出资人之一，重庆获得国家绿色发展基金董事席位1个。

7月15日，中国银行江北支行成功为重庆市中基进出口有限公司办理了首笔出口信用证项下通过电子扫描件完成无纸化交单业务。

7月24日，重庆银行通过跨境金融区块链服务平台直联，为制造类小微企业办理1笔出口贸易融资放款，标志着中西部银行首次实现跨境金融区块链服务平台直联并正式运营。

8 月 5 日，人行重庆营管部、国家外管局重庆外汇管理部、市地方金融监管局、市口岸和物流办等 13 个部门联合发布《金融服务西部陆海新通道建设方案》。

8 月 6 日，"浙商涌鑫 2020 年度第一期标准化票据"成功发行，此票据是西南地区首单标准化票据，也是全国首批运用已贴现票据资产创设的标准化票据。由浙商银行重庆分行作为原始持票人，该标准化票据创设总额 1 亿元，参考收益率 2.88%，较 2 季度重庆市商业承兑汇票贴现加权利率低 1.6 个百分点，基础资产为重庆市一家建筑工程公司签发的商业承兑汇票。

8 月 21 日，重庆市金融纠纷人民调解委员会正式成立。重庆市金融消费纠纷人民调解委员会是经重庆市司法局备案，依托重庆市金融学会金融消费权益保护专业委员会设立的专门从事重庆市金融消费纠纷调解的人民调解委员会。

8 月 27 日，重庆银行 A 股 IPO（首次公开发行股票）申请获证监会发行审核委员会 2020 年第 126 次发行审核工作会议审核通过，重庆银行即将成为西部地区首家实现"A+H"股上市的城商行。重庆银行拟在上证所发行不超过 7.81 亿股 A 股，占本次发行完成后总股数的 19.98%。

8 月 28 日，重庆顺博铝合金股份有限公司成功在深交所中小企业板上市，是合川区第一家上市企业。本次发行新股数量为 5300 万股，发行价格为 8.41 元 / 股，募集资金净额约 4.13 亿元，将全部用于湖北襄阳生产基地年产 20 万吨铝合金锭项目的建设和运营。

8 月 31 日，重庆农商行与清华大学绿色金融发展研究中心签署战略合作协议。根据协议，双方将围绕宏观经济、金融市场信息、绿色产业政策、绿色金融发展等方向共同开展课题研究，推动提升绿色金融发展和服务专业水平。

9 月 14 日，新加坡普洛斯公司与重庆两江新区正式签订中新金融科技人民币投资基金项目合作协议。基金首期投资规模为 5 亿元人民币，主要投向运用人工智能、大数据、云计算、区块链等技术提供创新金融服务的高成长科技企业。

9 月 14 日，建设银行重庆两江 5G+ 智能银行在两江新区启动，这是建设银行系统在中西部设立的首家"5G+智能银行"。

9 月 15 日，2020 中新（重庆）国际互联网数据专用通道发展论坛在重庆召开。由中新金融科技联盟促成的首个中新金融科技合作项目——"国际供应链金融与区块链融资平台项目"正式签约。重庆江北嘴国际投融资路演中心、新加坡精工科技集团、重庆中新嘉德企业管理咨询有限公司共同签署了"国际供应链金融与区块链融资平台项目"合作协议。

9 月 21 日，重庆百亚卫生用品股份有限公司成功在深交所中小企业板上市。百亚股份是巴南区第 3 家上市企业，同时也是巴南区第 1 家独立上市企业。本次发行新股数量为 4277.78 万股，发行价格为 6.61 元 / 股，百亚公司本次 IPO 拟募集 2.83 亿元，将全部投入于"百亚国际产业园升级建设项目""营销网络建设项目""研发中心建设项目"和"信息化系统建设项目"。

9 月 22 日，重庆农商行全资子公司——渝农商理财有限责任公司成功发布该公司首款"乡村振兴"类理财产品。针对"三农"客户春耕用款急、资金周转难等现状，通过 1 元起购、定期份额返还的特殊收益模式，全力以赴满足"三农"客户理财投资需求。

9 月 28 日，中国企业联合会、中国企业家协会发布了 2020 中国 500 强企业榜单，重庆农商行继续入选中国企业 500 强，排名居全国上榜企业第 383 位、较 2010 年首次入选榜单提升 63 位，位居全国上榜银行第 15 位、中西部银行和全国农商行第 1 位。

10 月 10 日，国家金融科技认证中心在重庆成立。重庆国家金融科技认证中心是在人民银行、国家市场监督管理总局支持下设立，将检测、认证、研究、服务融为一体，主要提供专业、权威的金融科技检测认证及标准化综合服务，为金融科技健康发展提供重要支撑。

10 月 19 日，跨境金融区块链服务平台西部陆海新通道融资结算应用场景上线运行。该应用场景由国家外汇管理局重庆外汇管理部、重庆市政府口岸物流办、陆海新通道运营有限公司依托区块链平台联合开发。

10 月 22—24 日，重庆举办 2020 重庆国际创投大会。大会以"创智·创新·创业——走进西部（重庆）科学城"为主题。

10 月 29 日，重庆市小微企业融资担保公司举办银担"总对总"批量担保业务推进会，交通银行重庆市分行作为首批合作银行。银担"总对总"担保业务是由国家融资担保基金参与的新型政府性融资担保业务，是国家层面为发展普惠金融而做出的重大创新举措。重庆是全国第 3 家开展此类业务模式的省市。

11 月 3 日，农发行重庆市分行与渝北区政府签署合作协议，共同推进乡村振兴。合作项目计划投资额逾 500 亿元，融资逾 350 亿元，共同推动渝北区更好实施"三大攻坚战""十项行动计划""五个千亿级"产业集群和农村发展"双十万"工程，打造现代产业集聚区、协同创新引领区、内陆开放先行区、城乡融合示范区等"四区"。

12 月 10 日，由重庆市知识产权局、重庆银保监局主办，重庆摩托车（汽车）知识产权信息中心承办的知识产权质押融资"入园惠企"重庆站系列活动启动仪式在渝举行。启动仪式上，中西部首个知识产权金融服务联盟——重庆市知识产权金融服务联盟揭牌成立。

12 月 14 日，中国银行重庆市分行成功办理重庆市首笔外籍人才个人外汇便利化试点业务。该笔业务的成功落地，是中国银行重庆市分行深化落实外汇管理"放管服"改革要求。

12 月 16 日，农行重庆分行创新发放全国首笔"生猪圈舍抵押贷款"，贷款金额 1500 万元。

12 月 17 日，中国工商银行采用线上方式，在北京、四川、重庆三地同时举行"川渝主题卡发布会"。川渝主题借记卡由四川分行与重庆分行共同设计并联合发行，川渝主题借记卡具有借记卡的全部金融功能，并额外为持卡人在川渝两地享受异地跨行取款、跨行转账手续费减免等无差异的支付结算服务权益。

12 月 23 日，由中国国新集团联合各方发起设立的国改科技基金正式成立，基金总规模 100 亿元人民币，首期规模 50 亿元人民币。西南证券作为有限合伙人，出资参与了国改科技基金的设立。

第三十二章 2020 年重庆市金融业重要文件汇总

1. 重庆市地方金融监督管理局、重庆市发展和改革委员会、重庆市科学技术局、重庆市财政局、国家税务总局重庆市税务局、中国人民银行重庆营业管理部、关于印发《关于发展股权投资促进创新创业的实施意见》的通知

2. 重庆市人民政府关于印发重庆市金融支持西部（重庆）科学城建设若干措施的通知

3. 重庆市人民政府关于印发重庆市融资担保公司监督管理办法的通知

4. 重庆市地方金融监督管理局关于重庆市融资担保行业积极防控疫情全力支持实体经济平稳健康发展的通知

5. 重庆市地方金融监督管理局关于引导小额贷款公司支持疫情防控做好实体经济金融服务的通知

6. 国家外汇管理局重庆外汇管理部关于印发《国家外汇管理局重庆外汇管理部关于开展外籍人才个人外汇业务便利化试点的指导意见（试行）》的通知

7. 国家外汇管理局重庆外汇管理部关于印发资本项目外汇管理改革创新试点相关操作指引的通知

8. 国家外汇管理局重庆外汇管理部关于印发《国家外汇管理局重庆外汇管理部关于开展贸易外汇收支便利化试点的指导意见（试行）》的通知

9. 中国人民银行重庆营业管理部关于印发《中国人民银行重庆营业管理部银行业金融机构重大事项报告管理办法（2019 年修订稿）》的通知

10. 重庆银保监局办公室关于进一步明确辖内农业保险业务经营条件的通知

11. 重庆银保监局关于加强重庆银行业保险业金融服务配合做好疫情防控工作的通知

12. 重庆银保监局关于印发《重庆银行保险机构涉刑案件管理实施细则(试行)》的通知

13. 重庆市人民政府关于印发重庆市进一步做好利用外资工作若干措施的通知

附　录

附录一 重庆市地方金融监督管理局、重庆市发展和改革委员会、重庆市科学技术局、重庆市财政局、国家税务总局重庆市税务局、中国人民银行重庆营业管理部关于印发《关于发展股权投资促进创新创业的实施意见》的通知

渝金〔2020〕402号

各区县（自治县）人民政府，两江新区管委会，高新区管委会，万盛经开区管委会，有关单位：

《关于发展股权投资促进创新创业的实施意见》已经市政府第116次常务会议审议通过，现印发给你们，请认真贯彻执行。

市金融监管局

市发展改革委

市科技局

市财政局

重庆市税务局

人行重庆营管部

2020年11月18日

关于发展股权投资促进创新创业的实施意见

为进一步引导我市股权投资快速发展，推进一批知名顶级投资机构在我市聚集，加快创新资本引入支持创新创业，促进创新链与资本链有机融合，打造具备国际竞争力的西部股权投资高地，服务我市内陆国际金融中心建设，助力经济高质量发展。现制定以下政策措施。

一、加快培育市场主体

（一）大力引入优秀股权投资机构。对国内优秀股权投资机构落户我市，提供一站式窗口服务，专人协助对接相关登记管理部门，缩短其注册登记备案周期，提高行政便利化水平。

（二）建立全市投融资企业项目平台。由多部门联合整合市内项目资源，建立涵盖全市企业的基础信息库平台，形成投融资项目库，为投资提供动态的投资标的库。鼓励基金管理人上报在我市的已投企业，建立被投企业项目库平台，相关区县（自治县，包括两江新区、重庆高新区、万盛经开区、重庆经开区，以下统称区县）、市政府相关部门应重点跟踪，为被投企业融资、市场拓展、股改上市等方面提供支持。

（三）支持股权投资机构开展投资。对投资于我市新一代信息技术、高端装备、新材料、新能源、节能环保、生物医药等战略性新兴产业和高新技术产业的，或投资外地相关企业后引入我市并产生财政贡献的股权投资机构给予奖励。奖励金额按照投资期内被投企业的地方经济贡献确定，累计不超过实际投资到账金额（扣除政府出资部分）的1%。

二、加大政府引导和扶持

（四）发挥好引导基金带头作用。整合优化市区政府引导基金资源。对我市政府引导基金参股的，主投于符合我市产业发展战略，且具有重大产业支撑作用的项目，或初创期、早中期科技型创新型企业的基金，经认定的，其本地投资金额比例可适当降低。

（五）助力产业加速落地。鼓励区县政府出资，引入更多有资源的社会机构，通过成立政策性产业基金，加大产业导入力度，挖掘优质企业落户我市，带动上下游企业成长，形成特色产业集群。

（六）加大政府奖励比例。对于我市政府引导基金子基金，由相关区县和政府引导基金制定让利奖励政策，对于引入产业多、投资进度快、超额收益可观、投资项目上市的政府引导基金子基金，清算退出时，可加大奖励幅度，以政府引导基金所获得超额收益为限。

三、进一步完善行业生态

（七）加强金融协同联动。发挥银行、证券、保险等金融机构资源优势，鼓励机构业务创新，与股权投资基金合作开展投贷联动、股债联动、投保联动等创新业务。引入养老金、理财资金、保险资金等长期资金配置股权投资，积极拓宽股权投资资金来源。支持符合条件的银行、券商等机构申请基金托管资格。

（八）拓宽机构退出渠道和方式。联合国内优秀投资管理机构，共同发起设立投资于基金份额转让的基金，增加股权投资基金的退出通道。积极发挥区域股权交易市场的平台作用，依法合规开展基金份额转让试点，搭建权益登记托管和转让平台，满足股权投资基金流动性需求。

（九）做大做强并购重组基金。聚焦我市产业转型升级，引入优势资本，鼓励各类社会资本以市场化方式组建并购基金，对符合条件的在我市注册的并购基金，各区县结合产业发展实际，对辖区并购投资基金落地给予重点支持。

四、吸引高质量人才汇聚

（十）加快汇集高素质人才。鼓励各区县制定股权投资基金人才引进计划，组织引才活动，开设专门服务窗口。支持符合条件的股权投资机构高管人才参加我市高端人才评选活动，按规定享受对应人才待遇。

（十一）提升人才服务质量。股权投资机构落地区县，根据本区域情况，对办公用房给予支持，为投资机构高管落户、就医、子女就学等提供优质、便捷服务。

五、优化市场投资环境

（十二）推进双向开放通道。扩大对外开放，鼓励开展股权投资基金跨境投资。推动开展合格境外投资者境内投资（QFLP）业务，吸引境外资金投资我市产业项目。稳步探索合格境内投资者境外投资（QDLP）业务，服务开放型经济发展。

（十三）加大机构支持力度。鼓励有条件的区县对股权投资基金管理人在所管基金存续期内，地方经济贡献较大的，按照其地方经济发展贡献给予重点支持。

（十四）落实优化行业税收政策。加快落实财政部、税务总局关于创业投资企业和天使投资个人相关税收政策，对创业投资企业采取股权投资方式投资未上市中小高新技术企业、初创科技型企业，按国家规定实行相关税收政策；对在我市设立的创业投资企业符合西部大开发税收优惠条件的，依法按照15%的税率征收企业所得税；积极争取对符合条件的公司型创投企业，按照企业年末个人股东持股比例免征企业所得税的优惠试点。

六、其他事项

（十五）各区县可根据本实施意见的精神，按照事权原则制定具体实施细则。

（十六）本实施意见自发布之日起施行；适用本实施意见的股权投资企业须在中国证券投资基金业协会登记备案。

附录二 重庆市人民政府关于印发重庆市金融支持西部（重庆）科学城建设若干措施的通知

渝府发〔2020〕28 号

各区县（自治县）人民政府，市政府有关部门，有关单位：

现将《重庆市金融支持西部（重庆）科学城建设若干措施》印发给你们，请认真贯彻执行。

重庆市人民政府

2020 年 11 月 12 日

（此件公开发布）

重庆市金融支持西部（重庆）科学城建设若干措施

为高起点、高标准建设西部（重庆）科学城（以下简称科学城），充分发挥金融的支撑作用，培育"科技＋金融"的创新生态圈，实现创新链、产业链和资金链的深度融合，将科学城打造成为具有全国影响力的科技创新中心，结合我市实际，提出如下措施。

一、大力集聚创投资本

（一）扩大长期资金来源。聚焦科学城重点发展产业，围绕科技型企业发展阶段，打造全生命周期股权融资支持体系，完善高新技术产业链。引导更多资金投入科学城科技创新，整合市、区两级政府引导基金资源，支持设立 10 亿元级的科技成果转化基金、百亿元级的高质量发展产业基金，发挥杠杆作用，汇聚国内外知名创业投资机构，为科学城高新技术产业高质量发展提供充足的资金支持。鼓励商业银行理财子公司、证券公司直投子公司、保险公司、社保基金等长期资金通过直接投资、委托投资等形式，加大在科学城股权投资力度。大力发展风险投资，引导上市公司、龙头企业发起设立创业投资机构，促进产业资本与科学城高新技术产业融合发展。（责任单位：市科技局、市财政局、市金融监管局、重庆银保监局、重庆证监局、重庆高新区管委会）

（二）畅通资本对接及退出渠道。建立科学城科技型企业孵化器，不定期举行全国性路演推介，搭建资本与项目对接平台。打造重庆国际创投峰会等大会品牌，组织企业与全球金融资源对接，持续吸引国际优秀资本。在科学城设立并购母基金，吸引上市公司和金融机构等各类市场主体参与、对接，支持资本通过企业上市、出售股权、兼并收购等方式退出。探索开展股权投资基金份额转让试点，搭建权益登记托管和转让平台，拓宽资本退出通道。（责任单位：市金融监管局、市科技局、重庆证监局、重庆高新区管委会）

（三）优化投资环境。支持建设股权投资机构集聚区，布局"环境优美、配套完善"的创投基金小镇，对入驻科学城的股权投资基金提供"绿色通道"服务，简化入驻流程，为创投风投机构落户提供便利。建立风险补偿机制，鼓励创投资本加大投入。（责任单位：市金融监管局、市科技局、市财政局、重庆高新区管委会）

（四）加大政府引导。围绕科学城产业链，成立政策性产业引导基金，加大产业培育力度。对投资科学城项目或引入项目落地科学城的引导基金子基金，可适当降低其本地投资金额比例，子基金清算退出时可加大奖励幅度。支持科学城国有基金实施市场化运作，提升运营效率。（责任单位：重庆高新区管委会、市财政局）

（五）落实优惠政策。按照国家及西部大开发有关税收优惠政策，落实创业投资企业及其个人优惠税率。对在科学城落地且经济贡献较大的股权投资机构，根据存续期内其缴纳的企业所得税及增值税的情况，按照重庆高新区促进科技金融发展办法给予奖励。（责任单位：市发展改革委、重庆市税务局、重庆高新区管委会、市财政局）

二、提升直接融资能力

（六）推动优质科技型企业上市。加强科学城优质企业辅导培育，推荐符合条件的企业赴境内外交易所上市。积极利用股票发行注册制改革机遇，依托上海证券交易所重庆基地、深圳证券交易所重庆基地，重点推动一批优质科技型企业申报科创板、创业板。支持上市公司运用并购重组、再融资等手段整合上下游优质资产，助力企业并购上市。建立完善科学城企业上市工作机制，对企业股改、挂牌、上市等环节给予奖补扶持。（责任单位：市金融监管局、重庆证监局、市科技局、重庆高新区管委会）

（七）加快中小科技型企业挂牌。支持符合条件的科学城中小科技型企业到全国中小企业股份转让系统挂牌，通过股票增发实现融资，鼓励发展较好的企业到精选层公开发行，并适时转板上市。鼓励区域股权市场制度与业务创新，推动科学城非上市企业挂牌展示、交易融资，加快企业股份制改造、完善公司治理。（责任单位：市金融监管局、重庆证监局）

（八）拓宽债券市场融资渠道。加大地方政府债券资金投入，保障科学城重大产业项目和基础设施建设资金供给。推动符合条件的科学城建设主体在境内外资本市场发行债券类融资工具，支持以商业地产、交通设施等项目权益为基础资产发行资产证券化产品。鼓励科技型企业发行"双创债"和知识产权证券化产品等创新融资工具，丰富融资产品。（责任单位：市财政局、人行重庆营管部、重庆证监局、市知识产权局）

三、加强信贷资源配置

（九）扩大科技信贷产品供给。加强商业银行科技金融创新，发挥商业银行集团化经营优势和资金优势，支持其理财子公司等旗下金融机构与投资机构合作开展投贷联动、股债联动、投保联动等，运用"贷款＋外部直接投资""贷款＋远期权益"等模式开展业务，引导社会资金支持科技创新。用好再贴现、再贷款等政策工具，引导金融机构为科学城企业提供优惠贷款、贴现融资支持。鼓励金融机构针对科学城科技型企业特征，创新账款质押融资、股权质押融资等信贷产品，降低融资成本。进一步完善科技型企业知识价值信用评价模型，推进知识价值信用贷款改革试点，实现对科学城科技型企业贷款扩面、放量。开展供应链金融创新，建设供应链金融公共服务平台，探索商票流通及应收账款确权机制。支持担保机构稳妥创新，发展股权、应收账款、订单、知识产权等反担保业务，推出更加契合科技型企业特征的担保产品，为科学城企业提供增信支持。支持开展信用保险、保证保险等产品，提高企业抗风险能力，增强信贷可获得性。鼓励金融机构针对科技型企业高技术员工、科研人才提供信用"人才贷"。（责任单位：重庆银保监局、人行重庆营管部、市科技局、市金融监管局、市人力社保局、市大数据发展局、重庆高新区管委会）

（十）加强科学城重大项目信贷支持。推动商业银行、政策性银行通过银团贷款、联合授信等方式，在战略性新兴产业、优势重点项目上加强评审授信、信贷额度等方面的合作，加大关键项目的资金投放。加强科学城建设项目统筹，争取政策性银行长期贷款支持。鼓励金融机构创新信贷品种，提升科学城中长期贷款、信用贷款占比。建立科学城重大项目信息发布机制，鼓励金融机构参与项目前期设计，将信贷支持方案前置融入项目整体规划，提升融资对接效率。（责任单位：人行重庆营管部、重庆银保监局、重庆高新区管委会）

（十一）加强科技信贷配套支持。鼓励对科学城科技型企业信贷规模、计划、考核单列，配套出台差别化政策，建立尽职免责机制，为科学城科技型企业信贷业务开辟"绿色通道"。适度提高对科学城普惠型小微企业贷款不良率容忍度。完善信贷风险分担和补偿机制，扩大科学城企业的信贷融资规模。（责任单位：重庆银保监局、人行重庆营管部、市科技局、市财政局、市金融监管局、重庆高新区管委会）

四、引导金融机构聚集

（十二）支持设立金融机构。完善科学城落户奖励、财政补贴、房租减免等配套政策，鼓励银行、证券、保险、基金等金融类机构在科学城设立法人及分支机构，对符合条件的金融机构及高管、人才等在落户、医疗、子女教育等方面予以保障，提供"一站式"政务服务，吸引各类金融机构、科技金融研发企业入驻，建设"特色鲜明、协同发展"的科技金融街。支持科学城筹建政策性融资担保公司等新型金融机构，引导金融资源流向科学城中小微企业。鼓励评级、审计、会计、法律、评估等专业性服务机构优先落户，并对承接项目成功率较高的机构进行奖励。（责任单位：重庆高新区管委会、市金融监管局、人行重庆营管部、重庆银保监局、重庆证监局）

（十三）加强成渝地区科技金融联动合作。促进成渝地区双城经济圈重大项目合作，支持成渝两地金融监管部门及金融类机构在重大项目评审评级、授信额度核定、信贷管理及风险化解等方面形成联动机制，共同推进科学城重大项目建设、重点产业发展和重要科技创新。鼓励金融机构、金融合作机构、中介服务机构、行业协会等建立信息共享、准入互通制度。（责任单位：人行重庆营管部、重庆银保监局、重庆证监局、市金融监管局）

五、打造金融综合服务平台

（十四）建立科技型企业融资对接平台。依托科学城，推动高新区科技金融线上服务平台功能升级，与渝快融、信用重庆、重庆科技资源共享平台等系统对接，吸引各类金融机构共同参与企业经营数据分析模型建设，加强数据共享，实现企业画像，打造服务科技型企业的融资对接平台。（责任单位：重庆高新区管委会、人行重庆营管部、市科技局、市大数据发展局）

（十五）深化科技要素交易市场功能。充分发挥科技要素交易市场功能，探索完善评估定价机制，在科学城试点"企业需求＋高校（院所）成果＋技术经纪人＋基金"转化模式。吸引科学城各类科技型企业、科研机构和高等院校积极参与，共同探索"企业＋科研团队""科技成果入股"等科技成果转化方式，整合各方资源优势，促进产学研协同发展，加快科学城技术研发和推广应用。（责任单位：市科技局、重庆高新区管委会、市教委）

六、加快金融科技发展

（十六）支持金融科技资源要素集聚。支持国家金融科技"监管沙盒"等试点优先在科学城实施，积极争取国家级、市级金融科技重大项目和平台在科学城落地。加强金融科技认证和标准化服务配套能力建设，引导金融机构和大型科技企业在科学城设立金融科技研发中心、数据中心、创新平台以及各类金融科技实验室等，加快形成金融科技产业集群。（责任单位：人行

重庆营管部、市科技局、市金融监管局）

（十七）加强金融科技研发。加快金融科技底层关键核心技术、前沿技术、应用型新技术的研发。鼓励金融机构和金融科技企业建立内部孵化机制，培育金融科技创新项目和创业人才团队。充分发挥科学城科技创新资源优势，整合高等院校、科研院所、金融机构、企业等各方优势，支持在金融科技领域开展联合技术研发。（责任单位：人行重庆营管部、市科技局、市教委）

（十八）扩展金融科技场景应用。支持金融机构与金融科技公司共同探索大数据、人工智能、区块链等新技术在金融领域的应用。支持金融机构在科学城优先开展金融科技及标准创新示范工程建设。推动政务数据、社会数据、公共数据与金融数据的融合应用。鼓励金融科技在科学城供应链融资、知识产权金融、融资租赁、产权登记等领域推广应用。（责任单位：人行重庆营管部、市发展改革委、市大数据发展局、市金融监管局、市科技局、重庆证监局）

七、完善保障支持体系

（十九）健全社会信用体系。集中金融、注册登记、税收缴纳、社保缴费、行政许可、行政处罚等信用信息，在科学城建立政府部门、行业协会、金融机构等共同参与的信用建设联动机制。积极培育信用服务市场，鼓励信用服务机构创新产品和服务，拓展应用场景。（责任单位：市发展改革委、人行重庆营管部、市人力社保局、市市场监管局、重庆市税务局）

（二十）加强风险防范预警。建立完善科学城金融监管工作机制，严格监管金融市场活动。守住不发生区域性、系统性风险底线，稳妥开展金融创新，依托大数据、区块链、人工智能等手段，建立完善风险监测预警系统。督促金融机构、金融合作机构、中介服务机构加强行业自律，提高合规经营水平，共同营造稳定安全的金融环境。（责任单位：市金融监管局、重庆银保监局、重庆证监局）

附录三 重庆市人民政府关于印发重庆市 融资担保公司监督管理办法的通知

渝府发〔2020〕8号

各区县（自治县）人民政府，市政府各部门，有关单位：

现将《重庆市融资担保公司监督管理办法》印发给你们，请认真贯彻执行。

重庆市人民政府

2020年3月30日

（此件公开发布）

重庆市融资担保公司监督管理办法

第一章 总 则

第一条 为加强对融资担保公司的监督管理，规范融资担保行为，促进全市融资担保行业健康发展，根据《融资担保公司监督管理条例》（以下简称《条例》）等规定，结合本市实际，制定本办法。

第二条 本办法所称融资担保是指担保人为被担保人借款、发行债券和其他债务融资提供担保的行为。

第三条 在本市依法设立、经营融资担保业务的有限责任公司、股份有限公司和注册地在市外的融资担保公司在本市依法设立的分支机构适用本办法。通过证券交易所、股份（权）转让系统等交易取得融资担保公司股份的股东，适用本办法规定。

第四条 重庆市地方金融监督管理局（以下简称市"金融监管局"）履

行对全市范围内融资担保公司监督管理职责，负责融资担保公司监督管理和风险处置，并向融资性担保业务监管部际联席会议和市政府报告有关工作。

第五条 各区县（自治县，以下简称"区县"）政府指定的地方金融管理部门负责协助开展融资担保公司管理工作，履行属地金融风险处置职责。

第六条 市政府有关部门负责制定促进融资担保行业发展的政策措施，市、区县两级财政部门积极参与政府性融资担保体系建设，通过资本金投入、建立风险分担机制等方式，支持辖区内融资担保公司为小微和"三农"提供融资服务。

第二章 设 立

第七条 在本市设立融资担保公司应当经所在区县金融管理部门初审，并报市金融监管局审查批准后设立。未经批准，任何单位和个人不得经营融资担保业务，不得在名称中使用融资担保字样；国家另有规定的除外。

第八条 设立融资担保公司，应当符合《中华人民共和国公司法》的规定，并具备下列条件：

（一）股东信誉良好，最近3年无重大违法违规记录；

（二）注册资本符合本办法的规定；

（三）拟任董事、监事、高级管理人员应当熟悉与融资担保业务有关的法律、法规，具有履行职责所需的从业经历和管理能力；

（四）有健全的业务规范和风险控制制度等内部管理制度。

第九条 市金融监管局可以采取查询全国信用信息共享平台等方式核实股东信用信息，对其信誉情况作出客观评价并且作为行政审批和备案工作依据。

融资担保公司主要股东可以在融资担保公司章程中约定，在融资担保公司出现代偿风险时，给予流动性支持；当经营失败导致损失侵蚀资本时，及时补足资本金。

第十条 融资担保公司注册资本的最低限额：

在本市注册的融资担保公司，注册资本不得低于人民币1亿元。

从事债券担保业务的融资担保公司，注册资本不低于人民币5亿元。

第十一条 融资担保公司的注册资本为实缴货币资本，股东出资应真实合法，不得以委托资金、负债资金等非自有资金出资。

第十二条　申请设立融资担保公司，应当提交下列材料：

（一）设立申请书、股东或发起人会议有关决议、股东名册，拟任董事、监事和高级管理人员的简历以及资格证书，公司章程草案、财务制度、风险控制制度、业务流程、公司治理制度、信息披露制度等内部管理制度、公司部门设置以及人员基本构成等申报材料；

（二）不动产登记部门出具的营业场所所有权或者使用权证、市场监督管理部门出具的企业名称预先核准通知书、人民银行出具的信用报告、会计师事务所出具的审计报告、验资报告、资本金入账原始凭证复印件等材料。

第十三条　申请设立期间申请材料涉及的事项发生重大变化的，申请人应当自变化发生之日起5个工作日内向所在区县金融管理部门提交更新材料；股东发生变化的，应当重新报送申请材料。

第十四条　市金融监管局在对设立融资担保公司的申请进行审查期间应坚持审慎原则，听取拟任高级管理人员对拟设融资担保公司在经营管理、业务发展和风险防控等方面的规划，并可以依据有关法律、法规对其进行履职能力测试和监管合规提示。

第十五条　市金融监管局应当对设立融资担保公司的申请进行审查，并且自所在区县金融管理部门受理申请之日起30日内，做出批准或者不予批准的书面决定。决定批准的，颁发融资担保业务经营许可证；不予批准的，书面通知申请人并说明理由。

经批准设立的融资担保公司，应当持批准文件以及融资担保业务经营许可证，向市场监督管理部门办理登记注册手续，领取营业执照后方可营业。

第十六条　在本市设立的融资担保公司需在市内设立分支机构的应自分支机构设立之日起30日内，将有关情况向市金融监管局备案。

第十七条　注册地在市外的融资担保公司申请在本市设立分支机构的，市金融监管局应当就其依法合规经营情况征求注册地省级融资担保监督管理部门意见后审查批准，并且应当具备下列条件：

（一）注册资本不低于人民币10亿元；

（二）经营融资担保业务3年以上，且最近2个会计年度连续盈利；

（三）最近2年无重大违法违规记录。

第十八条　注册地在市外的融资担保公司申请在本市设立分支机构的，

应当提供以下材料：

（一）设立申请书、拟任高级管理人员简历和资格证书；

（二）融资担保公司股东会（董事会）关于分公司高级管理人员任命的决议；

（三）财务制度、风险控制制度、业务流程、公司治理制度、信息披露制度等内部制度，公司部门设置以及人员基本构成等申报材料；

（四）企业法人营业执照复印件和融资担保业务经营许可证、国土房管部门出具的营业场所所有权或者使用权证、市场监督管理部门出具的企业名称预先核准通知书、人民银行出具的信用报告、会计师事务所出具的最近 2 年审计报告、验资报告、运营资金入账原始凭证复印件等材料。

第十九条　拟设融资担保分支机构的审批程序和期限，适用本办法第七条和第十五条的规定。

第三章　变更与终止

第二十条　融资担保公司合并、分立或减少注册资本，由所在区县金融管理部门初审后，报市金融监管局审查批准，并应当自区县金融管理部门受理申请之日起 30 日内，作出批准或不批准的书面决定。融资担保公司应当持市金融监管局同意变更的书面决定到市场监督管理部门申请变更登记。具体变更申请流程和申报材料等由市金融监管局另行规定。

第二十一条　融资担保公司有下列变更事项之一的，应当在变更有关事项之日起 30 日内向所在区县金融管理部门备案，具体流程和备案需提交的材料等由市金融监管局另行规定。各区县金融管理部门应当自备案之日起 3 个工作日内，将备案信息报告市金融监管局。

（一）变更名称；

（二）变更营业地址；

（三）增加注册资本金；

（四）变更董事、监事、高级管理人员；

（五）变更持有 5% 以上股权的股东；

（六）变更业务范围。

各区县金融管理部门应当加强与辖区内融资担保公司沟通，做好事前合规辅导工作，确保变更事项符合监管规定。

第二十二条　融资担保公司发生第二十条、二十一条规定的变更事项，涉及融资担保业务经营许可登记事项变更的，由市金融监管局依法换发融资担保业务经营许可证。

第二十三条　融资担保公司主要股东或实际控制人发生变更的，应当参照本办法第十二条规定提交涉及股东信誉证明材料等变更备案材料。

第二十四条　融资担保公司因发生公司章程规定变更、股东大会或股东会决议、合并、分立或通过司法裁决发生解散、破产情形的，应当依法成立清算组进行清算，并对未到期融资担保责任的承接做出明确安排，按照债务清偿计划及时偿还有关债务，明确或有债务的承接等事项，清算工作应当接受市金融监管局的监督。

第二十五条　清算组应当自成立之日起 10 日内通知债权人，并于 60 日内在市金融监管局指定的市级以上报纸上公告。

第二十六条　清算组应当委托资信良好的会计师事务所、律师事务所等中介服务机构，对公司债权债务和资产等进行核实和评估。

第二十七条　融资担保公司解散或依法宣告破产的，应于解散或人民法院宣告破产裁定书之日起 15 个工作日内，将融资担保业务经营许可证交回市金融监管局注销，由市金融监管局予以公告，并由市场监督管理部门依法办理注销登记。

第二十八条　融资担保公司因发生变更事项或因经营融资担保业务许可证注销、吊销等情形退出融资担保行业，法人主体资格依然存在的，必须继续承担本应承担的债权债务及有关法律责任，但不得继续开展新的融资担保业务，并应在收到市金融监管局有关文件、法律文书或完成变更备案工作后15 个工作日内，将融资担保业务经营许可证交回市金融监管局，并依法前往市场监督管理部门完成相应变更或注销登记。

第四章　业务范围

第二十九条　融资担保公司可以经营下列部分或全部融资担保业务：

（一）借款类担保业务；

（二）发行债券担保业务；

（三）其他融资担保业务。

第三十条　经营稳健、财务状况良好的融资担保公司，还可以经营下列部分或全部业务：

（一）投标担保、工程履约担保、诉讼保全担保等非融资担保业务；

（二）与担保业务有关的咨询等服务业务。

第三十一条　融资担保公司不得从事下列活动：

（一）吸收存款或变相吸收存款；

（二）自营贷款或受托发放贷款；

（三）受托投资；

（四）对其控股股东、实际控制人提供融资担保。

第五章　经营规则和风险控制

第三十二条　融资担保公司应当遵循审慎经营原则，建立健全担保项目评审、保后管理、代偿追偿、代偿责任追究等业务规范以及风险管理等内部控制制度。

第三十三条　融资担保公司应当按照融资担保公司会计核算指引等要求，建立健全财务管理制度，真实记录和反映企业的财务状况、经营成果和现金流量。

第三十四条　融资担保公司应当按照《条例》和配套制度规定的风险权重，计量融资担保责任余额、放大倍数和集中度。融资担保公司的担保责任余额不得超过其净资产的 10 倍。

对小微企业和"三农"融资担保业务在保余额占比 50% 以上且户数占比 80% 以上的融资担保公司，前款规定的倍数上限可以提高至 15 倍。

第三十五条　融资担保公司对同一被担保人的担保责任余额与融资担保公司净资产的比例不得超过 10%，对同一被担保人及其关联方的担保责任余额与融资担保公司净资产的比例不得超过 15％。

第三十六条　对于按比例分担风险的融资担保业务，融资担保责任余额按实际承担的比例计算。融资担保公司应当严格按照有关规定计提未到期责任准备金和担保赔偿准备金。

第三十七条 融资担保公司为关联方提供融资担保应当自提供担保 30 日内报告市金融监管局，并且在会计报表附注中予以披露。

第三十八条 纳入政府推动建立的融资担保风险分担机制的融资担保公司，应当按照有关规定降低对小微企业和"三农"的融资担保费率。

第三十九条 融资担保公司应当将业务数据与融资担保公司监管系统对接，并且遵循真实性、准确性、完整性、及时性和可比性原则向市金融监管局报送经营报告、财务报告、注册会计师出具的年度审计报告等融资担保监督管理部门要求的文件和材料。

第四十条 融资担保公司应当通过公司官方网站等渠道向债权人等披露公司财务报告、风险管理状况、担保业务总体情况等与融资担保有关的业务活动和财务状况信息。

第四十一条 融资担保公司是实施融资担保行业消费者权益保护的工作主体，应当遵循依法合规和内部自律原则，制定和完善消费者权益保护制度，及时核查和处理消费者投诉，对确实存在问题的产品和服务应当采取措施予以纠正；造成损失的，可以通过和解、调解、仲裁、诉讼等方式，根据有关法律法规或合同约定向消费者进行赔偿或补偿。

第六章 监督管理

第四十二条 市金融监管局按照《条例》和本办法规定，依法履行对融资担保公司和董事、监事、高级管理人员违法违规事项进行处罚的职责。

第四十三条 市金融监管局应当在融资担保公司市场准入、风险监测、风险计量、风险提示与公示等方面制定监管标准，并与区县政府和市级有关部门建立融资担保公司信息共享机制、重大风险事件预警和防范处置机制等，共同防范和化解系统性金融风险。

第四十四条 市金融监管局应当建立健全融资担保公司统计分析制度，定期收集、整理和分析融资担保公司统计数据，对其经营风险状况进行持续监控。

第四十五条　市金融监管局应根据融资担保公司的经营规模、主要服务对象、内部管理水平、风险状况、消费者权益保护等，对融资担保公司进行监督管理评级，并实施分类监管。

第四十六条　市金融监管局可以依法采取措施进行现场检查，融资担保公司应当予以配合。检查人员进行现场检查，应当经市金融监管局负责人批准。检查人员不得少于2人，并应当向融资担保公司出示合法证件和检查通知书。

第四十七条　市金融监管局发现融资担保公司的经营活动可能形成重大风险的，经主要负责人批准，可以区别情形，采取下列措施：

（一）责令其暂停部分业务；

（二）限制其自由资金运用的规模和方式；

（三）责令其停止增设分支机构。

第四十八条　融资担保公司应当制定重大风险事件应急管理预案，明确应急管理岗位及其职责，应急管理措施和应急管理程序，及时、有效地处置重大、突发风险事件，保护债权人和其他相关利益人合法权益。发生重大风险事件的，融资担保公司应当及时向所在区县金融管理部门报告具体情况；区县金融管理部门应当根据事件的性质、事态变化和风险程度等情况，会同有关部门采取相应的应急处置措施，并向市金融监管局报告。对可能影响地区金融秩序和社会稳定的，市金融监管局应在接到报告后24小时内向市政府、银保监会和人民银行报告。

第四十九条　市金融监管局为行政处罚实施机关，区县金融管理部门应当协助市金融监管局对本辖区内的融资担保公司违法违规行为依法进行调查。

第五十条　市金融监管局负责制定融资担保行业行政执法工作制度，组建和培养行政执法人员队伍，健全行政执法管理机制。

第五十一条　市金融监管局应依法将行政许可和行政处罚等信息及时、准确向社会公开。

第七章　附　则

第五十二条　本办法自印发之日起施行。

附录四　重庆市地方金融监督管理局关于重庆市融资担保行业积极防控疫情全力支持实体经济平稳健康发展的通知

渝金〔2020〕31号

各区县（自治县）金融管理部门、各融资担保机构，融资担保行业协会：

为深入贯彻习近平总书记关于坚决打赢疫情防控阻击战的重要指示精神，全面落实党中央、国务院决策部署和市委、市政府工作安排，进一步细化落实《重庆市人民政府办公厅关于应对新型冠状病毒感染的肺炎疫情支持中小企业共渡难关的二十条政策措施》《重庆市进一步加强金融支持疫情防控做好实体经济金融服务实施细则》等政策要求，引导我市融资担保行业在防控疫情中更好地发挥融资增信分险作用，支持实体企业复工复产和稳定经营，现将有关事项通知如下：

一、全力保障融资担保支持

（一）加大融资担保增信力度。各融资担保机构应建立政银担企快速对接机制，对疫情防控重点保障企业和受疫情影响出现暂时困难但发展前景较好的企业，实施名单式、台账式管理，依法放大融资担保杠杆倍数，对符合条件的合作银行推荐的名单内企业贷款项目应担尽担，对存量在保企业应续尽续。力争全行业新增融资担保额度不低于上年同期。

（二）发挥机构特色支持作用。各政府性融资担保机构要充分发挥主力军作用，通过调整行业政策、资金定价、人员配置、差异化绩效考核等措施，将担保资源向疫情防控相关企业倾斜。鼓励主体信用评级 AA+ 以上政府性融资担保机构可对名单内企业发行债券和获得央行专项再贷款项目提供担保增信服务，帮助企业解决流动性需求和资金期限问题。市再担保公司应增设防疫助困专项比例再担保合作额度，将符合条件的再担保风险分担比例从 20% 提高到至 40%。市小微融资担保公司应对接落实国家融资担保基金减半收取再担保费政策，用好用足市财政局出台的"4222"小微企业融资担保风险分担机制，对属于个人创业担保贷款的新冠病毒感染者可予以续保，续保期限不超过 1 年，并积极协助向贷款银行申请展期还款和财政部门贴息支持。市农业融资担保公司应通过农业信息综合平台等渠道，加大对农产品生产、加工和销售的企业和个人提供融资担保服务。

（三）降低企业融资成本。各融资担保机构对疫情防控重点保障企业和受疫情影响企业应适度降低担保准入门槛，采取减免保证金、降低或取消反担保要求等措施，帮助企业与银行等金融机构对接，及时获得信贷支持；应主动减费让利，新增担保费率原则上不高于行业平均担保费率，鼓励担保费减免 10% 以上，政府性融资担保机构收取担保费率原则上不高于 1%。

（四）助企纾困应对风险。各融资担保机构应实施信用保护机制，对因疫情影响的企业或者个人未能及时还款的，相关逾期贷款以调整后的还款计划及相应实际还款情况报送，已经报送的可予以调整。对有发展前景但暂时受困的在保企业，主动衔接并配合银行等金融机构做好展期、续贷、借新还旧等缓释措施，不得盲目抽保、断保、压保，帮助企业复工复产。对受疫情影响大，确无还款能力的小微企业，各政府性融资担保机构应及时履行代偿义务，视疫情影响情况适当延长追偿时限，符合核销条件的，按规定核销代偿损失。

二、优化融资担保精准服务

（五）实施快速响应精准服务。各融资担保机构应对疫情防控重点保障企业和受疫情影响出现暂时困难但发展前景较好的企业，安排专人主动跟踪联系，逐户了解企业受疫情影响情况和金融服务需求，及时提供融资担保服务及相关咨询服务。

（六）建立抗疫助困"绿色通道"。各融资担保机构应建立抗疫助困"绿色通道"，在不违背风险控制和内部控制的前提下，实行优先受理、优先审批、优先担保，简化程序和手续，缩短审批时限，原则上在 48 小时内办结，针对重点疫情地区的企业力争 24 小时办结，确保抗疫业务办理畅通无阻。

（七）利用科技创新服务方式。各融资担保机构应充分运用互联网、大数据、远程可视、智能化识别等科技手段，积极创新开发专项产品，丰富"非接触式服务"渠道和场景，采取线上咨询、线上受理、线上审批、线上贷后等模式，为疫情防控期间的企业提供安全性、便捷性和可得性金融支持并隔离疫情风险。利用微信公众号、各类新闻媒体等渠道宣传疫情期间融资担保优惠政策和产品服务，更好为企业提供金融服务。

三、提高站位主动作为

（八）落实机构主体责任。各融资担保机构应严格执行党中央和市委、市政府关于疫情防控的决策部署，将疫情防控工作作为当前最重要的工作来抓。建立严格的疫情防控责任制，抓好内部责任落实、复工报备、安全承诺、排查防控、防疫准备、精细管理，改进工作方式，充分运用移动办公、网上办公等方式保障有序服务，确保职工健康，维持正常经营。

（九）主动履行社会责任。融资担保行业协会要充分发挥引导作用，倡议行业做好疫情期间的金融服务和宣传，鼓励各融资担保机构履行社会责任，体现行业的"温度"，结合自身实际采用捐款捐物等方式，以实际行动支持我市及全国抗击疫情工作，同心协力打赢新冠疫情防控战役。

四、加强监管政策引导考核

（十）适度提高监管容忍。在融资担保机构保持稳健运行的前提下，金融监管部门在监管指标考核上给予合理政策空间和宽限期。对确系支持名单内企业和受疫情影响企业发生的代偿金额可单列核算，适度提高担保代偿容忍度；对三类资产比例影响较大的，可酌情调整三类资产类别备案。适当延缓疫情期间监管统计报表报送时限，鼓励各融资担保机构全力支持疫情防控。

（十一）畅通监管绿色通道。在疫情防控期间，对各融资担保机构涉及支持抗击疫情的业务模式、产品和服务创新及相关变更事项，金融监管部门按照特事特办、急事急办、优先办理、快速办理原则，提前介入监管辅导服务，建立监管"绿色通道"快速办结。各融资担保机构在执行中遇到的问题和建议可及时向属地金融管理部门反映。

（十二）加大监管考评力度。金融监管部门加强对融资担保机构支持疫情防控融资担保服务情况的监测统计，对机构执行不力、服务成效不好的可采取监管约谈、监管提示等措施。在 2020 年度融资担保机构监管评价中，对疫情防控支持力度大的机构给予适度加分。对在疫情防控期间随意抽保、压保、断保的融资担保机构，加大现场监管力度，调减年度监管评价分值，并与日常市场准入及变更监管挂钩。

本通知执行期限为发布之日起至 2020 年 6 月 30 日止。国家和市级出台相关支持政策另有规定的，遵照国家和市级政策执行。

重庆市地方金融监督管理局

2020 年 2 月 17 日

附录五　重庆市地方金融监督管理局关于引导小额贷款公司支持疫情防控做好实体经济金融服务的通知

渝金〔2020〕30 号

各区县（自治县）金融办（金融工作部门），各小额贷款公司，市小额贷款公司协会：

为深入贯彻习近平总书记关于坚决打赢疫情防控阻击战的重要指示精神，全面落实党中央、国务院决策部署和市委、市政府、中央金融监管部门的工作要求，根据我市《关于应对新型冠状病毒感染的肺炎疫情支持中小企业共渡难关的二十条政策措施》（渝府办发〔2020〕14 号）和《重庆市进一步加强金融支持疫情防控做好实体经济金融服务实施细则》，进一步深化细化工作措施，改进监管方式，传递监管温度，促进我市小额贷款公司行业与实体经济共抗疫情、共渡难关、共续发展，现将有关事项通知如下：

一、发挥金融支持作用

（一）加大贷款投放力度。小额贷款公司应为疫情防控相关企业和受疫情影响较大的地区、行业、企业特别是中小微企业等实体经济提供金融支持，着力解决复产复工的资金需求，积极帮助企业恢复和稳定生产经营。应发挥错位经营和"小额分散"特点优势，主动对接，酌情增加贷款额度，适度下调贷款利率，力争行业对中小微企业放贷总额不低于上年同期，年化综合实际利率不高于上年加权平均综合实际利率。

开展网贷业务的公司应充分发挥互联网和平台优势，运用科技手段和创新能力，加强业务创新，为疫情防控研发定制化产品。应利用自身特点和集团优势，争取股东增加投资，进一步加大对市内外批发零售、住宿餐饮、物流运输、文化旅游、农业农村等重点领域受困企业的资金支持力度。

（二）缓解客户还款压力。小额贷款公司应适度减费让利，对疫情防控相关企业和受疫情影响较大的企业和群体，主动排查名单，综合采取展期、续贷、延期还款、减免利息（罚息）、暂缓催收等措施进行纾困帮扶，不盲目抽贷、断贷、压贷。

实施客户信用保护机制，对因疫情影响未能及时还款的，可合理调整信用记录报送。有关逾期贷款按照小额贷款公司与贷款人协议调整后的还款计划及相应实际还款情况报送，已经报送的可予以调整。

（三）着力提高服务效率。小额贷款公司应发挥灵活高效的经营优势，开通快速审批通道，简化业务流程，切实做到应贷尽贷快贷。提供线下配套服务和宣传引导，对不习惯使用线上业务的客户，要有针对性服务，错峰办理。

有条件的公司应积极推广线上业务，优化丰富"非接触式服务"渠道，提供安全便捷的"在家"金融服务，引导客户通过互联网、手机 App 等线上办理贷款业务，隔离疫情。应加强业务信息管理，保障客户信息安全。

二、加大监管支撑力度

（四）适度提高监管容忍度。执行单户贷款余额不超过净资产 10% 的规定。用于支持疫情防控的贷款产品受贷款额度、贷款期限和贷款对象等前期备案条件限制的，经事前报备后可予放宽。受疫情影响，不良贷款率超出现行监管规定上限标准 3 个百分点以内的，经市金融监管局确认，不影响申办融资、创新等业务，保持贷款规模增长的，监管评价给予合理弹性。因不良贷款上升导致计提拨备不足的，准许在 2020 年度内补足。在公司治理、服务信息披露、形象标识等方面需要对标整改的，完成时限顺延 3 个月。因疫情、复工等因素影响日常监管统计报表的，报送时间可适当延后。受疫情影响的其他事项，经申请可酌情给予监管容忍。

（五）加强融资业务窗口指导。支持小额贷款公司用好用足 2.3 倍融资杠杆，因支持实体企业特别是中小微企业特殊需要的，经市金融监管局批准，可适当提高，放大疫情防控支持力度。分类指导小额贷款公司依法合规开展融资，各项融资拉通计算杠杆倍数。为支持疫情防控开展的融资业务，在监管许可的杠杆倍数内可事后备案。

（六）简化优化行政服务。监管部门优化服务举措，提高便利性，切实减时限、减聚集。采取网上办公方式，提供线上审批备案等服务，强化非现场监管。为支持疫情防控有关的准入事项申请，开启随报随审的"绿色通道"，优先处理。对因疫情防控急需办理的申请事项，特事特办，实行容缺办理，非核心材料以承诺制形式审查。

（七）加大监管奖惩力度。小额贷款公司支持疫情防控、履行社会责任、诚信行为表现等情况纳入监管评价。对表现突出的，作为评先评优重要参考，给予监管评价加分，减少现场检查频次。对不遵守疫情防控要求、不配合疫情防控工作、未履行应有社会责任的，存在盲目抽贷、断贷、压贷等行为的，一经查实，从严从重处理。

三、合力维护行业持续稳健发展

（八）加强重点风险管控。小额贷款公司应主动加强经营风险、流动性风险、法律风险、舆情风险等各类风险管理，着力防控不良上升风险，创新不良贷款化解方式。应妥善处理重点企业和个人的债权债务纠纷等单体风险，维持公司经营基本稳定，促进行业风险总体可控。

（九）积极推动解决实际困难。小额贷款公司疫情防控相关业务可单列核算统计，应按要求准确全面报送公司经营、疫情防控、支持疫情等方面信息，及时反映遇到的困难和建议。监管部门将加强与财政、税务、司法等部门的沟通协调，推动解决抗疫捐赠和防疫支出税前扣除、纳税申报和税费解缴延期办理、同等享受优惠政策申请、借贷诉讼纠纷等现实问题，促进行业可持续发展。

本通知有效期暂定为自发布之日起至 2020 年 6 月 30 日止。国家和我市出台相关支持政策的，遵照执行。

重庆市地方金融监督管理局

2020 年 2 月 17 日

附录六　国家外汇管理局重庆外汇管理部关于印发《国家外汇管理局重庆外汇管理部关于开展外籍人才个人外汇业务便利化试点的指导意见（试行）》的通知

　　为进一步深化"放管服"改革，优化引才引智环境，满足外籍人才真实合规的经常项目用汇需求，支持重庆开放型经济高质量发展，根据《国家外汇管理局关于支持重庆开展资本项目外汇管理改革创新试点的批复》（汇复〔2020〕44号）和《国家外汇管理局关于开展外籍人才经常项目外汇业务便利化试点的批复》（汇复〔2020〕47号）等文件要求，结合重庆实际，国家外汇管理局重庆外汇管理部制定了《国家外汇管理局重庆外汇管理部关于开展外籍人才个人外汇业务便利化试点的指导意见（试行）》，现予发布实施。执行中如遇问题，请及时向国家外汇管理局重庆外汇管理部反馈。

　　附件：国家外汇管理局重庆外汇管理部关于开展外籍人才个人外汇业务便利化试点的指导意见（试行）

国家外汇管理局重庆外汇管理部

2020 年 11 月 2 日

国家外汇管理局重庆外汇管理部关于开展外籍人才个人外汇业务便利化试点的指导意见（试行）

第一章 总 则

第一条 为深化外汇管理"放管服"改革，支持重庆开放型经济高质量发展，优化引才引智环境，便利外籍人才真实合规的经常项目用汇需求，提升金融服务水平，根据《中华人民共和国外汇管理条例》和《个人外汇管理办法》等相关规定，制定本指导意见。

第二条 本指导意见所称外籍人才是指持外国人来华工作许可证（A类、B类）及经重庆市科技局等人才主管部门认定的相关人员。外籍人才个人外汇业务便利化（以下简称"试点业务"）是指对符合条件的外籍人才办理境内取得的经常项目合法人民币收入购付汇及以自身名义为随行子女办理不占额度学费结汇业务给予便利。

第三条 符合条件的境内银行向国家外汇管理局重庆外汇管理部（以下简称"重庆外汇管理部"）备案后，方可作为外籍人才个人外汇业务便利化试点银行（以下简称"试点银行"）开展试点业务。

第四条 试点银行应具有完善的业务风险管控机制，能够严格落实"了解客户""了解业务""尽职审查"原则，确保试点业务的真实性、合规性和合理性。

第五条 适用试点业务的外籍人才应确保业务具有真实、合法的交易基础，不得虚假申报个人购汇信息，不得提供不实的证明材料，不得有以欺骗手段将境内资本转移境外等逃汇行为，不得有骗购外汇等非法套汇等行为。

第六条 重庆外汇管理部对试点业务进行监督管理，可根据国际收支形势、政策变化和业务发展需要等对本指导意见进行调整。

第二章 业务备案

第七条 试点银行开展试点业务，应同时具备以下条件：
（一）在重庆市注册经营的商业银行一级分行或地方性商业银行总行。

（二）近三年银行外汇业务合规与审慎经营评估（银行执行外汇管理规定情况考核）原则上均在 B+（含）以上。

（三）具备核验外籍人才身份信息的能力。

（四）合规经营、审慎展业，具备完善的内控制度，包括但不限于客户准入、业务授权、风险预警、应急管理等。

（五）针对试点业务制定专项管理办法和操作规程，包括但不限于对外籍人才事前身份核验、事中异常交易拦截、事后分析筛查等措施。

（六）承诺自愿遵守《银行承诺函》（见附）。

第八条　符合条件的银行可向重庆外汇管理部备案，并提交以下材料：

（一）备案报告，包括银行自评情况（业务需求、近三年银行外汇业务合规与审慎经营评估情况、个人外汇业务开展情况等）、首批拟开展试点业务的银行网点等。

（二）试点业务专项管理办法及操作规程，包括但不限于操作流程、内部风险控制、开展试点业务的银行网点和外籍人才的准入及退出条件、根据外籍人才业务需求、业务特点和银行管理水平制定的便利化措施等。

（三）《银行承诺函》。

经重庆外汇管理部审核同意后，银行方可开展试点业务。

第九条　试点银行申请材料留存 5 年备查。

第十条　试点银行应对试点业务的实施情况进行评估，运行良好的试点银行可适时新增试点网点，同时将新增试点银行网点于 10 个工作日内向重庆外汇管理部事后备案。

第十一条　重庆外汇管理部对试点银行按年度开展定期评估。评估合格的银行可继续开展试点业务。经评估不合格的银行，重庆外汇管理部应及时告知相关银行评估不合格的原因，银行应在 3 个月内进行整改，根据本指导意见第十二条规定应当取消试点资格的情况除外，整改期内试点银行不可新增网点。整改到期后仍不符合本指导意见准入标准的，重庆外汇管理部应书面通知试点银行，取消其试点资格。

第十二条　重庆外汇管理部对试点业务日常监测中，发现试点银行未按本指导意见进行尽职审查、合规经营、审慎展业，或内控管理执行不到位的，银行应在 3 个月内进行整改，到期后未整改完毕的，重庆外汇管理部可结合实际情况，适当延长整改期或书面通知试点银行取消其试点资格。

试点银行出现以下情形之一的，重庆外汇管理部自发现之日起 10 个工作日内，书面通知试点银行取消其试点资格：

（一）银行未尽职审核，协助外籍人才开展虚假交易，或为用工企业开展虚假交易转移资金提供便利。

（二）银行的经营行为对重庆地区跨境资金流动、金融稳定造成负面影响。

（三）银行外汇业务合规与审慎经营评估为 B– 及以下。

（四）银行不配合重庆外汇管理部监督管理工作。

因异常或违规行为被取消试点资格的银行，原则上两年内不得再次申请本指导意见的试点业务。

第三章　便利化措施

第十三条　试点银行为外籍人才首次办理薪酬所得购付汇业务时，应进行身份核验，在系统中做好身份标识，并按现行法规要求进行真实性审核，留存雇佣合同，在合同有效期内，外籍人才可免于逐次提供，并可用电子合同替代纸质合同。

第十四条　经外籍人才授权后，用人单位可为其代办薪酬所得购付汇业务，除首次真实性核验外，试点银行可凭用人单位支付指令办理，事后抽查材料。

第十五条　试点银行为外籍人才办理薪酬所得购付汇业务时，可用电子化税务凭证替代纸质税务凭证。若试点银行为代发工资银行，可凭税务代扣代缴记录代替税务凭证。

第十六条　试点银行可凭外籍人才随行子女学费证明、身份证明及亲属关系证明等材料，以外籍人才名义办理其随行子女不占额度学费结汇业务，结汇所得人民币资金应直接汇入境内学校指定账户。

第十七条　条件成熟的试点银行，在实现真实性审核、系统功能完备、业务风险可控等基础上，可通过线上渠道办理试点业务。试点银行以审核电子单证方式办理试点业务的，可不打印电子交易单证。

第四章　业务管理

第十八条　重庆外汇管理部商请重庆市科技局等人才主管部门定期提供外籍人才名单及用人单位信息，协助便利化政策点对点向外籍人才传达。条件成熟时向试点银行开放部分外籍人才工作许可有效信息，支持外籍人才身份查证核验。

第十九条　试点银行办理试点业务应履行尽职审查义务，确保相关单证和材料的真实性、合规性以及使用的唯一性，试点业务相关材料应留存5年备查。同时，应按要求报送相关业务数据和信息，保证数据的及时性、准确性、完整性和一致性。

试点银行办理外籍人才薪酬所得购汇时，录入个人外汇业务系统时应备注"在华外籍人才薪酬购汇"，付汇时在涉外收支申报交易附言中注明"在华外籍人才薪酬付汇"。

试点银行以外籍人才名义办理其随行子女不占额度学费结汇时，录入个人外汇业务系统时应备注"在华外籍人才随行子女学费结汇"，并注明子女姓名、身份证件类型和编号。

第二十条　试点银行应对试点业务定期回访和抽检，发现异常情况应立即中止实施便利化措施，待确认相关业务真实合规后，方可恢复各项便利化措施。

第二十一条　试点银行应定期审查本行试点业务开展情况，每年至少一次对试点制度落实、预警系统监测效果、业务开展合规性及审慎展业能力进行全面评估，对存在问题应及时整改。试点银行业务评估报告应及时报告重庆外汇管理部，并留存相关材料备查。

第二十二条　重庆外汇管理部对试点业务开展专项监测核查，试点银行应积极配合，如实提供相关资料。

第二十三条　试点银行有下列情形之一的，重庆外汇管理部责令整改：

（一）审核试点业务真实合规性能力不足。

（二）发现异常情况未在5个工作日内报告重庆外汇管理部。

（三）未按规定报送试点业务数据和信息。

（四）其他情形。

第二十四条 对异常违规交易及个人，重庆外汇管理部依法实施风险提示、责令整改、暂停试点业务等措施，涉嫌犯罪的依法移送公安机关，并通报重庆市科技局等相关管理部门。

第二十五条 本指导意见自发布之日起实施，由重庆外汇管理部负责解释。

附：《银行承诺函》

银行承诺函

本行（包含下辖开展试点业务的网点）（以下简称"银行"）已知晓外籍人才个人外汇业务便利化试点政策及相关要求，仔细阅读本承诺函告知和提示的外汇局监管要求以及银行义务。银行承诺将：

一、根据《指导意见》要求，依法合规为外籍人才办理境内取得的经常项目合法人民币收入购付汇、为其随行子女办理不占额度学费结汇等试点业务，认真履行展业三原则，做好对客户的尽职审查，承担自证相关试点业务真实合规的主体责任，自身不主动开展也不协助市场主体开展监管套利，对虚假交易保持零容忍。

二、对试点业务开展持续跟踪监测，评估交易的逻辑性、合理性。每年至少对本行外籍人才试点业务的整体情况开展一次自查自评，包括但不限于试点业务开展情况、试点业务预警监测情况、本行业务开展合规性及审慎展业能力、存在问题及整改措施。对试点业务定期回访和抽检，确保各项风险监控及防范措施有效落实，对发现的风险点及时整改。对不符合条件的个人应及时终止实施便利化试点并启动退出机制。如发现异常情况，及时向外汇局报告。

三、接受并配合外汇局对本银行的监督管理，及时、如实说明情况并提供证明相关交易真实性、合规性和合理性的相关单证资料，提交的各类资料真实、准确、有效，涉嫌弄虚作假、伪造数据资料的，接受外汇局依法严肃处理。

四、本承诺函适用于银行为外籍人才办理境内取得的经常项目合法人民币收入购付汇、以自身名义为随行子女办理不占额度学费结汇等个人外汇业务便利化试点业务。本承诺函未尽事项，按照有关外汇管理法规定执行。

五、本承诺函适用于银行，自签署时生效。银行将认真学习并遵守相关政策及要求，积极支持配合外汇局做好对试点业务的管理。

六、若未履行上述承诺之义务，自愿接受外汇局实施的取消试点资格、处罚等在内的处理措施。

银行（公章）： 负责人（签字）：

年 月 日

附录七 国家外汇管理局重庆外汇管理部 关于印发资本项目外汇管理改革 创新试点相关操作指引的通知

渝汇管〔2020〕22 号

国家外汇管理局各中心支局、南川支局；国家开发银行重庆市分行，各政策性银行重庆（市）分行，各国有商业银行重庆市分行，各股份制商业银行重庆（市）分行，中国邮政储蓄银行重庆分行，重庆银行，重庆三峡银行，重庆农村商业银行，各城市商业银行重庆分行，各外资（外国）银行重庆分行：

为进一步深化"放管服"改革，促进投融资自由化、便利化，助推重庆内陆开放高地建设，国家外汇管理局《关于支持重庆开展资本项目外汇管理改革创新试点的批复》（汇复〔2020〕44 号）同意重庆外汇管理部开展多项资本项目外汇管理改革创新试点，主要包括：允许重庆市辖内企业外债管理模式从"投注差"模式调整为跨境融资宏观审慎管理模式；取消非金融企业外债的逐笔登记，符合条件的企业可以在外汇局办理一次性外债登记，在登记金额内自行借入外债资金；允许符合条件的高新技术企业，在不超过等值500 万美元额度内自主借用外债；辖内银行可在风险可控、审慎管理的原则下开展信贷资产对外转让试点；支持资本项目收入支付便利化政策实施范围扩大至全辖。同时，国家外汇管理局原则同意重庆开展合格境内有限合伙人（QDLP）试点，探索开展重庆与新加坡基金互认外汇管理试点等。

为确保资本项目创新试点政策顺利实施，重庆外汇管理部按总局工作要求，制定了《非金融企业外债登记管理改革试点业务操作指引》《外债便利化额度试点操作指引》《境内信贷资产对外转让试点业务操作指引》等 3 项试点业务操作指引（见附件），现予印发。请各银行结合实际，认真做好相关改革创新试点政策的落实工作。试点过程中如遇问题，请及时向我外汇管理部反馈。

　　附件1：国家外汇管理局重庆外汇管理部非金融企业外债登记管理改革试点业务操作指引

　　附件2：国家外汇管理局重庆外汇管理部外债便利化额度试点业务操作指引

　　附件3：国家外汇管理局重庆外汇管理部境内信贷资产对外转让试点业务操作指引

国家外汇管理局重庆外汇管理部
2020 年 9 月 21 日

附件1　国家外汇管理局重庆外汇管理部非金融企业外债登记管理改革试点业务操作指引

　　第一条　为贯彻落实《国家外汇管理局关于进一步促进跨境贸易投资便利化的通知》（汇发〔2019〕28 号），便利非金融企业办理外债业务，进一步提高跨境融资业务办理便利化水平，特制定本指引。

　　第二条　本指引所称外债登记管理改革试点，是指符合本指引各项条件的非金融企业可按照便利化登记程序向重庆外汇管理部及辖内中心支局、支局（以下简称"外汇局"）申请办理一次性外债登记的业务。除本指引第五条相关情况外，申请办理一次性外债登记的试点企业可以不再办理外债逐笔签约登记。

　　第三条　注册地在重庆外汇管理部辖内，并符合以下条件的非金融企业法人（以下简称"试点企业"），可根据实际融资需求申请办理一次性外债登记业务：

　　（一）成立时间满一年（含）以上且有实际经营业务活动，并已经选择全口径跨境融资宏观审慎管理模式借用外债的企业；

　　（二）近三年无外汇违规行政处罚记录的企业（成立不满三年的企业，自成立之日起无外汇违规行政处罚记录）；

（三）房地产企业、政府融资平台、融资担保公司、小额贷款公司、典当行、融资租赁公司、商业保理公司、地方资产管理公司等机构，以及选择"投注差"模式借用外债的企业，不适用本指引。

第四条　试点企业一次性外债登记额度不得超过其跨境融资风险加权余额上限。

试点企业跨境融资风险加权余额上限 = 净资产 * 跨境融资杠杆率 * 宏观审慎调节参数。目前跨境融资杠杆率暂设定为 2，宏观审慎调节参数暂设定为 1。

试点企业已发生跨境融资的，外汇局应在一次性外债登记额度中扣减已逐笔登记的外债签约金额；逐笔登记的外债偿清后，试点企业可向外汇局申请调增一次性外债登记额度。

第五条　试点企业内保外贷项下资金以外债形式调回境内、在境外发行债券、外保内贷履约外债登记的，需到所在地外汇局办理逐笔外债签约登记。外汇局按逐笔登记的签约额相应扣减一次性外债登记额度。

第六条　试点企业办理一次性外债登记时，需向所在地外汇局提供以下材料：

（一）申请书（含基本情况、拟申请一次性登记外债金额、近三年无外汇违规行政处罚记录的情况说明等）；

（二）营业执照；

（三）上年末或最近一期经审计的财务报告。

第七条　试点企业办理一次性外债登记后，可在登记额度内凭业务登记凭证在银行办理外债账户开立、外债资金汇出入和结售汇手续。外债资金应按照外债合同和外债管理规定允许的用途使用。

试点企业应将所涉相关外债合同、结汇及资金使用等证明材料保存五年备查。

试点企业向离岸银行借用的商业贷款视同外债管理。发生提款和还本付息时，试点企业需到所在地外汇局逐笔办理非资金划转类提款、还本付息备案。

第八条　银行根据试点企业的申请，审核试点企业提供的外债合同等真实性证明材料后，按规定为试点企业开立、关闭外债账户以及办理外债提款、结汇、购汇、偿还等手续，并留存相关材料五年备查。

银行应当建立健全内控制度，按照了解客户、了解业务、尽职审查的展业三原则完善全业务流程的真实性和合规性审查机制并办理业务，并应加强事后监督，发现异常或可疑情况的，及时报告外汇局。

第九条　试点企业按本指引办理一次性外债登记后一年内未实际发生外债提款的，外汇局有权将一次性外债登记额度调为零。

试点企业当年净资产较上年末经审计的净资产上下浮动超过 20%（含）的，应主动向所在地外汇局报告，申请调整一次性登记外债金额。

第十条　外汇局对外债登记管理改革试点业务实施监督管理，跟踪、监测和核查试点业务开展情况。

第十一条　银行、企业未按本指引及相关管理规定办理试点业务的，外汇局根据《中华人民共和国外汇管理条例》及相关规定进行处罚；情节轻微并及时纠正、未造成危害后果的，外汇局可约谈相关主体、向其出具风险提示函。试点企业存在违规行为的，外汇局可取消其试点资格。

第十二条　其他未明确事项，适用现行外债管理规定。

第十三条　本指引自发布之日起实施，由重庆外汇管理部负责解释。

附件 2　国家外汇管理局重庆外汇管理部外债便利化额度试点业务操作指引

第一条　为贯彻落实《国家外汇管理局关于支持重庆开展资本项目外汇管理改革创新试点的批复》（汇复〔20〕4 号）要求，便利试点区域内符合条件的高新技术企业开展跨境融资业务，国家外汇管理局重庆外汇管理部（以下简称重庆"外汇管理部"）制定本操作指引。

第二条　本指引所称试点区域是指中国（重庆）自由贸易试验区、重庆两江新区、重庆市辖内国家级高新区及经济技术开发区。

第三条　外债便利化额度试点，是指对注册地在试点区域内，部分具有自主知识产权、技术和工艺先进、市场前景良好、净资产规模较小的创新型企业，可在重庆外汇管理部核定规模内借入外债。

重庆外汇管理部按照实需原则核定试点企业外债便利化额度，核定额度最高不超过等值 50 万美元。

第四条　按外债便利化额度试点政策借用外债的企业，应符合以下条件：

（一）注册在试点区域的非金融企业（房地产企业、政府融资平台除外），成立时间满一年（含）以上且有实际经营业务活动；

（二）符合《高新技术企业认定管理办法》（国科发火〔2016〕32号）关于高新技术企业的认定条件，获得国家高新技术企业证书或重庆市高新技术证书，并取得省级以上有关部门关于高新技术企业认证资格的企业。试点企业如为贸易外汇收支名录内企业，货物贸易分类结果应为A类；

（三）近两年无外汇违规行政处罚记录（成立不满两年的企业，自成立之日起无外汇违规行政处罚记录）。

第五条 已获批外债便利化额度的试点企业，不得再通过全口径跨境融资宏观审慎管理模式或"投注差"管理模式借用外债。已借用尚未偿还的外债余额占用外汇局核定的外债便利化额度。

第六条 试点企业按外债便利化试点政策办理外债签约登记业务，应向重庆外汇管理部提交以下材料：

（一）申请书（含企业基本情况、自身资产负债情况、拟申请的外债便利化额度、外债资金使用计划、近两年（成立不满两年的自成立之日起）无外汇违规行政处罚记录的承诺、风险防控措施等）。

（二）国家高新技术企业证书或重庆市高新技术证书，并取得省级以上有关部门关于高新技术企业认证资格或在重庆高新技术企业名单的企业的证明材料。

高新技术证书处于换领期的试点企业可凭相关证书延期证明材料办理外债签约登记业务。证书延期手续办理完成后，试点企业应及时补交换领后的高新技术证书。

（三）借款意向书或借款合同正本和合同主要条款复印件，合同为外文的应另附合同主要条款的中文译本。

（四）营业执照。如为20年前设立的外商投资企业，还应提供《中华人民共和国外商投资企业批准证书》或《外商投资企业设立/变更备案回执》。

（五）上一年度或最近一期经审计的财务报告。

（六）外汇局要求提供的其他材料。

办理外债签约登记业务时，试点企业应提供相关材料的原件和加盖公章的复印件。除申请书、合同中文译本外，其余材料原件验后返还，重庆外汇管理部留存复印件。

第七条 试点企业获批外债便利化额度后，一年内未实际发生外债提款的，重庆外汇管理部可将其外债便利化额度调减为零。

第八条 试点企业外债资金使用原则上应在经营范围内真实、自用。若超出经营范围用于境内股权投资，需到重庆外汇管理部办理逐笔外债签约登记后，方可将结汇资金用于符合规定的股权投资（房地产投资除外），且应在外债合同中予以明确。

第九条 重庆外汇管理部负责对辖内外债便利化额度政策实施情况进行监督和统计监测。对银行和试点企业的外债便利化额度业务进行非现场和现场核查检查。

重庆外汇管理部可根据地区国际收支形势及试点企业业务开展情况，对外债便利化额度试点实施宏观审慎调控。

第十条 银行、试点企业未按本指引及相关管理规定办理试点业务的，外汇局根据《中华人民共和国外汇管理条例》及相关规定进行处罚；情节轻微并及时纠正、未造成危害后果的，外汇局可约谈相关主体、向其出具风险提示函。试点企业存在违规行为的，外汇局可取消其试点资格。

第十一条 其他未明确事项，适用现行外债管理规定。

第十二条 本指引自发布之日起实施，由重庆外汇管理部负责解释。

附件3 国家外汇管理局重庆外汇管理部境内信贷资产对外转让试点业务操作指引

第一条 为贯彻落实《国家外汇管理局关于进一步促进跨境贸易投资便利化的通知》（汇发〔2019〕28号）要求，拓宽境内信贷资产对外转让渠道，国家外汇管理局重庆外汇管理部（以下简称"重庆外汇管理部"）制定本操作指引。

第二条 本指引所称境内信贷资产对外转让，仅限于银行不良贷款和银行贸易融资产向境外转出。银行不良贷款是指辖内银行经营过程中形成的不良贷款（含金融资产管理公司合法取得的银行不良贷款），银行贸易融资是指辖内银行因办理基于真实跨境贸易结算产生的银行贸易融资产。

第三条 辖内机构（含银行和代理机构）开展境内信贷资产对外转让试点业务，应遵守本指引和发展改革委、财政部、商务部、人民银行和银保监会等相关部门的规定，并符合国家产业政策等相关要求。

第四条　重庆外汇管理部参照外债管理规定，对境内信贷资产对外转让试点业务实行逐笔登记，对境内信贷资产对外转让形成的外债，不纳入银行和代理机构自身跨境融资风险加权余额计算。

第五条　辖内银行直接对外转让不良贷款的，应具备完善的内控制度和风险管理制度，并向重庆外汇管理部事前逐笔备案，并提交以下备案材料：

1. 备案申请书；

2. 对外转让不良贷款情况及对外转让协议（含关于转让资产合法合规真实的承诺书或相关证明材料、底层贷款和资产担保情况）；

3. 首次开展业务的辖内银行，还应提交合规经营、审慎展业，具备完善内控管理制度等相关证明材料。

重庆外汇管理部备案通过后，向辖内申请银行出具《国家外汇管理局重庆外汇管理部资本项目外汇业务备案通知书》（以下简称《备案通知书》，见附）。

辖内银行直接对外转让不良贷款试点业务形成的外债，按照现行外债管理规定办理外债登记，债务类型登记为"外债-其他贷款"，在"项目名称"中注明"银行不良贷款对外转让"，在备注栏中注明"实际债务人为境内企业"。

辖内银行直接对外转让不良贷款的转让对价结汇，及清收款项的购付汇，由银行进行真实合规性审核后自行办理，并在结售汇统计中报送在"240其他投资"项下，并在报送"对外金融资产负债与交易统计"报表时，将对外转让所得资金信息填报在D01表（货币与存款）中，包括存量和流量等各项目。

第六条　代理机构开展辖内银行不良贷款对外转让试点业务，应具备交易必备的办公场所、人员等基础设施和相关管理制度等。首次开展试点业务前，应向重庆外汇管理部报备相关证明材料，包括但不限于公司章程、内控制度、风险管理制度等。

代理机构开展试点业务时，应在重庆外汇管理部办理逐笔外债登记，并提交以下材料：

1. 外债登记申请书；

2. 对外转让不良贷款情况及对外转让协议（含关于转让资产合法合规真实的承诺书或相关证明材料、底层贷款和资产担保情况）。

重庆外汇管理部为代理机构办理外债登记并出具业务登记凭证，登记金额为对外转让的不良贷款账面金额。

第七条　代理机构凭业务登记凭证直接在银行开立外债专用账户，用于接收保证金（如有）和不良贷款转让对价。

代理机构收到的转让对价，可原币或意愿结汇后支付给辖内不良贷款出让方。

信贷资产对外转让交易达成前，保证金不得结汇和使用；对外转让交易未达成的，保证金应原路退回或用于违约扣款，代理机构应及时办理外债注销登记。

第八条　通过代理机构对外转让的辖内银行不良贷款后续清收，应在确保清收款真实合规的前提下，按现行外债管理规定购汇及汇出。清收完成，且清收款全额汇出后，代理机构应关闭外债专用账户，并及时办理外债注销登记。

第九条　重庆外汇管理部负责对辖内信贷资产跨境转让试点业务实施监督管理，跟踪、监测和核查试点业务开展情况，依法对有违规行为的辖内机构采取约谈、下发风险提示函等措施，对于情节严重的机构，重庆外汇管理部将暂停或取消其业务。

附：国家外汇管理局重庆外汇管理部资本项目外汇业务备案通知书

附件八　国家外汇管理局重庆外汇管理部关于印发《国家外汇管理局重庆外汇管理部关于开展贸易外汇收支便利化试点的指导意见（试行）》的通知

国家外汇管理局各中心支局、南川支局；国家开发银行重庆市分行，各政策性银行重庆（市）分行，各国有商业银行重庆市分行，各股份制商业银行重庆（市）分行，中国邮政储蓄银行重庆分行，重庆银行，重庆三峡银行，重庆农村商业银行，各城市商业银行重庆分行，各外资（外国）银行重庆分行：

为进一步深化"放管服"改革，推进贸易自由化、便利化，服务实体经济高质量发展，助力重庆内陆开放高地建设，根据《国家外汇管理局关于进一步促进跨境贸易投资便利化的通知》（汇发〔2019〕28号）和《国家外汇管理局综合司关于同意在重庆开展贸易外汇收支便利化试点的批复》（汇综复〔2020〕10号）等要求，结合重庆实际，国家外汇管理局重庆外汇管理部制定了《国家外汇管理局重庆外汇管理部关于开展贸易外汇收支便利化试点的指导意见（试行）》，现予发布实施。执行中如遇问题，请及时向国家外汇管理局重庆外汇管理部反馈。

联系电话：023-67677548

附件：国家外汇管理局重庆外汇管理部关于开展贸易外汇收支便利化试点的指导意见（试行）

国家外汇管理局重庆外汇管理部

2020年8月12日

附件：国家外汇管理局重庆外汇管理部关于开展贸易外汇收支便利化试

点的指导意见（试行）

第一章　总　则

第一条　为深化"放管服"改革，支持重庆地区内陆开放型经济高质量发展，提升贸易自由化、便利化水平，引导银行和企业守法自律，发挥正向激励作用，根据《中华人民共和国外汇管理条例》等相关规定，制定本指导意见。

第二条　符合条件的境内银行向国家外汇管理局重庆外汇管理部（以下简称"重庆外汇管理部"）备案后，作为货物贸易/服务贸易外汇收支便利化试点银行（以下简称"试点银行"），可对本行推荐符合条件的企业开展货物贸易/服务贸易外汇收支便利化试点（以下简称"试点业务"）。

试点银行应审慎展业，落实"了解客户""了解业务""尽职审查"原则，审查货物贸易/服务贸易收支的真实性、合规性和合理性。适用试点业务的企业（以下简称试点企业）应确保货物贸易/服务贸易外汇收支具有真实、合法的交易基础，不得利用构造贸易、虚假贸易等转移资金或骗取融资。

第三条　重庆外汇管理部对试点业务进行监督管理，可根据国际收支形势、政策变化和业务发展需要等对本指导意见进行调整。

第二章　业务备案

第四条　银行开展试点业务，应同时具备以下条件：

（一）在重庆地区内注册经营的商业银行一级分行或地方性商业银行总行。

（二）具备真实的试点业务需求，所推荐的试点企业符合本指导意见规定的条件。

（三）合规经营、审慎展业，具备完善的内控制度，包括但不限于客户准入、业务授权、高风险业务清单、货物贸易/服务贸易外汇业务的风险预警、职责分工、应急管理、内部审计、责任追究等方面。申请银行及下属经办行应配备熟悉外汇业务政策的从业人员。

（四）针对试点业务制定专项管理办法和操作规程，包括但不限于对试点企业的主体身份、生产经营、诚信记录等进行尽职调查，对试点企业贸易收支真实性、合理性及商业模式逻辑性等持续跟踪、定期评估，对试点业务建立专门监测指标和预警系统，建立发现异常及应急处置措施。

（五）银行贸易收支结构合理。

（六）银行上年度货物贸易收支规模原则上达到 10 亿美元以上；申请开展服务贸易外汇收支便利化试点的，银行上年度服务贸易收支规模原则上达到 2 亿美元以上。

（七）近三年银行外汇业务合规与审慎经营评估（银行执行外汇管理规定情况考核）原则上均在 B+（含）以上且至少一年为 A。

（八）货物贸易 / 服务贸易外汇业务合规记录良好。

（九）承诺自愿遵守《银行承诺函》（见附）。

第五条　企业向试点银行申请成为试点企业，应同时具备以下条件：

（一）在重庆地区注册且在试点银行持续办理货物贸易 / 服务贸易外汇收支业务三年以上，具备真实的试点业务需求。财务集中管理的集团型企业申请试点，应由一家在重庆地区内注册的成员企业向试点银行统一申请，异地成员企业注册地需在已实行试点的地区。异地成员企业正式成为试点企业后，应向其所在地外汇分局进行书面备案。

（二）企业货物贸易 / 服务贸易收支结构合理，资金收付结构合理稳定。

（三）生产经营状况稳定、诚信度高、守法合规情况好，以往无构造贸易、虚假贸易等异常记录，近三年未被重庆外汇管理部及辖内支局（以下简称外汇局）处罚。申请货物贸易外汇收支便利化试点的企业近三年货物贸易外汇管理分类应持续为 A 类。

（四）具备保证货物贸易 / 服务贸易收支合规性的措施，配备专人对试点业务进行监督评估。能自证贸易收支及交易的真实性、逻辑性和合理性，做到交易留痕，并利用电子化手段准确记录和管理。

（五）企业应审慎经营、财务中性，企业贸易信贷、贸易融资应具有合理性，按规定报告贸易信贷等信息。

（六）出于风险防范目的，试点银行规定的其他条件。

第六条　符合条件的银行可向重庆外汇管理部备案，并提交以下材料：

（一）备案报告，包括银行自评情况（业务需求、近三年银行外汇业务合规与审慎经营评估情况、收支结构以及被核查、约谈、风险提示、处罚、人员等情况）、首批拟开展试点业务的银行网点、首批推荐拟试点的企业（包含结合企业准入条件开展的评估情况）等。

（二）银行专项管理办法及操作规程，包括但不限于操作流程、内部风险控制、开展试点业务的银行网点和试点企业的准入及退出条件以及根据企业业务需求、业务特点和管理水平制定具体的试点措施等。

（三）《银行承诺函》。

重庆外汇管理部自收到完整备案材料之日起20个工作日内，对于符合条件的银行，出具书面备案文件。银行收到备案文件方可开展试点业务。

第七条　试点银行应按照本指导意见，审核并确定试点企业，留存试点企业申请材料5年备查。

第八条　试点银行应对试点业务的实施情况进行评估，运行良好的，试点银行可适时新增试点企业及试点网点，同时将新增试点企业及试点网点名单于10个工作日内向重庆外汇管理部事后备案。

第九条　重庆外汇管理部对试点银行按年度开展定期评估。评估合格的银行可继续开展试点业务。经评估不合格的银行，重庆外汇管理部应及时告知相关银行评估不合格的原因，银行应在3个月内进行整改，根据本指导意见第十条规定应当取消试点资格的情况除外，整改期内试点银行不可新增试点企业。整改到期后仍不符合本指导意见准入标准的，重庆外汇管理部应书面通知试点银行，取消其试点资格。

第十条　重庆外汇管理部加强试点业务日常监测，发现试点银行未按本指导意见进行尽职审查、合规经营、审慎展业，或内控管理执行不到位的，银行应在3个月内进行整改，整改期内试点银行不可新增试点企业。到期后未完全整改的，重庆外汇管理部应书面通知试点银行取消其试点资格。试点银行出现以下情形之一的，重庆外汇管理部自发现之日起10个工作日内，书面通知试点银行取消其试点资格：

（一）银行未尽职审核，主动开展或协助企业开展监管套利、空转套利、虚假交易、构造贸易等异常交易，或为企业开展上述异常交易转移资金或骗取融资提供便利。

（二）银行的经营行为对重庆地区跨境资金流动、金融稳定造成负面影响。

（三）银行外汇业务合规与审慎经营评估为 B- 及以下。

（四）银行不配合外汇局监督管理工作。

第三章　便利化措施

第十一条　试点银行在确保交易真实、合法，符合理性和逻辑性的基础上，可为本行试点企业实施以下便利化措施：

（一）优化单证审核。银行按照"了解客户""了解业务""尽职审查"原则为试点企业办理货物贸易 / 服务贸易外汇收支业务，对于资金性质不明确的业务，银行应要求企业提供相关单证。对于单笔等值 5 万美元以上的服务贸易外汇支出还需审核《服务贸易等项目对外支付税务备案表》。退汇及离岸转手买卖业务根据现行法规要求审核。

（二）货物贸易超期限等特殊退汇业务免于事前登记。单笔等值 5 万美元（不含）以上的退汇日期与原收、付款日期间隔在 180 天（不含）以上或由于特殊情况无法按照《货物贸易外汇管理指引实施细则》第十六条规定办理的退汇，可在银行直接办理，免于到外汇局办理登记手续。

（三）货物贸易对外付汇时免于办理进口报关单核验手续。银行能确认试点企业货物贸易付汇业务真实合法的，可免于办理进口报关电子信息核验手续。

（四）经重庆外汇管理部备案的其他贸易外汇收支便利化措施。

第十二条　试点银行可在备案方案范围内对本行推荐的试点企业实施货物贸易 / 服务贸易外汇收支便利化措施，也可按现行货物贸易 / 服务贸易外汇管理规定办理。

第十三条　试点银行仅能对本行推荐的试点企业开展试点业务。试点企业在非推荐银行、试点银行对非本行推荐的试点企业办理的货物贸易 / 服务贸易外汇收支业务不适用本指导意见第十一条规定的便利化措施。

第十四条　试点银行为试点企业办理贸易外汇收支申报时，交易附言应注明"贸易便利试点"字样。

第四章 业务管理

第十五条 试点银行开展试点业务应履行尽职审查义务，具体包括：

（一）试点银行应对试点企业的业务经营状况及可持续经营能力进行跟踪监测，每年至少实地走访一次试点企业，并留存相关材料备查。

（二）试点银行应对试点企业的货物贸易 / 服务贸易收支业务进行事后随机或定向抽查，核实业务真实性和合规性，确保各项措施落实到位。具备完善电子化管理系统的企业可降低抽查频率。

（三）试点银行日常业务办理中，如发现试点企业货物贸易 / 服务贸易收支业务存在异常情况，应立即中止实施便利化措施，待确认相关业务真实合规后，方可恢复各项便利化措施。

（四）试点银行应定期审查本行试点业务开展情况，对试点制度落实、预警系统监测效果、业务开展合规性及审慎展业能力进行全面评估，对存在问题应及时整改。

第十六条 试点企业应确保货物贸易 / 服务贸易外汇收支业务的真实性、合理性，并留存交易单证 5 年备查。

第十七条 外汇局对试点银行和企业进行业务指导或风险提示，试点银行及企业应配合外汇局非现场监测和现场核查工作，如实提供相关资料。

第十八条 试点企业发生下列情形之一，试点银行自发现之日起 5 个工作日内取消企业试点资格：

（一）试点银行对企业定期评估不合格的。

（二）企业被外汇局降为 B/C 类或处罚的。

（三）发现企业存在构造贸易、虚假贸易等异常情况的。

（四）业务抽查中发现企业提供虚假单证的。

（五）企业不配合外汇局、试点银行监督管理的。

第十九条 银行试点资格被取消，其所推荐的所有试点企业在该行试点资格自动取消，但不影响企业在其他试点银行的试点资格。

因异常或违规行为被取消试点资格的企业，由重庆外汇管理部通知推荐试点企业的银行，取消企业试点资格。因异常或违规行为被取消试点资格的银行和企业，原则上两年内不得再次申请本指导意见的试点业务。

第二十条　重庆外汇管理部取消银行试点资格的,应及时通知相关银行。试点银行取消企业试点资格的,应及时通知试点企业,并于5个工作日内将企业名单及取消原因报重庆外汇管理部备案。

第五章　附　则

第二十一条　中华人民共和国境内的国家机关、事业单位、社会团体、部队等,适用本指导意见。

第二十二条　试点银行如变更试点业务范围,需向重庆外汇管理部重新备案。

第二十三条　本指导意见所称"服务贸易",仅指经常项目的服务,不包括初次收入和二次收入。

第二十四条　本指导意见自发布之日起实施,由重庆外汇管理部负责解释。

附:《银行承诺函》

银行承诺函

本行(包含下辖开展试点业务的网点)(以下简称银行)已知晓货物贸易/服务贸易外汇收支便利化试点政策及相关要求,仔细阅读本承诺函告知和提示的外汇局监管要求以及银行义务。银行承诺将:

一、推荐符合《指导意见》要求的试点企业。依法合规为银行推荐的试点企业办理货物贸易/服务贸易外汇收支业务,认真履行展业三原则,做好对客户的尽职审查,承担自证相关试点业务真实合规的主体责任,自身不主动开展也不协助企业开展监管套利、空转套利,对虚假贸易、构造贸易保持零容忍。

二、对试点客户和企业的业务开展持续跟踪监测,评估交易的逻辑性、合理性。指定专人定期对试点企务办理情况、企业的业务经营状况及可持续经营能力准入资格及遵守外汇管理规定情况进行跟踪监测及评估。对试点业务定期回访和抽检,确保各项风险监控及防范措施有效落实,对发现的风险点及时整改。对不符合条件的试点企业及时终止实施便利化试点并启动退出机制。如发现异常情况，及时向外汇局报告。

三、接受并配合外汇局对本银行的监督管理，及时、如实说明情况并提供证明相关交易真实性、合规性和合理性的相关单证资料，提交的各类资料真实、准确、有效，涉嫌弄虚作假、伪造数据资料的，接受外汇局依法严肃处理。

四、本承诺函适用于银行为试点企业办理货物贸易/服务贸易外汇收支业务；本承诺函未尽事项，按照有关外汇管理法规定执行。

五、本承诺函适用于银行，自签署时生效。银行将认真学习并遵守相关政策及要求，积极支持配合外汇局做好对试点业务的管理。

六、若未履行上述承诺之义务，自愿接受外汇局实施的取消试点资格、处罚等在内的处理措施。

银行（公章）：　　负责人（签字）：

年　　月　　日

附录九　中国人民银行重庆营业管理部关于印发《中国人民银行重庆营业管理部银行业金融机构重大事项报告管理办法（2019年修订稿）》的通知

渝银发〔2020〕36号

人民银行各中心支行、南川支行；重庆市各银行业金融机构，重庆市各金融资产管理公司、信托公司、财务公司、金融租赁公司、汽车金融公司、消费金融公司、贷款公司、农村资金互助社：

为充分发挥重大事项报告的日常风险监测功能，提升风险监测效果，我营业管理部结合辖区实际，制定了《中国人民银行重庆营业管理部银行业金融机构重大事项报告管理办法（2019年修订稿）》（附件），现印发给你们，请认真贯彻执行。

附件：中国人民银行重庆营业管理部银行业金融机构重大事项报告管理办法（2019年修订稿）

人行重庆营业管理部

2020年4月14日

附件

中国人民银行重庆营业管理部银行业
金融机构重大事项报告管理办法
（2019 年修订稿）

第一章　总　则

第一条　为及时掌握重庆辖区银行业金融机构发生的重大事项，强化管理和责任追究，切实防范和化解金融风险，维护金融稳定，根据《中国人民银行法》《中国人民银行关于进一步加强银行业金融机构重大事项报告工作的通知》等法律法规，结合重庆市实际情况，制定本办法。

第二条　本办法所称银行业金融机构，是指经中国银保监会或其分支机构批准在重庆辖区设立的银行业金融机构。

第三条　本办法所称重大事项是指可能对银行业金融机构（含分支机构）自身经营发展、区域金融稳定或全国金融稳定造成重大影响的事项。

第二章　报告范围和时限

第四条　银行业金融机构发生以下重大事项之一的，应于事项发生之时起 2 小时内向所在地人民银行报告。

（一）挤兑事件

金融挤兑事件。包括众多客户到营业场所同时提款，或通过自助机具、电子银行等大量集中划款，导致银行业金融机构存款大幅非正常下降。

（二）安全保卫类事件

1.聚众上访、围攻或冲击银行业金融机构及营业场所等群体性事件。

2.因自然灾害、事故灾难、公共卫生事件等致使银行业金融机构无法正常经营或造成重大社会影响的事件。

3.抢劫银行业金融机构、运钞车或盗窃银行业金融机构现金 30 万元以上的案件。

4.银行业金融机构受到暴恐袭击或发生造成人员伤亡、财产严重损失的社会安全事件，或者受到其他社会安全事件严重影响。

5.重要数据损毁、丢失、泄露，或重要账册、重要空白凭证、印章损毁、丢失或被伪造、被盗用等已经或可能导致重大损失的事件。

（三）人员异常类事件

1.董事或高级管理人员逃匿、失踪、非正常死亡以及被有权机关调查或采取强制措施等不能正常履职，影响银行业金融机构正常经营的事件。

2.银行业金融机构主要股东或其实际控制人出现危机或其他严重问题，对银行业金融机构造成重大影响。

（四）信息系统类事件

银行业金融机构信息系统重要敏感信息失窃；重要信息系统出现故障、受到网络攻击，导致银行业金融机构在1个区（县、自治县）范围内营业网点、电子渠道业务中断3小时（含）以上，或在2个（含）以上区（县、自治县）的营业网点、电子渠道业务中断30分钟以上，无法正常开展业务1小时（含）以上，或者因信息安全事件导致银行业金融机构或客户资金损失10万元以上。

（五）其他需要作为重大突发事件对待的事件

1.发生在敏感地区、敏感时间，涉及敏感人物的重大突发事件。

2.其他对金融稳定有重大影响的突发事件。

第五条　银行业金融机构发生以下重大事项之一的，应当于事项发生之时起24小时内向所在地人民银行报告。

（一）案件类事件

1.银行业金融机构从业人员发生贪污、受贿、挪用、侵占及诈骗等案件，或者进行非法集资、传销、洗钱等非法活动造成重大社会影响。

2.涉及银行业金融机构的各类金融诈骗案件。包括票据、金融凭证、信用证等金融诈骗案件，以及电信网络诈骗案件。

（二）经营管理类事件

1.法人银行业金融机构出现资本不足、流动性风险等情况。

2.被监管部门、执法部门采取暂停部分业务、停业整顿、接管、托管、重组、撤销等监管措施，或受到行政处罚。

3.银行业金融机构违法违规经营，已经或可能导致重大损失和影响的事件。

4.发生重大涉诉、重大投资损失、发行的金融产品出现重大违约等，已经或可能导致重大损失和影响的事件。

5. 外资金融机构境外母行（公司）、总行（公司）出现危机或经营战略调整并对境内机构稳健经营造成影响的事件。

6. 银行业金融机构自查发现重大违规事件，涉及金额 10 万元以上，或已造成损失 10 万元以上。

（三）声誉风险类事件

在媒体（含网络等其他方式）出现负面舆情，对银行业金融机构正常经营产生重大影响的事件。

（四）其他对金融稳定有重大影响的事件

第六条　成立了债委会、在金融机构和金融市场融资余额超过 1 亿元人民币的企业（集团），出现以下情形之一的，债委会主席行应当于知晓事件之时起 24 小时内向所在地人民银行报告。

（一）法人代表或实际控制人失联、意外死亡，或涉嫌经济犯罪被有关机构调查或采取强制措施协助案件调查的。

（二）企业生产经营发生较大变故可能产生信用风险的。如：企业生产出现停产或关闭，固定资产贷款项目停建等。

（三）企业在任一金融机构发生 90 天以上债务逾期或贷款被划为不良的。

（四）企业发行债券可能或已经无法按期兑付造成公开市场违约的。

（五）媒体出现严重负面舆情对其造成不利影响的。

（六）对银行业金融机构正常经营产生较大影响的其他风险事件。未成立债委会的，在金融机构和金融市场融资余额超过 1 亿元人民币的企业（集团），银行业金融机构参照以上条款执行。

第七条　以下事项参照重大事项向所在地人民银行报告。银行业金融机构董事或高级管理人员变动，需在变动后 2 日内报告；法人银行业金融机构首次公开募股（IPO），或占总股本 10% 以上的股权变动，或前 5 大股东之一变动，需在 IPO 或变动后 5 日内报告。

第三章　报告管理及要求

第八条　重大事项要一事一报，做到真实、准确、全面、及时，并根据事件进展报告后续情况。

第九条　银行业金融机构向中国人民银行重庆营业管理部及各级支行报告重大事项，应以规定格式（见附件1）报告，并根据事件进展情况及时报告后续情况。情况紧急时，可以通过电话、传真等渠道报告，并于2个工作日内书面报告。性质复杂且处置时间长的重大事项，根据人民银行的有关要求，实行日报制度，必要时增加报告频次。

第十条　报告内容。

重大事项报告要做到要素完整、重点突出，基本要素包括但不限于：事件概况、简要经过、原因背景、后果影响、发展趋势、处置情况及下一步措施等。有伤亡及财产损失的，还应特别说明伤亡人员和损失金额。后续报告包括但不限于事件基本情况、事态发展走势、事件影响程度和范围、已经或可能造成的损失、已经及拟进一步采取的措施及其他与本事件有关的情况。

（一）关于金融挤兑事件，应特别说明参加挤兑的大致人数、被挤兑机构及其存取款变化、资产负债、头寸状况和风险蔓延情况及已采取和拟采取的措施。

（二）关于聚众上访、围攻事件应特别说明大致参与人数、持续时间、现场秩序情况和造成的影响。

（三）关于自然灾害或事故等情况，应特别说明账册、重要空白凭证、财产损失的种类、数量、金额以及人员受伤害程度等。

（四）关于重要凭证、保密资料丢失或损毁及系统故障等事件，应特别说明可能引发的后果和拟采取的措施。

（五）关于发行的金融产品出现重大违约事件，应特别说明该产品涉及的金额、人数，可能引发的后果和拟采取的措施。

（六）属于本办法第六条规定的事项，均应说明企业的基本情况，包括但不限于：注册地、注册资本、企业性质（国有或民营）、主营业务、第一大股东或实际控制人、是否入股金融机构、是否上市、资产余额、负债余额、上年净利润、涉及金融机构家数、融资总规模、五级分类情况、关联企业情况等。其中，企业生产出现停产或关闭，固定资产贷款项目停建等情况，应特别说明项目的基本情况，停产、停建原因，有无复产、复工可能性。企业在任一金融机构发生90天以上债务逾期或贷款被划为不良的情况，应特别说明企业在各金融机构最新的融资情况（见附件2），企业债务逾期或贷款被划为不良的原因，对企业未来的预期（恶化或好转）。

第十一条　报告路径。

银行业金融机构重大事项报告实行属地管理。位于重庆市主城八区（渝中区、大渡口区、江北区、沙坪坝区、九龙坡区、南岸区、北碚区、渝北区，下同）的银行业金融机构（含分支机构），由其法人机构或市级（区域）机构统一向中国人民银行重庆营业管理部报告。位于重庆市主城八区以外的银行业金融机构（含分支机构），向其所在地人民银行报告，各级支行接报后第一时间逐级上报中国人民银行重庆营业管理部。特别地，在重庆辖外（包括海外）设立了异地分支机构的法人机构，法人机构应向中国人民银行重庆营业管理部报送其异地分支机构发生的重大事项。除根据职责分工有明确要求外，由金融稳定部门负责银行业金融机构重大事项报告的受理、处置、监督、评价等工作。相关报告通过重庆市银行业信息传输平台（行间 NOTES）发送至"稳定信息接收"。

第十二条　银行业金融机构重大事项实行"半年报"制度。若无重大事项发生，银行业金融机构提交"零报告"；若有重大事项发生，且已向人民银行进行汇报，则对报告期内的重大事项进行简单梳理，并说明事件处置最新情况。各机构每半年后 10 个工作日内向所在地人民银行以正式文件形式提交相应报告。

第四章　责任追究

第十三条　根据履行维护金融稳定职责的需要，中国人民银行重庆营业管理部及各级支行可要求银行业金融机构董事、高级管理人员及相关负责人就重大事项情况做出说明，并可对银行业金融机构重大事项报告执行情况进行现场核查。

第十四条　重大事项报告实行问责制。

银行业金融机构违反本办法迟报、漏报、瞒报、误报重大事项的，中国人民银行重庆营业管理部及各级支行将按季进行通报，并视情节采取责令改正、约见谈话等措施。

第十五条　中国人民银行重庆营业管理部及各级支行将银行业金融机构

重大事项报告情况纳入综合考量，对重大事项制度执行不力导致对维护金融稳定造成重大负面影响的，在央行金融机构评级、存款保险费率等方面采取更加审慎的审核与管理措施；在不影响金融机构提供基础金融服务的前提下，依照相关规定采取限制、暂停相关金融服务项目等措施；建议上一级管辖机构采取相关管理措施。

第五章　附　则

第十六条　辖区各银行业金融机构应根据本办法，结合实际建立、健全重大事项报告制度，建立清晰有序、及时有效的报告流程，明确报告的具体要求和责任人员，并指定责任部门及专人负责重大事项的接收、分析、上报工作，应将重大事项报告执行情况列为内审、合规等检查项目，并建立有效的责任追究机制。若责任部门或责任人发生变更，须在 2 个工作日内向所在地人民银行报告（见附件 3）。

第十七条　中国人民银行重庆营业管理部辖区各级支行可按照本办法的规定，结合本地实际制定实施细则。

第十八条　本办法自公布之日起 30 日后施行。《重庆市银行业金融机构重大事项报告管理办法（试行）》（渝银发〔2014〕134 号文件印发）同时废止。

第十九条　本办法由中国人民银行重庆营业管理部负责解释和修订。

附：1. 重庆金融稳定重大事项报告样例

　　2. 融资情况明细表

　　3. 重大事项报告联系簿

附录十　重庆银保监局办公室关于进一步明确辖内农业保险业务经营条件的通知

渝银保监办发〔2020〕159 号

各银保监分局，各财产保险公司重庆（市）分公司：

为全面贯彻中央全面深化改革委员会关于加快农业保险高质量发展的总体部署，落实《中国银保监会办公厅关于进一步明确农业保险业务经营条件的通知》（银保监办发〔2020〕51 号，以下简称《农险经营条件通知》）精神，建立健全我市农业保险业务经营条件管理机制，推动我市农业保险高质量发展，现将有关事项通知如下：

一、根据《保险法》《农业保险条例》等规定，符合相关法律法规、《农险经营条件通知》和本通知要求的保险机构，可在重庆辖内经营农业保险业务。如无特别说明，本通知所称保险机构，是指在重庆辖内设立的财产保险公司市级分公司及其分支机构。

二、农业保险坚持适度竞争原则。在保证经营主体布局有效满足当地农险发展需要的前提下，保持农险市场总体稳定，严防主体过多导致供给过剩和过度竞争。鼓励保险机构在深度贫困地区和农业保险经营机构相对较少地区经营农业保险业务。鼓励保险机构加大投入力度，优化机构布局，完善农业保险基层服务网络。

三、我市财产保险公司市级分公司在县级区域内经营农业保险业务应当具备以下条件，不符合条件的，不得在该区域内经营农业保险业务：

（一）符合《保险法》《农业保险条例》和《农险经营条件通知》等法律法规规定。

（二）在经营农业保险业务的县级区域内设有县级分支机构，近 3 年内未因农业保险业务受到重大行政处罚。

（三）县级分支机构的信息系统已接入重庆市农业保险电子化平台，农户信息数据和保险标的信息数据的完整性和准确性符合承保理赔要求。

（四）县级分支机构的查勘设备和交通工具等办公条件能够满足业务管理和农业保险服务的要求，并建立与业务规模相适应的农业保险基层服务网络。

（五）经营农业保险业务的县级分支机构应配备农业保险专职人员，专职人员的数量应当能满足当地农业保险业务管理和服务的需要。

四、我市财产保险公司市级分公司开办农业保险业务的，应向重庆银保监局提交以下符合经营条件的相关材料：

（一）总公司符合《农险经营条件通知》条件的证明材料；或者符合国家精准扶贫、乡村振兴等战略且总公司上一年度末和最近两个季度末综合偿付能力充足率100%以上的证明材料。

（二）总公司批准同意市级分公司开办农业保险业务的证明材料。

（三）初次申报农业保险经营条件的市级分公司需提供其总公司近3年来农业保险业务受到的重大行政处罚情况。

（四）农业保险基础工作情况。包括市级分公司农业保险管理制度、内控制度、统计信息制度、农业保险经营部门设置情况、专业人员配备情况及接入农业保险电子化平台情况。

（五）农业保险拟开办业务情况及可行性分析，包括三年发展计划、在拟开办区域分支机构的数量、经营情况、专业人才配置情况等。

（六）农业保险服务网络情况。包括基层服务网络建设情况、信息系统、查勘设备和交通工具等办公条件情况。

（七）监管部门需要提供的其他证明材料。

五、保险机构经营农业保险业务时，应严格遵守法律法规和监管规定，自觉维护市场秩序，重庆银保监局及辖内各银保监分局将适时对保险公司市级分公司及下属分支机构的农业保险业务经营情况进行综合考评。

六、存在以下情形之一的市级分公司，不再具备农业保险经营条件：

（一）总公司退出农业保险经营，或不再具备农业保险业务经营条件。

（二）总公司不再授权省级分公司开展农业保险业务。

（三）市级分公司因自身原因退出农业保险经营。

七、退出农业保险经营的市级分公司要严格按照规定处理未了责任，做好交接工作，妥善做好后续事宜，并在五个工作日内向重庆银保监局报告。保险机构退出后，未妥善做好后续事宜造成严重影响的，重庆银保监局将依法依规采取监管措施。

八、保险公司市级分公司退出农业保险经营后满三年的，如需重新经营农业保险业务，仍应符合本通知规定的条件。

九、重庆银保监局根据《农险经营条件通知》和本通知，定期公布符合辖区内农业保险业务经营条件的保险公司市级分公司目录。

十、本通知下发前已获得农业保险业务经营资格或开展农业保险共保业务的保险机构，如不符合本通知要求，应在本通知施行后两年内达到相关要求。届时仍未符合条件的，不得继续经营农业保险业务。保险机构在整改完成前，仅可在已经开展农业保险业务的区域范围内开办业务，不得扩展农业保险经营区域和业务种类。

十一、保险机构不符合条件经营农业保险业务的，由重庆银保监局责令限期改正，停止接受新业务；逾期不改正的或者造成严重后果的，处 10 万元以上 50 万元以下的罚款，可以责令停业整顿或者吊销经营保险业务许可证。

十二、对于提供虚假材料骗取经营资格、恶性竞争扰乱市场秩序等行为的经办保险机构，重庆银保监局将依法责令限期改正，逾期不改正或造成严重后果的，将依法处以罚款、停止接受新业务、责令停业整顿或吊销经营保险业务许可证等行政处罚。

十三、本通知自下发之日起执行，由重庆银保监局负责解释。

2020 年 12 月 10 日

附录十一 重庆银保监局关于加强重庆银行业保险业金融服务配合做好疫情防控工作的通知

渝银保监发〔2020〕7 号

为深入贯彻落实习近平总书记关于坚决打赢疫情防控阻击战的重要指示精神，全面落实党中央、国务院决策部署以及银保监会和市委、市政府工作安排，积极对接落实市政府关于支持中小企业共渡难关的二十条政策措施，全力配合做好新型冠状病毒感染的肺炎疫情防控工作，现将有关事项通知如下：

一、保障信贷资源供给

（一）提供专项信贷服务。银行业金融机构要全力满足卫生防疫、医药用品制造及采购、公共卫生基础设施建设、科研攻关、技术改造等方面的合理融资需求，主动收集并对接企业资金需求信息，特别是重点企业名单制管理中的骨干企业需求。同时，单列小微企业信贷计划，对分支机构层层分解，压实责任。重点支持加大对制造业小微企业投放，细分小微企业客户群体，促进金融服务下沉。

（二）给予低成本资金支持。银行业金融机构要用好专项再贷款政策，向重点医疗防控物资和生活必需品生产、运输和销售的重点企业包括小微企业提供优惠利率贷款，确保企业贷款利率在财政贴息后低于 1.6%。尽最大限度为疫情防控企业提供低成本信贷资金支持，确保企业正常生产、运输防疫物资正常进行。鼓励有条件的银行业金融机构通过适当增加信用贷款和中长期贷款等方式，支持相关企业参与疫情防控。

（三）鼓励发放定向封闭贷款。鼓励银行业金融机构针对需增加流动资金支持抗击肺炎疫情的企业发放抗击肺炎疫情定向封闭贷款，推动银行业金融机构与企业及其上游合作方协商（可按穿透原则，增加协议中实际最终付款人为合作方）一致后，依据合作协议发放封闭信用贷款。贷款期限原则上不超过一年，贷款额度不超过合作协议金额 90%，贷款利率执行贷款单位同期最优利率。贷款审查在不违反监管规定前提下，以"从简、从快、从宽"为原则，可将放款时效缩短至 7 个工作日以内。

（四）增加开发性、政策性信贷供给。国家开发银行、进出口银行、农业发展银行要结合自身业务范围，合理调整信贷安排，加大对市场化融资有困难的防疫单位和企业的生产研发、医药用品进口采购，以及重要生活物资供应企业的生产、运输和销售的资金支持力度，合理满足疫情防控需要。

（五）落实信贷支持便利。银行业金融机构要积极向在防控肺炎疫情工作中敢担当且有突出贡献的企业或个人加大信贷便利，针对企业以足值抵质押为疫情防控生产申请贷款的，银行业金融机构不得要求企业或个人提供其他担保。企业或个人因抗击肺炎疫情受到市委市政府表彰的，其申请撤销已对足值抵质押存量贷款提供担保的，银行业金融机构应在七个工作日内完成；受到党中央国务院表彰表扬的，银行业金融机构应在三个工作日内，主动联系企业或个人免除前述存量贷款担保责任。针对企业出现不合理裁员、减员等不积极履行社会责任的，银行业金融机构应立即停止对相关企业的优惠政策。

二、全力支持企业脱困

（六）切实发挥债委会作用。推动债委会加大对受疫情影响较大企业的稳定信贷、稳定支持力度。对于受疫情影响较大的批发零售、住宿餐饮、物流运输、文化旅游等行业，以及有发展前景但暂时受困的企业，不得盲目抽贷、断贷、压贷；鼓励债委会加大对医药、医疗器械等企业支持力度。通过适当下调贷款利率、实施授信审批绿色通道、增加信用贷款，支持医药、口罩、防护服等相关企业应急生产，战胜疫情灾害影响；积极协调相关政府部门，推动形成"债委会＋重点企业＋产业链"的特殊银企伙伴关系，形成名单制、常态化、共益性的长期合作，推动全市产业结构破难点、强重点、占高点，助力转型升级高质量发展。

（七）运用"科技画像"实现精准帮扶。鼓励银行业金融机构积极运用金融科技手段对企业客户进行"画像"，利用大数据、云计算、人工智能等新技术识别疫区企业、从事防疫相关业务的企业以及广大受假期延长影响资金流紧张的企业（特别是中小微企业），形成具有帮扶优先级的企业"识别名单"，依据优先级顺序主动服务，做到精准帮扶，实现资金价值最大化。银行业金融机构可结合"识别名单"优化内部信息系统，包括：修改还款周期且不纳入异常经营名录、提供存量贷款降低利率、减免利息、修复征信等操作入口，对新增贷款提供快速审批流程等，运用"金融科技"手段确保精准帮扶优惠政策落地见效。

（八）出台受困企业帮扶细则与措施。银行业金融机构要对疫区企业、从事防疫相关业务的企业以及广大受假期延长影响而资金流紧张的企业（特别是中小微企业）出台相关帮扶细则与措施，具体可包括：符合优惠条件企业的评判标准、贷款展期时长、逾期还息是否会影响企业征信、是否影响企业以后从银行贷款、是否影响授信额度等企业广泛关注的内容等。银行业金融机构在将具体帮扶细则与措施报备监管部门后，应在主流新闻媒体、官方网站、微信公众号等向社会及公众予以公告，确保信息公开透明，避免形成企业因害怕后续难以获得贷款不如实告知经营困难情况。

（九）努力为小微企业排忧解困。银行业金融机构要重点从增量、降价、提质和扩面四个方面做好小微企业金融服务。一是要加大对困难企业支持。合理确定小微企业贷款利率，大型银行和股份制银行要发挥低利率融资头雁作用，使用支小再贷款和政策性银行转贷款低成本资金的中小银行要降低贷款利率，要对受疫情影响较大企业在原有贷款利率水平基础上再下浮 10% 以上，确保 2020 年小微企业融资成本不高于 2019 年同期水平，坚决杜绝不合理收费问题。同时，确保 2020 年小微企业信贷余额不低于 2019 年同期余额。二是鼓励开通绿色通道、压缩办贷时限，对受疫情影响暂时失去收入来源的个人和企业，予以展期、续贷，出现逾期的免除逾期利息。进一步改进审批和风控模式，提高信贷的响应、审批、发放效率，降低小微企业的申贷成本。三是金融租赁机构要发挥特色优势，积极开展疫情防控相关医疗设备的金融租赁业务，鼓励缓收或减收相关租金和利息。

三、发挥保险保障功能

（十）提供覆盖疫情防控全链条的风险保障。保险机构要加强对地方卫生健康、疾病控制、社区管理、公安交通等部门的服务对接，要充分发挥保险业在社会风险管理过程中的"稳定器"作用，以"保本微利"为原则，创新开发特色保险产品，积极满足能有效覆盖卫生防疫、医药产品制造及采购、公共卫生基础设施建设、科研攻关等各个环节的保险保障需求。保险机构要主动将免费赠送保险与其他优惠保险服务提供给疫情防控一线的相关单位和工作人员及家属，加紧推出"肺炎防控一线工作人员保险""新冠肺炎保险"等特色险种，要以更加专业的保险产品和保险服务为广大疫情防控工作者提供高质量的风险保障。

（十一）积极开辟保险理赔绿色通道。鼓励保险机构放宽保险条款限制，为感染新型冠状病毒的肺炎患者或受疫情影响的企业提供理赔便利。保险机构可尝试对新型冠状病毒感染的肺炎患者提供取消理赔医院限制、取消医保费用限制、取消自费药限制、取消住院延期手续等各方面的服务。推动保险机构进一步缩短理赔时效、简化理赔流程，针对因感染新型冠状病毒出险的客户，在申请理赔时可无需提供保单原件，并为患者提供理赔金预付和快赔服务，对因感染新型冠状病毒导致残疾、重大疾病的客户或受疫情影响受损的出险理赔客户，保险机构要优先处理，适当扩展责任范围，应赔尽赔，鼓励以多种方式开辟理赔绿色服务通道。

四、确保基础金融服务

（十二）切实保障银行保险消费者合法权益。银行保险机构要切实将保护银行保险消费者合法权益摆在重要位置，对受疫情影响临时停业或调整营业时间的机构或网点，要提前向社会公布并主动说明临近正常营业的网点。同时，银行保险机构要充分利用线上等方式保持投诉渠道畅通，优化客户咨询、投诉处理流程，及时妥善处理疫情相关的消费咨询和投诉。银行保险机构务必要切实加强行业自律，全力维护辖内市场秩序，不得利用疫情进行不当金融营销宣传。银行业金融机构要合理调整逾期信用记录报送，对因感染新冠肺炎住院治疗或隔离人员、疫情防控需要隔离观察人员和参加疫情防控工作人员，因疫情影响未能及时进行住房按揭、信用卡等还款的，经接入机构认定，相关逾期贷款可以不作逾期记录报送，已经报送的予以调整。对受疫情影响暂时失去收入来源的个人和企业，可依调整后的还款安排，报送信用记录。

受因感染新冠肺炎影响的个人创业贷款展期不超过一年。

（十三）保障金融服务畅通。银行保险机构要合理安排营业网点及营业时间，切实做好营业场所的清洁消毒，保障基本金融服务畅通，要全面推广线上金融服务，积极引导企业和居民通过互联网、手机 App 等线上方式办理银行转账、保险承保理赔等业务。银行业金融机构要强化电子渠道服务保障，灵活调整相关业务限额，引导客户通过电子商业汇票系统、个人网上银行、企业网上银行、手机银行、支付服务 App 等电子化渠道在线办理支付结算业务，对特定领域或区域特约商户实行支付服务手续费优惠，要对向慈善机构账户或疫区专用账户的转账汇款业务、对疫区的取现业务减免服务手续费。同时，银行业金融机构还要有效应对医院、居民社区以及应急建设项目等的现金供应，及时满足疫情物资采购相关单位和企业的大额现金需求。

（十四）主动提供生活类金融便利。银行保险机构要切实发挥贴近百姓生活的优势，充分利用并推广金融机构的线上支付渠道，主动为人民群众日常公共事业类缴费提供便利，通过短信、微信公众号等进行宣传，积极引导市民使用手机支付、网上银行等办理水费、电费、气费、宽带费、电话费、有线电视费等基本生活类代扣代缴业务的一揽子综合金融服务，为减少市民在疫情防控期间外出提供帮助。

五、明确监管政策导向

（十五）提高贷款不良率容忍度。在疫情防控工作的一段时间内，对地方法人银行中小微企业贷款不良率超出自身各项贷款不良率3个百分点以内，且贷款规模增长的，在非现场监管中合理确定其监管评级和绩效评级。进一步优化小微企业贷款风险分类制度，全面落实授信尽职免责的政策，适当提高小微企业的不良贷款容忍度。建立健全敢贷、能贷和愿贷的长效机制。

（十六）实行差异化剪刀差考核。密切监测受疫情影响较大的重点企业不良预警、迁徙情况，对于确系疫情影响形成的不良，暂不纳入银行业金融机构不良"剪刀差"考核。

（十七）稳妥推进不良贷款处置。一是特殊时期不良贷款免责。今年6月30日前新发放用于支持抗击肺炎疫情的贷款，到期形成不良的，银行业金融机构除追究人员道德风险外，不得对全部相关人员进行任何形式的内部追责或扣减经营绩效。今年 7 月 1 日至 12 月 31 日内新发放用于支持抗击肺炎疫情的贷款，贷款发放 6 个月内形成不良的，也按前述要求执行。二是及时全额处置特殊时期不良贷款。原则上，今年新发放用于支持抗击肺炎疫情的贷款形成不良后，银行业金融机构必须在形成不良的当年完成处置。以贷款外的方式提供融资并用于支持抗击肺炎疫情的，形成不良后，当年转为贷款并完成处置。三是设立不良贷款年度处置目标。银行业金融机构应结合本单位贷款规模、不良贷款比率及盈利能力等实际情况，制定 2020 年不良处置目标并报监管部门备查。原则上，2020 年不良处置不得低于上一年度。银行业金融机构到期未完成且无正当合理理由的，监管部门将加大执法处罚力度，督促后续及时整改。四是下调贷款损失准备监管要求。监管机关即时向银行业金融机构下调法人银行贷款损失监管要求，释放政策空间，持续推进不良处置。

（十八）严禁借疫情渲染炒作保险产品。保险机构以及保险中介机构要严禁借机炒作、曲解政策、误导销售、同业诋毁、哄抬金融产品定价等行为，切实做到"六个严禁、六个不得"，即：严禁借疫情渲染炒作保险产品；严禁利用疫情诱导客户退旧买新；严禁开发设计缺乏定价基础的新型冠状病毒感染肺炎专属产品；严禁将保险产品扩展责任宣传为新型冠状病毒感染肺炎专属产品；严禁从业人员聚集和客户集中拜访；严禁举行晨会、夕会、演说会、宣讲会、培训、推介会等聚集性活动；不得销售吸引眼球的噱头类保险产品；不得销售没有精算定价基础的单病种产品；不得因责任扩展上浮费率；不得对公告前后购买该产品的客户实行差异化理赔标准；不得设定硬性面拜任务和业绩指标；不得以未达到业务考核标准解除代理合同或扣减相关既有固定报酬。

（十九）增强监管约束力。对于在疫情防控期间工作开展不力，违反疫情防控工作要求、不执行有关监管政策规定或执行监管政策规定要求不严，导致出现重大风险隐患、重大突发事件或影响企业债务风险化解的，监管机关将严格采取约谈主要负责人、通报批评、责令对有关责任人员给予纪律处分等措施进行督促整改，并对该类机构在市场准入、监管评级、现场检查等工作中予以重点关注。

附录十二　重庆银保监局关于印发《重庆银行保险机构涉刑案件管理实施细则（试行）》的通知

渝银保监发〔2020〕90 号

各银保监分局，各政策性银行重庆（市）分行、各大型银行重庆市分行、各股份制银行重庆分行、各地方法人银行、各城市商业银行重庆分行、各外资银行重庆分行、各其他非银行金融机构、各直管村镇银行、各信用卡中心重庆分中心，各在渝保险法人机构、各财产险保险公司重庆（市）分公司、各人身险保险公司重庆（市）分公司、各在渝专业中介机构：

现将《重庆银行保险机构涉刑案件管理实施细则（试行）》印发你们，请认真贯彻落实。

自文件下发之日起，《关于印发重庆银行业案件处置三项制度的通知》（渝银监发〔2011〕95 号 ）、《关于印发重庆银行业案件（风险）处置工作规程的通知》（渝银监办发〔2017〕40 号）、《关于印发〈重庆保险业案件风险管理实施细则〉、〈重庆保险业重大案件应急预案〉、〈重庆保险业案件风险防控指引〉的通知》（渝保监发〔2013〕67 号）同时废止。

附件：重庆银行保险机构涉刑案件管理实施细则（试行）

2020 年 12 月 4 日

重庆银行保险机构涉刑案件管理实施细则（试行）

第一章 总 则

第一条

为进一步规范和加强重庆辖内银行保险机构涉刑案件（以下简称案件）管理工作，建立责任明确、协调有序的工作机制，依法、及时、稳妥处置案件，依据《中华人民共和国银行业监督管理法》《中华人民共和国商业银行法》《中华人民共和国保险法》《银行保险机构涉刑案件管理办法（试行）》等法律法规，结合重庆辖内实际，制定本实施细则。

第二条

本实施细则适用于重庆辖内依法设立的银行机构、保险机构、金融资产管理公司、信托公司、财务公司、金融租赁公司、保险专业中介机构以及中国银行保险监督管理委员会（以下简称银保监会）及派出机构批准设立的其他金融机构（以下统称银行保险机构）。

第三条

本实施细则所称案件管理工作包括案件分类、信息报送、案件处置和监督管理等。

第四条

案件管理工作坚持机构为主、属地监管、分级负责、分类查处原则。

第五条

银行保险机构承担案件管理的主体责任，应当建立与本机构资产规模、业务复杂程度和内控管理要求相适应的案件管理体系，制定本机构的案件管理制度，并有效执行。

第六条

重庆银保监局负责直接监管机构的案件管理工作，并承担银保监会授权或指定的相关工作，负责指导督促分局的案件管理工作。各银保监分局按照属地监管原则，负责本辖区案件管理工作，承担重庆银保监局授权或指定的相关工作。银保监局案件管理部门可以直接查处分局管辖的案件，也可以指定分局查处银保监局管辖的案件。

第二章　职责分工

第七条

银行保险机构对案件报送处置工作负主体责任，具体承担以下职责：

（一）及时、准确、完整地向监管部门报送各类案件（风险事件）信息；

（二）开展案件调查并提交调查报告；

（三）对案件责任人进行责任认定并开展内部问责；

（四）排查并整改内部管理漏洞；

（五）及时向地方政府报告重大案件情况；

（六）按规定提交案件审结报告。

第八条

涉及单家银行保险机构的案件（风险事件），由银保监局对应机构监管部门牵头负责查处，银保监局案件管理部门参与，并对案件处置全流程进行指导。

涉及多家银行保险机构的案件（风险事件），由银保监局案件管理部门牵头负责查处，银保监局对应机构监管部门参与。

第九条

案件管理部门负责案件管理工作的统筹协调、信息沟通，具体承担以下职责：

（一）指导、统筹辖内银行保险机构案件处置管理工作，协调指导相关部门做好案件处置管理工作；

（二）牵头负责查处重庆辖内涉及多家银行保险机构的案件，拟写各类处置报告，上报银保监会案件管理部门；

（三）负责与银保监会案件管理部门的沟通协调，负责案件（风险）信息、各类处置报告上报案件管理系统；负责与公安、司法、监察等机关的沟通协调；

（四）根据案件情况组织辖内银行保险机构对相关业务开展排查；

（五）必要时发布风险提示，向银行保险机构通报作案手法和风险点；

（六）必要时向地方政府报告重大案件情况；

（七）承办银保监会授权或指定的案件管理相关工作。

第十条

机构监管部门负责所监管机构的案件管理工作，指导、监督、检查被监管机构的案件报送查处工作。具体承担以下职责：

（一）牵头负责查处所监管机构的单一机构案件，拟写各类处置报告，及时向银保监会对口机构监管部门报送案件（风险）信息及各类案件处置报告；

（二）充分利用非现场监管、现场检查、舆情监测、信访投诉等手段，发现案件（风险事件），并督促银行保险机构及时、准确、完整地报送案件（风险事件）各类报告；

（三）指导、督促所监管机构案件调查工作；

（四）对业内案件和符合重大案件定义的业外案件，牵头成立督查组开展监管督查工作，对涉案机构和案件责任人员的违法违规行为实施行政处罚；必要时向地方政府报告重大案件情况；

（五）指导、督促银行保险机构的整改问责工作。

第十一条

各银保监分局按照属地监管原则和案件管理有关职责，负责本辖区案件处置及管理工作。承担重庆银保监局授权或指定的相关工作。

第十二条

办公室负责案件舆情的监测、引导，配合主办部门做好案情发布、回应及涉案突发事件报告等相关事宜，加强与相关舆情管理部门的沟通联系。

政策法规处负责提供法务专业支持，负责案件行政处罚审核工作，统一行政处罚标准。

纪委办公室负责监督重大案件处置。

第三章　案件定义、分类及信息报送

第十三条

案件类别分为业内案件和业外案件。

第十四条

业内案件是指银行保险机构及其从业人员独立实施或参与实施，侵犯银行保险机构或客户合法权益，已由公安、司法、监察等机关立案查处的刑事犯罪案件。

银行保险机构及其从业人员在案件中不涉嫌刑事犯罪，但存在违法违规行为且该行为与案件发生存在直接因果关系，已由公安、司法、监察等机关立案查处的刑事犯罪案件，按照业内案件管理。

银行保险机构从业人员违规使用银行保险机构重要空白凭证、印章、营业场所等，套取银行保险机构信用参与非法集资活动，以及保险机构从业人员虚构保险合同实施非法集资活动，已由公安、司法、监察等机关立案查处的刑事犯罪案件，按照业内案件管理。

银行保险机构从业人员涉嫌贪污贿赂、滥用职权等职务犯罪案件，以及侵犯客户个人信息案件，均应作为业内案件报送。

第十五条

业外案件是指银行保险机构以外的单位、人员，直接利用银行保险机构产品、服务渠道等，以诈骗、盗窃、抢劫等方式严重侵犯银行保险机构或客户合法权益，或在银行保险机构场所内，以暴力等方式危害银行保险机构场所安全及其从业人员、客户人身安全，已由公安、司法等机关立案查处的刑事犯罪案件。

第十六条

银行从业人员以外的人员实施的银行卡盗刷、信用卡诈骗案件，符合下列条件之一的，应作为业外案件报送：

（一）涉案金额等值100万元人民币以上的；

（二）涉及银行客户20人以上，或者银行卡20张以上的；

（三）犯罪手法新、性质恶劣，或者引发较大舆情和信访事件的。

客户被银行从业人员以外的人员通过拨打电话、发送短信等手段诱骗，直接通过网上银行、手机银行、自助设备、柜面等渠道向其控制的银行账户汇（存）入资金的电信网络新型违法犯罪案件，不作为业外案件报送。

第十七条

有下列情形之一的案件，属于重大案件：

（一）银行机构案件涉案金额等值人民币一亿元以上，保险机构案件涉案金额等值人民币一千万元以上的；

（二）自案件确认后至案件审结期间任一时点，风险敞口金额（指涉案金额扣除已回收的现金或等同现金的资产）占案发银行保险法人机构总资产百分之十以上的；

（三）性质恶劣、引发重大负面舆情、造成挤兑或集中退保以及可能诱发区域性或系统性风险等具有重大社会不良影响的；

（四）银行业保险业监督管理机构认定的其他属于重大案件的情形。

依据第（三）（四）款认定重大案件的，需商银保监会案件管理部门确定。

第十八条

案件报送主体的确定应遵循"实质重于形式"原则。

银行保险机构总部人员，在分支机构所在地开展业务过程中发生案件的，与案件联系最紧密的机构为案件报送主体。

劳务派遣人员、第三方服务人员、保险中介从业人员等长期为银行保险机构提供服务的人员发生案件的，由对其进行日常管理的银行保险机构报送案件信息。

第十九条

案件报送遵循"一案一报、一法人一报、一局一报"的原则：同一银行保险机构发生多起案件，且案件之间无关联关系的，应分别报送案件信息；一起案件涉及多家银行保险机构的，视案件性质、涉案金额等判断相关机构是否构成案件，由涉案银行保险机构分别报送案件信息；同一银行保险机构的案件涉及不同银保监分局辖区的多家分支机构，相关银保监分局应分别报送案件信息。

第二十条

重庆辖内同一银行保险机构法人总部或不同分支机构涉及同一案件，由同一公安、司法、监察等机关立案的，可并案报送。

第二十一条

银行保险机构在知悉或应当知悉案件发生后，应于三个工作日内将案件确认报告分别报送法人总部（重庆分行、重庆分公司）和属地监管部门。案发机构为支行（支公司）及以下级别的，其地方法人总部（重庆分行、重庆分公司），在知悉或应当知悉案件发生后三个工作日内，向重庆银保监局报送案件确认报告。

银保监分局收到银行保险机构的案件确认报告后，应于一个工作日内上报至重庆银保监局案件管理部门和机构监管部门。

重庆银保监局应在机构报送案件确认报告后，三个工作日内向银保监会案件管理部门和对应机构监管部门报送案件确认报告。

银行保险机构的案件确认报告应由主要负责人签发,重庆银保监局(分局)上报的案件确认报告应由局领导签发。

第二十二条

符合《银行业保险业突发事件信息报告办法》的案件,应于报送突发事件信息后 24 小时内报送案件确认报告。

第二十三条

涉及迟报、瞒报案件信息等情形的,涉案银行保险机构应在案件信息报告中作出说明;监管部门在案件信息报告中对迟报、瞒报等行为进行认定并明确采取的监管措施。

第二十四条

案件应当年报告、当年统计,按照银保监局案件确认报告报送时间纳入年度统计。案件性质、案件分类及涉案金额等依据公安、司法、监察等机关的立案相关信息确定;不能知悉相关信息的,由属地监管部门初步核查,重庆银保监局案件查处牵头部门认定。

第二十五条

案件处置过程中,案件性质、案件分类、涉案金额、涉案机构、涉案人员等发生重大变化的,银行保险机构、监管部门应当及时报送案件确认报告续报,报送路径与案件确认报告一致。

第二十六条

对于公安、司法、监察等机关依法撤案、检察机关不予起诉、审判机关判决无罪或经银保监局核查确认不符合案件定义的,银行保险机构应当及时向监管部门报送案件撤销报告,公安、司法、监察机关出具相关证明材料的,应一并报送。不得仅以机构或客户未发生资金损失、员工个人行为、涉案员工已离职等理由撤销案件。监管部门审核通过后,逐级上报案件撤销报告,报送路径与案件确认报告一致。

对于已撤销的案件,银行保险机构和相关责任人员存在违法违规问题的,应当依法查处。

第四章　案件风险事件定义及信息报送

第二十七条

案件风险事件是指可能演化为案件，但尚未达到案件确认标准的有关事件。

第二十八条

有下列情形之一，可能演化为案件的事件，属于案件风险事件：

（一）银行机构从业人员、保险机构高管人员因不明原因离岗、失联的；

（二）客户反映非自身原因账户资金、保单状态出现异常的；

（三）大额授信企业及其法定代表人或实际控制人失联或被采取强制措施的；

（四）同业业务发生重大违约的；

（五）银行保险机构向公安、司法、监察等机关报案但尚未立案，或者银保监会派出机构向公安、司法、监察等机关移送案件线索但尚未立案的；

（六）引发重大负面舆情的；

（七）其他可能演化为案件但尚未达到确认标准的情形。

第二十九条

银行保险机构从业人员被采取强制措施，但主要涉嫌在原任职银行保险机构工作期间作案的，现任职机构应以案件风险事件信息形式报送。原任职银行保险机构应按属地监管部门的要求报送案件信息。原任职机构和现任职机构的属地监管部门不一致的，已掌握情况的监管部门应及时向其他相关监管部门通报。现任职银行保险机构经核实确认不属于本机构案件的，可按规定撤销案件风险事件信息。

第三十条

银行保险机构知悉或应当知悉案件风险事件发生后，应于五个工作日内分别将案件风险事件报告报送法人总部（重庆分行、重庆分公司）和属地监管部门。风险事件发生的机构为支行（支公司）及以下级别的，其地方法人总部（重庆分行、重庆分公司），知悉或应当知悉案件风险事件发生后五个工作日内，向重庆银保监局报送案件风险事件报告。

银保监分局收到银行保险机构的案件风险事件报告后，应于两个工作日内上报至重庆银保监局案件管理部门和机构监管部门。

重庆银保监局应在机构报送案件风险信息报告后五个工作日内向银保监会案件管理部门和对应机构监管部门报送案件确认报告。

银行保险机构的案件风险事件报告应由主要负责人签发，重庆银保监局（分局）上报的案件风险事件报告应由局领导签发。

监管部门向公安、司法、监察等机关移送案件线索且尚未立案的，按"谁移送、谁报告"原则报送案件风险事件报告。

第三十一条

符合《银行业保险业突发事件信息报告办法》的案件风险事件，应于报送突发事件信息后 24 小时内报送案件风险事件报告。

第三十二条

银行保险机构在报送案件风险事件报告后，应当立即开展核查。涉及金额、涉及机构、涉及人员等发生重大变化的，应当及时报送案件风险事件续报。经核查认定符合案件定义的，及时确认为案件；不符合案件定义的，及时撤销。

对于已撤销的案件风险事件，银行保险机构和相关责任人员存在违法违规问题的，应当依法查处。

第三十三条

案件风险事件自报送之日起超过一年仍不能确认为案件的，应予以撤销。撤销报告报送路径与案件风险事件报告路径一致，公安、司法、监察等部门出具相关证明材料的，应一并报送。不得仅以机构或客户未发生资金损失、员工个人行为、涉案员工已离职等理由撤销。

第五章　案件处置

第一节　案件处置原则

第三十四条

业内案件处置遵循"属地监管、各司其责、协调联动"的原则。

第三十五条

业内案件处置工作包括机构调查、监管督查、机构内部问责、行政处罚、案件审结等。

第三十六条

符合重大案件定义的业外案件，参照业内案件进行机构调查、监管督查和案件审结，必要时可以督导机构内部问责，开展行政处罚。

第二节　业内案件机构调查

第三十七条

银行保险机构应成立调查组并开展案件调查工作。银行保险机构分支机构发生案件的，调查组组长由其上级机构负责人担任；银行保险机构法人总部发生案件或分支机构发生重大案件的，调查组组长由法人总部负责人担任。案件调查工作包括：

（一）对涉案人员经办的业务进行全面排查，制定处置预案；

（二）最大限度保全资产，依法维护消费者权益；

（三）做好舆情管理，必要时争取地方政府支持，维护案发机构正常经营秩序；

（四）积极配合公安、司法、监察等机关侦办案件；

（五）查清基本案情，确定案件性质，明确案件分类，总结发案原因，查找内控管理存在的问题；

（六）对自查发现的案件，提出意见和理由。

第三十八条

银行保险机构自查发现案件，是指银行保险机构在日常经办业务或日常经营管理中，通过内部审计监督、纪检监察、巡视巡察等途径，主动发现线索、主动报案并及时向属地监管部门报送案件确认报告的案件。

通过外部举报、外部信访、外部投诉、外部审计、监管检查、舆情监测等外部渠道发现的，不属于自查发现案件。

第三十九条

银行保险机构应于案件确认后四个月内报送机构调查报告，报送路径与案件确认报告一致。不能按期报送的，应书面说明延期理由，每次延期时间原则上不超过三个月。

第三节　业内案件监管督查

第四十条

银保监局（分局）在监管督查阶段应开展以下工作：

（一）指导、督促并跟踪银行保险机构做好案件应急处置与调查工作，及时掌握案件调查和侦办情况，协调做好跨机构资金核查，必要时可以直接调查或开展延伸调查。

（二）对银行保险机构和案件责任人员的违法违规行为进行调查。

（三）督促银行保险机构配合公安、司法、监察等机关侦办案件。

（四）确定案件性质、案件分类和涉案金额。

（五）根据案件情况组织辖内银行保险机构对相关业务进行排查。

（六）必要时发布风险提示，向银行保险机构通报作案手法和风险点、提出监管意见。银保监局发布的风险提示应抄报银保监会案件管理部门和对应机构监管部门。

第四十一条

自查发现案件，由案件查处牵头部门作出初步判定，最终由重庆银保监局作出结论。

第四十二条

各银保监分局应于案件确认后四个月内，向重庆银保监局案件管理部门报送监管督查报告，抄报机构监管部门；重庆银保监局应于案件确认后五个月内向银保监会案件管理部门报送监管督查报告，抄报银保监会机构监管部门；不能按期报送的，银保监局（分局）应书面说明延期理由，每次延期时间原则上不超过三个月。

第四节　业内案件内部问责

第四十三条

银行保险法人机构应当制定与本机构资产规模和业务复杂程度相适应的内部责任追究制度，报送属地监管部门。银行保险机构应在案件调查工作完成后，对案件责任人员作出责任认定，根据责任认定情况进行内部问责。内部问责方案应与属地监管部门进行沟通。银保监局（分局）应当按照监管权限指导、监督银行保险机构开展内部问责工作。

第四十四条

案件内部问责工作由案发机构的上级机构牵头负责，案发机构人员不得参与具体问责工作，但案发机构为法人总部的除外。银行保险机构分支机构发生重大案件的，由法人总部牵头组织开展问责工作。

第四十五条

银行保险机构应追究案发机构案件责任人员的责任，并对其上一级机构相关条线部门负责人、机构分管负责人、机构主要负责人及其他案件责任人员进行责任认定，根据责任认定情况进行问责。

发生重大案件的，银行保险机构除对案发机构及其上一级机构案件责任人员进行责任认定外，还应对其上一级机构的上级机构相关条线部门负责人、机构分管负责人、机构主要负责人等进行责任认定，根据责任认定情况进行问责。

银行保险机构组织架构和层级不适用本条有关问责要求的，法人总部应向属地监管部门提出申请，监管部门根据实际情况决定。

第四十六条

案件内部问责包括但不限于以下方式：

（一）警告、记过、记大过、降级、撤职、开除等纪律处分；

（二）罚款、扣减绩效工资、降低薪酬级次、要求赔偿经济损失等经济处理；

（三）通报批评、调离、停职、引咎辞职、责令辞职、用人单位单方解除劳动合同等其他问责方式。

案件问责方式可以合并使用。应予纪律处分的，不得以经济处理或其他问责方式替代。

第四十七条

有下列情形之一的，银行保险机构可以对案件责任人员从轻或减轻问责：

（一）认为上级的决定或命令有错误，已向上级提出改正或撤销意见，但上级仍要求其执行的；

（二）自查发现案件的；

（三）积极配合案件调查，主动采取有效措施，且消除或减轻危害后果的；

（四）受他人胁迫实施违法违规行为，且事后及时报告并积极采取补救措施的；

（五）其他可以从轻、减轻问责的情形。

第四十八条

有下列情形之一的，银行保险机构可以免于追究案件责任人员的责任：

（一）因紧急避险，被迫采取非常规手段处置突发事件，且所造成的损害明显小于不采取紧急避险措施可能造成的损害的；

（二）受他人胁迫实施违法违规行为，事后及时报告并积极采取补救措施，且未造成损害的；

（三）在集体决策的违法违规行为中明确表达不同意见且有证据予以证实的；

（四）违法行为轻微并及时纠正，没有造成危害后果的；

（五）其他可以免责的情形。

第四十九条

有下列情形之一的，银行保险机构应对案件责任人员从重问责：

（一）发生重大案件的；

（二）对一年内发生的两起以上案件负有责任的；

（三）管理严重失职，内部控制严重失效，导致案件发生的；

（四）指使、授意、教唆或胁迫他人违法违规操作，导致案件发生的；

（五）对违法违规事实或发现的重要案件线索不及时报告、制止、处理，导致案件发生或案件后果进一步加重的；

（六）对上级机构或监管部门指出的内部控制薄弱环节或提出的整改意见，未采取整改措施或整改不到位，导致案件发生的；

（七）隐瞒案件事实或隐匿、伪造、篡改、毁灭证据，抗拒、妨碍、不配合案件调查和处理的；

（八）对检举人、证人、鉴定人、调查处理人实施威胁、恐吓或打击报复的；

（九）瞒报或多次迟报、漏报案件信息的；

（十）其他应从重问责的情形。

第五十条

银行保险机构离职人员对离职前的案件负有责任的，银行保险机构应做出责任认定，并报告属地监管部门。该人员离职后仍在银行业保险业任职的，原任职单位应将责任认定结果及拟处理意见送交离职人员现任职单位。

第五节 业内案件行政处罚

第五十一条

重庆银保监局（分局）应当按照监管权限，及时对业内案件开展立案调查，实施行政处罚。重大案件由重庆银保监局商银保监会案件管理部门后，实施行政处罚。

第五十二条

案件的行政处罚应坚持依法从严、过罚相当原则，除对涉案机构的违法违规行为依法予以行政处罚外，还应对案件责任人员予以行政处罚。对重大案件的行政处罚应商银保监会案件管理部门确定。

第五十三条

对涉及多家银行保险机构的案件，按照穿透原则，依法对相关机构及责任人员的违法违规行为进行查处。

第五十四条

有下列情形之一的，应依法对涉案机构和案件责任人员从轻或减轻处罚：

（一）主动消除或者减轻违法行为危害后果的；

（二）受他人胁迫有违法行为的；

（三）配合行政机关查处违法行为有立功表现的；

（四）其他依法从轻或者减轻行政处罚的情形。

对自查发现的案件，在法律法规规定的范围内，可以对涉案机构和案件责任人员从轻处罚。

违法行为轻微并及时纠正，没有造成危害后果的，不予行政处罚。

第五十五条

有下列情形之一的，应依法对涉案机构和案件责任人员从重处罚：

（一）严重违反审慎经营规则，导致重大案件发生的；

（二）严重违反市场公平竞争规定，影响金融市场秩序稳定的；

（三）严重损害消费者权益，社会关注度高、影响恶劣的；

（四）拒绝或阻碍监管执法的；

（五）多次违法违规的；

（六）性质恶劣、情节严重的其他违法违规行为。

第六节　业内案件审结

第五十六条

银行保险机构应于案件确认后八个月内报送案件审结报告，报送路径与案件确认报告一致。不能按期报送的，应当书面说明延期理由，每次延期时间原则上不超过三个月。

第五十七条

各银保监分局应于案件确认后十个月内向重庆银保监局案件管理部门报送案件审结报告，并抄送机构监管部门；重庆银保监局应于案件确认后一年内向银保监会案件管理部门报送案件审结报告，抄报银保监会机构监管部门。不能按期报送的，重庆银保监局（分局）应当书面说明延期理由，每次延期时间原则上不超过三个月。

对作出不予立案调查决定或经立案调查决定不予处罚的案件，应在审结报告中予以明确。

第五十八条

重庆银保监局（分局）、银行保险机构应按照"一案一档"的原则分别建立档案，在案件处置工作结束后，将有关案卷材料立卷存档。

第六章　监督管理

第五十九条

银行保险机构应针对案件制定整改方案，建立整改台账，明确整改措施，确定整改期限，落实整改责任。整改完成后，银行保险机构向案发机构属地监管部门报告整改落实情况。案发机构为支行（支公司）及以下级别的，其地方法人机构总部（重庆分行、重庆分公司），应同时向重庆银保监局报送整改落实情况。

第六十条

重庆银保监局在对案发银行保险机构进行监管评级、市场准入、偿付能力评估、现场检查计划制定时，应体现差异化监管原则，综合参考机构业内案件发生、内部问责、整改落实和是否属于自查发现的案件等情况。

第六十一条

银行保险机构应按本实施细则开展案件管理工作。违反本实施细则的，由监管部门依据《中华人民共和国银行业监督管理法》《中华人民共和国商业银行法》《中华人民共和国保险法》等法律法规予以处罚。

第六十二条

监管部门违反本实施细则，不及时报告辖内银行保险机构案件，或未按规定处置案件的，由上级单位责令其改正；造成重大不良后果或影响的，依据相关问责和纪律处分规定，追究相关单位和人员的责任。

第六十三条

重庆银保监局（分局）、银行保险机构应保守案件管理过程中获悉的国家秘密、商业秘密和个人隐私。对违反保密规定，造成重大不良影响的，应依法处理。

第七章 附 则

第六十四条

本实施细则所称"案件责任人员"是指在违法违规行为发生时，负有责任的银行保险机构从业人员，包括相关违法违规行为的实施人或参与人，以及对案件发生负有管理、领导、监督等责任的人员。

本实施细则所称"违法违规行为"是指违反法律、行政法规、规章和规范性文件中有关银行业保险业监督管理规定的行为。

第六十五条

本实施细则由重庆银保监局负责解释，自文件下发之日起施行。

第六十六条

本实施细则施行前重庆银保监局印发的有关规范性文件与本规定不一致的，以本实施细则为准。

附件：报告模板

附件：案件确认报告

××年第××期

报告单位：×××（盖章）签发人：×××关于××案件的确认报告

（报告应包含以下内容一、案发机构名称、案件发生时间和发现时间二、基本案情三、案件性质、案件分类、明确是否为重大案件四、涉及人员及其基本情况五、公安、司法、监察等机关立案时间及罪名六、涉案金额及风险情况七、已经或可能造成的影响八、机构和监管部门已采取的措施九、其他需要说明的情况）

承办部门：×××

联系人：×××座机：×××手机：×××年　月　日案件确认报告（续报）

××年第××期（续报×）

报告单位：×××（盖章）签发人：×××

关于××案件的续报

（报告应包含以下内容一、案发机构名称及案件基本情况二、案件性质、案件分类、涉案金额、涉案机构、涉案人员等发生的重大变化三、公安、司法、监察等机关已采取的措施四、机构和监管部门已采取的措施五、其他需要说明的情况）

承办部门：×××

联系人：×××座机：×××手机：×××年　月　日案件撤销报告

××年第××期

报告单位：×××（盖章）签发人：×××关于××案件的撤销报告

（报告应包含以下内容一、已上报的案件基本情况二、已上报的案件确认报告情况三、据以判断不构成案件的理由及依据）

据此情况，我单位认为符合案件撤销标准，特此报告进行案件撤销。

承办部门：×××

联系人：×××座机：×××手机：×××年　月　日案件风险事件报告

××年第××期

报告单位：×××（盖章）签发人：×××关于××案件风险事件的报告

（报告应包含以下内容一、事发机构名称、事发时间及风险事件概况二、涉及人员及其基本情况三、风险情况预判四、已经或可能造成的影响五、公安、司法、监察等机关已采取的措施六、机构和监管部门已采取的措施七、其他需要说明的情况）

承办部门：×××

联系人：×××座机：×××手机：×××年　月　日案件风险事件报告（续报）

××年第××期（续报×）

报告单位：×××（盖章）签发人：×××

关于××案件风险事件的续报

（报告应包含以下内容一、事发机构名称及案件风险事件概况二、涉及人员、风险情况、造成的影响等发生的重大变化三、公安、司法、监察等机关已采取的措施四、机构和监管部门已采取的措施五、其他需要说明的情况）

承办部门：×××

联系人：×××座机：×××手机：×××年　月　日案件风险事件撤销报告

××年第××期

报告单位：×××（盖章）签发人：×××关于××案件风险事件的撤销报告

（报告应包含以下内容一、已上报的案件风险事件基本情况二、已上报的案件风险事件报告情况三、据以判断撤销案件风险事件的理由及依据）

据此情况，我单位认为符合案件风险事件撤销标准，特此报告进行案件风险事件撤销。

承办部门：×××

联系人：×××座机：×××手机：×××年　月　日机构调查报告
××年第××期

报告单位：×××（盖章）签发人：×××关于××案件的调查报告

（报告应包含以下内容一、案件基本情况二、涉案人员基本情况三、关于是否属于自查发现的案件相关意见及理由四、涉案业务风险排查情况以及风险敞口五、案发原因以及暴露出的内控管理问题

六、机构已采取的措施

七、公安、司法、监察等机关侦办进展情况

八、其他需要说明的情况）

承办部门：×××

联系人：×××座机：×××手机：×××年　月　日监管督查报告

××年第××期

报告单位：×××（盖章）签发人：×××关于××案件的督查报告

（报告应包含以下内容一、案件基本情况二、涉案人员基本情况三、关于是否为自查发现的案件相关结论四、涉案业务风险排查情况以及风险敞口五、对案发机构和案件责任人员的违法违规行为的核查情况六、案发原因以及暴露出的机构内控管理问题

七、监管督查工作情况及已采取的监管措施

八、公安、司法、监察等机关侦办进展情况

九、其他需要说明的情况）

承办部门：×××

联系人：×××座机：×××手机：×××年　月　日案件审结报告（银行保险机构）

××年第××期

报告单位：×××（盖章）签发人：×××关于××案件的审结报告

（报告应包含以下内容一、案件基本情况二、机构调查工作情况三、机构内部问责结果四、机构整改方案）

据此情况，我单位申请审结案件。

附件：内部问责相关材料

承办部门：×××

联系人：×××座机：×××手机：×××年　月　日案件审结报告（监管部门）

××年第××期

报告单位：×××（盖章）签发人：×××关于××案件的审结报告

（报告应包含以下内容一、案件基本情况二、机构调查和监管督查工作情况三、机构内部问责结果四、机构整改方案五、行政处罚结果或不予行政处罚的理由）

据此情况，我单位认为该案违法违规事实清楚，机构内部问责到位，行政处罚工作已完成，符合审结标准，特此报告予以审结案件。

附录十三　重庆市人民政府关于印发重庆市进一步做好利用外资工作若干措施的通知

渝府发〔2020〕16号

各区县（自治县）人民政府，市政府有关部门，有关单位：

现将《重庆市进一步做好利用外资工作若干措施》印发给你们，请认真贯彻执行。

重庆市人民政府

2020年6月9日

（此件公开发布）

重庆市进一步做好利用外资工作若干措施

为认真贯彻落实《国务院关于进一步做好利用外资工作的意见》（国发〔2019〕23号）精神，进一步扩大对外开放，深入推进内陆开放高地建设，持续营造市场化、法治化、国际化的营商环境，结合我市实际，提出如下措施。

一、进一步扩大对外开放

（一）支持外商投资新开放领域的先行先试。落实《外商投资准入特别管理措施（负面清单）》《自由贸易试验区外商投资准入特别管理措施（负面清单）》，加快推进数字经济、金融等领域对外开放，鼓励外商投资新开放领域，争取项目率先落地。（责任单位：市发展改革委、市经济信息委、市商务委、市市场监管局、市金融监管局、市大数据发展局、人行重庆营管部、

重庆银保监局、重庆证监局）

（二）加大自由贸易试验区开放力度。支持中国（重庆）自由贸易试验区（以下简称重庆自贸试验区）按照"一项目一议"的方式，争取在科研和技术服务、电信和跨境数字贸易、医疗科技、数字出版等重点领域实现更大力度的开放。支持重庆自贸试验区先行先试的举措经验率先在开放平台复制推广。（责任单位：市商务委、市发展改革委、市经济信息委等）

二、进一步加大投资促进力度

（三）健全外商投资全流程服务体系。加强"行政服务管家"队伍建设，健全重点外商投资企业联系服务制度，市、区县（自治县，含开发区，以下统称区县）、乡镇（街道）三级分别确定重点服务对象名单，选派干部担任"行政服务管家"，当好政策宣传员、项目推进员、问题协调员、信息沟通员，实行"行政服务管家"首问负责制，为外商投资提供一站式服务。建立外商投资服务清单制度，涉及外商投资的审批核准备案部门应公开审批办理内容、流程、条件、时限、联系人及联系方式，严禁擅自增加审核要求、超出办理时限、违规干预外商投资自主权。（责任单位：市商务委、市招商投资局、市发展改革委、市市场监管局等，各区县政府）

（四）支持开展境内外投资促进活动。发挥中国国际智能产业博览会、中国西部国际投资贸易洽谈会的平台效应，举办"跨国公司重庆行"主题活动。建立市领导与重要外国商协会、境外跨国公司及在渝重点外商投资企业定期沟通机制。鼓励举办以"投资重庆"为主题的境内外投资促进活动，各区县政府可按照活动引资实际效果，予以资金支持。支持各区县组织团组出国（境）开展招商引资工作，对有招商引资任务的出国（境）经贸团组，予以优先保障。（责任单位：市商务委、市招商投资局、市经济信息委、市政府外办，各区县政府）

（五）提升开放平台引资质量。发挥重庆自贸试验区、中新（重庆）战略性互联互通示范项目、两江新区、重庆高新区、重庆经开区等开放平台的产业和政策优势，积极推动重大外资项目落地，强化平台招商引资功能。加快国别产业合作园区建设，鼓励创建国际合作生态产业园。鼓励有条件的区县政府设立境外招商中心，与境外园区开展合作，引进优质项目。（责任单位：

市商务委、市经济信息委、市政府外办、市中新项目管理局、市招商投资局、两江新区管委会、重庆高新区管委会、重庆经开区管委会，各区县政府）

（六）加大重点外资项目支持力度。对符合我市产业发展导向的外商投资新设或增资项目，以及境外注册的跨国公司在我市设立的区域总部或功能性总部机构，市政府有关部门、区县政府可按照对本区域经济社会综合贡献度给予奖励。鼓励外商投资设立各类研发机构，对符合条件的研发机构，参照《重庆市人民政府办公厅关于印发重庆市引进科技创新资源行动计划（2019—2022年）的通知》（渝府办发〔2019〕126号）给予支持。积极支持符合条件的外商投资企业申请中央服务业专项资金。（责任单位：市经济信息委、市科技局、市财政局、市商务委，各区县政府）

（七）探索建立市场化招商引资奖励机制。鼓励专业化的社会组织、招商机构引进符合我市产业发展导向的外资项目，各区县政府可按照引进项目对本区域的经济社会综合贡献度给予奖励。支持各区县政府将招商成果、服务成效等纳入考核激励，对招商部门、团队内非公务员编制人员采取灵活的激励措施，提升招商活动市场化运作水平。（责任单位：市财政局、市人力社保局、市商务委、市招商投资局，各区县政府）

三、进一步优化营商环境

（八）优化外资项目规划用地审批。在"多规合一"的基础上，持续优化审批管理机制，全面探索推行建设项目选址意见书、建设项目用地预审意见等"多审合一"；建设用地规划许可证、建设用地批准书等"多证合一"；规划竣工核实测量、人防核实测量、消防核实测量等"多测合一"；规划、消防、人防、档案管理等"多验合一"。（责任单位：市规划自然资源局、市住房城乡建委）

（九）优化重点外资项目工程建设审批。对建筑面积3000平方米以下的外资项目不再开展施工图审查，实行告知承诺制和建设、勘察设计单位人员终身负责制，由建设单位和勘察设计单位承诺其勘察设计文件符合公共利益、公众安全和工程建设强制性标准要求，建设行政主管部门通过设计质量检查等方式加强事中事后监管。住房建设、交通运输、水利等部门按照各自职责分工，加强对工程勘察设计活动的指导监督管理，建立健全勘察设计行业信

用评价机制。（责任单位：市住房城乡建委、市交通局、市水利局等）

（十）简化跨国品牌连锁企业审核登记程序。推行跨国品牌连锁企业食品经营许可"申请人承诺制"，符合条件的预包装食品销售、餐饮制售类企业新开办连锁门店申请食品经营许可时，承诺符合相关条件即可快速取得食品经营许可证。简化品牌连锁企业及其下属分支机构营业执照办理程序，支持其集中办理注册登记。（责任单位：市市场监管局、市药监局）

（十一）提高外籍人士工作便利度。全面落实提高外国人来华工作便利度各项政策，对有创新创业意愿的外国留学生，可凭中国高校毕业证书申请2年私人事务类居留许可，已连续2次申请办理工作类居留许可的外国人，可在第三次申请时按规定签发5年有效期的工作类居留许可。推广外国人工作、居留"单一窗口"，实现"一表申请""一窗受理""一网通办""一站服务"。综合考虑各区县政府机构设置、人员配备、业务需求量等因素，推动外国人来渝工作许可审批权下放。简化重庆自贸试验区内外籍人士合法收入购付汇手续及证明材料，支持在渝工作的外籍人士用境内合法收入投资境内合格金融投资产品。（责任单位：市政府外办、市科技局、人行重庆营管部、市公安局）

（十二）支持跨境资本投资便利。简化银行端外商直接投资业务操作，外商投资企业可凭市场监管注册信息在银行办理境内直接投资外汇登记。在全市范围内实行更高水平跨境人民币贸易投资便利化措施，银行可在"展业三原则"基础上，凭企业首付款指令直接办理经常项下和直接投资项下人民币跨境结算业务。在全市范围内开展资本项目外汇收入支付便利化业务，符合条件的企业在将资本金、外债、境外上市资金等资本项目外汇收入用于境内支付时，无需事前逐笔提供真实性证明材料。（责任单位：人行重庆营管部）

（十三）支持拓宽境外投融资渠道。允许新成立的外商投资企业自主选择"投注差"或全口径跨境融资宏观审慎管理模式借用外债，将全口径跨境融资宏观审慎调节参数由1上调至1.25。（责任单位：人行重庆营管部）

（十四）平等适用支持我市企业发展的各项政策。内外资企业在政府资金安排、土地供应、税费减免、资质许可、标准制定、项目申报、人力资源政策等方面依法享受同等待遇。内外资汽车制造企业生产的新能源汽车享受同等市场准入待遇。统一内外资建筑业企业承揽业务范围。增加化学品物理危险性鉴定机构数量，不得针对外商投资企业设置限制性条件。（责任单位：市经济信息委、市财政局、市人力社保局、市规划自然资源局、市住房城乡建委、市应急局、市市场监管局、重庆市税务局等）

四、保护外商投资合法权益

（十五）全面贯彻外商投资法。全面严格贯彻落实《中华人民共和国外商投资法》及其配套法规，向外国投资者和外商投资企业做好解读和培训工作。加快我市地方立法进程，制定地方相关配套政策，确保各项制度得到切实有效执行。（责任单位：市商务委、市发展改革委、市司法局等）

（十六）保护外商投资企业合法权益。各区县政府要建立健全"一口受理"的外商投资企业投诉工作机制，向社会公开办事机构及联系方式，完善投诉接收、协调转办、研究处置、及时反馈的闭环处理流程，提高处理效率。加强诚信政府建设，全面落实已公开施行的优惠政策、不违法违规的政府承诺和已签协议。任何单位不得限制外商投资企业依法跨区域经营、搬迁、注销，提交变更住所申请30日内未作答复的，视为同意变更请求。（责任单位：市商务委、市市场监管局，各区县政府）

（十七）强化监管政策执行规范性。统筹市、区县两级检查行为，完善"双随机、一公开"工作机制，科学设定随机抽查范围和频次。根据企业所属行业实际情况，实施审慎包容监管。在市场监管等领域细化、量化行政处罚自由裁量标准，制定发布我市轻微违法行为免罚清单，进一步规范、统一全市行政处罚行为。（责任单位：市司法局、市生态环境局、市文化旅游委、市应急局、市市场监管局、重庆市税务局）

（十八）提高行政规范性文件制定透明度。制定外商投资行政规范性文件，应加强合法性审核，并事先征求外商投资企业、相关商协会的意见建议。涉及企业投资和生产经营活动调整的行政规范性文件，应合理确定公布及施行时间，给企业预留调整时间。发布涉及外商投资的行政规范性文件，及时提供英文参考译文。（责任单位：市司法局、市商务委等，各区县政府）

（十九）发挥知识产权司法保护重要作用。充分发挥财产保全、证据保全、行为保全的制度效能，推进知识产权案件繁简分流，提高知识产权司法救济的及时性和便利性。优化涉及外商投资企业知识产权案件中对证据形式要件的要求，依法适用证据妨碍和举证责任转移，合理减轻权利人的举证负担。加大知识产权侵权违法行为惩治力度，对具有重复侵权、恶意侵权以及其他严重侵权情节的，依法加大赔偿力度，提高赔偿数额。深化知识产权民事、行政、刑事"三合一"审判机制改革，加大知识产权犯罪惩治力度。适时出台有关法律适用指引，发布司法保护知识产权典型案例，提高企业运用司法手段保护知识产权的意识和能力。健全公安知识产权执法机制，强化打击假冒伪劣商品犯罪侦查总队（市知识产权刑事保护中心）职能职责，加大侵犯知识产权案件侦办力度。（责任单位：市高法院、市公安局）

（二十）完善知识产权保护工作机制。充分发挥各区县政府知识产权纠纷人民调解委员会、调解工作室和专业调解员的作用，构建完善知识产权纠纷多元化解决机制。健全知识产权守信联合激励和失信联合惩戒机制，纠正商标恶意抢注和专利非正常申请行为。监督电子商务经营者履行知识产权等方面的义务，落实知识产权保护"通知—删除"义务。支持外商投资企业通过驰名商标途径扩大保护，加大地理标志跨国保护力度。深入开展知识产权保护国际交流合作。（责任单位：市市场监管局、市知识产权局、市政府外办、重庆海关等）

（二十一）支持参与标准制定。支持外商投资企业在标准立项、起草、技术审查及标准实施信息反馈、评估等过程中提出意见和建议，并按照规定承担标准起草、技术审查的相关工作及标准的外文翻译工作。鼓励企业制定高于推荐性标准相关技术要求和具有国际先进水平的企业标准，引导企业将科技创新成果转化为企业标准。及时为我市外商投资企业参与国家、行业标准制定提供信息支持。优化地方标准制修订流程，加大地方标准征求意见力度，完善地方标准信息系统。引导吸纳企业参加我市专业标准化技术委员会，积极推荐企业参加全国专业标准化技术委员会工作。（责任单位：市市场监管局、市经济信息委、市药监局等）

（二十二）保障依法平等参与政府采购。各单位在政府采购信息发布、供应商条件确定、评标标准等方面，不得对外商投资企业实行歧视待遇；不得限定供应商的所有制形式、组织形式、股权结构、投资者国别、产品或服务品牌；不得要求供应商或投标人在当地设立分支机构；不得以特定行政区域或行业的业绩、奖项作为加分条件排斥或限制潜在投标人。招标公告应根据招标产品或服务的性质，为投标人预留合理的投标时间。外商投资企业发现政府采购中存在违反法律、行政法规与歧视性采购条件或行为的，可以依法向采购人、采购代理机构提出询问、质疑，向政府采购监督管理部门投诉，采购人、采购代理机构、政府采购监督管理部门应当在规定时限内作出答复或处理决定。（责任单位：市财政局、市发展改革委、市公共资源交易监管局）

五、强化组织保障

（二十三）加强对利用外资工作的组织领导。充分发挥市稳外贸稳外资稳外经工作领导小组作用，完善市政府服务外商投资部门联动机制，加强对全市利用外资工作的统筹指导。进一步强化全市外资通报、督查、考核、激励、约谈等工作机制，科学设置外资考核指标，把反映外资规模和质量的指标纳入地方政府经济社会发展实绩考核体系。（责任单位：市商务委、市招商投资局、市考核办）

（二十四）加大外商投资促进培训力度。市政府有关部门、区县政府定期举办与外商投资促进、管理、保护等有关培训活动，培养外商投资促进人才队伍，提高业务水平。（责任单位：市商务委、市招商投资局）

（二十五）加强新闻宣传和舆论引导。围绕外资重大政策施行和重要工作部署，举办发布会、宣讲会、交流会，加大新闻宣传力度。宣传企业典型经验和案例，营造良好舆论氛围。加强与驻外机构、商协会合作，广泛宣传我市对外开放政策，讲好投资重庆故事。（责任单位：市委宣传部、市商务委、市政府外办、市招商投资局）

后记

　　《重庆金融2021》由重庆市地方金融监督管理局牵头，会同中国人民银行重庆营管部、重庆银保监局、重庆证监局共同编写，由重庆市金融发展服务中心统筹编撰。本书主要围绕重庆金融业的重点工作，全面反映了2020年重庆市金融行业运行、金融服务实体经济、防控金融风险以及深化金融改革开放情况，是记录重庆金融业发展的重要载体。

　　本书得以付梓，得到了社会各界的支持和帮助，有关金融监管部门、金融机构、研究机构的专家学者在内容完善和数据整理等过程中付出了辛勤的劳动。对此，我们谨向所有支持本书出版的部门和工作人员表示诚挚的感谢和深深的敬意。为保证本书质量，编撰部进行了严格的组稿、审稿、反馈、编辑等一系列工作。

　　本书编写时间紧、任务重，难免还存在疏漏和不妥之处，恳请广大读者批评指正，提出宝贵意见和建议。

《重庆金融2021》编辑部

2021 年 10 月 19 日